Papst Benedikt XVI.
GOTT UND DIE WELT

Glauben und Leben
in unserer Zeit

Ein Gespräch mit
Peter Seewald

Knaur Taschenbuch Verlag

Dieser Titel erschien bereits unter der Bandnummer 77592.

Besuchen Sie uns im Internet:
www.knaur.de

Neuausgabe März 2013
Knaur Taschenbuch
© 2013 Knaur Taschenbuch
Ein Unternehmen der Droemerschen Verlagsanstalt
Th. Knaur Nachf. GmbH & Co. KG, München
Alle Rechte vorbehalten. Das Werk darf – auch teilweise – nur mit
Genehmigung des Verlages wiedergegeben werden.
Umschlaggestaltung: ZERO Werbeagentur, München
Umschlagabbildung: picture alliance / Stefano Spaziani
Druck und Bindung: CPI – Clausen & Bosse, Leck
Printed in Germany
ISBN 978-3-426-78650-5

INHALT

Vorwort von Joseph Kardinal Ratzinger
zur Taschenbuchausgabe 11
Vorwort von Peter Seewald 15

PROLOG
GLAUBE, HOFFNUNG, LIEBE

Ein Bild von Gott 26
Krise des Glaubens 30
Vom Zweifel 39
Klagen wie Hiob? 46
Vom Berge versetzen 50
Gott und der Verstand 52
Ein Widerspruch 56
Das Geheime 62
Steht alles schon geschrieben? 64
Sind Wunder Wirklichkeit? 66
Gott ja, Kirche nein? 70

KAPITEL 1
VON GOTT

1 VOM MENSCHEN 83
   Der Atem Gottes 84
   Von Männern und Frauen 88
   Jenseits von Eden – der Sündenfall 93

Von der Seele 98
Von der Freiheit 103

2 VON GOTT 105
Ist Gott Mann oder Frau? 110
Wie ist Gott? 112
Wo ist Gott? 114
Was will Gott? 119

3 VON DER SCHÖPFUNG............................. 122
Im Anfang war das Wort 122
Die Krone der Schöpfung 124
Das sogenannte Böse 134
Himmel und Hölle 139
Der Baum des Lebens 144

4 VON DER ORDNUNG 150
Die Urevidenzen des Weltalls 150

5 VON DEN TESTAMENTEN 158
Der Alte Bund 158
Das Buch der Bücher 163

6 VOM GESETZ 173
Von den vier Gesetzen 173
Die Zehn Gebote 178

7 VON DER LIEBE.................................. 197
Vom Sinn des Lebens 197
Wie lernt man lieben? 204
Aspekte der Liebe.............................. 208

Kapitel II
Von Jesus Christus

Jesus – eine Erfindung? 216

8 Von der Offenbarung 220
Propheten und Vorboten 221
Hat Gott sich korrigiert? 225

9 Vom Licht 228
Der wichtigste Moment der Geschichte. 230
Licht der Welt 234
Was kam mit Christus auf die Erde? 237
Frohe Botschaft? 240

10 Vom Weg 242
Von Evangelien und Evangelisten 242
Vom Weg, der Wahrheit und vom Leben. 249
Wer war Jesus wirklich? 253
Wunderbare Brotvermehrung. 264
Jesus und die Frauen. 266
Von der Begegnung 269
Von der Wüste 270
Von Macht und Besitz 278

11 Von der Wahrheit 280
Sohn Gottes 283
Von der Trinität. 285
Vater unser 288
Das Vater-Sohn-Prinzip 291

12 VOM LEBEN 296
   Das Leben des Menschen 297
   Das Jesus-Prinzip 302
   Von den echten und den falschen Sorgen 307
   Vom Richten 308
   Von den zwei Wegen 309
   Von den falschen Propheten 310

13 VON DER MUTTER GOTTES 315
   Ave Maria 317
   Von den Dogmen 325
   Von den Wundern 330
   Von der Barmherzigkeit 338
   Vom Rosenkranz 342

14 VOM KREUZ 347
   INRI – Die Passion des Herrn 349
   Von der Auferstehung 362

KAPITEL III
VON DER KIRCHE

15 VOM GEIST. 371
   Wie alles begann. 371
   Vom Wesen der Kirche 377
   Von der Mitte der Kirche 380
   Vom Auftrag der Kirche 383
   Gott und die Kirche 388

16 VOM CHARISMA 392
   Von der Urkirche 392
   Paulus 396

Mission 400
Der Papst 407
Vom Gefüge der Kirche 416

17 VON DEN SAKRAMENTEN 428
Der Bauplan des Lebens 428
Von der Erleuchtung 430
Von der Reife 433
Von der heiligsten Handlung am heiligsten Ort 436
Von der Liturgie 444
Von Schuld und Sühne 453
Von der Ehe 458
Von den Priestern 464
Vom Sterben 467

18 VON DER ZUKUNFT 475
Volks- oder Minderheitenkirche? 475
Johannes Paul II. 478
Weltkirche der Zukunft 480
Einheit der Christen 485
Neue Gefahren für den Glauben 489
Renaissance der Spiritualität 490
Von der Wahrhaftigkeit 492

Diese Ausgabe wurde anlässlich der Wahl
von Joseph Kardinal Ratzinger zum Papst
am 19. April 2005 neu ausgestattet.

Der Verlag

Vorwort zur Taschenbuchausgabe

»Glaube und Vernunft sind die beiden Flügel, mit denen sich der Mensch zur Betrachtung der Wahrheit erhebt«, sagt Papst Johannes Paul II. zu Beginn seiner Enzyklika *Fides et ratio*. Wenn er von »Betrachtung der Wahrheit« spricht, so denkt er dabei an die großen Grundfragen der Menschheit, die in allen Kulturen und in jeder Geschichtsperiode gleichermaßen gestellt werden, weil sie aus dem Herzen eines jeden Menschen aufsteigen. Er benennt sie so: »Wer bin ich? Woher komme ich und wohin gehe ich? Warum gibt es das Böse? Was wird nach diesem Leben sein?« Heute breitet sich immer mehr eine Kapitulation gegenüber der Frage nach den grundlegenden Wahrheiten des Menschseins aus. Sie scheinen zu hoch für den Menschen; man sagt, heute könne es nicht mehr um Orthodoxie – um rechten Glauben, rechtes Erkennen – gehen, denn der Glaube trenne und wirke Intoleranz; es müsse einfach um rechtes Handeln – um Orthopaxie – gehen, denn das Handeln vereine. Der Trugschluß, der darin liegt, ist offenkundig: Wie soll man recht handeln können, wenn man nicht erkennen kann, was recht ist? Wie kann es rechte Praxis ohne rechte Erkenntnis geben? Der Marxismus war auf den Verzicht auf Wahrheit und auf den Vorrang der Praxis aufgebaut (die Welt nicht betrachten, sondern verändern, hieß es) – wohin das führt, haben wir inzwischen gesehen.

Der »Flug« zur Betrachtung der Wahrheit muß versucht werden, weil der Mensch Wahrheit über das Wesentliche seines Seins braucht, wenn er recht leben und wenn er wahrhaft Frieden, ein rechtes Miteinander finden möchte. Vielleicht gelingt der Flug gerade deshalb nicht mehr, weil man den einen Flügel, den Glauben, weggebrochen hat und der andere Flügel – die Vernunft – zwar viel erreichen, aber den Aufstieg zu den tragenden Erkenntnissen des Menschseins allein eben doch nicht bewirken kann. Mir kommt dabei ein Wort eines der ganz großen Theologen der alten Kirche, Origenes (gestorben um 254), in den Sinn, das so lautet: »Es gibt eine gewisse Schwerhörigkeit, welche der Menschenseele schadet ... Die Sünde wird von der Schrift schwer genannt. Darum sprach einer, der seine Sünde spürte: ›Wie ein schweres Gewicht lasten sie auf mir.‹ ... Was ist es, das das Gehör nicht schwer, sondern leicht macht? Die Flügel des Wortes (Logos), die Flügel der Tugend ...« (in Isaiam homilae 6,6). Der Ausdruck »Logos« bedeutet die ewige Vernunft, den Sohn Gottes, der in Christus Mensch geworden ist. Diese ewige Vernunft, die in Christus zu uns spricht, nimmt uns durch ihr Wort mit auf, wird zum Flügel und hebt uns empor.

Was hat dies alles mit dem vorliegenden Buch zu tun? Nun, der Journalist Peter Seewald, der als suchender Agnostiker im Dialog mit mir das Buch *Salz der Erde* geschaffen hatte, war inzwischen zur katholischen Kirche zurückgekehrt, der er in seiner Jugend angehört hatte und wollte nun mit mir ein Gespräch über die Dinge des Glaubens führen – nicht mehr von außen an den Glauben heran fragen, wie es im *Salz der Erde* geschehen war, sondern als Glaubender nach Verstehen des Glaubens suchen: fides quaerens intellectum, der Glaube auf der Suche nach Einsicht, hatte Augustinus formuliert. Darum ging es. Auch dem glaubenden Menschen von heute ist der Glaube im Kontext unseres modernen Denkens weithin dunkel, wie ein erratischer Block, der sich nicht in unsere Weltsicht einordnen läßt. Wir wollten ein wenig mit den beiden Flügeln zu fliegen versuchen, sehen, wie Glaube und Vernunft auch heute zusammengehen, da sie doch beide von dem einen Logos, der ewigen Vernunft stammen, die uns den Glauben schenkt und von der unsere Vernunft ein Abglanz ist. So entstand in dem Gespräch eine Art Einführung in das Christentum oder, wenn man so will, eine Art Katechismus, aus den Fragen unserer Zeit und den Antworten zusammengesetzt, die die gläubige Vernunft in allen Unzulänglichkeiten auch heute finden kann.

Als Ort hatte Seewald das Mutterkloster des Benediktinerordens, Monte Cassino, ausgesucht, mit dem der heilige Benedikt dem abendländischen Mönchtum seine Mitte und seine bleibende Form gegeben hat. Über diesen besonderen Ort hat uns Papst Gregor der Große (gestorben 604) eine eigentümliche Geschichte aufbewahrt. Der heilige Benedikt habe eines Nachts in einem Turm des Klosters Nachtwache gehalten, sei dort auf einer geraden Stiege bis zur höchsten Höhe gestiegen und habe in dunkler Nacht am Fenster stehend zum allmächtigen Gott gebetet. Während er hinausblickte, sei ihm ein Licht erschienen, das die Helligkeit des Tages übertraf. Dabei ereignete sich etwas ganz Wunderbares: Die ganze Welt wurde ihm vor Augen geführt, wie in einem einzigen Sonnenstrahl gesammelt. Auf die erstaunte Frage des dem Papst befreundeten Diakons Petrus, wie denn ein Mensch die ganze Schöpfung sehen könne, für die seine Seele doch zu eng sei, antwortete der Papst: Wenn Benedikt die ganze Welt als eine Einheit vor sich sah, so wurden nicht Himmel und Erde eng, sondern die Seele des Schauenden weit ... (Dialoge II, 35,7). Nun, so hoch wie Benedikt konnten wir innerlich nicht steigen, und unsere Seele wurde nicht so weit, daß wir im Licht Gottes mit unserem Blick das ganze All hätten umfassen können. Aber immerhin, einen inneren Aufstieg, eine Weitung der Seele haben wir versucht, um einen Funken Licht zu empfangen und ein wenig mehr, als es der Alltag erlaubt, von Gottes Geheimnis, von unserer Bestimmung und unserem Ziel zu verstehen. Ich hoffe, daß dieses Buch mit all seinen Unzulänglichkeiten den Lesern zu einer Weitung der Seele helfen, zu einem tieferen Verständnis des Glaubens und damit unserer selbst wie unserer Welt im Licht Gottes beizutragen vermag.

Rom, am Fest der Cathedra Petri
(22. Februar) 2002

Joseph Kardinal Ratzinger

Vorwort
von Peter Seewald

Montecassino im Frühjahr. Die Serpentinen zum Kloster des heiligen Benedikt waren eng und steil, und je höher wir kamen, desto kühler wurde die Luft. Niemand sprach ein Wort, nicht einmal Alfredo, der Chauffeur des Kardinals. Ich weiß nicht, der Winter war definitiv vorbei, aber irgendwie hatten wir wohl Angst vor den kalten Nächten, die noch kamen.

Als ich mit Kardinal Ratzinger das Interview-Buch »Salz der Erde« veröffentlichte, sahen viele darin eine Möglichkeit, sich mit einer Thematik zu befassen, zu der sie bisher keinen Zugang fanden. Zwar wurde der Name Gottes so häufig gebraucht wie niemals zuvor, aber im Grunde wußte niemand mehr, wovon er sprach, wenn er über religiöse Dinge redete. Ich erlebte es bei Freunden oder in den Redaktionen der Magazine, für die ich arbeitete. Innerhalb kürzester Zeit war in großen Teilen der Gesellschaft so etwas wie ein geistiger Nuklearschlag eingetreten, eine Art big bang der christlichen Kultur, die bislang unser Fundament war. Selbst wenn Menschen Gott nicht leugneten, so rechnete doch niemand mehr damit, daß er in der Welt Macht hat und wirklich etwas tun kann.

In dieser Zeit hatte ich immer wieder einmal ein Gotteshaus besucht. Obwohl ich Zweifel hatte und den Botschaften der Offenbarung mißtraute, so schien mir unwiderlegbar, daß die Welt kein Zufall, nicht das Resultat einer Explosion oder von etwas Ähnlichem war, wie Marx und andere behaupteten. Und schon gar nicht eine Schöpfung der Menschen, die weder Schnupfen heilen noch einen Dammbruch verhindern können. Mir wurde bewußt, daß es hinter dem Geflecht aus Liturgie, Gebeten und Geboten einen Grund, eine Wahrheit geben mußte. »Wir sind nicht irgendwelchen klug ausgedachten Geschichten gefolgt«, heißt es in einem Apostelbrief. Aber es wäre mir dumm vorgekommen, ein Kreuzzeichen zu machen oder gar Demut zu bekennen, wie das in den Messen üblich ist. Und so oft ich mich auch in einer Kirche umsah, ich konnte all das nicht mehr lesen. Das Eigentliche, der Sinn des Ganzen, schien wie hinter einer Nebelwand verborgen.

Die Kirche zu verlassen, die mir vor vielen Jahren ausgehöhlt und reaktionär vorkam, ist nicht ganz einfach, zurückzukehren aber ist noch viel schwieriger. Man will nicht nur glauben, was man weiß, sondern auch wissen, was man glaubt. Berge unlösbarer Fragen stellen sich in den Weg. Ist Christus wirklich der Sohn Gottes, der uns die Erlösung brachte? Und wenn ja, was ist das für ein Gott? Ein guter, der uns hilft? Ein zynischer, der gelangweilt Zeile für Zeile an seinem großen Buch des Lebens weiterschreibt? Was hat er mit den Menschen vor, die sogar der Macht des Bösen verfallen können? Wozu sind wir überhaupt da? Was ist mit den Geboten? Gelten sie auch heute noch? Und was bedeuten die sieben Sakramente? Ist in ihnen, wie es heißt, tatsächlich der Bauplan des gesamten Daseins verborgen? Sind Glauben und Leben im 21. Jahrhundert überhaupt noch vereinbar, um in der modernen Welt etwas vom Grundwissen aus dem Erbe der Menschheit nutzbar zu machen?

Nun, sehr viel kann man in kurzer Zeit nicht beantworten oder erfahrbar machen. Vieles wird man nie ganz in Worten ausdrücken können. Aber als mir Joseph Kardinal Ratzinger im Kloster gegenübersaß, ein großer Weiser der Kirche, und mir geduldig das Evangelium erzählte, den Glauben des Christentums von der Entstehung der Welt bis zu ihrem Ende, da war von Tag zu Tag deutlicher etwas von dem Geheimnis zu spüren, das im Innersten die Welt zusammenhält. Und im Grunde ist es vielleicht ganz einfach. »Die Schöpfung selbst«, so der Gelehrte, »trägt eine Ordnung in sich. Wir können aus ihr die Gedanken Gottes ablesen – und sogar die richtige Art, wie wir leben sollten.«

München, 15. August 2000

PROLOG
GLAUBE, HOFFNUNG, LIEBE

Eminenz, haben Sie manchmal nicht auch ein wenig Angst vor Gott?

Angst würde ich das nicht nennen. Von Christus wissen wir ja, wie Gott ist, daß *er* uns liebt. Und er weiß, wie wir sind. Er weiß, wir sind Fleisch. Wir sind Staub. Deswegen nimmt er uns in unserer Schwachheit an.
Ich habe allerdings immer wieder dieses brennende Gefühl, hinter meiner Berufung zurückzubleiben. Hinter der Idee, die Gott von mir hat, von dem, was ich geben könnte und müßte.

Kann es sein, daß Gott Sie auch einmal kritisiert oder eine Ihrer Entscheidungen nicht in Ordnung findet?

Gott ist nicht wie ein Gendarm oder ein Strafrichter, der einem eine Buße aufbrummt. Aber im Spiegel des Glaubens und auch des mir gewordenen Auftrags muß ich mich jeden Tag besinnen, was recht ist und wann etwas verkehrt war. Natürlich spüre ich dann auch, daß etwas nicht richtig gewesen ist. Dafür gibt es ja auch das Bußsakrament.

Den Katholiken wird ja nachgesagt, sie seien Gott gegenüber voller Schuldgefühle.

Ich glaube, daß die Katholiken vor allem von einem großen Gefühl der Vergebung Gottes beseelt sind. Nehmen wir die Kunst des Barock oder des Rokoko. Hier sieht man große Heiterkeit. So typischen katholischen Nationen wie Italien oder Spanien wird nicht ohne Grund eine innere Leichtigkeit nachgesagt.

Vielleicht hat es in einzelnen Zonen des Christentums auch Erziehungsformen und Verbiegungen gegeben, wo das Erschreckende, das Schwere, das Strenge ein Übergewicht hat, aber das eigentlich Katholische ist das nicht. Meinem Gefühl nach überwiegt gerade bei Menschen, die aus dem Glauben der Kirche leben, letztlich ein Bewußtsein der Erlösung: Gott läßt uns nicht fallen!

Gibt es da eine Sprache, die Gott gebraucht, um uns ganz konkret manchmal zu sagen: »Ja, tu es.« Oder eben: »Stop mal, letzte Warnung! Laß es lieber sein!«?

Die Sprache Gottes ist leise. Aber er gibt uns vielerlei Winke. Gerade rückschauend kann man erkennen, daß er uns durch Freunde, durch ein Buch oder auch durch ein vermeintliches Scheitern, ja selbst durch Unfälle einen kleinen Stoß gegeben hat. Das Leben ist eigentlich voll von diesen stillen Weisungen. Langsam, wenn ich wach bleibe, setzt sich daraus ein Ganzes zusammen, und ich fange an zu spüren, wie Gott mich führt.

Wenn Sie nun persönlich mit Gott sprechen, ist das so selbstverständlich geworden wie telefonieren?

Man kann es in gewisser Hinsicht vergleichen. Ich weiß, er ist immer da. Und er weiß ohnedies, wer ich bin und was ich bin.

Um so mehr habe ich das Bedürfnis, ihn herbeizurufen, mich ihm mitzuteilen, mit ihm zu reden. Mit ihm kann ich das Allereinfachste und Innerste wie das Beschwerendste und Größte austauschen. Es ist für mich irgendwie normal, im Alltag immer wieder die Möglichkeit zu haben, ihn anzureden.

Ist Gott dabei immer nur respektvoll, oder zeigt er auch Humor?

Ich glaube, daß er viel Humor hat. Manchmal gibt er einem auch so einen Stups und sagt, nimm dich nicht so wichtig! Der Humor ist eigentlich Bestandteil der Heiterkeit der Schöpfung. In vielen Dingen unseres Lebens merkt man, daß Gott uns auch anstoßen will, ein bißchen leichter zu sein; auch das Heitere zu sehen; von unserem hohen Sockel herunterzusteigen und den Sinn für das Lustige nicht zu vergessen.

Müssen Sie sich nicht manchmal über Gott ärgern?

Natürlich denke auch ich hin und wieder: Warum hilft er mir denn nicht stärker? Er bleibt mir manchmal auch rätselhaft. In den Zufällen, die mich ärgern, spüre ich irgendwo auch sein Geheimnis, seine Fremdheit. Aber sich direkt über Gott zu ärgern, das würde heißen, daß man Gott zu weit heruntergezogen hat. Vielfach sind ganz vordergründige Dinge an einem Ärger schuld. Und dort, wo Ärger wirklich gerechtfertigt ist, muß man sich immer fragen, ob mir dadurch vielleicht nicht auch etwas Wichtiges mitgeteilt wird in den Dingen, die mich ärgern, und in den Menschen, die mich ärgern. Über Gott selber aber ärgere ich mich nie.

Wenn Sie Ihren Tag beginnen, wie machen Sie das?

Bevor ich aufstehe, mache ich zunächst ein kurzes Gebet. Der Tag sieht anders aus, wenn man nicht so direkt in ihn hineinstolpert. Dann kommt all das, was man in der Frühe tut, waschen, frühstücken. Anschließend gibt es die Heilige Messe und das Brevier. Beides sind für mich die grundlegenden Akte des Tages: Die Messe ist die ganz reale Begegnung mit der Anwesenheit des auferstandenen Christus, und das Brevier ist das Eintreten in das große Beten der ganzen Heilsgeschichte. Die Psalmen sind dabei das Herzstück. Hier betet man mit den Jahrtausenden mit und hört darin die Stimmen der Väter. All das öffnet einem die Tür in den Tag hinein. Dann kommt die normale Arbeit.

Und wie oft beten Sie?

Feste Gebetszeiten sind am Mittag, wo wir nach katholischer Überlieferung den Engel des Herrn beten. Am Nachmittag gibt es die Vesper und abends die Komplet, das kirchliche Abendgebet. Und dazwischen, wenn ich spüre, jetzt brauche ich Hilfe, können kleine Gebete immer eingeschoben werden.

Beten Sie vor dem Aufstehen immer ein anderes Gebet?

Nein, das ist schon ein festes Gebet, eigentlich eine Ansammlung von verschiedenen kleinen Gebeten, aber insgesamt eine feste Formel.

Gibt es da eine Empfehlung?

Da kann sich sicher jeder etwas aus dem Schatz der Kirche aussuchen.

Nachts, wenn man keine Ruhe finden kann ...

... würde ich den Rosenkranz empfehlen. Das ist ein Gebet, das neben seiner geistlichen Bedeutung eine seelisch beruhigende Kraft hat. Wenn man sich hier immer wieder an den Wörtern festhält, wird man allmählich frei von den Gedanken, die einen so plagen.

Wie werden Sie persönlich mit Problemen fertig – vorausgesetzt, daß Sie überhaupt welche haben?

Wie sollte ich sie nicht haben? Zum einen versuche ich, Probleme ins Gebet hineinzutragen und mich dort innerlich festzumachen. Zum anderen versuche ich, etwas Anspruchsvolles zu tun, mich wirklich einer Aufgabe hinzugeben, die mich fordert und mir zugleich auch Freude macht. Und schließlich kann ich durch die Begegnung mit Freunden mich ein bißchen von dem losheben, was sonst da ist. Diese drei Komponenten sind wichtig.

Ich glaube, jeder ist irgendwann einmal müde und zerstört und ziemlich kraftlos, und verzweifelt und wütend auch über sein anscheinend ganz verbogenes, ungerechtes Schicksal. Probleme in das Gebet einbringen, wie Sie sagten – wie sollte das gehen?

Man muß vielleicht anfangen wie Hiob. Man muß zunächst den lieben Gott meinetwegen auch innerlich anschreien, ganz unverblümt, ihm sagen: Was machst du denn mit mir?! Die Stimme von Hiob bleibt ja eine authentische Stimme, die uns auch sagt, daß wir das dürfen – und vielleicht sogar müssen. Obwohl Hiob wirklich klagend vor Gott gestanden hat, gibt

Gott ihm am Schluß recht. Gott sagt, er hat es richtig gemacht, und die anderen, die alles erklärt haben, haben nicht recht von mir gesprochen.
Hiob tritt in ein Ringen ein und breitet seine Anklagen vor ihm aus. Allmählich hört er dann Gott reden, die Dinge wenden sich und rücken in eine andere Perspektive. Ich komme damit aus dem bloßen Zustand des Gefoltertseins heraus und weiß, daß ich zwar die Liebe, die er ist, nicht verstehen kann in diesem Moment, aber daß ich mich doch darauf verlassen kann, daß es so, wie es ist, gut ist.

Vielleicht sollte man einfach strenger mit seinen Problemen umgehen, sie gar nicht erst zulassen.

Probleme gibt's halt einfach. Gewisse Entscheidungen, Mißerfolg, menschliche Mißverhältnisse, Enttäuschungen, das rührt einen an, und das soll einen auch anrühren. Probleme sollen einen eben auch dazu erziehen, solche Dinge verarbeiten zu können. Wenn man ganz stählern würde, undurchlässig, wäre das ein Verlust an Menschlichkeit und Empfindungsfähigkeit, auch gegenüber den anderen. Der Stoiker Seneca hat gesagt: Mitleid ist etwas Abscheuliches. Wenn wir hingegen Christus sehen, so ist er der Mitleidende, und das macht ihn uns kostbar. Zum Christen gehört auch das Mitleiden, die Verwundbarkeit. Man muß dann lernen, Wunden anzunehmen, mit Verwundungen zu leben und darin schließlich eine tiefere Heilung zu finden.

Viele konnten als Kinder beten, aber irgendwann kam es ihnen abhanden. Muß man es lernen, mit Gott zu sprechen?

Das Organ für Gott kann soweit verkümmern, daß die Worte des Glaubens ganz sinnlos werden. Und wer kein Gehör mehr dafür hat, der kann ja auch nicht reden, weil Taubheit und Stummheit ineinandergehen.
Es ist, als ob man seine eigene Muttersprache erlernen müßte. Langsam lernt man, die Chiffren Gottes aufzulesen, diese Sprache zu reden und Gott, wenn auch immer unzulänglich, zu verstehen. Allmählich wird man dann selber beten und mit Gott reden können, zunächst sehr kindlich – in einem gewissen Sinn werden wir das immer bleiben –, aber dann mehr und mehr mit seinen eigenen Worten.

Sie sagten einmal: Wenn der Mensch nur dem traut, was seine Augen sehen, ist er eigentlich blind ...

... denn dann beschränkt er seinen Horizont in einer Weise, daß ihm gerade das Wesentliche entgeht. Er sieht ja auch seinen Verstand nicht. Gerade die eigentlich tragenden Dinge sieht er mit dem bloß sinnlichen Auge nicht, und insofern sieht er noch nicht recht, wenn er über das unmittelbare Wahrnehmbare nicht hinausschauen kann.

Jemand sagte mir, den Glauben zu haben, das wäre wie ein Sprung vom Aquarium in einen Ozean. Können Sie sich an Ihr erstes großes Glaubenserlebnis erinnern?

Ich würde sagen, bei mir war das eher ein stilles Wachsen. Natürlich gibt es Höhepunkte, wo einem in der Liturgie, in der Theologie, im ersten Konzipieren von theologischer Einsicht etwas aufgeht, wo es plötzlich weit und tragend wird und nicht mehr bloß übernommen ist. Den großen Sprung, von dem Sie gesprochen haben, einen speziellen Vorgang,

könnte ich in meinem Leben nicht identifizieren. Es war eher so, daß man sich langsam aus dem ganz seichten Wasser vorsichtiger ein bißchen weiter hinauswagen darf und langsam etwas von dem Ozean spürt, der auf uns zukommt.
Ich denke auch, daß man den Glauben nie einfach fertig hat. Glaube muß immer wieder im Leiden und im Leben wie auch in den großen Freuden, die Gott uns schenkt, gelebt werden. Er ist nie einfach etwas, was ich wie ein Geldstück einstecken kann.

Ein Bild von Gott

Mein kleiner Sohn fragt mich manchmal: Sag mal Papa, wie sieht Gott eigentlich aus?

Ich würde ihm antworten, man kann sich Gott so vorstellen, wie wir ihn durch Jesus Christus kennen. Christus sagt ja einmal: »Wer mich ansieht, sieht den Vater.«
Und wenn man dann die ganze Geschichte Jesu betrachtet – von der Krippe angefangen, über sein öffentliches Wirken, über die großen und bewegenden Worte, bis hin zum letzten Abendmahl, zum Kreuz, zur Auferstehung und zum Sendungsbefehl –, dann bekommt man etwas von dem Gesicht Gottes zu sehen. Dieses Gesicht ist einerseits ernst und groß. Es geht weit über unser Maß hinaus. Aber in ihm ist im Grunde die Güte, das Annehmen, das uns Gutwollen letztlich der charakteristische Zug.

Heißt es aber nicht auch, wir sollten uns kein Bild von Gott machen?

Dieses Gebot ist insofern umgewandelt, als Gott sich selbst sein Bild gegeben hat. Von Christus sagt der Epheser-Brief: Er ist das Bild Gottes. Und in ihm ist ganz verwirklicht, was in der Schöpfung vom Menschen gesagt wird.

Christus ist das Urbild des Menschen. Wir können damit zwar nicht Gott selbst in seiner ewigen Unendlichkeit darstellen, aber wir können das Bild sehen, in dem er sich selbst dargestellt hat. Von nun an *machen* wir nicht mehr ein Bild, sondern Gott selbst hat sein Bild *gezeigt*. Hier schaut und redet er uns an.

Das Bild von Christus ist freilich nicht einfach ein Foto von Gott. In diesem Bild des Gekreuzigten sieht man vielmehr die ganze Biographie Jesu, vor allem seine innere Biographie. Man wird damit in ein Sehen eingeführt, in dem die Sinne sich öffnen und übersteigen.

Wie könnte man Jesus mit wenigen Sätzen charakterisieren?

Hier sind unsere Worte immer überfordert. Grundlegend ist, daß Jesus der Sohn Gottes ist, daß er von Gott und zugleich wahrer Mensch ist. Daß er der ist, in dem nicht nur eine menschliche Genialität oder eine menschliche Heroizität auf uns zukommt, sondern in dem Gott durchscheint. Man kann sagen, in dem aufgerissenen Leib Jesu am Kreuz sehen wir, wie Gott ist, nämlich der, der sich bis zu diesem Punkte für uns aus-gibt.

War Jesus katholisch?

Das kann man so sicher nicht sagen, denn er steht über uns. Es gibt ja heute die umgekehrte Formel, daß man sagt, Jesus war kein Christ, sondern er war ein Jude. Das stimmt auch nur beschränkt. Er war ein Jude seinem Volkstum nach. Er war ein Jude, weil er das Gesetz angenommen und gelebt hat, und er war sogar auch, trotz aller Kritik, ein frommer Jude, der die Tempelordnung eingehalten hat. Und trotzdem hat er das Alte Testament durchbrochen und überschritten – aus der Vollmacht des Sohnes heraus.

Jesus hat sich selbst als den neuen, größeren Mose verstanden, der nun nicht mehr bloß interpretiert, sondern erneuert. Insofern ist er über das Vorhandene hinausgegangen und hat damit Neues geschaffen, nämlich die Ausweitung des Alten Testamentes in die Universalität eines Volkes hinein, das die Erde umspannt und immer weiter wachsen soll. Er ist also der, von dem der Glaube ausgeht, von dem sich die katholische Kirche gewollt weiß, aber der eben doch nicht einfach einer von uns ist.

Wie und wann haben Sie persönlich eigentlich gewußt, was Gott von Ihnen will?

Ich denke, das muß man immer wieder neu lernen. Gott will ja immer auch Weitergehendes. Wenn Sie allerdings auf die Berufsentscheidung anspielen, auf die Grundrichtung, die ich einschlagen sollte und wollte, so war das ein intensiver Reifungsprozeß, der in den Jahren des Studiums zum Teil auch kompliziert gewesen ist. Dieser Weg führte mich über das Zugehen auf die Kirche, über priesterliche Führer und Weggefährten und natürlich über die Heilige Schrift. Es war ein ganzes Knäuel von Beziehungen, das sich dann allmählich geklärt hat.

Sie haben allerdings auch einmal davon gesprochen, daß es bei Ihrer Entscheidung für den Priesterberuf ein »wirkliches

Treffen« zwischen Gott und Ihnen gegeben habe. Wie kann man sich denn dieses Treffen zwischen Gott und Kardinal Ratzinger vorstellen?

Jedenfalls nicht so, wie man sich ein Rendezvous zwischen zwei menschlichen Personen vorstellt. Vielleicht kann man es beschreiben als etwas, das einem auf die Haut kommt und sich dann in die Seele einbrennt. Man spürt, daß das nun einfach sein muß, daß es der richtige Weg ist. Es war keine Begegnung im Sinne einer mystischen Erleuchtung. Das ist nicht der Bereich von Erfahrungen, dessen ich mich rühmen dürfte. Aber ich kann sagen, daß das Ganze des Ringens zu einer deutlichen, fordernden Erkenntnis führte, so daß sich mir der Wille Gottes auch inwendig darstellte.

»Gott hat dich zuerst geliebt!«, heißt es in der Lehre Christi. Und er liebt dich ohne Ansehen von Herkunft und Bedeutung. Was bedeutet das?

Man sollte diesen Satz so wörtlich nehmen wie nur irgend möglich, und ich versuche es auch zu tun. Denn er ist wirklich die große Kraft unseres Lebens und die Tröstung, die wir brauchen. Und das ist ja gar nicht so selten.
Er hat mich zuerst geliebt, bevor ich überhaupt selber lieben konnte. Nur weil er mich schon kannte und liebte, bin ich überhaupt geschaffen. Ich bin also nicht durch einen Zufall in die Welt hineingeworfen worden, wie Heidegger sagt, und muß jetzt sehen, wie ich in diesem Ozean herumschwimme, sondern mir geht eine Erkenntnis, eine Idee und eine Liebe voraus. Sie ist auf dem Grund meiner Existenz vorhanden.
Was für jeden Menschen wichtig ist, was seinem Leben erst

Wichtigkeit gibt, ist, wenn er weiß, daß er geliebt wird. Gerade wer in einer schwierigen Situation ist, hält durch, wenn er weiß, jemand wartet auf mich, ich bin gewollt und gebraucht. Gott ist zuerst da und liebt mich. Und das ist der verläßliche Grund, auf dem mein Leben steht, und von dem aus ich es selber entwerfen kann.

Krise des Glaubens

Herr Kardinal, der christliche Glaube wird in den meisten Kontinenten der Erde nachgefragt wie noch nie. Alleine in den letzten 50 Jahren hat sich die Zahl der Katholiken weltweit auf über eine Milliarde Menschen verdoppelt. In vielen Ländern der sogenannten Alten Welt allerdings erleben wir eine weitere Säkularisierung. Es scheint, als würden sich große Teile der Gesellschaften in Europa nunmehr gänzlich von ihrem Erbe trennen wollen. Gegner des Glaubens sprechen von einem »Fluch des Christentums«, von dem man sich nun endlich befreien müsse.
Wir haben in unserem ersten Buch Salz der Erde *diese Thematik ausführlich behandelt. Viele Menschen sind bereit, den antichristlichen oder antikirchlichen Stereotypen ohne eigene Überlegung zu folgen. Der Grund liegt oftmals einfach darin, daß uns die Inhalte und Zeichen des Glaubens abhanden gekommen sind. Wir wissen nicht mehr, was sie zu bedeuten haben. Hat die Kirche nichts mehr zu sagen?*

Wir leben ohne Zweifel in einem Geschichtsraum, wo die Versuchung, es ohne Gott schaffen zu wollen, sehr groß ge-

worden ist. Unsere Technik- und Wohlstands-Kultur beruht auf der Überzeugung, daß im Grunde alles machbar ist. Natürlich verschließt sich, wenn wir so denken, das Leben dann in dem, was von uns gemacht und hergestellt und bewiesen werden kann. Die Gottesfrage tritt somit ab.
Wenn man diese Einstellung verallgemeinert – und die Versuchung ist sehr groß, weil das Ausschauhalten nach Gott tatsächlich das Herausgehen in eine andere Ebene bedeutet, die früher vermutlich leichter zugänglich gewesen ist –, liegt es auf der Hand zu sagen: Was wir nicht selber machen, das gibt es auch nicht.

Inzwischen gibt es genügend Versuche, Ethiken ohne Gott zu bauen.

Sicher, und das Kalkül darin ist, das zu suchen, was der Menschheit angeblich am besten bekommt. Zum anderen haben wir auch Versuche, die innere Erfüllung des Menschen, das Glück, zu einem konstruierbaren Produkt zu machen. Oder aber es gibt das Ausweichen in Religionsformen, die scheinbar ohne Glauben auskommen, esoterische Angebote, die dann häufig nur Glückstechniken sind.
Alle diese Formen, die Welt im Lot halten zu wollen und mit dem eigenen Leben auszukommen, liegen von dem Lebens- und Existenzmuster unserer Gegenwart her sehr nahe. Das Wort der Kirche dagegen kommt scheinbar aus einer Vergangenheit, sei es, daß es lange her ist und nicht mehr unserer Periode zugehört, oder daß es einer ganz anderen Lebensform entstammt, die nicht mehr die gegenwärtige zu sein scheint. Sicher hat die Kirche den Sprung in die Gegenwart noch nicht gänzlich geschafft. Die alten, wirklich gültigen und großen Worte wieder so mit Lebenserfahrung zu füllen, daß sie ver-

nehmbar werden, steht als eine große Aufgabe vor uns. Wir haben da viel zu tun.

Ein an die Esoterik angelehntes Gottesbild gibt die Vorstellung von einem ganz anderen Gott, der sich in neuen Botschaften mehr und mehr von der Lehre der Juden und Christen distanziert. Rabbis und Priester und sogar die Bibel, heißt es hier, seien gar keine Quellen seiner Botschaft. Die Menschen sollten sich statt dessen lieber an den eigenen Gefühlen orientieren. Sie sollten sich endlich von den Zwängen dieser überkommenen, ja albernen Religionen und ihrer machtbesessenen Priesterkasten befreien und wieder ganzheitlich und glücklich werden, eben so, wie sie vom Ursprung her gedacht waren. – Vieles davon klingt sehr verheißungsvoll.

Das entspricht genau unserem Gegenwartsbedürfnis von Religion und auch dem Bedürfnis nach Vereinfachung. Insofern hat es etwas Einleuchtendes, Erfolgversprechendes an sich. Man muß freilich auch fragen: Wer oder was legitimiert diese Botschaft? Ist sie dadurch hinlänglich legitimiert, daß sie uns plausibel erscheint? Genügt die Plausibilität als Kriterium, um eine Botschaft über Gott anzunehmen? Oder kann nicht gerade die Plausibilität eine Verführung sein, die uns schmeichelt? Sie zeigt uns zwar den einfacheren Weg auf, aber sie hindert auch daran, der Wirklichkeit auf die Spur zu kommen.
Letztlich machen wir damit unsere Gefühle zum Maßstab dafür, wer Gott ist und wie wir leben sollten. Aber Gefühle sind wechselhaft und wir merken dann doch bald selber, daß wir so auf trügerischem Grund bauen. So einleuchtend das auch zunächst scheint – ich begegne darin doch wieder nur menschlichen Ideen, die letzten Endes fragwürdig bleiben.

Das Wesentliche des Glaubens aber ist doch, daß ich darin nicht dem Ausgedachten begegne, sondern daß hier etwas auf mich zukommt, das größer ist als das, was wir Menschen uns ausdenken können.

Einwand: Das sagt die Kirche!

Es ist bewährt durch die Geschichte, die daraus gewachsen ist. In ihr hat sich Gott gleichsam immer wieder verifiziert und wird sich auch weiterhin verifizieren. Ich denke, wir werden in diesem Buch noch vieles dazu erfahren.
Letzten Endes reicht es aber für den Menschen eben doch nicht aus, daß uns Gott dieses oder jenes geäußert haben soll, oder daß wir uns dieses und jenes über ihn vorstellen können. Sondern nur dann, wenn er etwas für uns *getan* hat und ist, dann geschieht das, was wir brauchen und worauf ein Leben stehen kann.
Wir können dabei erkennen, daß es nicht nur Worte über Gott gibt, sondern daß es eine Realität *von* ihm gibt. Daß nicht nur Menschen etwas erdacht haben, sondern daß etwas passiert ist; passiert in dem wörtlichen Sinn einer Passion. Diese Realität ist größer als alle Worte, auch wenn sie schwerer zugänglich ist.

Für viele ist es freilich nicht nur unglaublich, sondern auch schon eine Anmaßung, eine ungeheure Provokation, zu glauben, daß ein einzelner Mensch, der um das Jahr 30 in Palästina hingerichtet worden ist, der Gesalbte und Erwählte Gottes, eben »Christus«, sein soll. Daß eine einzelne Gestalt die Mitte aller Geschichte ist.
Es gibt in Asien hunderte von Theologen, die sagen, Gott sei viel zu groß und umfassend, als daß er sich nur in einer einzel-

nen Person inkarniert hätte. Und in der Tat, wird der Glaube dadurch nicht auch verkleinert, wenn das Heil der ganzen Welt an einem einzigen Punkt ausgerichtet sein soll?

Diese religiöse Erfahrung in Asien hält Gott einerseits für so unermeßlich und andererseits unser Fassungsvermögen für so begrenzt, daß Gott sich danach nur in einer unendlichen Vielzahl von Spiegelungen immer wieder neu darstellen kann. Christus ist dann vielleicht ein herausgehobenes Symbol Gottes, aber doch eine Spiegelung, die absolut nicht das Ganze faßt.
Scheinbar ist dies ein Ausdruck der Demut des Menschen Gott gegenüber. Man hält es gar nicht für möglich, daß Gott in einen einzelnen Menschen eingehen kann. Und rein vom Menschen aus gedacht könnten wir vielleicht auch nichts anderes erwarten, als daß wir von Gott immer nur irgendeinen Funken, einen kleinen Ausschnitt sehen könnten.

Klingt nicht unvernünftig.

Ja. Vernünftigerweise müßte man in der Tat sagen, Gott ist viel zu groß, um in das Kleinsein eines Menschen einzugehen. Gott ist viel zu groß, als daß eine Idee oder eine Schrift sein Wort umfassen könnte, er kann sich nur in vielfältigen, auch widersprüchlichen Erfahrungen spiegeln. Andererseits würde die Demut zu Hochmut werden, wenn wir Gott die Möglichkeit absprächen, daß er die Freiheit und die Macht der Liebe hat, so klein zu werden.
Der christliche Glaube bringt uns eben den Trost, daß Gott so groß ist, daß er klein werden kann. Und das ist eigentlich für mich erst die unerwartete und vorher auch gar nicht entwerfbare Größe Gottes, daß er auch diese Möglichkeit hat, sich so

herunterzubeugen. Daß er wirklich selbst in einen Menschen eingeht, sich in ihn nicht mehr verkleidet, damit er ihn dann wieder ablegen und ein anderes Gewand anziehen kann, sondern daß *er* dieser Mensch wird. Erst darin sehen wir eigentlich die wahre Unendlichkeit Gottes, denn das ist eben doch gewaltiger, unausdenkbarer und zugleich rettender als alles andere.

Im anderen Fall müßten wir immer auch mit einer Menge von Unwahrheit leben. Die widersprüchlichen Fragmente, die es gibt, legen im Buddhismus wie im Hinduismus tatsächlich die Lösung der negativen Mystik nahe. Aber dann wird Gott eigentlich zur Negation – und hat dieser Welt positiv, konstruktiv letzten Endes auch nichts mehr zu sagen.

Umgekehrt ist genau dieser eine Gott, der die Macht hat, Liebe so zu realisieren, daß er in einem Menschen er selbst ist, daß er da ist und sich uns zu erkennen gibt, daß er Gemeinschaft mit uns aufnimmt, genau das, was wir brauchen, um nicht mit Fragmenten, Halbwahrheiten zu Ende leben zu müssen.

Das bedeutet nicht, daß wir nichts mehr von den andern Religionen lernen könnten. Oder daß der Kanon des Christlichen so fertig zementiert ist, daß wir nicht weitergeführt werden könnten. Das Abenteuer des christlichen Glaubens ist immer wieder neu, und seine Unermeßlichkeit erschließt sich gerade darin, daß wir Gott diese Möglichkeiten zuerkennen.

Ist denn der Glaube im Menschen prinzipiell immer vorhanden?

Soweit die Geschichte der Menschheit bis in die früheste Urgeschichte hinein aus den Ausgrabungen erkennbar ist, kann man feststellen, daß es die Gottesidee immer gegeben hat. Die

Marxisten hatten das Ende der Religion vorhergesagt. Man werde mit dem Ende der Unterdrückung die Medizin Gott nicht mehr brauchen, hieß es. Aber auch sie haben erkennen müssen, daß Religion nie aufhört, weil sie wirklich im Menschen selbst vorhanden ist.

Dieser innere Sensor funktioniert allerdings nicht mit dem Automatismus eines technischen Geräts, sondern er ist etwas Lebendiges, das entweder mit dem Menschen mitwachsen oder aber auch betäubt werden und beinahe absterben kann. Mit dem inneren Mitvollziehen wird der Sensor immer mehr geschärft, lebendiger und reaktionsintensiver – im anderen Fall wird er stumpf und gleichsam unter einer Anästhesie begraben. Und dennoch, irgendwie bleibt auch im ungläubigen Menschen eine Restfrage da, ob nicht vielleicht doch etwas vorhanden ist. Ohne dieses innerste Organ ist die Menschheitsgeschichte gar nicht verstehbar.

Andererseits gibt es Bibliotheken von Büchern und gewaltige Theorien, die versuchen, diesen Glauben zu widerlegen. Auch der Glaube gegen den Glauben scheint also prinzipiell vorhanden zu sein, ja sogar etwas Missionarisches zu haben. Die größten Menschenexperimente der bisherigen Geschichte, Nationalsozialismus und Kommunismus, waren darauf angelegt, den Glauben an Gott ad absurdum zu führen und aus den Herzen der Menschen herauszureißen. Und das wird nicht der letzte Versuch gewesen sein.

Deswegen ist ja der Glaube an Gott nicht ein Wissen, so wie ich Chemie oder Mathematik erlernen kann, sondern bleibt Glaube. Das heißt er hat durchaus eine rationale Struktur, darauf werden wir noch kommen. Er ist nicht einfach irgendeine dunkle Sache, auf die ich mich einlasse. Er gibt mir Einsicht. Und es gibt einsichtige Gründe genug, ihm anzuhängen. Aber er wird nie zu reinem Wissen.

Da der Glaube eben die ganze Existenz einfordert, den Willen, das Lieben, das Sichloslassen, ist in ihm immer auch die Übersteigung des bloßen Wissens, des bloßen Beweisens vonnöten. Und weil das so ist, kann ich auch immer vom Glauben wegleben und Gründe finden, die ihn zu widerlegen scheinen.

Da gibt es, wie Sie selber wissen, ganze Schichten von Gegengründen. Wir müssen uns nur das ungeheure Leid in der Welt ansehen. Allein dieses scheint Gott schon zu widerlegen. Oder nehmen wir diese Kleinheit, die Unscheinbarkeit Gottes. Für denjenigen, dem die Augen des Glaubens aufgegangen sind, ist das gerade seine ganze Größe, aber für den, der den Sprung nicht machen kann oder will, macht es Gott irgendwie widerlegbar. Man kann das Ganze auch in lauter Details auflösen. Man kann die Heilige Schrift, das Neue Testament so zerlesen, daß nur noch lauter Stücke übrigbleiben, daß dann ein gelehrter Herr sagen kann, die Auferstehung ist erst später erfunden worden, alles ist später hinzugefügt worden, nichts von dem hält.

Das alles ist möglich. Gerade auch deshalb, weil Geschichte und Glaube etwas Menschliches ist. Insofern wird der Streit um den Glauben nie aufhören. Dieser Streit ist ja immer auch ein Ringen des Menschen mit sich und ein Ringen mit Gott, das bis in die Morgenröte der endenden Geschichte hinein fortdauern wird.

In der modernen Gesellschaft wird angezweifelt, daß es die eine Wahrheit überhaupt geben könnte. Das schlägt sich auch auf die Kirche nieder, die unbeirrt an diesem Begriff festhält. Sie meinten sogar einmal, die derzeitige tiefgehende

Krise des Christentums in Europa beruhe ganz wesentlich auf der Krise seines Wahrheitsanspruches. Warum?

Weil sich niemand mehr zu sagen traut, daß das, was der Glaube sagt, wahr sei. Man fürchtet dann schon, daß man intolerant ist, auch anderen Religionen oder Weltanschauungen gegenüber. Und die Christen untereinander sagen, wir haben Furcht vor der Höhe des Wahrheitsanspruches bekommen.
Einerseits ist das irgendwie heilsam. Denn wenn man zu schnell, zu leichtfertig mit dem Wahrheitsanspruch um sich schlägt und zu ruhig und gelassen sich darin niederläßt, kann man nicht nur selbstherrlich werden, sondern auch etwas, das nur zweitrangig und vorläufig ist, zu leicht als Wahrheit etikettieren.
Die Behutsamkeit mit dem Anspruch der Wahrheit ist durchaus angemessen. Sie darf nur nicht dazu führen, daß man diesen Anspruch ganz generell fallen läßt. Denn dann tappen wir halt nur in verschiedenen Traditionsmodellen herum.

Allerdings werden die Grenzen auch wirklich unschärfer. Viele träumen von einer Art Eintopfreligion, allerdings mit ausgewählten Zutaten, die ganz besonders mundgerecht sind. Es gibt zunehmend eine Unterscheidung zwischen »schlechter« und »guter« Religion.

Interessant ist, daß der Begriff Tradition den Begriff Religion und Konfession weitgehend abgelöst hat – und damit eben auch den Wahrheitsbegriff. Die einzelnen Religionen werden als Traditionen angesehen. Sie gelten dann als »ehrwürdig«, als »schön«, und man sagt, wer in der einen Tradition steht, soll die seine achten, der andere die andere und alle sich gegenseitig. Wenn wir allerdings nur noch Traditionen haben, entsteht natürlich auch ein Wahrheitsverlust. Und irgendwann wird man sich fragen, warum eigentlich überhaupt noch Tradition. Und dann ist auch die Rebellion gegen die Tradition begründet.

Mir fällt da immer das Wort von Tertullian ein, der einmal meinte: Christus hat nicht gesagt, ich bin die Gewohnheit, sondern die Wahrheit. Christus sanktioniert eben nicht einfach die Gewohnheit, im Gegenteil, er führt ja gerade aus den Gewohnheiten heraus. Er will den Aufbruch, er fordert uns auf, das zu suchen, was wahr ist, was uns in die Wirklichkeit des Schöpfers, des Erlösers, unseres eigenen Seins hineinbringt. Insofern müssen wir die Behutsamkeit mit dem Wahrheitsanspruch als eine große Verpflichtung ansehen, aber auch den Mut dazu haben, die Wahrheit nicht zu verlieren, uns nach ihr auszustrecken und sie da demütig und dankbar anzunehmen, wo sie uns geschenkt wird.

Vom Zweifel

Sie haben einmal die Geschichte eines jüdischen Rabbis von Martin Buber nacherzählt. In dieser Geschichte wird der Rabbi eines Tages von einem Aufklärer besucht. Der Aufklärer ist ein gelehrter Mann. Er will dem Rabbi beweisen, daß es keine Wahrheit des Glaubens gibt, und daß der Glaube in Wahrheit sogar rückständig, ein Relikt der Vergangenheit sei. Als der Gelehrte die Stube des Rabbis betritt, sieht er ihn mit einem Buch in der Hand sinnierend auf und ab gehen. Der Rabbi achtet nicht auf den Aufklärer. Nach einer Zeit aber bleibt er dann doch stehen, sieht ihn flüchtig an und sagt nur: » Vielleicht ist es aber wahr.« Das genügte. Dem Gelehrten schlotterten die Knie, und er verließ fluchtartig das Haus. – Eine schöne Geschichte, aber dennoch: Immer wieder kehren auch Priester ihrer Kirche den Rücken, Mönche flüchten aus ihren Klöstern. Sie selbst haben einmal von der »bedrängenden Macht des Unglaubens« gesprochen.

Der Glaube ist nie einfach da, so daß ich ab einem bestimmten Zeitpunkt sagen könnte: ich habe ihn, andere haben ihn nicht. Wir sprachen bereits davon. Er ist etwas Lebendiges, das den ganzen Menschen – Verstand, Wille, Gefühl – in allen seinen Dimensionen einbezieht. Er kann zwar dann im Leben immer tiefer einwurzeln, so daß mein Leben mit meinem Glauben mehr und mehr identisch werden kann, aber trotzdem ist er nie einfach ein Besitz. Der Mensch behält immer die Möglichkeit, dieser anderen Tendenz in sich nachzugeben und zu Fall zu kommen.

Der Glaube bleibt ein Weg. Solange wir leben, sind wir unterwegs, und deswegen wird er auch immer wieder bedroht und bedrängt. Und es ist auch heilend, daß er nicht zu einer handhabbaren Ideologie wird. Daß er nicht verhärtet und mich unfähig macht, mit dem fragenden, zweifelnden Bruder mitzudenken und auch mitzuleiden. Glaube kann nur dadurch reifen, daß er in allen Stufen des Lebens die Bedrängung und die Macht des Unglaubens neu erträgt und aufnimmt und sie dann schließlich auch durchschreitet, damit er wieder in einer neuen Zeit begehbar wird.

Wie ist es bei Ihnen? Kennen auch Sie ganz persönlich diese »bedrängende Macht des Unglaubens«?

Natürlich. Gerade wenn man als Professor oder als ein Lehrer des Glaubens in der geistigen Situation unseres Jahrhunderts mitzuglauben versucht, muß man die Fragen an sich heranlassen, die es uns schwermachen. Und dann treten selbstverständlich auch jene Lebensmodelle an einen heran, die uns mit dem Versprechen vorgehalten werden, den Glauben ersetzen oder überflüssig machen zu können. Insofern ist für mich das Annehmen, das innere Bestehen, und das Bedrängtwerden durch all das, was heute gegen den Glauben spricht, ein wesentlicher Teil meiner Aufgabe.
Aber auch wenn ich nicht wollte, tritt es an einen heran, durch Informationen, durch das Geschehen, durch alles, was sich einem an Lebenserfahrung auftut. All das macht den Glaubensweg einerseits mühsam. Aber dann, wenn man wieder ins Licht kommt, sieht man auch, daß es eine Bergbesteigung ist, und daß man gerade auf diese Weise auch näher an den Herrn herankommt.

Ist das irgendwann einmal vorbei?

Ganz vorbei ist es nie.

Kann man sich vorstellen, daß auch ein Papst vom Zweifel oder gar vom Unglauben befallen wird?

Vom Unglauben nicht, aber daß auch er unter den Fragen leidet, die das Glauben schwermachen, das sollte man sich schon vorstellen. Mir ist als Kaplan eine kleine Begegnung aus München unvergeßlich geblieben. Mein damaliger Pfarrer Blumscheid war mit dem Pfarrer der benachbarten evangelischen Pfarrei befreundet. Eines Tages kam Romano Guardini zu einem Vortrag, und die beiden Pfarrer konnten mit ihm reden. Ich weiß nicht, wie das Gespräch verlaufen ist, aber Blumscheid hat mir dann ganz entgeistert erzählt, Guardini hätte gesagt, es wird, wenn man älter wird, nicht leichter mit dem Glauben, sondern schwerer. Guardini mag damals so zwischen 65 oder 70 Jahre alt gewesen sein. Natürlich, das ist die spezifische Erfahrung eines Menschen, der an sich schwermütig war und viel gelitten hat. Aber, wie gesagt, ganz erledigt ist die Sache nie. Andererseits wird es irgendwo leichter, weil auch die Flamme des Lebens kleiner wird. Aber solange man unterwegs ist, ist man unterwegs.

Weiß denn die katholische Kirche mit absoluter Sicherheit, wie Gott wirklich ist, was er wirklich sagt und auch, was er eigentlich von uns will?

Die katholische Kirche weiß im Glauben das, was Gott uns in der Geschichte der Offenbarung gesagt hat. Natürlich bleibt das Verständnis davon – auch das, das die Kirche davon hat – immer hinter der Größe dessen zurück, was Gott geredet hat. Deshalb gibt es die Entwicklung des Glaubens. Jede Generation kann von ihren Lebenszusammenhängen her neue Dimensionen entdecken, die vorher auch die Kirche nicht gewußt hat. Der Herr selber sagt ja im Johannes-Evangelium voraus: »Der Heilige Geist wird euch führen, in alle Wahrheit hinein, um auch das zu erkennen, was ihr jetzt noch gar nicht ertragen könntet.« Das heißt, es gibt immer einen Überschuß, ein »Voraus« der Offenbarung, nicht nur gegenüber dem, was der einzelne davon begriffen hat, sondern auch gegenüber dem, was die Kirche davon weiß. Dieser Überschuß ist daher für jede Generation ein neues Abenteuer.

Was heißt das?

Es ist nie so, daß man sagen könnte, jetzt wissen wir alles, jetzt ist das Christentum in seiner Erkenntnis abgeschlossen. Weil Gott und das menschliche Leben unergründlich sind, gibt es immer neue Dimensionen. Was der Kirche allerdings gegeben ist, ist eine Sicherheit darüber, was *nicht* mit dem Evangelium vereinbar ist. Sie hat in ihrem Glaubensbekenntnis und in ihren Dogmen die wesentlichen Erkenntnisse formuliert. Sie sind alle negativ formuliert. Sie sagen einem, wo die Grenze ist, von wo an man abirren würde. Der Innenraum bleibt sozusagen immer offen und weit. Und deswegen kann sie auch für das menschliche Leben die großen Grundrichtungen angeben und sagen, wohin ich sicher *nicht* gehen darf, wenn ich nicht abstürzen möchte. Es bleibt Aufgabe des einzelnen, die vielfältigen Möglichkeiten auf seinem Weg zu erkennen und auszuschöpfen.

Manche meinen allerdings, das Christentum sei weniger eine praktische Religion, sondern etwas für das Jenseits, also ein Weg, mit dem man Punkte sammeln kann für ein Konto in der anderen Welt.

Richtig ist, daß das Jenseits zur christlichen Lebensperspektive gehört. Wenn man das wegnehmen wollte, dann wird unsere Perspektive zu einem merkwürdigen Fragment, zu einer zerstückelten Sache. Das menschliche Leben wäre grob verstümmelt, wenn man es nur in der Dimension dieser 70 oder 80 Jahre ansieht, die wir leben dürfen. Auf diese Weise entsteht ja diese merkwürdige Habgier nach Leben. Wenn das augenblickliche Leben das einzige ist, das ich überhaupt haben kann, dann muß ich natürlich schauen, daß ich soviel heraushole und zusammenraffe wie nur irgend möglich. Dann kann ich auch auf den anderen keine Rücksicht mehr nehmen.

Das Jenseits gibt mir die Maßstäbe und gibt dem jetzigen Leben den Ernst und das Gewicht, um nicht nur für den Augenblick zu leben, sondern so, daß dieses Leben am Schluß etwas taugt, etwas wert ist – und nicht nur für mich, sondern für das Ganze. Der erhörende Gott nimmt uns die Verantwortung nicht ab, sondern lehrt uns Verantwortung. Er führt uns dazu, daß wir aus dem, was uns aufgegeben ist, verantwortlich leben und damit auch fähig werden, einmal vor ihm zu bestehen.

Christus sagt: »Bittet, so wird euch gegeben werden. Suchet, so werdet ihr finden. Klopfet an, und es wird euch aufgetan werden«. Andererseits: Wenn mein Sohn zum Beispiel vor einer Schulaufgabe steht, bittet er Gott um Hilfe. Aber, ehrlich gesagt, es hilft nicht immer.

Man bittet zum Beispiel um Gesundheit; eine Mutter macht das für ihr Kind, ein Mann für seine Frau; man bittet darum, daß ein Volk nicht in einen großen Irrtum abstürzt – und wir wissen, daß das keineswegs immer erhört wird. Das kann für einen Menschen, bei dem es um Leben und Tod geht, zu einer großen Frage werden. Warum hat er keine Antwort bekommen, oder jedenfalls ganz und gar nicht die Antwort, um die er gebeten hat? Warum schweigt Gott?, wird er sich fragen. Warum zieht er sich zurück? Warum geschieht genau das Gegenteil von dem, was ich wollte?
Diese Distanz zwischen der Verheißung Jesu und dem, was wir in unserem eigenen Leben erfahren, hat alle Generationen, hat jeden einzelnen und hat auch mich immer wieder zum Nachdenken veranlaßt. Jeder muß sich ja auch selber zu einer Antwort durchringen, indem er dann schließlich verstehen lernt, warum Gott gerade so mit ihm geredet hat.

Und welche Antwort gibt es da?

Augustinus und andere Große sagen, Gott gibt uns das, was das Beste für uns ist – auch wenn wir das im voraus nicht erkennen können. Oft halten wir ja genau das Gegenteil von dem, was er tut, für unser Bestes. Man müßte lernen, diesen Weg, der uns von unserer Erfahrung und von unserem Schmerz her so schwerfällt, auch anzunehmen und darin eine Führung zu sehen. Der Weg Gottes ist oftmals ein ungeheurer Weg der Umformung, der Umschmelzung unseres Lebens, in dem wir dann aber auch wirklich geändert und zurechtgebogen werden.

Insofern muß man sagen, dieses »Bittet, ihr werdet empfangen« kann sicher nicht heißen, daß ich einfach für alles, was ich möchte, Gott als Lückenbüßer hereinholen kann, der mir das Leben bequem macht. Oder der mir das Leiden und die Fragen abnehmen würde. Im Gegenteil, es bedeutet, daß Gott mich auf jeden Fall hört und mich in der allein ihm bekannten Weise so erhört, wie es für mich richtig ist.

Um auf den konkreten Fall zurückzukommen: Für Ihren Sohn kann es auch heilsam sein, zu lernen, daß da nicht einfach der liebe Gott einspringt, wenn er seine Vokabeln nicht richtig gelernt hat, sondern daß er sich schon selber einsetzen muß. Es kann manchmal auch heißen, daß ihm die kleine Züchtigung, die in einem Mißerfolg liegt, nicht erspart wird. Denn vielleicht braucht er gerade diese sehr notwendig, um den Weg zu finden, auf dem er gehen sollte.

Klagen wie Hiob?

Der Schriftsteller Joseph Roth hat, in alter jüdischer Tradition, mit seinem Gott regelrecht gestritten. »Millionen meinesgleichen zeugst Du in Deiner fruchtbaren Sinnlosigkeit«, schrieb er unter dem Eindruck der Greuel des Ersten Weltkrieges. »Ich will Deine Gnade nicht!« schreit er voller Verzweiflung in den Himmel hinauf, »schick mich in die Hölle.«

Vielleicht ist das im Jüdischen stärker ausgeprägt, auch deswegen, weil Christus noch nicht erschienen ist, der mitleidende, Seelen rettende und in das Elend hereingetretene Gott, der uns nicht mehr bloß als der große Unbegreifliche gegenübersteht, wie er bei Hiob am Ende erscheint, sondern als einer, der selber an den untersten Punkt heruntergestiegen ist, so daß er mit dem Psalm von sich sagen kann: »Ein Wurm bin ich, kein Mensch«, einer, der getreten, zertreten wird.
Es gibt gerade in Zeiten, in denen wir in Not sind, immer wieder die Frage: Warum tust du denn das?! Wir hatten ja anfangs davon gesprochen, daß dieser Ansatz, in dem wir Gott unser Nichtverstehen ganz offen sagen, in vielen Situationen auch bereits der Beginn des persönlichen Betens und der Bewältigung sein kann. Wir sagen das mit einem Grundstock an Gewißheit, daß ich die rechte Antwort bekommen werde, weil der Gekreuzigte, dem es genauso elend und schlecht ergangen ist, immer vor mir ist.

Vielleicht täusche ich mich, aber im Christentum hat man ein eher devotes Verhältnis zu Gott. Augustinus sagt: »Herr, ich streite nicht mit Dir, weil Du die Wahrheit bist ... Ich ziehe Dich nicht zur Rechenschaft ... Aber von Deiner Barmherzigkeit laß mich reden, mich Staub und Asche.«

Augustinus, der ja immer ein leidender und ringender Mensch gewesen ist, hat diese Frage sehr bewegt. Anfangs meinte er, wenn man bekehrt ist, dann geht man von da an einen Höhenweg. Später hat er gemerkt, daß eben auch der Höhenweg furchtbar schwierig bleibt, und daß es da sehr dunkle Täler gibt. Er war der Meinung, daß sogar der heilige Paulus bis zuletzt unter Versuchungen gelitten habe, was er sicher von sich selber aus auf ihn projiziert hatte. Aber gerade weil Augustinus bedrängt war, war es für ihn dann so wesentlich, Gott als den Barmherzigen anreden zu können, von ihm Zuflucht erwarten zu dürfen, in ihm das gütige Antlitz zu sehen und nicht mit ihm streiten zu müssen.
In dem Sinn glaube ich, daß tatsächlich die Gestalt Christi unserem Streit etwas von seiner Bitterkeit nimmt. Die Antwort, die bei Hiob im Erscheinen des Schöpfers nur ganz anfanghaft aufgeht, ist in der Zwischenzeit ein gutes Stück weitergekommen.

Noch einmal: Viele Menschen suchen gerade in einer Notsituation Hilfe aus dem Glauben. Manchmal funktioniert es, aber manchmal hat man auch das Gefühl, mein Gott, wo bist Du eigentlich? Warum hilfst Du mir nicht besser, wenn ich Dich brauche?

Das Buch Hiob ist der klassische Schrei des Menschen, der die ganze Not des Daseins und den schweigenden Gott erfährt. Und sogar den scheinbar ungerechten Gott. Hiob ist verzweifelt und zornig, so daß er dann wirklich all das vor

Gott ausschüttet, was ihn niederwirft und zweifeln läßt an der Güte des Lebens.
Es sind die Fragen, ob es überhaupt gut ist, zu leben? Ob Gott gut ist und wirklich da ist und wirklich hilft? Diese Nächte werden uns nicht erspart. Sie sind offenbar auch nötig, damit wir im Leiden lernen, damit wir darin auch eine innere Freiheit und Reife und vor allen Dingen auch eine Mitleidensfähigkeit für den anderen erlernen. Eine letzte, rationale Antwort, eine Weltformel, in der wir diese Dinge erklären könnten, gibt es nicht. Denn dort, wo es wirklich unter die Haut und ans Herz geht, sind ganz andere Gewichte im Spiel, die man nicht mehr mit Universalformeln aufklären kann, sondern die letzten Endes nur im ganz persönlichen Durchleiden ins reine gebracht werden können.

»Nächte voller Mühsal teilte man mir zu«, so klagte Hiob, »lege ich mich nieder, sage ich, wann darf ich aufstehen. Wird es Abend, bin ich gesättigt mit Unrast ... Nie mehr schaut mein Auge Glück.« Wenn einem schon dieser Seelen-Schmerz nicht erspart bleibt, was bekommt man denn dann eigentlich vom Glauben?

Man darf diese Frage schon stellen, denn wenn ich etwas tue, muß es Sinn haben. Man will wissen: Ist das eigentlich richtig? Bedeutet das etwas oder ist es in Wirklichkeit eine Täuschung? Falsch wird diese Fragestellung dann, wenn man alles, was es gibt, nur unter dem Aspekt des *Ich* betrachtet, unter der Prämisse, was ich davon bekomme. Dann ist man nämlich in einer Perspektive der Habsucht nach Leben, der Verschließung in sich selbst, mit der man nichts mehr verstehen kann und durch die man letztlich am Leben scheitern muß.
Christus sagte einmal: Wer sein Leben besitzen will, der ver-

liert es. Und nur wer sein Leben verliert, wer bereit ist, es wegzugeben, der kommt in die richtigen Perspektiven und kann es dadurch finden. Das heißt, ich muß letzten Endes die Frage nach dem, was ich davon habe, abwerfen. Ich muß lernen zu erkennen, daß es wichtig ist, mich einmal loszulassen. Ich muß bereit sein, mich zu geben.

Das sagt sich so leicht.

Aber es gehört ja auch schon zu jeder menschlichen Liebe, daß sie nur dann wirklich bereichernd und groß wird, wenn ich bereit bin, für diesen Menschen auf mich selber zu verzichten, aus mir herauszugehen, mich zu geben. Und das gilt erst recht in dem Großen unseres Verhältnisses zu Gott, aus dem schließlich alle anderen Verhältnisse erst entstehen können.
Anfangen muß ich damit, daß ich nicht mehr auf *mich* hinschaue, sondern mich frage, was *er* will. Anfangen muß ich damit, Liebe zu erlernen. Die besteht eben darin, den Blick von mir weg- und auf ihn hinzuwenden. Wenn wir dann aus dieser Grundrichtung heraus nicht mehr fragen, was kann ich alles für mich selbst verbuchen, sondern mich einfach von ihm führen lasse, mich wirklich verliere in Christus, wenn ich mich fallen lasse, loslasse von mir selbst, dann merke ich, ja, so wird das Leben erst richtig, weil ich ohnedies für mich allein viel zu eng bin. Wenn ich sozusagen ins Freie gehe, dann erst beginnt es, dann kommt das Große des Lebens.

Jetzt wird es vermutlich heißen, daß diese Geschichte ganz schön dauern kann.

Nun, das ist natürlich ein Weg, den man nicht von heute auf morgen tun kann. Wenn man auf das schnelle Glück eingestellt ist, dann klappt's mit dem Glauben nicht. Und vielleicht ist das einer der Gründe für die heutige Glaubenskrise, daß wir die Lust und das Glück sofort abholen wollen und nicht das Abenteuer riskieren, das ein ganzes Leben dauert – in dem großen Vertrauen, daß dieser Sprung eben nicht im Nichts endet, sondern daß er seinem Wesen nach der Akt der Liebe ist, für den wir geschaffen sind. Und der mir überhaupt erst das gibt, was ich will: zu lieben und geliebt zu sein, und damit das eigentliche Glück zu finden.

Vom Berge versetzen

Aber Jesus sagt doch selber: »Wenn euer Glaube auch nur so groß ist wie ein Senfkorn, dann werdet ihr zu diesem Berg sagen: Rück' von hier nach dort! Und er wird wegrücken. Nichts wird euch unmöglich sein.«

Das ist tatsächlich eines der Rätselworte des Neuen Testaments, für mich jedenfalls. Auch die Väter, die großen Theologen, die Heiligen, haben mit diesem Wort gerungen. Wir dürfen uns auch hier – ähnlich wie bei dem Wort »Betet und ihr werdet erhört« – nicht bei einer banalen Auffassung festmachen, die sagt, also gut, jetzt glaube ich ganz fest, dann müßte ich zu dem Berg von Montecassino sagen können: weg mit dir. Gemeint sind im eigentlichen jene Berge, die unser Leben verstellen. Und die sind meistens viel gewichtiger als die Gebirge, die man auf den Landkarten aufzeichnen kann. Diese Berge kann ich in der Tat überwinden, wenn ich mich loslasse an Gott hin.

Ist das eine Art Selbstsuggestion?

Der Akt des Glaubens ist ja nicht, sich gewissermaßen eine Idee einzureden oder dem Glauben ein Können zuzuschreiben. Der Akt des Glaubens liegt darin, darauf zu vertrauen, Gott ist da, ich kann mich in seine Hände geben. Und dann wird auch der Berg weggehen.
Der Herr gebraucht in diesem Zusammenhang das Bild vom Senfkorn als dem geringsten aller Körnchen und Samen überhaupt, aus dem schließlich ein Baum wird, in dem die Vögel des Himmels nisten. Im Senfkorn ist einerseits die Kleinheit enthalten – in der ich armselig bin –, aber auch die Potentialität des Wachsens. In diesem Senfkorn steckt insofern ein tiefes Bild des Glaubens. Der Glaube ist demnach nicht bloß ein Akzeptieren von bestimmten Sätzen, sondern er ist ein Lebensame in mir. Ich bin erst dann ein richtig Glaubender, wenn der Glaube als ein lebendiger Same in mir vorhanden ist, aus dem etwas wächst, und der dann wirklich zuerst meine Welt verändert, und damit auch für die Welt im ganzen etwas Neues bringt.

Jesus hat ein großes Versprechen gemacht. Er sagt: »Ich habe meine Lehre nicht von mir, sondern von dem, der mich gesandt hat. Wer den Willen Gottes tut, der wird an sich erfahren, ob diese Lehre von Gott ist oder ob ich aus mir selber rede.« Und selbst die Pharisäer riefen damals aus: »Niemals hat ein Mensch so geredet wie dieser.«

Das entspricht genau dem, was wir jetzt meditiert hatten. Die Wahrheit des Wortes Jesu ist nicht theoretisch abrufbar. Es ist wie bei einem technischen Lehrsatz: seine Richtigkeit zeigt sich erst im Ausprobieren. Die Wahrheit dessen, daß hier

Gott spricht, bezieht den ganzen Menschen, das Experiment des Lebens mit ein. Sie kann für mich nur sichtbar werden, wenn ich mich in den Willen Gottes, so wie er sich mir erschließt, wirklich hineinbegebe. Dieser Schöpferwille ist ja nicht etwas mir Fremdes, Äußerliches, sondern er liegt mir selber zugrunde. Und in diesem Experiment des Lebens wird tatsächlich erkennbar, wie das Leben richtig wird. Es wird nicht bequem, aber es wird richtig. Es wird nicht oberflächlich, vergnüglich, aber es wird in einem tiefen Sinn von Freude erfüllt.

Das ist auch die eigentliche Bedeutung der Heiligen für uns, daß es Menschen sind, die sich in dieses Experiment des Willens Gottes eingelassen haben. Sie sind gewissermaßen Lichter für die Menschheit, Wegweiser, die uns zeigen, wie es geht, wie das Leben richtig wird. Ich glaube, das ist für die ganze Frage nach der Wahrheit des Christentums fundamental.

GOTT UND DER VERSTAND

Die Kirche und ihre Heiligen betonen, man könne den christlichen Glauben auch verstandesmäßig erfassen, beweisen und begründen. Stimmt das?

Ja, aber in Grenzen. Richtig ist, daß der Glaube nicht irgendein Bildergewebe ist, das man so oder aber auch ganz anders machen könnte. Der Glaube spricht unseren Verstand an, weil er Wahrheit aussagt – und weil der Verstand für die Wahrheit geschaffen ist. Insofern ist ein Glaube ohne Verstand kein richtiger christlicher Glaube.

Der Glaube fordert unser Verstehen heraus. Wir suchen ja auch in diesem Gespräch herauszufinden, daß dies alles – vom Schöpfungsgedanken angefangen bis hin zur christlichen Hoffnung – eine sinnvolle Gestalt ist, in der Verständiges auf uns zukommt. Insofern kann man zeigen, daß der Glaube auch für den Verstand angemessen ist.

Gerade Naturwissenschaftler haben Gott und Glauben immer wieder zum Thema gemacht. Ich habe einige Zitate mitgebracht. Isaak Newton zum Beispiel, der Begründer der theoretischen Physik, sagte: »Die wunderbare Einrichtung und Harmonie des Weltalls kann nur nach dem Plane eines allwissenden und allmächtigen Wesens zustande gekommen sein. Das ist und bleibt meine letzte und höchste Erkenntnis.« Augustin Louis Chauchy, der französische Mathematiker, meinte: »Ich bin ein Christ, das heißt ich glaube an die Gottheit Christi wie Tycho de Brahe, Kopernikus, Descartes, Newton, Leibnitz, Pascal ... wie sämtliche große Astronomen und Mathematiker der Vergangenheit.« Und der Italiener Guglielmo Marconi, ein Nobelpreisträger, dem wir das drahtlose Telephonieren und damit die Handy-Generation verdanken, sagte es so: »Ich erkläre mit Stolz, daß ich gläubig bin. Ich glaube an die Macht des Gebetes. Ich glaube nicht nur als gläubiger Katholik daran, sondern auch als Wissenschaftler.«

Sicher, wir stürzen uns nicht in ein abergläubiges Abenteuer, wenn wir Christen werden. Nur würde ich zwei Vorbehalte anbringen: Der Glaube ist nicht in dem Sinne verstehbar, daß er wie eine mathematische Formel vollständig für mich durchschaubar wäre, sondern er greift in immer tiefere Schichten, in das Unendliche Gottes hinein, in das Mysterium der Liebe. In diesem Bereich gibt es dann eine Grenze dessen, was man bloß denkend verstehen kann. Vor allem, was man als begrenzter Mensch verstehen und verständlich vollkommen aufarbeiten kann.

Wir können schon einer den anderen Menschen nicht ganz verstehen, weil das in tiefere Gründe hinabgeht, als wir sie verständlich nachrechnen können. Wir können letztlich auch die Struktur der Materie nicht verstehen, sondern immer nur bis zu einem bestimmten Punkt kommen. Um so mehr ist einsichtig, daß wir das, was uns in Gott und im Wort Gottes entgegentritt, letztlich nicht dem Verstand unterwerfen können, weil es weit darüber hinausgeht.

In diesem Sinne läßt sich Glauben eigentlich auch nicht beweisen. Ich kann nicht sagen, wer das nicht annimmt, der ist eben blöd. Zum Glauben gehört ein Lebensweg, in dem sich das Geglaubte allmählich durch Experiment bewährt und in seiner Ganzheit als sinnvoll erweist. Es gibt also vom Verstand her Annäherungen, die mir das Recht geben, mich darauf einzulassen. Sie geben mir die Gewißheit, daß ich mich nicht irgendeinem Aberglauben überantworte. Aber eine erschöpfende Beweisbarkeit, wie ich sie für Naturgesetze haben kann, die gibt es nicht.

Kann man sagen, die Ausweitung des menschlichen Geistes ist notwendig, um Gott immer besser erkennen zu können?

Auch der einfache Mensch kann eine ganz große Erkenntnis von Gott haben. Es ist nicht unbedingt so, daß eine ausgebreitete Erkenntnis des naturwissenschaftlichen und historischen Materials, das wir haben, den Menschen fähiger macht, von Gott die rechte Anschauung zu gewinnen.

Man kann in dem bloß Faktischen ja auch ertrinken. Wer

nicht den Blick auf das *Geheimnis* gewinnt, das in den Fakten der Natur oder der Geschichte waltet, stopft seinen Kopf und sein Herz mit einer Menge von Sachen voll, die ihn vielleicht sogar seiner seelischen Tiefe und Weite unfähig machen.

Die Wirkung der großen wissenschaftlichen Erkenntnisse kann also einerseits dazu führen, daß der Mensch über das Faktische nicht mehr hinausblicken kann, so daß es letztlich den Horizont begrenzt. Weil er so viel weiß, kann er nur immer auf der Ebene des Faktischen weiterdenken und den Sprung ins Geheimnis hinein nicht mehr fertigbringen. Er sieht nur noch das Greifbare. Und metaphysisch betrachtet wird der Mensch insofern dümmer. Auf der anderen Seite kann es aber auch so sein, daß gerade in der Größe der Anschauung, indem wir die so vielfältigen Brechungen der göttlichen Vernunft in der Wirklichkeit wahrnehmen dürfen, dann wirklich unser Gottesbild größer und weiter wird und wir mit noch größerer Ehrfurcht und auch Demut und Bewunderung vor ihm stehen.

Ein ganz praktisches Beispiel für eine mögliche Veränderung des Gottesbildes: Die frühere Vorstellung, daß Gott jeden Menschen sieht, daß er genau weiß, was jeder Mensch in jeder Sekunde tut, wurde irgendwann verworfen. Es sei ein kindliches Hirngespinst, wenn nicht gar eine Drohgebärde und ein Angstfaktor der Kirche. Heute kommt über den Fortschritt der Technik seltsamerweise dieses Bild wieder auf uns zurück. Inzwischen haben wir im All nicht nur Satelliten installiert, die uns mit Fernsehbildern bestrahlen, sondern auch Navigationssysteme, die jedes einzelne Auto auf dieser Welt orten und auch ins Ziel führen können. Und weiter: Computertechnik und Internet beweisen uns, daß durch entsprechende Reize in Bruchteilen von Sekunden abermillionen von

Impulsen und Bewegungen gelenkt und vernetzt werden können, ob in Oslo oder in Kapstadt. Über diese Erweiterung der menschlichen Vorstellungskraft kehrt jedenfalls ein Gottesbegriff, den man bereits in die Asservatenkammer verbannt hatte, weil er zu naiv erschien, plötzlich wieder als ganz neu und interessant zurück.

Ja, das ist schon richtig und dankbar festzustellen, daß wir hier neue Anschauungshilfen bekommen. Insofern tun sich auch wieder Türen auf, die schon geschlossen gewesen waren. Indem wir mehr von der Welt verstehen, erscheint auch das Bild Gottes wieder größer und verständlicher. Das geschieht allerdings nicht automatisch.

Ein Widerspruch

Auf der einen Seite stehen die Gebote Gottes – auf der anderen Seite steht unsere menschliche Natur. Beides entstammt der Schöpfung. Und dennoch kann jeder sehen, daß beides oft recht schwer zusammenpaßt. Auch schlechtes Denken und schlechtes Tun ist offensichtlich menschlich. Jedenfalls bringt uns dieses Paradox immer wieder auch in eine Situation, in der wir uns überfordert fühlen.

Der christliche Glaube ist davon überzeugt, daß es eine Störung in der Schöpfung gibt. Die menschliche Existenz ist nicht mehr so, wie sie eigentlich aus den Händen des Schöpfers hervorgekommen ist. Sie ist mit einem anderen Faktor belastet, der neben der eingeschaffenen Tendenz *zu Gott hin* auch die andere Tendenz *von Gott weg* eingibt. Der Mensch ist auf diese Weise hin und her gerissen zwischen der ursprünglichen Schöpfungsspannung und seiner geschichtlichen Erbschaft.

Diese Möglichkeit ist im Wesen des Endlichen, des Geschaffenen bereits angelegt, hat sich aber durch die Geschichte erst ausgebildet. Der Mensch ist einerseits zur Liebe geschaffen. Er ist da, sich selbst zu verlieren, sich zu geben. Aber ihm liegt auch nahe, sich zu verweigern, nur er selber sein zu wollen. Diese Veranlagung steigert sich dahin, daß er einerseits Gott lieben, daß er sich aber auch über Gott ärgern und sagen kann, ich möchte eigentlich unabhängig sein, ich möchte nur ich selber sein.

Wenn wir wachsam auf uns selber schauen, können wir diese Paradoxie, diese innere Spannung unserer Existenz, auch sehen. Einerseits erkennen wir das, was in den Zehn Geboten gesagt ist, als richtig an. Es ist etwas, was wir auch möchten und das uns Freude macht. Nämlich dem anderen gut zu sein, dankbar zu sein, den anderen zu respektieren in seinem Eigentum, im Verhältnis der Geschlechter die große Liebe zu finden, die dann eine lebenslange Verantwortung voreinander ist, die Wahrheit zu sagen, nicht zu lügen. Irgendwie ist das schon ein Trend, der nicht nur *gegen* uns steht und wie ein Joch auf unseren Schultern liegt.

Andererseits verspüren wir das Kribbeln, uns dem auch wieder zu entziehen.

Da ist die Lust am Widerspruch, die Bequemlichkeit der Lüge, die Versuchung zum Mißtrauen – all dieses ist aus einer Vernichtungstendenz, einem Willen zum Nein, auch im Menschen vorhanden.

Dieses Paradox zeigt auf eine gewisse innere Störung im Menschen hin, so daß er nicht mehr schlichtweg der sein kann, der er sein möchte. Ich sehe, was gut ist und billige es, sagte schon Ovid, ein römischer Dichter, und tue dann doch das andere. Und Paulus hat im 7. Kapitel des Römerbriefes ebenfalls festgehalten: das Gute, das ich eigentlich möchte, tue ich nicht; und das Schlechte, das ich eigentlich nicht möchte, tue ich dann. Bei Paulus steigt daraus schließlich dieser Schrei auf: Wer erlöst mich denn von diesem inneren Widerspruch!? Und das ist der Punkt, an dem Paulus Christus eigentlich erst richtig begriffen hat – und von dem aus er dann Christus als die erlösende Antwort in die damalige heidnische Welt hineingetragen hat.

Es gibt allerdings auch eine äußere Widersprüchlichkeit. Es ist der Widerspruch zwischen der Frohbotschaft dieses angeblich guten, »lieben« Gottes und dem wirklichen Zustand unserer Welt. Die Folge ist eine Enttäuschung über Gott. Viele Menschen können nichts sehen von seiner angeblich heilenden Wirkung. Und manchmal denke ich auch, der Glaube hält vielleicht unseren weiterentwickelten Vorstellungen nicht mehr stand. Er kann das volle Licht der Tatsachen eigentlich gar nicht ertragen.

Hier kommt zu dem inneren Widerspruch, von dem wir gerade gesprochen haben, das kollektive Moment hinzu. Es gibt ein Kollektivbewußtsein, das den Widerspruch verstärkt. Das den egoistischen Tendenzen der Abwendung von Gott recht gibt und die augenscheinlich bequemeren Wege des Lebens vorgibt. Jeder Mensch lebt nicht nur selber, er wird immer auch ge-lebt, er wird mitgeformt oder auch mitverführt und verformt.

Es gibt verschiedene Verfalls- oder auch Erhebungsstufen von Gesellschaften. Gemeinschaften können tragend sein und mich auf den Weg bringen, so daß der innere Widerspruch allmählich leichter wird und sich auflöst. Auf der anderen Seite aber gibt es die Kollektive der Durchschnittlichkeit, wo man sagt, na ja, die anderen machen es auch so. Das sind Gesellschaften, in denen Diebstahl normal geworden ist, Bestechung nicht mehr als ungehörig empfunden wird und das Lügen die gewöhnliche Umgangsform ist.

Gesellschaften können den Menschen entweder immer weiter nach unten ziehen – oder ihm nach oben helfen. Im ersten Fall herrscht eine derartige Dominanz der materiellen Dinge und eine Denkbindung an das bloß Materielle, daß alles andere, das über diesen Materialismus hinausgeht, als etwas Überholtes, Törichtes und dem Menschen Unangemessenes erscheint. Im zweiten Fall ist in einer gewissen Evidenzform Gott real vorhanden, und es ist leichter, sich zu ihm hinzubewegen.

Aber warum sollte das Leben nicht einfach nur leicht und angenehm und lustvoll sein?

Natürlich ist das Sichbegnügen mit dem Materiellen, mit dem Greifbaren, mit den Glückserlebnissen, die man ganz direkt einkaufen und abrufen kann, im Augenblick das Einfachere. Ich kann in einen Vergnügungsladen gehen, gegen Eintrittsgeld eine Art Ekstase erleben und mich damit von allen Mühen loskaufen von dem schwierigen Weg der Selbstwerdung und der Selbstüberschreitung. Diese Versuchung ist unheimlich groß. Auch das Glück wird dabei zu einer Ware, die verkauft und eingekauft werden kann. Das ist dann bequemer, der Weg ist schneller, der innere Widerspruch scheint beseitigt – weil die Frage nach Gott gar nicht mehr nötig ist.

Man könnte es aber auch als die zivilisierte, entwickelte und unserer modernen Welt absolut angemessene Form des Lebens sehen.

Aber wir wissen auch, daß sich dies schon sehr bald als Täuschung erweist. Der einzelne merkt, am Schluß bleibe ich nur leer, bin ausgebrannt, und wenn ich herunterfalle aus der Ekstase, kann ich mich und die Welt endgültig nicht mehr ertragen. Und spätestens hier zeigt sich, daß ich betrogen worden bin.
Richtig ist, daß wir nie nur persönlich mit unserer eigenen Innerlichkeit, sondern in der Wir-Gestalt in diesem Drama stehen. Diese kollektive Gestalt kann uns das Schicksal erschweren oder erleichtern. In der alten Kirche hatte man aus diesem Grunde das Katechumenat geschaffen. Die Absicht war, eine Art Alternativgesellschaft zu bilden, in der man sich auf Gott hin einleben konnte, und durch das Mitleben mit den anderen allmählich in die Gegend kam, wo man ihn sehen lernen konnte. In der Zeit bis zur Taufe, die ja *Erleuchtung* hieß, kam dann der Augenblick, in dem im einzelnen die Erkenntnis auflebt und damit auch das Selbständigwerden im Glauben.
Ich denke, dies ist heute in atheistisch oder agnostizistisch-materialistisch orientierten Gesellschaften eine neue Notwendigkeit geworden. Früher schien es, als ob Kirche und Gesellschaft schon weitgehend identifiziert seien. Jetzt muß die Kirche wieder eine neue Anstrengung machen, alternative Orte zu schenken, in denen nicht nur das belastende und herunterziehende Wir, sondern ein öffnendes Wir angeboten wird,

das den einzelnen Menschen mitträgt und ihn ins Sehenlernen hineinbringt.

Die Frage ist, ob uns der Glaube wirklich so viel besser macht, barmherziger, nächstenliebender, weniger geizig, weniger eitel. Nehmen wir die, die Gott selbst zum Glauben berufen hat, jene Menschen, die von ihrem Vorsatz her nichts anderes im Sinn haben sollten, als Gott zu gefallen und quasi vollkommene Menschen zu werden. Warum trifft man auch unter den Klerikern, unter Mönchen und Nonnen ein so hohes Maß an Mißgunst, Neid, Eifersucht, Lüge und Mangel an Hilfsbereitschaft? Warum konnte sie ihr Glaube nicht besser machen?

Das ist in der Tat eine sehr bedrängende Frage. Darin sieht man erneut, daß der Glaube nicht einfach da ist, sondern schrumpfen oder wachsen, daß er sich in einer Auf- und Ab-Linie bewegen kann. Er ist nicht einfach eine fertige Garantie, etwas, das man wie ein eingezahltes Kapital betrachten könnte, das nur noch wächst. Glaube ist immer in eine sehr brüchige Freiheit hineingegeben. Wir würden uns wünschen, daß es anders wäre. Aber das ist eben das schwer begreifliche Risiko Gottes, daß er uns nicht eine stärkere Medizin verabreicht hat.
Auch wenn man sehen muß, daß es in der Welt der Glaubenden Fehlverhalten gibt (hinter dem natürlich immer auch ein Schwachwerden im Glauben steht), dürfen wir doch auch die andere Bilanz nicht übersehen. An den Geschichten so vieler einfacher, gütiger Menschen, die der Glaube gut gemacht hat, merkt man doch, daß der Glaube etwas sehr Positives bewirkt. Ich denke besonders an ältere Menschen in ganz normalen Pfarreien, die durch den Glauben zu einer großen Güte

gereift sind. In den Begegnungen mit ihnen ist etwas Warmes, eine Art inneres Leuchten zu spüren.

Und umgekehrt müssen wir doch auch feststellen, daß die Gesellschaft mit dem Verdunsten des Glaubens härter, gewalttätiger, bissiger geworden ist. Das Klima, das hat sogar ein so kritischer Theologe wie Vorgrimler gesagt, ist nicht besser, sondern gereizter und bösartiger geworden.

Das Geheime

Die Welt der Christen ist eine Welt, in der das Unsichtbare so selbstverständlich ist wie das Sichtbare. Christen sind umgeben von Engeln und Schutzengeln. Sie können die Hilfe des Heiligen Geistes haben. Sie können, wenn sie das wollen, die heilige Maria um Trost und Hilfe bitten. Der große katholische Gelehrte Romano Guardini spricht davon, man könne das Geistliche und Geheime sogar sichtbar *machen. Die Methode sei, heilige Dinge oder Übungen zu erfassen und alle seine Gedanken, sein Gemüt in diesen Zeichen zu sammeln. Dann könne man auch sofort spüren, wie es einen ordnet und heiligt. Für Nicht-Katholiken klingt das freilich fremd, wenn nicht gar sehr naiv.*

Man darf es wiederum nicht in einem oberflächlichen und dann letztlich abergläubischen Sinn fassen. So in der Art, sich in einem Kosmos von helfenden Mächten zu sehen, die uns das halbe Leben abnehmen. Richtig ist, daß wir im Glauben eine Realität wahrnehmen, nach der es nicht nur die greifbaren Dinge gibt. Tatsächlich sind die großen Heiligen lebendig geblieben. Diese große Familie ist da, und sie wahrzunehmen heißt, daß ich umsorgt und geliebt bin.

Um diese Dinge richtig zu erlernen, wie Guardini es formuliert hat, muß ich mich selbstverständlich mit dieser Tatsache *von innen her* anfreunden und sie verstehend in mich aufnehmen – und dann kann ich auch eine Wegweisung erkennen. Sie ist nicht einfach ein Mittel der Bequemlichkeit, die Hälfte meines Lebens abzuschieben, sondern eine Weisung.

Neulich hatte hier in Italien in den Nachrichten eine Frau von ihrem Schicksal berichtet. Sie erwartete ein Kind, und die Herzoperation, die sie vor sich hatte, war mit einem großen Risiko verbunden. Dem Reporter sagte sie mit sehr heiterem Gemüt, sie habe einfach zu Pater Pio gesagt, »Pater Pio, hilf mir und meinem Kind«, dann habe sie gewußt, daß ihr nichts passieren würde. Vielleicht ist das sehr kindlich und einfältig, aber es spiegelt etwas von dem Urvertrauen wider, das einem geschenkt wird, wenn man weiß, es gibt Geschwister in der anderen Welt. Sie sind nahe, sie können mir helfen, und ich darf sie voller Vertrauen herbeirufen.

Allerdings scheinen immer weniger Menschen von den Geheimnissen des Glaubens zu wissen. Wie konnte das passieren?

Vielleicht war in unserem Glauben etwas zu mechanisch geworden. Vielleicht war auch zuviel Veräußerlichung entstanden, zu wenig inneres Durchdringen, wie es in dem Wort von Guardini angedeutet ist.

Der Glaube muß in jeder Generation neu gelebt und neu gefunden werden. Man sieht ja auch umgekehrt, wie eine Generation, die den christlichen Glauben und seine Heilsmächte nicht mehr wahrnimmt, sich auf andere Weise auf die Suche macht, in esoterischen Sachen, wo man sich mit Steinen und mit was weiß ich noch allem Hilfe beschaffen will. Das heißt, es werden neue Formen der Herbeirufung unsichtbarer Mächte gesucht, weil der Mensch spürt, daß er noch andere Helfer haben könnte oder haben sollte. Insofern müssen wir Katholiken und vor allem diejenigen, die in der Kirche Verantwortung tragen, uns fragen und besinnen, warum wir den Glauben nicht so verkünden können, daß er auf die Fragen antwortet, die heute da sind. Daß die Menschen wieder sehen und spüren, in diesem Glauben ist schon genau das vorhanden, was wir mit unseren Bemühungen eigentlich möchten.

Steht alles schon geschrieben?

Es gibt im Arabischen einen Ausdruck, der ein großes Geheimnis dieser Welt auszudrücken versucht: »Maktub«. Übersetzt lautet er ungefähr so: »Es steht geschrieben«. Vielleicht steht ja wirklich schon alles geschrieben, die ganze Geschichte der Welt, die Geschichte meiner Geburt und meines Todes. In einer Messe habe ich einmal gehört, selig die, die bei Gott schon verzeichnet sind, nämlich im großen Buch des Lebens. Zeichnet Gott den Weg, den jeder Mensch gehen soll, schon vor, so daß ich nur erkennen muß, was für mich aufgezeichnet ist?

Ich glaube, daß es in diesem Punkt – obwohl ich kein Islam-Spezialist bin – einen wirklichen Gegensatz oder zumindest einen Unterschied zwischen Islam und christlichem Glauben gibt. Der Islam geht wohl von einer sehr strengen Vorbestimmungsidee aus; die Dinge sind vorbestimmt, und ich lebe in diesem festgefügten Netz. Der christliche Glaube dagegen kalkuliert durchaus den Faktor Freiheit ein. Das heißt, Gott umfaßt einerseits alles. Er kennt alles. Er führt die Geschichte. Und trotzdem hat er sie so angelegt, daß darin Freiheit Platz hat. Daß ich sozusagen von dem abweichen kann, was er mit mir vorhatte.

Könnten Sie das genauer erklären?

Das ist sehr geheimnisvoll und schwierig. Auch im Christentum wurde ja immer wieder die sogenannte Prädestinationslehre ausgebildet. Nach dieser Lehre steht einfach fest, daß die dafür Bestimmten in die Hölle kommen und die anderen in den Himmel, das sei von ewig fixiert. Der Glaube der Kirche hat dies stets abgelehnt. Denn die Vorstellung, daß ich als einzelner eigentlich gar nichts mehr machen könnte – wenn ich ein Höllenbraten bin, dann bin ich eben einer, und wenn ich zum Himmel bestimmt bin, dann ist es auch so –, ist sicher nicht dem Glauben gemäß.
Gott hat wirkliche Freiheit geschaffen und läßt sich auch seine Pläne durcheinanderbringen (wenn er es auch in einer Weise tut, daß er daraus dann doch wieder etwas Neues erschafft). Die Geschichte zeigt das ja. Da ist zunächst die Sünde Adams, sie stürzt das Projekt Gottes um. Und Gott antwortet darauf, indem er sich noch stärker gibt, indem er sich in Christus selber gibt.
Das ist jetzt sozusagen das ganz große Exempel. Daneben gibt es viele kleine. Nehmen wir das Volk Israel. Es sollte eine Theokratie sein, eine Ordnung, die keine menschlichen Herrscher, sondern nur Richter hat, die das Gottesrecht anwenden. Die Israeliten aber wollten auch einen König. Sie wollten

sein wie die andern. Und sie stürzen den Plan um. Gott gibt nach. Er gibt ihnen Saul, dann David und bildet gerade daraus wieder den Weg zu Christus hin, zu dem König, der alles Königtum umstülpt, indem er am Kreuz stirbt.

Wir haben hier Modelle, in denen uns die Schrift verstehen läßt, wie Gott einerseits Freiheit voll akzeptiert – und andererseits dann doch größer ist und die Möglichkeit hat, aus dem Versagen, aus dem Zerstören heraus einen neuen Anfang zu machen, der dann irgendwie den vorigen sogar übertrifft und noch größer und besser sich darstellt. Wie das letztlich ist – daß Gott alles weiß und daß dennoch andere Entwürfe möglich sind –, darüber haben sich die größten Philosophen und Theologen den Kopf zerbrochen. Irgendwo endet da unsere Möglichkeit, weil wir eben nicht selber Gott sind und unser Horizont letztlich doch außerordentlich beschränkt ist.

Aber ich denke, wir können das Unmittelbare verstehen: Gott behält die Geschichte in der Hand, behält mich in der Hand, aber er läßt mir die Freiheit, wirklich selber ein Liebender zu werden – oder der Liebe abzusagen. Insofern hat Gott meinen Code nicht invariabel kodifiziert, sondern hat in ihn die Variationsmöglichkeit mit eingetragen, die wir Freiheit nennen.

SIND WUNDER WIRKLICHKEIT?

Wunder gelten im Glauben als jederzeit möglich, und bereits den Aposteln wurde zu Lebzeiten viel Geld angeboten, wenn sie das Geheimnis ihrer Wunderkraft verrieten.
Es gibt eine ganze Menge provozierender Zeugnisse des Unerklärlichen, die die einen zum Spott, die anderen zur Ehr-

furcht bewegen. In der großen Basilika von Padua zum Beispiel kann man in einem Schrein die Zunge des heiligen Antonius sehen, der ja ein großer Prediger gewesen sein soll. In Nevers bei Lourdes ist der Körper der Bernadette und in Lisieux derjenige der hl. Therese aufgebahrt, beide sind völlig unversehrt. Und sie werden auch nicht chemisch behandelt, wie das die Kommunisten mit ihrem heiligen Lenin taten. Wie ist das möglich? Wenn wir jetzt Gott selber fragen könnten, was würde er zu diesen Wundern sagen?

Auszudrücken, was Gott selber sagen würde, maße ich mir natürlich nicht an. Aber die Frage des Wunders stellt sich, und es gehört in der Tat zum christlichen Glauben, daß Gott in der Welt Macht hat und wirklich etwas tun kann. Inwieweit dabei die Naturgesetze überschritten werden müssen, oder ob diese bereits in sich selber die Varianten impliziert haben, die Gott gleichsam ausnutzen kann, das ist nicht die primäre Frage. Wir sehen heute ja auch immer deutlicher, daß wir die Naturgesetze nur als Anwendungsregeln kennen. Was in der Natur selber ist, welche Spannweite die Naturgesetze haben, können wir letzten Endes nicht definieren. Wichtig ist zu sehen, daß Gott nicht, nachdem der die Schöpfung gemacht hat, abgetreten ist. Abgetreten in dem Sinne: So, jetzt kann der Apparat nur noch so ablaufen, wie er ein für allemal eingestellt wurde. Nein, Gott kann etwas machen. Er ist weiterhin der Schöpfer und hat daher auch immer die Eingriffsmöglichkeit.

Ist denn jeder Eingriff schon ein Wunder?

Man darf das nicht in eine abergläubische Wunderidee umsetzen, so, als ob man Wunder herbeirufen könnte. Man darf nicht billige Rezepturen daraus machen. Aber man darf eben auch nicht rationalistisch besserwisserisch sein und Gott vorschreiben wollen, was er überhaupt tun kann.

Ich habe zu dieser Sache eine sehr interessante Bemerkung gelesen. Sie stammt aus einem Buch über den evangelischen Theologen Adolf Schlatter, der ein sehr gläubiger Mann war. Schlatter wurde nach Berlin gerufen, als Adolf von Harnack, der große liberale Theologe, hier lehrte. Die evangelische Kirche wollte damit den Liberalismus von Harnack ein wenig ausgleichen.

Harnack war ein wirklich nobler Mensch. Er hat, obwohl die Berufung ja ein Hieb gegen ihn war, diesen Schlatter sehr positiv aufgenommen und gesagt, das muß es eben auch geben, wir werden uns schon verstehen. Und sie haben auch gut zusammengearbeitet. Irgendwann einmal, bei einer Sitzung, einem Gespräch, als jemand auf die Gegensätze der beiden Theologen anspielte, sagte Harnack: Uns zwei, den Herrn Schlatter und mich, trennt eigentlich nur die Wunderfrage. Worauf Schlatter sofort dazwischenschrie: Nein, die Gottesfrage! Denn in der Wunderfrage stellt sich die Gottesfrage. Wer die Wunder nicht anerkennt, hat ein anderes Gottesbild.

Ich denke, damit ist genau der Nagel auf den Kopf getroffen. Es geht nicht darum, ob man dieses oder jenes außergewöhnliche Geschehen als Wunder anerkennen kann oder nicht. Es geht darum, daß Gott Gott bleibt. Und daß er auf die Weise, die er will und für die die Welt gut ist, wenn er es will, auch weiterhin als der Schöpfer und Herr sich in der Welt zu erkennen geben kann.

Johannes Paul II. meinte einmal: »Wenn man sich mit Gott beschäftigt, kann man von dem Licht empfangen, das einem die Wege des Herrn aufzeigt und damit etwas vom Plan Gottes enthüllt.« Heißt das, daß man mit dem Glauben sogar in die Zukunft sehen kann?

In der Tat können wir etwas von dem Plan Gottes erkennen. Diese Erkenntnis reicht über das individuelle Schicksal meiner Person und meines Weges hinaus. Wir können damit auch im Rückblick auf das Große der Geschichte sehen, daß hier nicht etwas zufällig dahintreibt, sondern ein Weg enthalten ist und ein Ziel angesteuert wurde. In dem scheinbar so zufälligen Geschehen können wir eine innere Vernunft, die Vernunft Gottes kennenlernen.

Wenn wir damit auch nicht voraussagen können, was dann und dann geschehen wird, so kann doch eine bestimmte Wachheit für die Gefahren entstehen, die in bestimmten Dingen liegen – und umgekehrt für die Hoffnungen, die in anderen Dingen liegen. Es entsteht ein Sinn für die Zukunft, indem ich sehe, was auf der einen Seite Zukunft zerstört – weil es der inneren Logik des Weges entgegengesetzt ist –, und was auf der anderen Seite weiterführt – weil es positiv Türen öffnet und dem inneren Plan des Ganzen entspricht. Insofern entsteht die Fähigkeit, Zukunft zu diagnostizieren.

So ist es ja auch bei den Propheten. Die sind ja nicht als Wahrsager zu verstehen, sondern als Stimmen, die von Gott her die Zeit erkennen und dadurch warnen können vor dem, was zerstörerisch ist – und andererseits anzeigen, wo der Weg ist, der richtig führt.

Wenn Jesus Christus Gottes Sohn und Gott selbst ist, allmächtig und allwissend, dann müßte man vielleicht auch sagen können: Ja, er hat mich, mich ganz persönlich, zu jener Stunde vor 2000 Jahren, als er gemartert am Kreuz hing, bereits gekannt. Er hat sogar, durch seine göttliche Vorsehung, meinen Namen schon gekannt.

Im Galater-Brief sagt Paulus einmal: »Er hat mich gekannt und sich für mich hingegeben.« Rein empirisch hatte er natürlich Paulus nicht gekannt. Aber Paulus wußte doch, da er vom Auferstandenen angerufen worden war, daß der Blick des Herrn auch zu ihm hingegangen ist.
Wir sollten nicht versuchen uns vorzustellen, wie Christus nun als Mensch die Unendlichkeit der Personen in der Geschichte überblicken konnte, aber daß er letzten Endes in diesem Augenblick der Ölberg-Angst, in diesem Augenblick des Ja zum Kreuz, uns im Blick hatte, daß er auch mich gekannt hat, das kann man sagen. Dieser Akt enthält ja den Liebesentschluß, der in der Ewigkeit gefaßt ist und der in das zeitliche Leben Christi durchschlägt und es bestimmt. Damit weiß ich, ich bin nicht nur irgendein Nachgeborener, einfach einer, der außerhalb des Lichtkegels steht, sondern es gibt eine persönliche Beziehung zu mir, die im Akt der Hingabe Christi ihre innerste Verankerung hat.

GOTT JA – KIRCHE NEIN?

Das griechische Wort Kirche *bedeutet im ursprünglichen Sinn:* »*Die dem Herrn Gehörende*«. *Heißt das, die Kirche gehört Gott selbst?*

Ganz genau. *Ekklesia* heißt *herausrufen,* die Herausgerufene. Das Wort meint in seiner technischen Bedeutung »die Ver-

sammlung«, wobei man im griechischen Raum an die Volksversammlung der damaligen Demokratien dachte. Im christlichen Sprachgebrauch aber mißt es sich an der Sinai-Versammlung, der Volksversammlung Israels. Insofern bedeutet es »die von Gott Zusammengerufenen«, jene, die bei ihm versammelt sind, die Gott zugehören und wissen, daß er unter ihnen ist.
Dahinter steckt, wie Sie sagen, daß die Kirche durch die Zueignung der besondere Eigenbesitz Gottes in der Welt ist, etwas, was ihm in besonderer Weise gehört, der lebendige Tempel. Die Christen haben ja sehr Ernst gemacht mit der Überzeugung, daß Gott nicht im Stein wohnt, sondern lebendig ist. Der eigentliche Tempel sind demnach die Menschen, in denen er wohnt und die ihm gehören. Auch das Wort *Volk Gottes* bedeutet, in besonderer Weise Gott zugeeignet zu sein – und dann auch aus diesem Eigentumsverhältnis heraus zu leben.

In der 2000jährigen Geschichte des Christentums hat sich die Kirche immer wieder gespalten. Inzwischen gibt es rund 300 unterschiedliche protestantische, orthodoxe oder andere christliche Kirchen. Die Zahl der christlich-baptistischen Gemeinden in den USA geht weit über tausend. Auf der anderen Seite dieses Flusses steht noch immer die eine römisch-katholische Kirche mit ihrem Papst an der Spitze, die von sich behauptet, sie sei die einzig wahre Kirche. Sie ist jedenfalls, trotz aller Krisen, tatsächlich die weltumfassendste, bedeutendste und erfolgreichste Kirche der Welt geblieben, mit heute so vielen Anhängern wie nie zuvor in ihrer Geschichte.

Ich denke, wir sollten im Geist des Vatikanums daraus zunächst keinen Triumph unserer Tüchtigkeit als Katholiken machen und die nach wie vor große institutionelle und zahlenmäßige Stärke nicht mißbrauchen. Wenn wir es als unsere Leistung und als unseren Besitz verbuchten, würden wir bereits aus dieser Gott-Zugehörigkeit herausfallen und uns zu einem eigenen Verein mit einer eigenen Macht erheben. Und das kann dann sehr schnell schiefgehen. Eine Kirche kann in einem Land große institutionelle Macht haben, wenn dahinter aber der Glaube wegbricht, bricht sehr bald auch das Institutionelle zusammen.

Vielleicht kennen Sie diese mittelalterliche Geschichte von einem Juden, der an den päpstlichen Hof reiste und katholisch wurde. Als er zurückkommt, fragt ihn ein Kenner des päpstlichen Hofes: »Hast du überhaupt wahrgenommen, was da alles vor sich geht?« »Ja,« sagt er, »freilich, alles, die ganzen skandalösen Dinge, ich habe alles gesehen.« »Und du bist trotzdem katholisch geworden?«, meint der andere: »Das ist doch der völlige Widersinn!« Da sagt der Jude: »Gerade deswegen bin ich katholisch geworden. Denn wenn die Kirche trotzdem weiterbesteht, dann muß wirklich jemand anders sie halten.« Und in einer anderen Geschichte heißt es, Napoleon habe einmal gesagt, er werde die Kirche vernichten. Darauf hat ihm ein Kardinal geantwortet: »Das haben nicht einmal wir fertiggebracht.«

Ich glaube, in diesen Paradoxen kommt etwas sehr Wichtiges zum Vorschein. Es hat in der Tat an menschlichen Unmöglichkeiten in der katholischen Kirche nie gefehlt. Daß sie aber nun trotzdem zusammenhält, wenn auch unter Ächzen und Stöhnen, aber daß sie eben noch immer existiert, daß sie große Märtyrer und große Gläubige hervorbringt, Menschen, die ihr Leben zur Verfügung stellen, als Missionare, als Krankenschwestern, als Erzieherinnen, das zeigt wirklich, daß da ein anderer da ist, von dem sie gehalten wird.

Wir können also die Erfolge der Kirche nicht als unser Verdienst verbuchen, aber mit dem Zweiten Vatikanum dürfen wir dennoch sagen – auch wenn in anderen Kirchen und Gemeinschaften viel Lebendiges vom Herrn her da ist –, daß die Kirche als Subjekt im eigentlichen Sinn eben in *diesem* Subjekt gegenwärtig und erhalten ist. Und nur dadurch, daß *er* gibt, was Menschen nicht tun können, erklärt sich das.

Guardini hat den Sinn der Kirche einmal so beschrieben: »Sie muß den Menschen die letzten Wahrheiten, das endgültige Bild der Vollkommenheit, die tiefsten Richtlinien der Wertung unverrückbar entgegenhalten und darf sich durch keine Leidenschaft, durch keine Schwankung des Gefühls, durch keine Kniffe der Selbstsucht irre machen lassen.« Ein hoher Anspruch.

Ja, der aber doch richtig ist. Selbst wenn er hier steil formuliert ist. Guardini, der ein so großer Verstehender war, hat es geliebt, den Anspruch groß hinzustellen, und das ist auch wichtig. Wir dürfen die Größe des Anspruchs nicht in Kompromißformeln ertränken und allmählich zum Verschwinden bringen. Die Kirche kann nicht nach dem Motto vorgehen: Was kriegen wir fertig, was nicht? Sie ist nicht dazu da, möglichst erträgliche Kompromißformeln zu finden, sondern unverfälscht die ganze Größe von Gottes Wort und Willen hinzuhalten – auch immer wieder gegen sich selber und gegen die eigenen Verkünder.
Mich beeindruckt immer wieder, was der heilige Paulus in seiner Abschiedsrede an die Priester von Ephesus sagte (er wußte dabei schon, daß ihn in Jerusalem die Gefangenschaft erwarten würde). Ich habe euch, so erklärte er, den *ganzen* Willen Gottes kundgetan. Ich habe euch nichts vorenthalten

oder versucht, es bequemer zu machen. Ich habe auch nicht versucht, euch meine eigene Formel zu geben, sondern ich habe euch den ganzen Willen Gottes verkündet! Und dazu in der Tat ist die Kirche da.

Vermutlich ist es Ihnen nie in den Sinn gekommen, aus der Kirche auszutreten. Gibt es nichts, was sie an der Kirche ärgert oder sogar irritiert?

Aus der Kirche auszutreten, wäre mir tatsächlich nie in den Sinn gekommen, dazu ist sie wirklich viel zu sehr meine innerste Heimat. Ich bin von Geburt an mit ihr so verschmolzen, daß ich mich ohne sie gewissermaßen zerschneiden, ja zerstören würde.
Natürlich gibt es dann aber im großen und im kleinen immer wieder Dinge, über die man sich ärgert. Das beginnt in der Ortskirche und kann hinaufgehen bis in den Raum der Gesamtregierung der Kirche, in dem ich jetzt zu arbeiten habe. Immer sind Menschen da, und insofern sind auch immer ärgerliche Dinge da. Aber man tritt ja auch aus einer Familie nicht aus, wenn man sich ärgert; vor allen Dingen dann nicht, wenn die Liebe, die einen aneinanderbindet, stärker ist; wenn sie die Urkraft ist, die einen im Leben trägt.
Und so ist es auch mit der Kirche. Auch hier weiß ich, daß ich nicht wegen diesem oder jenem da bin, ich weiß auch, daß es soundsoviele geschichtliche Fehlgriffe gegeben hat, daß es faktische Ärgerlichkeiten geben kann. Aber ich weiß auch, daß all diese Dinge das Eigentliche an dieser Kirche nicht aufheben können. Aus dem einfachen Grunde, weil das von ganz woanders herkommt – und sich auch immer wieder neu zur Geltung bringen wird.

Joseph Roth schreibt in seinem Roman »Radetzkymarsch«: »Die römische Kirche ist in dieser morschen Welt noch die einzige Formgeberin, Formerhalterin. Ja, man kann sagen, Formspenderin ... Indem sie Sünden statuiert, vergibt sie bereits diese Sünden. Sie gestattet geradezu keine fehlerlosen Menschen: dies ist das eminent Menschliche an ihr ... Dadurch bezeugt die römische Kirche ihre vornehmste Tendenz, zu verzeihen, zu vergeben.« Ist denn die Kirche ihrem Wesen nach eine Kirche der Sünder?

Ganz evident! Wir haben gerade gesehen, daß die Kirche trotz der Sünder von Gott gehalten wird. In dem Zitat kommt zum einen eine bestimmte Sehweise der Kirche zum Vorschein, die sie rein aus profanen Erwägungen für gut und nützlich hält. Daß die Kirche eine Form gibt, daß sie eine Gestalt festhält, daß sie nicht ins Unbestimmte verschwimmt, daß sie den Willen Gottes sagen kann, ist etwas ganz Wesentliches. Wenn man sie allerdings bloß aus ihrer historischen Größe versteht, stellt man Gott in den Dienst für menschliche Zwecke. Dann tritt genau das ein, daß man zwar eine Religion irgendwie haben will, Gott selber aber nur noch als eine Hilfskonstruktion betrachtet, um den Menschen beieinanderzuhalten und an sich zu binden.

Ich würde zum anderen das Wort kritisieren, die katholische Kirche statuiert Sünden und vergibt sie dann auch gleich wieder. Die Kirche erfindet die Sünden natürlich nicht, sondern sie erkennt den Willen Gottes und muß ihn sagen. Das Große dieses Zitates ist freilich, daß die Kirche, die den Willen Gottes in seiner Größe, in seiner Unbedingtheit und Strenge sagen muß, damit der Mensch sein Maß kennt, zugleich auch mit dem Auftrag der Vergebung begnadet ist.

In der Tat kann die Kirche den Menschen sagen: Wer ganz

allein aus sich selbst heraus recht sein will, wer glaubt, so sein zu können, daß er Vergebung nicht braucht, der verfehlt sich. Dann entsteht eine Arroganz, ein Hochmut der Selbsttüchtigkeit und der Selbsterbauung, der letzten Endes unmenschlich ist.

Es geht eben darum, diesen Stolz gar nicht haben zu müssen. Ich muß ja auch gar nicht fertigbringen, auf Vergebung verzichten zu können. Im Gegenteil, wenn ich versuche, in den Willen Gottes hineinzuleben, ihn mit meinem zu identifizieren, weiß ich auch, daß ich immer Vergebung erhalte. Ich bin ein Wesen, das die Demut hat, zu akzeptieren, daß ich Vergebung brauche. In dieser Hinsicht sind Demut und Vertrauen das, was den Menschen wirklich menschlich macht.

»Gott ja, Kirche nein« ist ein geläufiges Schlagwort geworden. Der heilige Cyprian, Bischof von Karthago (200–258), sagte zu dieser Frage: »Außerhalb der Kirche gibt es kein Heil«, denn »wer die Kirche nicht zur Mutter hat, kann Gott nicht zum Vater haben.« Gilt das auch heute noch?

Das gilt nicht in dem Sinn, als ob nun alle Nicht-Christen zur Hölle verurteilt wären. Aber es bedeutet, daß man irgendwie die Mutter braucht, auch wenn man sie nicht kennt; die Gemeinschaft, die einen in den Glauben gebiert und die einen zu Gott hinhält.

Cyprian spricht von dem Zusammenhang zwischen Gott und Kirche im Kontext der Verfolgung. Er meint Leute, die aus Furcht vor dem Martyrium aus der Kirche weggehen und glauben, sie würden aber natürlich schon an Christus und an Gott festhalten. Ihnen sagt er, wer die lebendige Gemeinschaft, den lebendigen Körper verläßt, der steigt aus der Arche Noah aus und geht in der Flut unter. In diesem Sinn zeigt er die Untrennbarkeit zwischen Glaube an Christus und Kirche.

Ich kann eben Christus nicht zum Privatbesitz machen und ihn für mich alleine haben wollen. Zu Christus gehört gewissermaßen auch die Unbequemlichkeit seiner Familie. Der Glaube ist in dieses Wir hineingeschenkt, anders ist er nicht da. Cyprian hat keine Theorie darüber erfunden, was Gott mit jenen tun wird, die die Kirche nicht kannten. Auch der heilige Paulus, der so sehr auf die Kirche insistiert, sagt, wir müssen uns *innerhalb* der Kirche richtig verhalten, was Gott mit denen draußen tun wird, das wird *er* tun, die wird *er* richten. Also auch Paulus entwickelt keine Theorie darüber, wie Gott nun mit den andern zu Rande kommt. Aber er sagt uns, wem Christus zu Gesicht gekommen ist, der kann ihn nicht von der Kirche ablösen, er muß ihn in ihr leben.

Die Frage ist über zweitausend Jahre hinweg sehr aktuell geblieben.

Vielleicht darf ich noch ein Wort hinzufügen: Heute hat sich die Lage noch ein bißchen weiter verändert. Johann Baptist Metz hat einmal gesagt, heute gelte die Formel: Gott nein, Religion ja. Man möchte irgendwelche Religion haben, esoterisch oder wie und was auch immer. Einen persönlichen Gott aber, der redet, der mich kennt, der etwas Bestimmtes gesagt hat und mit einem bestimmten Anspruch an mich herantritt und mich auch richten wird, den will man nicht. Das Phänomen ist, daß sich die Religion von Gott ablöst. Man will zwar dieses Gefühl des ganz anderen, dieses Besondere des Religiösen, nicht ganz entbehren und in vielfältigen Formen haben. Dieses wird aber letztendlich unverbindlich, wenn nicht auch ein Wille Gottes, wenn Gott nicht da ist. Insofern befinden wir uns weniger in einer Religionskrise – Religionen wuchern regelrecht – als in einer Gotteskrise.

Ich wollte heute morgen zu der Messe der Mönche in die Kirche von Montecassino. Ich war spät dran und hatte es sehr eilig. Aber zu meinem Unglück war nirgendwo jemand zu sehen, der mir hätte helfen können. Ich irrte wie ein Blinder in diesem Kloster, das so groß ist wie eine Stadt, herum, fast fluchend, konnte aber diesen verflixten Weg einfach nicht finden. Da waren unzählige Türen, an die ich klopfte, aber alle führten irgendwo ins Leere, jedenfalls nicht zu dem Ziel, das ich so verzweifelt gesucht hatte. Kann man den Weg zu Gott, zur Kirche, überhaupt alleine finden?

Ganz alleine sicher nicht. Es gehört geradezu zum Wesen des Christlichen – und ist eigentlich in dem Begriff Kirche enthalten –, daß unser Verhältnis zu Gott nicht ein bloß innerliches ist, eines aus meinem Ich und seinem Du gemachtes, sondern auch ein Angeredetwerden, ein Geführtwerden. Zu jedem Bekehrungsweg gehört auch Begegnung. Die Kirche ist dazu da, daß in ihr die Menschen sind, die ihrerseits gesucht und dann die Tür gefunden haben. Unter den verschiedenen Temperamenten gibt es dann immer auch jemanden, der zu mir paßt und für mich das richtige Wort hat.
Wir sind als Menschen dazu da, daß Gott durch Menschen zu Menschen kommt. Er kommt immer durch Menschen zu Menschen. So kommen auch wir durch Menschen zu ihm, die von ihm geführt werden, in denen er selber uns begegnet und uns zu ihm aufschließt. Wenn wir uns einfach durch Lektüre der Heiligen Schrift selber hinaufheben könnten bis ins Letzte, wäre das dann doch eher eine philosophische Bewegung,

die dieses Gemeinschaftselement nicht in sich hat, das zum Glauben ganz wesentlich dazugehört.

Vom heiligen Laurentius verlangte der Kaiser in Rom, er solle die Schätze der Kirche abliefern. Kurze Zeit später trat Laurentius, der dafür den Märtyrertod starb, vor den Imperator und zeigte ihm das Heer der Armen der Stadt mit folgenden Worten: »Das ist der größte Schatz der Kirche.«

Die Heilige Schrift sagt uns ja, daß Christus aus den Armen Israels gekommen ist. Seine Mutter bringt am 40. Tag nach der Geburt das Armenopfer dar und läßt uns sehen, daß gerade unter diesen einfachen Menschen der innere Blick offengeblieben war. Sie hatten sich nicht durch tausend Unterscheidungen den Blick aufs Ganze verstellt, sondern bewahrten eine innere Einfachheit, Lauterkeit, Wahrhaftigkeit und Güte, die sehen kann.
Natürlich braucht die Kirche unbedingt auch die Intellektuellen. Sie braucht Menschen, welche die Kraft ihres Geistes zur Verfügung stellen. Sie braucht auch großzügige, reiche Menschen, die den Reichtum in den Dienst des Guten stellen wollen. Aber sie lebt gerade immer auch von dem großen Grund jener Menschen, die demütig Glaubende sind. In diesem Sinn ist tatsächlich die Schar derer, die Liebe brauchen und Liebe geben, ihr eigentlicher Schatz: einfache Menschen, die der Wahrheit fähig sind, weil sie Kinder geblieben sind, wie der Herr sagt. Sie haben sich durch die Periodengänge der Geschichte hindurch den Blick für das Wesentliche bewahrt und erhalten in der Kirche den Geist der Demut und der Liebe.

Mit dem Kommen Christi, so die Lehre, hat nun bereits eine »Endzeit« begonnen. Es sei damit die »Zeit der Kirche« an-

gebrochen, und sie werde dauern bis zur Wiederkunft des Herrn. Wie ist das gemeint? Hängt mit anderen Worten das Wohl und Wehe dieser Erde und ihrer Menschen mit dem Wohl und Wehe der katholischen Kirche zusammen? Oder noch spitzer formuliert: Hätte Gott ohne die Kirche, ohne ihr Beten und Mühen, die Welt womöglich schon längst untergehen lassen?

Was Gott getan hätte und tun könnte, wollen wir vielleicht lieber offenlassen. Aber daß die katholische Kirche in der Bewegung der Geschichte eine ganz grundlegende Aufgabe hat, das ist, glaube ich, schon rein empirisch offenkundig. Würde ihr Glaube zusammenbrechen und sie sich sozusagen für bankrott erklären und sagen, wir haben uns geirrt, dann würde in der Tat ein Bruch durch die ganze Geschichte und durch die Menschheit hindurchgehen, dessen Auswirkungen man sich gar nicht vorstellen könnte.

Wir haben bereits gesehen, wie die nachkonziliare Krise die große Krise von '68 vielleicht nicht ausgelöst, aber auf sie zweifellos als ein ungeheurer Verstärker gewirkt hat. Aus ihrer Dramatik ist sie jedenfalls nicht wegzudenken. Und das ist jetzt nur das, was man sozusagen sichtbar greifen kann. Sie haben mit Recht von den tieferen Dingen gesprochen, der Kraft des Betens, des Glaubens, des Liebens. Durch sie wird Gott in die Welt hereingeholt, damit sich in der Menschheit etwas von seinem Licht ausbreitet. Wenn diese Kraft verschwinden würde, wäre es eine Katastrophe für die Geschichte.

KAPITEL 1
VON GOTT

Herr Kardinal, auch wenn wir durch den Fortschritt der Wissenschaften mehr und mehr in die Geheimnisse der Schöpfung eindringen – letztlich wird sie uns wohl immer ein Rätsel bleiben. Warum hat Gott sich nicht einfach einmal hingestellt und gesagt: Also, alle mal herhören! Ich sage euch jetzt, wie es genau gewesen ist und wie das alles hier auf eurer kleinen Erde so funktioniert.

In der Tat ist die Schöpfung ein Geheimnis, und je mehr wir von ihr erkennen, je mehr die Physik in diese feinstrukturierte Materie hineinschaut, desto geheimnisvoller wird sie. Die Geschichte der Menschheit fügt mit ihren Unwägbarkeiten und Undurchschaubarkeiten noch einmal einen ganzen Kosmos von Geheimnissen hinzu.

Natürlich können wir dieses »Warum hat es Gott so gemacht?« letztlich nicht erklären. Warum bleibt er so leise? Warum ist er so schwach in der Welt? Das ist eine Frage, die sich gerade der glaubende Mensch unweigerlich immer wieder stellen wird. Oder: Warum ist er nicht eindeutiger, nicht unmißverständlicher? Andererseits müssen wir sehen: Wir stehen in einer endlichen Perspektive. Es würde uns nicht helfen, wenn wir jetzt plötzlich eine völlige Enträtselung, eine Durchschaubarkeit der Welt vor uns hätten, die unsere Größenordnungen überschreiten würde. Wir können eigentlich heute nur versuchen, Gott so anzunehmen, wie er ist, und dem dann Sinn abzugewinnen.

Welchen Sinn soll das haben?

Ich glaube, daß wir gerade dadurch, indem wir in das Abenteuer einer nicht ins letzte durchschaubaren, aber doch sicher von seiner Liebe getragenen und geführten Geschichte hineingehen, Stück um Stück sehend werden. Wir erhalten auf diese Weise die für uns Menschen angemessene Aufgabe. Es geht nicht darum, ein fertiges Rechenprodukt vor uns hingestellt zu bekommen, sondern jeweils so viel, daß wir einen Weg gehen und darin selber etwas zum Geheimnis und zur Größe der Welt beitragen können. Ich würde sagen, es ist uns genug gegeben, um leben zu können. Und die Grenze unseres Erkennens ist nicht nur eine Herausforderung, sondern auch ein Geschenk. Es führt uns in das Abenteuer des Weitergehens, des Erlernens hinein, in dem unsere Maße wachsen. Voraussetzung hierfür ist tatsächlich immer wieder der Demutsakt, uns vor Gott zu beugen, den wir nicht durchschauen können.

1 Vom Menschen

Der Theologe Hans Urs von Balthasar – ein wunderbarer Name für einen Theologen – meinte, alle Dinge ließen sich doppelt betrachten, nämlich als Faktum und als Geheimnis. Als Faktum gesehen sei der Mensch ein Zufallsprodukt am Rande des Kosmos. Als Geheimnis gesehen aber sei er um seiner selbst willen von Gott erwünscht. Gehört das zum Grundverständnis, um dem christlichen Welt- und Menschenbild überhaupt näherkommen zu können?

Ja, das würde ich schon sagen. Zunächst nehmen wir ja einfach Fakten wahr, das, was ist. Das gilt auch für die Geschichte, in der im Grunde ja alles auch anders gewesen sein könnte. Mit den bloßen Fakten freilich kann sich kein Mensch begnügen. Schon deshalb nicht, weil wir selber zunächst auch ein bloßes Faktum sind und dennoch auch wissen, daß wir mehr sein können und sollen als bloß da sein durch einen Zufall.
Aus diesem Grunde ist es unerläßlich, hinter die pure Faktizität zu schauen und zu erkennen, daß der Mensch nicht durch ein Evolutionsspiel einfach hereingeworfen worden ist in die Welt. Dahinter steht, daß jeder Mensch gewollt ist. Jeder Mensch ist ein Gedanke von Gott. In all dem, was zunächst nun faktisch dasteht, waltet ein Plan und eine Idee – und die macht dann auch das Suchen nach meiner eigenen Idee und das Miteinander mit dem Ganzen und dem Weg der Geschichte sinnvoll.

Jeder Mensch ist ein Gedanke von Gott? Was heißt das?

Ja, das ist die christliche Grundüberzeugung. Wenn die Heilige Schrift die Schöpfung des Menschen bildhaft darstellt – mit Gott dem Töpfer, der ihn formt und ihm den Geist einbläst –, so ist das archetypisch gedacht für jeden einzelnen. In den Psalmen sagt der Mensch von sich: DU hast mich ja mit Lehm gestaltet, DU hast mir den Atem eingehaucht. Hierin wird dargestellt, daß jeder Mensch eine Direktheit zu Gott hat. Und jeder hat daher auch eine sinnvolle Funktion im großen Gefüge der Weltgeschichte, hat seinen Platz, der ihm gegeben ist, und durch den er etwas Unersetzliches für das Ganze der Geschichte beitragen kann.

DER ATEM GOTTES

Die Erde war anfangs kahl und leer, Gott hatte es noch nicht regnen lassen, heißt es in der Genesis. Nun bildete Gott den Menschen, und er nahm zu diesem Zwecke »Staub des Ackerbodens und blies in seine Nase den Lebensatem; so wurde der Mensch zu einem lebendigen Wesen«. Atem des Lebens – ist das die Antwort auf die Frage, woher wir kommen?

Ich glaube, hier haben wir ein ganz großes Bild und eine große Deutung des Menschen. Der Mensch ist demnach der, der aus der Erde und ihren Möglichkeiten herauskommt. In diese Darstellung kann man insofern sogar so etwas wie Evolution mit hineinlesen. Aber dabei bleibt es nicht. Es kommt da etwas hinzu, was nicht einfach aus der Erde ist, und was nicht einfach weiterentwickelt ist, sondern etwas, was vollkommen neu ist: und das ist der Atem Gottes selbst.

Das Wesentliche an diesem Bild ist die Doppeltheit des Menschen. Es zeigt sowohl seine Zugehörigkeit zum Kosmos, als auch seine Direktheit zu Gott. Der christliche Glaube sagt, daß das, was hier über den ersten Menschen mitgeteilt wird, von jedem Menschen gilt. Daß jeder einzelne Mensch einerseits biologisch entstanden ist, andererseits aber mehr ist als nur ein Produkt vorhandener Gene und einer DNA, sondern etwas, was direkt von Gott herkommt.

Der Mensch hat den Atem Gottes. Er ist gottfähig, er kann das Materielle, das Geschaffene überschreiten. Er ist einmalig. Er steht in Gottes Augen und ist in einer besonderen Weise auf ihn zugeordnet. In ihm ist tatsächlich ein neuer Atem, das göttliche Element, in die Schöpfung hereingetragen. Dieses besondere Geschaffensein von Gott zu sehen ist sehr wichtig, um die Einzigkeit und Würde des Menschen und damit den Grund aller Menschenrechte zu erkennen. Es gibt dem Menschen die Ehrfurcht vor sich selber und vor dem anderen. In ihm ist Gottes Atem da. Er sieht, daß er nicht nur eine Kombination von Bausteinen ist, sondern eine persönliche Idee Gottes.

Der erste Mensch, dem Gott seinen Atem einhaucht, heißt Adam. *Der Name ist einerseits die hebräische Bezeichnung für Mensch, gleichzeitig ist er aber auch ein Wortspiel mit* Adama, *dem Ackerboden. Für diesen Menschen pflanzte der Herr, wie es heißt, einen Garten in Eden. Sagt dieses Symbolbild schon aus, wozu wir bestimmt sind?*

Es läßt uns jedenfalls eine Ahnung davon bekommen. Der Garten ist das Bild für die heile Schöpfung und das geborgene

Dasein. Hier wird die Schöpfung nicht zerstört oder mißbraucht, sondern gepflegt und gehütet – und vom Geist her weitergeformt. Dieses Bild stellt alles in allem die Weite, die Heiterkeit und die Geborgenheit in der Schöpfung dar. Es sagt, daß Gott uns zugedacht hat, sowohl in der inneren Harmonie mit der Schöpfung zu leben, als auch in jener Geborgenheit, die das Mitsein mit ihm darstellt. Insofern sind diese zwei Bestimmungen, Hüter der Schöpfung zu sein und zugleich im direkten Austausch mit Gott zu stehen, um von ihm her die Schöpfung mittragen zu können, darin wirklich angedeutet.

Die Genesis zeigt uns, daß die Schöpfung ein Prozeß ist. Alles geschieht Schritt für Schritt. »Es ist nicht gut«, hatte Gott in diesem Prozeß eingesehen, »daß der Mensch allein sei. Ich will ihm eine Hilfe machen als sein Gegenstück.« So bildete der Herr aus der Erde zunächst allerlei Tiere des Feldes und alle Vögel des Himmels und brachte sie zum Menschen, um zu sehen, wie er sie benennen würde.
Eine gute Gelegenheit eigentlich, um auch über die Tiere zu sprechen, unsere nächsten Begleiter. Adam gab jedem von ihnen einen Namen. Dürfen wir Tiere gebrauchen und sie sogar essen?

Das ist eine sehr ernste Frage. Jedenfalls sieht man, daß sie uns auch zur Hut gegeben sind, daß wir mit ihnen nicht beliebig umgehen dürfen. Auch die Tiere sind Geschöpfe Gottes, wenn auch nicht in der gleichen Direktheit wie der Mensch, aber doch Wesen, die er gewollt hat und die wir als Begleiter der Schöpfung und als wesentliche Elemente der Schöpfung respektieren müssen.
Es gibt bezüglich der Frage, ob man Tiere töten und essen

darf, eine merkwürdige Anordnung in der Heiligen Schrift. Wir können nachlesen, daß zunächst nur von den Pflanzen als Nahrung des Menschen die Rede ist. Erst nach der Sintflut, also dem neuen Bruch zwischen Mensch und Gott, wird dem Menschen auch anheimgestellt, Fleisch zu essen. Das heißt, es wird eine Ordnung hingestellt, die zweitrangig ist und die wiederum auch erst zweitrangig mitgeteilt wird. Immerhin sollten wir, auch wenn es einen schon verletzen muß, daß wir die Tiere in dieser Weise gebrauchen, auch wieder nicht zu einer Art von sektiererischem Tierkult voranschreiten.

Dem Menschen ist eben auch diese Möglichkeit gegeben. Er soll dabei immer die Ehrfurcht vor diesen Geschöpfen bewahren, aber doch auch wissen, daß ihm nicht versagt ist, von ihnen Nahrung zu nehmen. Freilich, die Art von industrieller Verwendung, indem man Gänse so züchtet, daß sie eine möglichst große Leber haben, oder Hühner so kaserniert, daß sie zu Karikaturen von Tieren werden, diese Degradierung des Lebendigen zur Ware scheint mir tatsächlich dem Zueinander von Mensch und Tier zu widersprechen, das durch die Bibel durchscheint.

Die Tierwelt selbst ist freilich eine Schöpfung mit erheblicher Grausamkeit. Jeder weiß, daß Schmusekätzchen im nächsten Moment Artgenossen jagen, quälen und töten können. Nur der kommt durch, der offensichtlich die größten Chancen hat, andere zu vernichten.

Es gehört in der Tat zu den Rätseln der Schöpfung, daß es ein Gesetz der Grausamkeit zu geben scheint. Der katholische Schriftsteller Reinhold Schneider, der an sich zu Depressionen neigte, hat all das Schreckliche in der Natur und in der

Tierwelt mit dem wirklich mikroskopischen Blick des Leidenden bloßgelegt. Er ließ sich dadurch geradezu zu einer Verzweiflung an Gott und an der Schöpfung hinreißen.
Die Kirche hat es in ihrem Glauben immer so gesehen, daß sich auch in der Schöpfung die Verstörung des Sündenfalles auswirkt. Die Schöpfung spiegelt nicht mehr den reinen Willen Gottes, das Ganze ist irgendwie verzerrt. Wir stehen da vor Rätseln. Die Gefährdungen des Menschen jedenfalls sind bereits in der Tierwelt vorentworfen.

Von Männern und Frauen

Jetzt kommt in der Genesis der Augenblick, der die Welt vielleicht erst zur Menschenwelt macht. Das Prinzip des Gegenstückes wird entwickelt, und die Bibel kleidet diesen Akt in ein sehr schönes Bild: »Aber für den Menschen fand sich keine Hilfe als ein Gegenstück«, heißt es. Da ließ Gott einen Tiefschlaf auf den Menschen fallen, dann entnahm er ihm eine seiner Rippen und verschloß die Stelle mit Fleisch. Gott der Herr baute die Rippe zu einer Frau aus und führte sie Adam zu. Da sprach der Mensch: »Das ist nun endlich Bein von meinem Gebein und Fleisch von meinem Fleisch.« Künftig werde ein Mann seinen Vater und seine Mutter verlassen und seiner Frau anhangen, und beide würden zu einem Fleisch.
Adam, also wörtlich »der Mensch«, nannte seine Frau Eva. Eva bedeutet Leben, und so wurde Eva die Mutter alles Lebendigen. Vielleicht haben die Männer diese Knochenspende bis heute nicht ganz verkraftet, in dieser Chiffre scheint jedenfalls ein großes Geheimnis zu stecken.

Auch dies ist eines der ganz großen Urbilder, die uns die Bibel schenkt, damit wir durch sie hindurch Dinge ahnen können, die man schwerlich auf den Begriff bringen kann. Zunächst einmal ist darin die Seinsgleichheit von Mann und Frau ausgedrückt. Sie sind *ein* Wesen und haben *eine* Menschenwürde. Jedenfalls ist hier bereits auf eine großartige Weise die Gleichheit der Würde dargestellt. Der andere Punkt ist die Verwiesenheit aufeinander. Sie zeigt sich in der Wunde, die in uns vorhanden ist und die uns zum andern hinführt.

Das Bild, das uns hier in der Schrift begegnet, geht in Variationen durch die ganze Religionsgeschichte hindurch. Auch Platon erzählt den Mythos, daß der Mensch halbiert und daraus Mann und Frau geworden seien. Jeder ist so gesehen nur eine Hälfte – und daher immer auf der Suche nach seiner anderen Hälfte. Die Übersetzung »Rippe« ist ja nicht sicher. Es ist hier vielleicht das gleiche Bild ausgesagt, daß der Mensch sich teilt und auf den andern hin erschaffen ist. Der Mann auf die Frau, die Frau auf den Mann hin. Sie sind auf der Suche zueinander, um darin ihre Ganzheit zu finden.

Und anders ist diese Ganzheit nicht zu haben?

Der Mensch ist in der Bedürftigkeit des anderen geschaffen, damit er sich überschreite. Er bedarf der Ergänzung. Er ist nicht auf das Alleinsein hin geschaffen, das nicht gut ist für ihn, sondern in das Zueinander hinein. Er muß sich im andern suchen und finden.

Es folgt in diesem Genesis-Text dann ja auch der prophetische Spruch, deshalb werde der Mann Vater und Mutter verlassen und mit der Frau ein Fleisch werden. Sie werden ein Fleisch miteinander sein, ein einiges Menschenwesen. Dieses ganze Drama der Bedürftigkeit der Geschlechter, der Verwiesenheit aufeinander, der Liebe, ist darin enthalten. Obendrein ist auch gesagt, daß sie beide dazu da sind, sich einander zu geben, um darin selbst neues Leben zu schenken und sich schließlich wieder diesem neuen Leben zu widmen. In diesem Sinne ist das Geheimnis der Ehe enthalten und im Grunde auch die Familie mit anvisiert.

Manchmal könnte man denken, Frauen sind, quasi als zweiter Versuch, als verbesserte Schöpfung, besser gelungen als Männer. Sie scheinen nicht nur die schöneren, sondern möglicherweise auch die entwickelteren Menschen zu sein.

Ich möchte diesen Streit ungern aufrollen. Daß den Frauen besondere Gaben gegeben sind, daß sie in mancher Hinsicht leidensfähiger und stärker sind, ist unbestreitbar. Daß sie gerade mit dieser besonderen Weise des Lieben-Könnens, die ihnen mitgegeben ist, einen anderen Menschen in sich tragen und sich selbst, Fleisch und Blut ihm geben können, das alles gibt der Frau eine bestimmte Auszeichnung und eine ganz eigene Größe. Im übrigen sollten wir uns, Mann und Frau, Gott überlassen und versuchen, im Miteinander das Ganze des Menschseins zu erfüllen.

Die Frage ist, ob Mann und Frau in Wirklichkeit nicht vielleicht zwei grundverschiedene Wesen sind?

Ja, aber der wollen wir widerstehen. Es ist der eine Mensch. Und weil der Körper nicht nur eine äußere Zutat zum Menschen ist, ist die leibliche Verschiedenheit natürlich eine Verschiedenheit, die den ganzen Menschen durchdringt und sozusagen zwei Weisen des Menschseins darstellt. Ich denke, man muß sowohl falschen Egalitäts-Theorien wie falschen Unterscheidungs-Theorien widerstehen.

Falsch ist, wenn man Männer und Frauen über den gleichen Kamm scheren und sagen will, diese winzige biologische Differenz besagt überhaupt nichts. Das ist ja eine Tendenz, die heute herrscht. Es schaudert mich persönlich immer noch, wenn man die Frauen zu Soldaten wie die Männer machen will, wenn sie, die doch die Hüter des Friedens waren und in denen wir eigentlich die Gegenkraft gegen den männlichen Rauf- und Kriegswillen gesehen haben, jetzt auch mit Maschinengewehren herumlaufen und zeigen, daß sie genauso kriegerisch sein können. Oder daß Frauen nun auch das »Recht« haben, Müllabfuhr zu machen und ins Bergwerk zu gehen, alles, was man ihnen eigentlich aus Respekt vor ihrer Größe, ihrem größeren Anderssein, ihrer eigenen Würde nicht antun sollte, das wird ihnen nun im Namen der Gleichheit auferlegt. Das ist meiner Meinung nach auch eine leibfeindliche, manichäische Ideologie.

Aber sie ist beileibe keine Erfindung unserer Zeit.

Platon hatte gesagt, man soll Männer und Frauen in die gleichen Kasernen tun, sie sollen alle das gleiche machen, denn die Biologie zählt nicht. Was alleine am Menschen zählt sei der Geist, und wenn dann Kinder entstehen, so soll man diese in eine Staatskrippe geben. Im Grunde ist diese Gleichheitsideologie ein Spiritualismus, eine Art von Leibverachtung, die nicht anerkennen will, daß gerade der Leib selber der Mensch ist. Deswegen, finde ich, erhöht dieser Typ von Egalitarismus die Frau nicht, sondern nimmt ihr ihre Größe. Er reißt sie herunter ins Gewöhnliche, indem sie vermännlicht wird.

Andererseits gibt es natürlich auch eine falsche Differenzideologie. Durch sie wurde es dann üblich, Frauen als die niedrigeren Wesen anzusehen, die nur zum Kochen und Putzen da sind, während die Herren der Schöpfung reden und Kriege führen und sich als eine Kaste fühlen, die das Höhere tut. Frauen wurden von daher als nur fleischlich, sinnlich, dem Geistigen nicht offen, nicht schöpferisch und was auch immer angesehen. Damit ist die Differenzideologie zum Kastenwesen übersteigert. Mit dieser Vorstellung wird die Einzigartigkeit der Schöpfung Gottes nicht gesehen, die in der Verschiedenheit doch Einheit und Komplementarität ist.

Nicht selten enden Partnerschaften allerdings wirklich in einem geschlechtsspezifischen Zwist.

Mann und Frau gehören zueinander. Sie haben ihre Gaben, die sie entfalten sollen, um auf diese Weise die ganze Weite des Menschseins zur Erscheinung und zur Reife zu bringen. Daß gerade diese Verschiedenheit in der Einheit auch Spannung enthält und zu Zerreißproben führen kann, wir wissen es. Das ist ja auch in jeder Freundschaft so. Je näher man sich ist, desto mehr kann man sich auch in die Haare kriegen.
Die Liebe ist ein Anspruch, der mich nicht unberührt läßt. In ihm kann ich nicht einfach schlicht *ich* bleiben, sondern ich muß mich immer wieder verlieren, indem ich zugehobelt werde, verwundet werde. Und gerade dieses, denke ich, gehört auch zur Größe, zur heilenden Macht der Liebe, daß sie mich verwundet, um meine größeren Möglichkeiten hervorzubringen. Insofern darf man sich Liebe nicht nur romantisch vorstellen, daß sozusagen der Himmel auf beide herabkommt, wenn sie sich gefunden haben und von da an alles nur noch gut ist.

Die Liebe muß man sich als Passion vorstellen. Nur wenn man bereit ist, sie als Passion zu ertragen und sich so immer wieder neu ineinander anzunehmen, dann kann auch eine lebenslange Partnerschaft reifen. Wenn man dagegen dann, wenn es kritisch wird, sagt, das möchte ich vermeiden und auseinandergeht, dann versagt man sich gerade die wirkliche Chance, die in dem Zueinander von Mann und Frau und damit in der Realität der Liebe liegt.

JENSEITS VON EDEN – DER SÜNDENFALL

Wir haben bereits von einer gewissen Störung in der Schöpfung gesprochen. Dieser Annahme liegt die Lehre von der Erbsünde zugrunde, die durch Augustinus ausgeprägt wurde. Sie war und ist in ihrer Schärfe auch innerhalb der Kirche immer wieder umstritten. Die Geschichte besagt, daß durch die Sünde Adams, der sich von Gott abgewendet und durch die Verführung Evas vom Baum der Erkenntnis gegessen hatte, der Tod und die Sünde in die Welt gekommen sind. In der Genesis heißt es sogar, plötzlich hatten die Menschen Angst vor Gott. Kann der Sündenfall wirklich als das Wesensmerkmal des Menschen schlechthin gelten?

Als das Wesensmerkmal *schlechthin* nicht, aber als eine Realität, deren Gegenwart wir wahrnehmen können, – auch wenn wir deren Ursprung nur in Bildern erkennen können. Ein mittlerweile verstorbener Freund von mir, ein sehr kritischer Mensch, hat mir einmal gesagt: Also mit vielen Dogmen habe ich Schwierigkeiten. Aber es gibt eines, das ich gar nicht glauben brauche, weil ich es jeden Tag erlebe, das ist die Erbsünde.

Bei unseren Überlegungen über den Menschen wird uns immer wieder eine Bruchlinie zu Gesicht kommen, eine gewisse Störung im Menschen, daß er nicht der ist, der er sein könnte. Diese Störung wird uns in der Genesis sozusagen als ein Anfangsdatum der Geschichte angedeutet. Im Alten Testament wurde daraus noch nicht die Konsequenz der Erbsündenlehre gezogen, wohl aber hat sich zunehmend deutlicher ein Bewußtsein dahingehend ausgebildet, daß die Menschen immer wieder zum Bösen neigen. Und der biblische Gott selbst sagt vor und nach der Sintflut: »Ich sehe schon, sie sind ja Fleisch, sie sind schwach, sie sind zum Bösen geneigt.«

Die Erbsündenlehre ist von Augustinus thematisiert worden, das ist richtig, sie ist aber in ihrem Kerngehalt bereits im Römerbrief des hl. Paulus enthalten. Paulus liest die Genesis-Geschichte im Licht Christi noch einmal. Und er erkennt, daß diese Anfangsgeschichte bereits die *ganze* Geschichte erzählt. Von Anfang an sei beim Menschen dieser Hochmut vorhanden gewesen, selber den Schlüssel der Erkenntnis zu haben, Gott nicht zu brauchen und auch den Schlüssel zum Leben zu haben, nicht sterben zu müssen und so weiter. Aus dem Sichzurückziehen vor Gott folgt schließlich ein Sichverstecken vor Gott. Die Vertrautheit der Liebe wird plötzlich zur Furcht vor dem gefährlichen und übermächtigen Gott.

Heißt das, der Mensch war von Anfang an von der Obsession des Wissens beherrscht, und das ist sein ganzes Unglück?

Die Erzählung der Genesis ist für Paulus jedenfalls ein Bild dafür, daß es diese Störung auf geheimnisvolle Weise von Anfang an gibt. Sie ist ein Befund der ganzen menschlichen Geschichte, mit dem wir rechnen müssen. Dieser Befund konnte allerdings erst in dem Augenblick voll ausgesprochen und gedacht werden, in dem die Gegenkraft in Erscheinung getreten war. Erst nachdem Christus gekommen war und den Gegenschritt gesetzt hatte, konnte das andere ertragen und konnte sozusagen zugegeben werden, daß es so ist.

Zum Römerbrief des Paulus kommt auch noch der Philipperbrief, zweites Kapitel, ein urchristlicher Hymnus, den Paulus schon vorgefunden hat. Die Bewegung Adams ist demnach die, nun selber den Erkenntnisschlüssel an sich zu reißen und damit das, was Gott sich vorbehalten hatte, zu haben. Er will sich gleichsam auf die Höhe Gottes erheben und seiner nicht bedürfen.

Gott wiederum macht eine Gegengeschichte, indem er sich in Christus herunterbegibt bis in die Armseligkeit des Menschseins und zum Tod am Kreuz. Er stößt uns damit erneut die Tür auf, durch die wir wieder zu Gott kommen können, und läßt uns den Hochmut als den eigentlichen Kern aller Sünden erkennen. Zugleich leidet er mit, um uns auch wieder in die Familiengemeinschaft mit Gott hineinzuziehen. Ich glaube deshalb, man darf den Genesis-Bericht nie lesen, ohne zugleich die Christusgeschichte mitzudenken.

Aber die Erbsünde ist doch seit dem Kreuzestod Christi nicht aus der Welt geschafft.

Nein, das sehen wir alle, sie ist da. Aber was vorher nur eine rätselhafte Barriere und eine Störung gewesen ist, über die wir nicht hinüberkommen konnten, hat seine Antwort gefunden in dieser vergebenden Kraft Gottes. Sie macht unsere Aktion, unser Leben, unser Handeln nicht unwichtig, stellt es aber in einen anderen Kontext und gibt uns damit selber auch ein Lebensmodell des Glaubens vor, das gleichsam im Mitgehen mit Christus auch ein Weg der Überwindung dieser Störungen ist.

Gott hat allerdings nicht nur Adam und Eva von der heiligmachenden Gnade ausgeschlossen, sondern das ganze Menschengeschlecht. Warum? Was können wir Nachgeborenen dafür?

Es ist wirklich die große Frage, wie dieses Wort vom Erbe, von der kontinuierlichen Präsenz dieser Störung, eigentlich zu verstehen ist. Sicher bleiben auch hier unsere Antworten irgendwo stecken. Aber lassen Sie uns Ihr Stichwort von der *heiligmachenden Gnade* aufgreifen.
Der Verlust dieser Gnade bedeutet ja eine Beziehungsstörung. Die ursprüngliche, vertrauensvolle, lebendige Beziehung mit Gott, die zugleich auch die Beziehungen der Menschen untereinander heilt, wird zerrissen, die Beziehung ist gestört, Gott wird dunkel. Wir verstecken uns vor ihm, und weil wir unsere eigenen Verstecke so gut gebaut haben, sehen wir ihn auch nicht mehr.
Es ist diese Beziehungsstörung, die beziehungsgestörte Welt, in die wir bei unserer Geburt hineintreten. Und wir sehen ja dann, das ist in der Bibel psychologisch großartig dargestellt, wie nach dem Sündenfall in dem Gespräch mit Gott Adam und Eva sich sofort gegenseitig beschuldigen und einander die Schuld zuschieben. Die gestörte Beziehung zu Gott bringt sie also sofort gegeneinander auf. Denn wer gegen Gott aufgebracht ist, der ist es dann auch gegen den andern.
Der Verlust der heiligmachenden Gnade als Kern der Erbsünde will also sagen, es ist eine Beziehungsstörung eingetreten, die zu einem Bestandteil des menschlichen Geschichtsgefüges

geworden ist. Eben weil wir nicht einzeln daran schuld sind, sondern schon in sie hineintreten, brauchen wir dann den, der die Beziehung wieder richtigstellt. Und weil Gott den Menschen ja nicht irgendwie einfach martern oder foltern oder positivistisch bestrafen will, macht er sich selbst zu dem, der die Beziehung wiederherstellt und somit die Störung überwindet. Sobald wir *Erbsünde* sagen, eine gestörte Beziehung, in deren Störungen wir hineingeworfen werden, müssen wir immer dazu sagen, daß Gott sofort begonnen hat, die Beziehung neu zu knüpfen und zu heilen. Wenn wir den Begriff der Erbsünde ohne diese Antwort Gottes bereden, geraten wir tatsächlich ins Absurde hinein.

Da gingen beiden die Augen auf, heißt es weiter in der Bibel, »und sie erkannten, daß sie nackt waren. Sie hefteten Feigenlaub zusammen und machten sich Schürzen daraus«. Ich denke, es ist kaum anzunehmen, daß ein so alter und elementarer Mythos etwas mit zimperlicher Moral zu tun hat?

Nein, sicher nicht. Es kommt darin zum Vorschein, daß der Mensch, der nicht mehr im Glanz Gottes steht und auch den andern nicht mehr in diesem Glanz sieht, auch voreinander wie nackt ist und nicht mehr einfach einer den anderen annehmen kann. Auch hier hat die Normalität der Beziehungen gelitten. Wir verstecken uns durch das Kleid voreinander – oder müssen uns dadurch sozusagen sozial ausweisen. Das Kleid ist damit eine symbolische Darstellung des Selberseins, mit der wir unsere Würde, die inwendig verletzt ist, äußerlich wieder herstellen wollen.
Mit einer Theologie oder Philosophie des Gewandes, die darin steckt, ist sicher auch eine tiefe anthropologische Einsicht angesprochen, über die man im einzelnen, glaube ich, noch

reflektieren muß. Aber bestimmt geht es nicht einfach darum, eine prüde Moral als Folge der Erbsünde zu statuieren.

Von der Seele

Nicht nur woher wir kommen, auch wie wir sind, bleibt eine Grundfrage des Menschen. Der hl. Augustinus hat diese Sehnsucht formuliert. In allem hatte sein Interesse, lange vor Sigmund Freud, vornehmlich zwei Dingen gegolten, wie er selbst sagt: »Gott und die Seele will ich kennen, sonst nichts.«
Die Schöpfungsgeschichte unterscheidet dabei zwei große Reiche. Das Reich der körperlichen Dinge und das Reich der Geister. Der Mensch steht in der Mitte, er nimmt folglich an beiden Reichen teil. Er ist zusammengesetzt aus Leib und Seele, als Körper und Geist. Und seine Seele ist ein geistiges Wesen. Ist das kurz gesprochen so etwas wie unsere Grundausstattung?

Gewissermaßen. Der Mensch ist eben diese Brücke. Er ist dieses Ineinandertreffen von materieller und geistiger Welt und nimmt damit im ganzen Gefüge der Schöpfung eine besondere Stellung ein.
Durch den Menschen hebt sich die Materie in den geistigen Bereich hinein, und durch diese Verbindung erscheint beides miteinander auch als kompatibel. Die Materie ist nicht mehr eine Sache, neben der untrennbar und unverbindbar der Geist stehen würde. Die Einheit der Schöpfung kommt gerade darin zum Vorschein, daß im Menschen beides sich miteinander

verbindet. Das gibt ihm eine ganz ausgezeichnete Funktion, nämlich Miteinheitsträger der Schöpfung zu sein, in sich Geist zu inkarnieren, und umgekehrt in sich die Materie zu Gott mit hinaufzuheben – und damit alles in allem zu der großen Symphonie der Schöpfung beizutragen.

Der Gen-Code des Menschen gilt nunmehr als nahezu entschlüsselt. Eines aber werden die Wissenschaftler vermutlich immer noch fragen müssen: Wo ist der Sitz unserer Seele? Weiß es der Glaube?

So wie man Gott nicht geographisch irgendwo ansiedeln kann, sagen wir oberhalb des Mars oder sonstwo, so kann man auch die Seele nicht geographisch festmachen, weder im Herzen noch im Hirn, wie es ja die beiden großen anthropologischen Positionen der Antike getan haben. Die Seele ist anders. Sie ist nicht körperlich fixierbar, sondern durchdringt den ganzen Menschen. Das Alte Testament hat eine vielfältige seelische Symbolik entfaltet. Es spricht von der Leber, von den Nieren, vom Mutterschoß, vom Herzen, also von den vielfältigsten Organen. Der ganze Körper ist gleichsam in seelischen Funktionen präsent. Organe drücken symbolisch Aspekte des menschlichen Seins und der menschlichen Seele aus, zeigen aber auch, daß der ganze Körper beseelt ist und die Seele im ganzen sich auf ihre spezifische Weise ausdrückt. Insofern kann man sagen: Es gibt Konzentrationspunkte, aber eine Geographie der Seele gibt es nicht.

Ist das Gewissen, das einen manchmal schrecklich plagt, auch ein Teil der Seele? Oder ist das Gewissen, wie manche glauben, nur anerzogen?

Natürlich ist das Gewissen in seinem Funktionieren etwas Lebendiges. Es kann daher in einem Menschen verkümmern oder in ihm reifen. Daß das Gewissen auch von den sozialen Realitäten, die mich umgeben, in seiner konkreten Funktionsweise bestimmt wird, das kann man gar nicht leugnen. Im sozialen Umfeld liegen sowohl die Hilfen, damit es erwacht und sich bildet, aber auch die Gefährdungen, die es abstumpfen oder in eine falsche Richtung weisen – die sozusagen ein falsches Gewissen, sei es ein skrupulöses, sei es ein laxes, ausbilden können.

Gibt es gewissenlose Menschen?

Ich wage zu sagen, es kann nicht ein Mensch beliebig Menschen umbringen und nicht wissen, daß das böse ist; irgendwo weiß er es. Es kann nicht sein, daß ein Mensch, der einen andern in extremer Not sieht, nicht spürt, daß er jetzt eigentlich etwas tun sollte. Es gibt sozusagen einen Urappell, der im Menschen da ist, ein Urgefühl für das Gute und für das Böse. Und selbst wenn man den SS-Leuten anzuerziehen versuchte, daß man für die germanische Rasse auch umbringen muß und daß das dann etwas Gutes ist, und wenn Göring gesagt hat, unser Gewissen heißt Adolf Hitler, und nur noch er der Maßstab war, so haben diese Leute auch gewußt, daß das nicht etwas Gutes ist. Und insofern wird in solchen elementaren Situationen der Verletzung des Menschseins auch wieder deutlich, daß der Mensch wirklich ein tiefstes, inneres Elementarwissen hat. Insofern ist Moral nicht nur etwas ihm äußerlich Anerzogenes, sondern ist als die Grundunterscheidung von Gut und Böse ein Teil seiner geistigen Ausstattung.

In der Heiligen Messe heißt es an einer Stelle: »Und sprich nur ein Wort, so wird meine Seele gesund.« Kann nur Gott unsere Seele heilen?

Letztlich nur er, ja. Aber damit sie geheilt wird, hat er auch heilende Kräfte rund um uns herum aufgestellt. Auch hier gilt wieder, daß unser Gottesverhältnis sich über Menschen entwickelt. Gott wollte es so, daß er durch Menschen zu uns kommt – und durch sie gibt er dann im Bußsakrament auch das Wort, das im Grunde nur er geben kann. Nur Gott kann letztlich sagen, diese Sünde ist vergeben, weil sie ja letztlich gegen ihn gerichtet ist.
Heilungen freilich brauchen auch immer das Mitgetragenwerden von den anderen, ihr Verzeihen, ihr Annehmen, ihre Güte. Nur in einem solchen, vom Glauben an Gott erleuchteten Prozeß des Miteinanders bewirkt Gott auch die Heilungen, die wir brauchen.

Kritiker des Glaubens, die von einer verheerenden Gesamtbilanz des Christentums für die Zivilisation reden, bezeichnen Vorstellungen wie die von der Erbsünde als einen der »Geburtsfehler« einer »alt gewordenen Weltreligion«. Solche Ideen seien reine Erfindungen und obendrein auch menschenverachtend, weil sie uns einimpften, wir hätten uns für »verderbt« zu halten.
Und eine moderne Lebensphilosophie sagt: Du schaffst alles, wenn du nur willst; sorge dich nicht, lebe. Die christliche Grundlehre vom Sündenelend und von Buße mutet hier ziemlich schwächlich an. Die wenigsten vermissen sie.

Das hatte ja vor allen Dingen auch Nietzsche gesagt, daß das Christentum eine Religion der Ressentiments ist, der zu kurz

gekommenen, die sich nun rächen, indem sie die Größe des Kleinseins erklären und die Ordnungen auf den Kopf stellen, indem sie nicht den Starken verherrlichen, sondern den Leidenden. Es sei insofern die Philosophie der Sklaven, die sich hier rächen, indem sie den Menschen mit der Sünde beladen.
Der Gedanke, daß uns das Christentum verknechtet und die Kirche uns in ihrer Macht hält, indem sie uns die Sünde einredet und sich dann als die Vergebungsinstanz präsentiert, ist weitverbreitet. Richtig ist, daß da, wo Gott aus dem Blickfeld des Menschen verschwindet, selbstverständlich auch der Begriff Sünde seinen Sinn verliert. Denn wenn Gott mich nichts angeht, wenn er sich nicht für mich interessiert, dann kann es auch kein gestörtes Verhältnis zu ihm geben – weil es eben gar keines gibt. Damit scheint die Sünde zunächst beiseite geräumt zu sein. Und im ersten Augenblick kann man meinen, dann wird das Leben wieder ganz lustig und ganz leicht, es nimmt sozusagen die Operettendimensionen an.
Es hat sich allerdings sehr schnell gezeigt, daß der Operettenaugenblick des Daseins nur ganz kurz dauert. Auch wenn der Mensch von Sünde nichts mehr wissen will und eine Plage seines Bewußtseins scheinbar losgeworden ist, merkt er doch, daß es Schuld gibt. Er kann es letzten Endes überhaupt nicht bestreiten, daß es zwischen Du und Ich unausgeglichene Rechnungen gibt und Schuldkonten zu begleichen sind. Nunmehr rücken gerade auch die kollektiven Schulden ins Blickfeld.
Sehen wir uns das Panorama der Gegenwart an. Hier ist zwar die Sünde gegen Gott weitgehend aus dem Bewußtsein gestrichen, um so nachdrücklicher können wir aber die Schulden der Geschichte aufzählen – das deutsche Volk kaut ja sozusagen an seinem Schuldkonto herum und leidet daran –, so daß man sieht, so einfach kann man das Problem nicht lösen. Indem man Gott und einen Willen Gottes leugnet, kann man

zwar den Begriff Sünde, aber nicht die Problematik des Menschseins, die darin ausgedrückt war, beiseite schieben.

Von der Freiheit

Die Gaben sind nach christlicher Lehre Geschenke Gottes für das Leben. Damit es einem gutgeht. Ist denn Freiheit auch eine Gabe – oder ist sie eher eine Gnade Gottes?

Unter Gnade verstehen wir eine Zuwendung Gottes zum Menschen. In ihr befaßt sich Gott auf eine neue, spezifische Weise mit ihm und gibt ihm etwas, was sozusagen nicht schon in der Schöpfung enthalten ist. Freiheit dagegen gehört zur Schöpfungs*konstitution,* zur geistigen Existenz des Menschen. Wir sind ja nicht einfach nach einem bestimmten Muster festgelegt und vorbestimmt. Die Freiheit ist dazu da, daß jeder einzelne sein Leben selbst entwerfen und mit seinem eigenen inneren Ja schließlich den Weg gehen kann, der seinem Wesen entspricht. In diesem Sinne würde ich Freiheit nicht als eine Gnade bezeichnen, sondern eher als eine Schöpfungs*gabe.*

Es fragt sich allerdings, was diese Freiheit wirklich wert ist. Wenn man's drauf anlegt und sich auch die Freiheit nimmt, etwas zu tun, was Gott nicht gefällt, wird man bestraft bis in alle Ewigkeit.

Nun, was bedeutet denn *Strafe* in der Rede Gottes eigentlich? Ist es etwas, was er einem aufbrummt, weil er seinen eigenen

Willen durchsetzen will? Nein, Strafe ist der Zustand, in den der Mensch gerät, wenn er sich von seiner eigentlichen Wesensgestalt entfernt. Wenn er, um ein Beispiel zu sagen, jemanden umbringt. Oder wenn er die Würde eines anderen Menschen nicht achtet, wenn er der Wahrheit entgegen lebt und so weiter. Dann hat der Mensch zwar seine Freiheit gebraucht, aber er hat sie zugleich auch mißbraucht. Er hat das, woraufhin er entworfen ist, das Konzept seiner Existenz, zerstört und zertrampelt – und zerstört sich damit auch selber.
Freiheit bedeutet, daß ich aus eigenem Wollen die Möglichkeiten meines Seins annehme. Dabei ist es beileibe nicht so, daß es dann nur noch ein Ja oder Nein gibt. Denn auch oberhalb des Nein eröffnet sich eine unendliche Spielart von schöpferischen Möglichkeiten des Guten. Im Grunde ist also unsere Idee, daß, wenn ich nicht nein zum Schlechten sage, mir die Freiheit schon genommen ist, eine Pervertierung der Freiheit. Die Freiheit findet den großen schöpferischen Raum ja erst in dem Bereich des Guten. Die Liebe ist schöpferisch, die Wahrheit ist schöpferisch – erst in diesem Bereich gehen mir die Augen auf, da erkenne ich so vieles.
Wenn wir das Leben der großen Menschen, der Heiligen, betrachten, sehen wir, wie sie im Lauf der Geschichte schöpferisch ganz neue Möglichkeiten des Menschen zum Vorschein bringen, die ein innerlich blinder oder stumpfer Mensch niemals wahrgenommen hat. Mit anderen Worten: Die Freiheit kommt zu ihrer wirklichen Wirkung, wenn sie das Unentdeckte und Entdeckbare in dem großen Bereich des Guten entfaltet und damit die Möglichkeiten der Schöpfungen erweitert. Sie verliert sich, wenn sie nur im Nein-Sagen den eigenen Willen bestätigt glaubt. Denn dann habe ich Freiheit zwar gebraucht, aber sie zugleich auch verzerrt.

2 Von Gott

Kommen wir zu dem Eigentlichen, wie Sie es nennen, zum Ursprung und Ziel des Lebens, zu Gott. Das Credo des Christentums* beginnt mit den Worten »Ich glaube«. Allerdings glauben Christen nicht allgemein irgendwie an eine höhere Macht, an eine höhere Natur.

Dieses »Ich glaube« ist bewußt ein Akt des Ich. Ein Akt, in dem Wille und Verstand, Erleuchtung und Führung, die mir gegeben wurden, ineinandergreifen. Darin liegt dieses Vertrauen oder auch sich Ausstrecken, dieses Aus-sich-weggehen, sich auf Gott hinbeziehen. Und es geht dabei nicht um einen Bezug auf irgendeine höhere Macht, sondern auf den Gott, der mich kennt und mich anredet. Der wirklich ein Ich ist – wenn auch in einer viel höheren Weise –, auf das ich zugehen kann, und das auf mich zugeht.

Was meinen Sie damit, daß Gott auch ein »Ich« ist?

---

* Das Apostolische Glaubensbekenntnis: »Ich glaube an Gott, den Vater, den Allmächtigen, den Schöpfer des Himmels und der Erde, und an Jesus Christus, seinen eingeborenen Sohn, unsern Herrn, empfangen durch den Heiligen Geist, geboren von der Jungfrau Maria, gelitten unter Pontius Pilatus, gekreuzigt, gestorben und begraben, hinabgestiegen in des Reich des Todes, am dritten Tage auferstanden von den Toten, aufgefahren in den Himmel; er sitzt zur Rechten Gottes, des allmächtigen Vaters; von dort wird er kommen, zu richten die Lebenden und die Toten. Ich glaube an den Heiligen Geist, die heilige katholische Kirche, Gemeinschaft der Heiligen, Vergebung der Sünden, Auferstehung der Toten und das ewige Leben. Amen.«

Ich meine es in dem Sinn, daß er Person ist. Gott ist nicht eine allgemeine Mathematik des Weltalls. Er steckt nicht irgendwie als Geist in der Welt. Er ist nicht eine unbestimmbare Harmonie der Natur oder ein unnennbares »Unendliches«, sondern der Schöpfer der Natur, der Ursprung der Harmonie, der Lebendige, der Herr.

Moment bitte, Sie glauben, Gott ist eine Person? Er kann zuhören, sehen, fühlen …?

… Ja, Gott hat das Wesentliche dessen, was wir mit Person meinen, nämlich Bewußtsein, Erkennen und Lieben. Er ist insofern jemand, der reden und zuhören kann. Das ist, glaube ich, das Wesentliche an Gott.
Natur kann bewundernswert sein. Der gestirnte Himmel ist großartig. Aber es bleibt eben nur ein unpersönliches Staunen, weil es mich letzten Endes auch zu einem kleinen Element in einer riesigen Maschine macht.
Der wirkliche Gott aber ist mehr. Er ist nicht einfach Natur, sondern ist das, was ihr vorangeht und sie trägt. Er ist ein Wesen, das denken, reden, lieben und hören kann. Und Gott, so sagt uns der Glaube, ist seinem ganzen Wesen nach Beziehung. Das meinen wir, wenn wir ihn trinitarisch, dreifaltig nennen. Weil er in sich Beziehung ist, kann er auch Wesen schaffen, die wieder Beziehung sind und die sich auf ihn beziehen dürfen, weil er sie auf sich bezogen hat.

»Wer in dieses Credo eintritt«, meinten Sie einmal, »vollzieht eigentlich die Absage an die Gesetzlichkeit der Welt, in der er lebt.«

Gemeint ist, daß das Geheimnis der Auferstehung Christi uns über den Tod hinaushebt. Natürlich leben wir als Menschen in dieser Welt immer unter den Naturgesetzen. In der Natur gilt das Stirb und Werde. In Christus aber sehen wir, daß der Mensch etwas Endgültiges ist. Er ist nicht nur ein Element in dem großen Stirb-und-Werde-Prozeß, sondern er ist und bleibt ein eigenes Ziel der Schöpfung. Er ist insofern aus dem bloßen Wirbel des ewigen Unter- und Aufgehens heraus- und in die Beständigkeit der schöpferischen Liebe Gottes hineingenommen.

Warum wird Gott eigentlich durch ein Dreieck symbolisiert, aus dessen Mitte stechend ein Auge auf uns blickt?

Das Dreieck ist ein Versuch, das Trinitätsgeheimnis der Einheit darzustellen. Der Mensch will damit ausdrücken, daß diese Dreiteiligkeit zu einer einzigen Wirklichkeit wird und die dreifache Beziehung des Liebens zu einer höchsten Einheit verschmilzt. Das Symbol des Auges ist das uralte und der ganzen Religionsgeschichte eigene Bild der Erkenntnis schlechthin. Es besagt, daß Gott der sehende Gott und der Mensch ein Gesehener ist, der wiederum durch Gott selbst auch ein Sehender wird.

Dieses Bild hat natürlich auch seine Gefahr. In der Aufklärung hat das bei der Abwendung von Gott eine große Rolle gespielt. Denn von einem Gott, der mir unerbittlich überall zuschaut, der mir mein Eigenes – meine »privacy«, würde man heute sagen – nirgends läßt, von so einem Gott will man sich loslösen. Wenn also das Sehen als Bedrohung erscheint, als ein gefährliches Sehen, das mir meine Freiheit nimmt, dann ist es falsch gedeutet und ein Gegenbild Gottes. Das Auge ist als Bild richtig verstanden, wenn es der Ausdruck der ewigen Zugewandtheit ist, wenn es mir sagt: Ich bin nie allein gelassen, es ist immer jemand da, der mich mag, der mich auffängt und trägt.

In der jüdischen Tradition wird davon gesprochen, daß Gott, ehe er die Welt erschaffen hatte, nur latent vorhanden war. Seine Züge waren nicht verwirklicht. Gott habe folglich die Welt gebraucht, um das zu werden, was er ist. Denn wie könnte es einen König ohne Volk geben? Wie könnte Gott lieben, wenn es niemanden zu lieben gibt? Die Frage ist, was war eigentlich vor dem Anfang? Wer hat Gott erschaffen?

Diese Idee entstammt einer unter vielen anderen jüdischen Traditionen. Ähnliche Gedanken sind später auch in der christlichen Mystik, etwa bei Meister Eckart, aufgetaucht. Sie entsprechen allerdings nicht dem biblischen Urbild, als ob Gott erst er selber würde, indem er etwas schafft. Nein, der christliche Gott, der Gott, der sich uns zeigt, ist Gott. »Ich bin der Ich bin«, sagt er. Es erübrigt sich daher auch ein immer weitergehendes Fragen, etwa: Wer hat ihn geschaffen, wer hat dann jenen geschaffen, der diesen geschaffen hat und so fort. Oder auch die Frage: Ist der Schöpfergeist überhaupt die Fülle des Seins, die jenseits von Werden und Vergehen steht?
Ich denke, man kann es so sagen: Die Realität selbst in sich ist schöpferisch. Gott bedarf nicht der Welt. Das hat der christliche und auch der alttestamentliche Glaube immer sehr nachdrücklich herausgehoben. Im Gegensatz zu den *Göttern,* die die Menschen brauchen, um durch sie unterhalten und genährt zu werden, braucht *Gott* sie an sich nicht. Er ist der Eine, Ewige, das Ganze des Seins. Der Dreifaltigkeitsglaube sagt uns, daß er der in sich Liebende ist, in diesem ewigen Zir-

kel der Liebe, der zugleich höchste Einheit und doch ein Gegenüber und ein Miteinander des Lebens darstellt.
Andererseits bringt der Gedanke »Gott ist Liebe« tatsächlich die Frage mit sich: wer wird geliebt? Sie löst sich dann in der Dreieinigkeit des Gottes auf, der sich schenkt und darin Sohn wird und der sich zurückgibt und dann ein Heiliger Geist ist. In diesem Sinn ist also die Schöpfung ein durchaus freier Akt, und auch das hat die christliche Tradition (und mit ihr wesentliche Teile der jüdischen Tradition) immer betont, daß die Schöpfung für Gott kein Muß ist, sondern daß sie frei ist.

Aber warum sollte Gott dieses Abenteuer der Schöpfung der Welt und des Menschen überhaupt auf sich nehmen?

Romano Guardini, der all das Leidvolle in der Schöpfung gesehen und gesagt hat, warum eigentlich macht er denn das, wenn es auch ohne ginge, hat diese Frage furchtbar gequält. Wir können es nicht beantworten. Wir können nur hinnehmen, daß er das dennoch gewollt hat; daß er Kreatur wollte, die ihm gegenübersteht, ihn erkennen kann und sich dadurch sozusagen der Radius seiner Liebe weitet.
Die Alten haben das mit einer philosophischen Idee auszudrücken versucht: Das Gute hat in sich den Drang des Mitteilens. Und insofern überströmt der, der die Güte schlechthin ist. Eine letzte Antwort gibt auch dieses nicht. Wesentlich daran aber ist, daß Schöpfung ein freies Sich-Schenken ist und nicht sozusagen ein Bedürfnis Gottes, der ansonsten auch selber nur halb Gott wäre, und damit auch nur eine halbe Hoffnung sein könnte.

Ist Gott Mann oder Frau?

Ist Gott eigentlich Mann oder Frau?

Gott ist Gott. Er ist weder Mann noch Frau, sondern ist Gott darüber. Er ist der ganz Andere. Ich glaube, es ist sehr wichtig festzuhalten, daß für den biblischen Glauben immer klar gewesen ist, daß Gott weder Mann noch Frau, sondern eben Gott ist, und daß Mann *und* Frau ihn abbilden. Sie sind beide von ihm abkünftig und in ihrer Möglichkeit beide in ihm enthalten.

Das Problem ist allerdings, daß die Bibel Gott als Vater anredet und ihn damit in einem männlichen Bild darstellt.

Zunächst müssen wir sagen, daß die Bibel in der Anrede des Gebetes tatsächlich das Vater- und nicht das Mutterbild verwendet, daß sie ihm aber in den Bildern *über* Gott immer auch weibliche Attribute beigelegt hat. Wenn zum Beispiel von Gottes Mitleiden die Rede ist, wird das im Alten Testament nicht mit dem abstrakten Wort »Mitleid« benannt, sondern mit einem körperlichen Wort, mit »Rachamin«, dem »Mutterleib« Gottes, der für das Mitleiden steht. Durch dieses Wort wird die Mütterlichkeit Gottes auch in ihrer geistigen Bedeutung veranschaulicht. Mit all den Bildworten, die über Gott gebraucht werden, stellt die Bibel im ganzen Mosaik der Bilder klar, daß Mann und Frau von ihm kommen. Er hat sie beide geschaffen. Beide sind demzufolge in ihm – und dennoch steht er zugleich auch über beiden.

Bleibt die Frage, warum dieses in der Gebetsanrede nicht zum Ausdruck gekommen ist.

Ja, warum hat man sich hier streng auf *Vater* beschränkt? Und die nächste Frage, die das erst weiter verschärft, ist: Warum ist Gott als »Sohn« zu uns gekommen? Warum ist Gott in der Menschwerdung ein Mann geworden? Und warum hat dieser Sohn Gottes uns wiederum gelehrt, gemeinsam mit ihm zu Gott *Vater* zu sagen, so daß dieses Vater-Sagen nun nicht mehr bloß ein Bild ist, das im Lauf der Glaubensgeschichte sich auch überholen könnte, sondern das Wort, das uns der Sohn selber in den Mund gelegt hat.

Wissen Sie es?

Ich würde zunächst einmal festhalten, daß das Wort »Vater« selbstverständlich ein Bild bleibt. Es bleibt wahr, daß Gott weder Mann noch Frau, sondern eben Gott ist. Es handelt sich allerdings auch um ein Bild, das uns Christus als Gebetsaussage authentisch und unauswechselbar gegeben hat, ein Bild, in dem er uns etwas von der Anschauung Gottes vermitteln will.
Aber warum? Wir sind in dieser Frage im Moment in einer neuen Phase des Reflektierens, aber ich glaube, man kann sie letzten Endes nicht beantworten. Was wir sagen können, sind vielleicht zwei Dinge. Zum einen: Die Religionen um Israel herum kannten die Götter-Paare, Gott-Mann und -Frau. Der Monotheismus hingegen schloß die Idee des Götterpaares aus und hat statt dessen die erwählte Menschheit beziehungsweise das erwählte Volk Israel als Braut im Verhältnis zu Gott gesehen. In dieser Erwählungsgeschichte erfüllt sich das Geheimnis, daß Gott das Volk liebt, wie eine Braut geliebt

wird. Insofern ist das weibliche Bild gleichsam an Israel und an die Kirche vergeben und wird schließlich in Maria noch einmal in besonderer Weise personalisiert.

Der zweite Punkt ist, daß dort, wo die Bilder der *Mutter*gottheiten verwendet wurden, diese den Schöpfungsgedanken so verändert haben, daß aus Schöpfung immer Emanation, Geburt geworden ist, und damit dann fast zwangsweise pantheistische Modelle entstanden sind. Der Gott hingegen, der im Vaterbild dargestellt ist, schafft durch das *Wort* – und genau damit tritt die spezifische Differenz zwischen Schöpfung und Geschöpf heraus.

Wie ist Gott?

Auch wenn Gott nicht Mann ist und nicht Frau – kann man denn sagen, wie er ist? Das Alte Testament berichtet uns von Zornesausbrüchen und nachfolgenden Strafgerichten. »Denn ich, der Herr, dein Gott«, so spricht er hier, »bin ein eifersüchtiger Gott: Bei denen, die mir feind sind, verfolge ich die Schuld der Väter an deren Söhnen an der dritten und vierten Generation.« Ist Gott heute noch so zornig wie früher oder hat er sich geändert?

Zuallererst möchte ich das Zitat ergänzen. Da heißt es nämlich: »Die Strafen führe ich bis in die dritte oder vierte Generation, meine Erbarmung reicht über *tausend* Generationen.« Wir sehen, in diesem Prophetenwort ist schon auch ein Ungleichgewicht zwischen Zorn und Erbarmung dargestellt. Die Erbarmung ist mal tausend, verglichen mit dem Zorn, und insofern ist dieses Wort, ganz gelesen, ein großes Wort der Hoffnung. Selbst wenn ich Strafe verdient habe und herausgefallen bin aus dieser Liebe, darf ich immer wissen, daß die Erbarmung Gottes tausendmal größer ist.

Aber dieser jüdisch-christliche Gott zeigt sich doch auch zornig.

Der Zorn Gottes ist Ausdruck dafür, daß ich der Liebe, die Gott ist, entgegengelebt habe. Wer von Gott weg lebt, wer vom Guten weg lebt, lebt damit in den Zorn hinein. Wer aus der Liebe herausfällt, begibt sich ins Negative. Es ist also nicht etwas, was irgendein herrschsüchtiger Diktator einem draufschlägt, sondern es ist lediglich der Ausdruck für die innere Logik eines Handelns. Wenn ich aus dem, was meiner Schöpfungsidee gemäß ist, wenn ich aus der Liebe, die mich trägt, herausgehe, na ja, dann falle ich halt ins Leere, ins Dunkle hinein. Dann bin ich sozusagen nicht mehr im Raum der Liebe, sondern in einem Raum, den man als Raum des Zornes ansehen kann.
Die Strafen Gottes sind keine Strafen in dem Sinne, daß Gott Polizeigebühren festlegt und Lust daran hätte, einem etwas anzutun. »Strafe Gottes« ist in Wirklichkeit ein Ausdruck dafür, den richtigen Weg zu verfehlen und damit dann die Konsequenzen zu spüren bekommen, die sich ergeben, wenn ich auf die falsche Spur trete und damit aus dem richtigen Leben herauslebe.

Aber muß man nicht auch das Gefühl der Abhängigkeit, ja sogar der Gängelung haben, wenn es heißt: »Gott ist es, der in euch das Wollen und das Vollbringen bewirkt.« Was ist das für ein Gott, der uns immer auch zeigen muß, daß wir nichts sind ohne ihn? Hat er nicht umgekehrt auch eine Verantwortung für uns? Denn wer kann schon was dafür, daß er auf der Erde ist? Es gibt genügend, die nicht davon begeistert sind.

Wichtig ist, daß die Kirche das Gottesbild groß genug darstellt und es nicht mit falschen Schreckensdrohungen versieht. Das ist sicher in einem Teil der Katechese geschehen und geschieht vielleicht auch jetzt noch da und dort. Wir müssen im Gegenteil Gott immer von Christus her in seiner Größe darstellen, einen Gott, der uns an einer sehr weiten Schnur gehen läßt. Manchmal möchte man ja sogar meinen, daß er uns eigentlich etwas deutlicher zureden sollte. Man möchte doch eher fragen: Warum läßt er uns so viel Spielraum? Warum läßt er dem Bösen so viel Freiheit und so viel Macht? Warum greift er da nicht besser zu?

Wo ist Gott?

Bleiben wir bei Gott, bei der Frage, wo und wie er zu finden ist. Es gibt hier eine kleine Geschichte: Einmal brachte eine Mutter ihren Sohn zum Rabbi. Da fragte der Rabbi den Jungen: »Ich gebe dir einen Gulden, wenn du mir sagst, wo Gott wohnt.« Der Junge mußte nicht lange überlegen, er antwortete: »Und ich gebe dir zwei Gulden, wenn du mir sagen kannst, wo er nicht wohnt.« Im Buch der Weisheit heißt es: Gott »läßt sich finden von denen, die ihn nicht versuchen, und zeigt sich denen, die ihm nicht mißtrauen«. Aber wo genau ist Gott?

Beginnen wir mit dem Weisheits-Buch. Da gibt es ein, wie mir scheint, sehr aktuelles Wort: »Gott läßt sich nicht finden von denen, die ihn versuchen«, das heißt, er läßt sich nicht finden von denen, die ihn aufs Experiment stellen wollen. Diese Wahrheit kannte man bereits in der hellenistischen Welt, und sie trifft bis heute sehr genau. Wenn wir Gott gleichsam auf die Probe stellen wollen – bist du da oder nicht da? – und bestimmte Dinge unternehmen, von denen wir denken, da müßte er reagieren oder nicht reagieren, wenn wir ihn gleichsam zu unserem Experimentiergegenstand machen, dann sind wir bereits in einer Orientierung, wo wir ihn sicher nicht finden können. Gott unterwirft sich eben nicht dem Experiment. Er ist keine Sache, die wir in die Hand nehmen können.

Einer meiner Freunde sagt: Ich spüre nichts, selbst wenn ich sonntags einmal in die Kirche gehe. Ich sehe nur, daß es nichts gibt.

Gott ist eben nicht etwas, das wir zwingen könnten, in bestimmten Momenten zu rufen: »Ah, hier bin ich.« Gott wird gerade dann gefunden, wenn wir ihn nicht unter die Kriterien der Falsifizierbarkeit des modernen Experiments und der Existenzbewährung stellen, sondern wenn wir ihn als Gott ansehen. Und als Gott ansehen heißt eben, in einem ganz anderen Verhältnis zu ihm zu stehen.

Materielle Sachen kann ich operativ untersuchen und sie unter meinen Zwang stellen, weil sie unter mir sind. Aber schon einen Menschen kann ich nicht verstehen, wenn ich ihn in dieser Weise traktiere. Es geht mir im Gegenteil nur dann etwas von ihm auf, wenn ich mich in einer Art von Sympathie in seine Seele hineinzuversetzen beginne.

So ist es erst recht mit Gott. Gott kann ich nur suchen, indem ich diese Herrschaftsgesinnung ablege. Ich muß statt dessen eine Gesinnung der Bereitschaft entwickeln, des Sich-Öffnens, des Suchens. Ich muß in Demut bereit sein, zu warten – und ihn so sich zeigen zu lassen, wie er es will, und nicht, wie ich es möchte.

Aber wo genau ist Gott?

Er ist nicht, wie es Ihre rabbinische Geschichte sehr schön zeigt, an einem bestimmten Ort. Positiv ausgedrückt: Es gibt nichts, wo er nicht ist, weil er in allem ist. Negativ ausgedrückt: Er ist auf keinen Fall dort, wo die Sünde ist. Wenn die Negation das Nichtsein zur Macht erhebt – da ist er nicht.
Gott ist überall, und doch gibt es unterschiedliche Stufen der Annäherung, weil jede höhere Stufe des Seins ihm näher wird. Wo aber Verstand und Liebe aufgehen, wird eine neue Weise der Nähe, eine neue Form seiner Gegenwart erreicht.
Gott ist also da, wo Glaube und Hoffnung und Liebe sind, weil sie im Gegensatz zur Sünde der Raum sind, in dem wir uns in die Dimensionen Gottes hineinbegeben. Insofern ist Gott überall dort, wo Gutes geschieht, in einer spezifischen Weise anwesend, und zwar über die reine Allseiendheit und Allgegenwart hinaus. Er ist in einer tieferen Art von Anwesenheit genau da anzutreffen, wo wir uns den Dimensionen nähern, die am meisten seinem innersten Wesen entsprechen – eben denen der Wahrheit und der Liebe, des Guten überhaupt.

Diese tiefere Anwesenheit – heißt das, Gott ist nicht irgendwo weit draußen im Weltall, sondern er ist inmitten von uns? Er ist in jedem einzelnen Menschen.

Ja, das sagt bereits der heilige Paulus auf dem Areopag zu den Athenern. Er zitiert dabei einen griechischen Dichter: In Gott bewegen wir uns, leben wir und sind wir.

Daß wir uns in der Atmosphäre Gottes als des Schöpfers bewegen und sind, das gilt zunächst ganz allgemein schon von unserer biologischen Existenz her. Und es gilt um so mehr, je mehr wir in das ganz Spezifische von Gott vordringen. Wir können es so sagen: Wo ein Mensch einem anderen etwas Gutes tut, da ist eine besondere Nähe Gottes. Wo im Gebet sich jemand für Gott öffnet, da tritt er in seine besondere Nähe hinein.

Gott ist keine nach physikalisch-räumlichen Kategorien fixierbare Größe. Er ist nicht in hunderttausend Kilometern Höhe oder in einer Ferne von Lichtjahren. Die Nähe Gottes ist statt dessen eine Nähe nach Seins-Kategorien. Wo das ist, was ihn am meisten abbildet und vergegenwärtigt, wo Wahrheit ist und das Gute ist, da berühren wir ihn, den Überallseienden, in besonderer Weise.

Das heißt aber dann auch, Gott ist nicht automatisch da, er ist nicht immer da.

Er ist insofern immer da, als ich ohne ihn nicht am Stromaggregat des Seins angeschlossen wäre, wenn man es so ausdrükken will. In diesem Sinne gibt es eine einfache seinsmäßige Gegenwart Gottes überall. Aber die tiefere Nähe Gottes, die dem Menschen geschenkt ist, die kann sich verdünnen oder ganz abfallen – und die kann umgekehrt sehr groß werden.

In einem ganz von Gott durchdrungenen Menschen ist natürlich eine viel größere innere Nähe und Gegenwart Gottes da, als in einem, der sich völlig von ihm entfernt hat. Denken wir an die Verkündigung an Maria. Gott will, daß Maria sein

Tempel wird, ein lebendiger Tempel, und das nicht nur durch die physische Einwohnung. Aber daß sie wirklich eine Wohnung für Gott wird, wird nur möglich, weil die innere Eröffnung auf ihn geschieht; weil sie mit ihrem inneren Sein ihm ganz gemäß wird.

Aber könnte es nicht auch sein, daß Gott sich zurückzieht, zumindest zeitweise. Einstein zum Beispiel verehrte Gott als Baumeister des Universums, aber er war letztlich auch der Meinung, Gott interessiere sich nicht mehr für seine Schöpfung und für das Schicksal der Menschen.

Diese Baumeister-Idee, die Idee vom großen Architekten, rührt von einem verengten Gottesbegriff her. Gott ist hier nur die Randhypothese, die man noch braucht, um die Entstehung des Universums erklären zu können. Er wirft sozusagen das Ganze an, und dann bewegt es sich. Da er der Welt gegenüber aber nichts anderes war als nur eine letzte physikalische Ursache, ist er damit natürlich auch von der Bühne abgetreten. Nun hat die Natur ihre Eigenständigkeit, Gott aber kann sich nicht mehr bewegen, und seine Beziehung zum menschlichen Herzen, zu dieser anderen Dimension des Seins, wird in einer solchen Schöpfungsidee von vornherein gar nicht gesehen. Dann ist er nicht mehr der »lebendige« Gott, sondern wirklich eine Hypothese, die man letztlich ebenfalls überflüssig zu machen versucht.

Immerhin sprechen auch Theologen von einer »Abwesenheit Gottes«.

Das ist wieder etwas anderes. Bereits in der Heiligen Schrift gibt es dieses Sich-Verbergen Gottes. Gott verbirgt sich vor dem ungehorsamen Volk. Er schweigt. Er sendet keine Propheten. Und auch im Leben der Heiligen gibt es diese dunkle Nacht. Sie werden sozusagen in eine Art von Abwesenheit, das Schweigen Gottes, hineingestoßen, wie etwa Therese von Lisieux, und müssen dann das Dunkel der Ungläubigen miterleiden.

Das bedeutet allerdings nicht, daß Gott nicht existieren würde. Es bedeutet auch nicht, daß er keine Macht mehr hätte, daß er keine Liebe mehr wäre. Es geht hier um Situationen der menschlichen Geschichte oder des menschlichen Lebens, in denen eine Unfähigkeit der Menschen, Gott wahrzunehmen, nun auch ein »Gottesdunkel« bewirkt, wie Martin Buber es ausgedrückt hat. In dieser Unfähigkeit oder Unwilligkeit der Menschen, Gott wahrzunehmen oder sich auf ihn zu beziehen, scheint Gott zurückgezogen zu sein.

Was will Gott?

Clemens von Alexandrien, einer der großen Väter der Kirche, sagte einmal: »Der Mensch ist von Gott geschaffen worden, weil er um seiner selbst willen von Gott erwünscht ist.« Nun gut, wenn nun Gott selbstlose Liebe ist – wieso sollte er dann eigentlich noch darauf bestehen, verehrt und verherrlicht zu werden?

Den Ausdruck »um seiner selbst willen geschaffen« hat gerade der Heilige Vater in den Enzykliken verschiedentlich aufgegriffen. Er hat ihn dabei von Immanuel Kant entlehnt und in einer neuen Weise weitergeführt. Kant hatte gesagt, der

Mensch ist das einzige Wesen, das ein Zweck in sich selber ist, und nicht Zweck für etwas anderes. Der Papst sagt nun: In der Tat, der Mensch ist ein Ende in sich selbst und ist nicht seinerseits noch einmal ein Zweck für etwas anderes.
Das ist auch der große Schutz jedes einzelnen. Denn in diesem Schöpfergott liegt begründet, daß niemand das Recht hat, irgendeinen anderen Menschen, wie arm oder schwach er auch sei, als ein Mittel zu gebrauchen für weiß Gott noch so hohe Zwecke. Das ist heute in den Menschenexperimenten – wie gerade auch in den Embryoexperimenten – zu einer ganz wichtigen Wahrheit, zu einem ganz wichtigen Schutz der Menschenwürde geworden. Das Menschenrecht schlechthin ist eben dieses, kein Mittel werden zu dürfen, sondern seine unantastbare Würde zu haben.
Dieser Umstand bedeutet aber nicht, daß der Mensch dann recht ist, wenn er sich in sich verschließt, wenn er als einzelner sich je zu einem Endzweck für sich selber umgestaltet. Zum Menschen gehört, daß er ein relationales Wesen ist.

Was heißt das?

In ihm ist zunächst einmal die Tendenz zur Liebe, zur Beziehung zum anderen eingeschaffen. Er ist kein autarkes, in sich allein gerundetes Wesen, keine Insel des Seins, sondern seinem Wesen nach Beziehung. Ohne diese Beziehung, in der Beziehungslosigkeit, würde er sich selbst zerstören. Und gerade in dieser Grundstruktur ist Gott abgebildet. Denn es ist ein Gott, der in seinem Wesen ebenfalls Beziehung ist, wie uns der Dreifaltigkeitsglaube lehrt.
Die Beziehung des Menschen ist also zunächst zwischenmenschlicher Art, aber sie ist auch angelegt als die Beziehung auf den Unendlichen, auf die Wahrheit, die Liebe selber hin.

Ist das ein Muß?

Dies erniedrigt ihn ja nicht. Diese Beziehung macht den Menschen ja nicht zum Zweck, sondern gibt ihm seine Größe, weil er selber in einer direkten Beziehung zu Gott steht und direkt von Gott gewollt ist. Man darf deshalb die Anbetung Gottes nicht als eine äußerliche Angelegenheit betrachten, als ob nun Gott gelobt werden will oder als ob er Schmeicheleien bräuchte. Das wäre natürlich kindisch und im Grunde ärgerlich und lachhaft.

Was aber dann?

Anbetung in einem richtigen Sinn verstanden heißt, daß ich mein Wesen erst als Beziehungssein richtig lebe, daß ich damit die *innere Idee* meines Seins richtig lebe. Und dann ist es ein Leben, das auf den Willen Gottes, nämlich auf das Einverständnis mit der Wahrheit und mit der Liebe zugeht. Es geht nicht darum, irgend etwas zu machen, damit Gott auch seine Freude hat. Anbetung heißt, den Pfeilflug unseres Daseins anzunehmen. Zu akzeptieren, daß nichts Endliches mein Zweck ist und mich daher verpflichten kann, sondern daß ich hinausreiche über alle anderen Zwecke. Nämlich in das innere Einssein mit dem, der mich als Beziehungspartner gewollt hat und mir gerade darin die Freiheit gegeben hat.

Und das ist es, was Gott wirklich von uns will?

Ja.

3 Von der Schöpfung

Im Anfang war das Wort

»Im Anfang schuf Gott den Himmel und die Erde«, heißt es im Buch Genesis, »die Erde aber war wüst und wirr, Finsternis lag über der Urflut, und der Geist Gottes schwebte über den Wassern. Da sprach Gott: ›Es werde Licht!‹ Und es ward Licht.«
Niemand von uns ist dabeigewesen, als die Erde entstand. Einer alten jüdischen Überlieferung nach soll es allerdings so gewesen sein, daß der Allmächtige unsere Welt quasi exakt nach der Schrift erschaffen habe: Gott sah in die Thora, sagt man, und schuf nach diesem Bauplan die Welt. Und auch Johannes beginnt sein Evangelium mit dem Satz: »Im Anfang war das Wort.«

Ja, und das geht tatsächlich ineinander, eines erklärt das andere. Im frühen Judentum, also in der Zeit, in der auch Jesus lebt, hat sich der Gedanke ausgebildet, daß der Schöpfung der materiellen Welt die Thora vorausgegangen ist. Mit der Erde ist sozusagen eine Stätte für die Thora bereitet worden. Das mag uns als etwas naiv erscheinen, aber darin liegt doch ein sehr großer Gedanke, nämlich der, daß die Welt einen geistigen Sinn hat.
Die Welt ist geschaffen, damit ein Raum für den Bund sein könne, in dem sich Gott mit dem Menschen verbindet. Sie ist

sozusagen nach dem inneren Bauplan des Bundes geschaffen, und die Thora ist gleichsam die Bundes- und Brauturkunde. Dieser erste Satz der Thora – »Im Anfang schuf Gott Himmel und Erde« – ist bei Johannes ganz bewußt wieder aufgenommen worden, ja der ganze Schöpfungsbericht wird gewissermaßen in einem einzigen Satz zusammengezogen: »Im Anfang war das Wort.«

Was heißt das genau?

Der Johannessatz ist auch ein wichtiger Auslegungsschlüssel für den Genesis-Bericht. Er macht uns deutlich, daß die einzelnen Elemente dieses Schöpfungsberichtes Bildelemente sind.

Gott schied Tag und Nacht, er machte Erde und Himmel, Vögel und Wassertiere ...

In diesen Bildelementen wird der Grundverhalt verdeutlicht, daß die Welt Schöpfung ist und daß sie aus dem *Logos* kommt, was sowohl »Sinn« wie »Wort« bedeutet. Logos, das heißt die »Sinn tragende Kraft«, war in der damaligen griechischen und hebräischen Welt eines der großen Urworte gewesen, wobei wichtig ist, daß Logos eben nicht nur Idee, sondern zugleich Rede ist. Mit anderen Worten: Dieser Gott ist nicht nur Idee, sondern er ist Rede, er ist Handlung. »Im Anfang war das Wort«, das heißt, der Welt geht der geistige Sinn voraus, nämlich die *Idee* der Welt. Die Welt ist sozusagen die Materialisierung der Idee und des Urgedankens, den Gott in sich getragen hat, und der in ihr zu einem Geschichtsraum zwischen Gott und seinem Geschöpf gemacht wird.

Mittlerweile liefert die Wissenschaft Erkenntnisse, die die Aussage der Bibel in ein ganz neues Licht rücken. Vor Milliarden von Jahren, so erklärte mir ein Professor die Entdeckung in der Genforschung, wurde eine Art Buch geschrieben, oder besser: eine Schriftrolle. Sie enthält sämtliche Informationen, um Leben entstehen zu lassen, egal in welcher Form, ob als Tier, als Mensch, als Zelle oder als Herpesvirus. Die Wissenschaftler haben diesen chemischen Verbindungen Buchstaben gegeben, nämlich A, C, G und T. Es ist in der Tat verblüffend, denn alle Wörter auf dieser Schriftrolle bestehen lediglich aus diesen vier Buchstaben. Die Gesamtzahl der menschlichen Gene, das Genom, ist also wirklich ein Buch; ein Buch mit unzählbar vielen Sätzen. Dieses Buch mit der Geschichte für das Leben, so der Professor, »ist vor Milliarden von Jahren nur ein einziges Mal geschrieben worden – und die Schrift ist einheitlich«.

Das ist sicher eines der neuen Anschauungsbilder, die uns die Wissenschaft zur Verfügung stellt. Mit ihnen können wir sozusagen die Buchstabenstruktur der Schöpfung erkennen. Die Alten hatten ja von der mathematischen Struktur der Welt gesprochen, jetzt wird diese Version bestätigt. Das Wort ist also wirklich das Zeugende, und die Schöpfung ist damit gewissermaßen die Konkretisierung und das Sichausfalten einer Urkunde.

Die Krone der Schöpfung

Um uns die Zeitdimensionen der Schöpfung vorstellbarer zu machen, hat jemand das gesamte Erdzeitalter einmal mit der

Dauer eines Jahres verglichen. Wenn man dieses Muster zugrunde legt, ist der 1. Januar der Tag, an dem die Erde entstanden ist. Am 1. April dann – also real vor nunmehr etwa 3,4 Milliarden Jahren – tauchte in der Form von Einzellern erstmals Leben auf diesem Planeten auf. Der erste Fisch allerdings entstand erst am 27. November, die Dinosaurier sogar erst am 12. Dezember. Gott muß sie übrigens sehr geliebt haben. Sie beherrschten die Erde immerhin 150 Millionen Jahre lang, und zwar ohne sie zu verwüsten.
Die Säugetiere tauchen schließlich am 27. Dezember auf, und der Mensch erscheint erst am 31. Dezember, also vor 15 bis 20 Millionen Jahren. Die Geschichte des eigentlichen Homo sapiens setzt wiederum erst vor 150.000 Jahren ein. Die Krone der Schöpfung erblickte also relativ spät das Licht der Welt.

Zunächst sind dies alles natürlich nur Schätzzahlen. Sie haben ihre guten Gründe, aber man darf sie auch nicht verabsolutieren. Trotzdem finde ich gerade diese Chronologie sehr wichtig, weil sie mit dem übereinstimmt, was die Bibel und was die Väter sagen, daß nämlich am Ende der Zeit auch ihr Ziel erscheint.
Spezifisch über Christus, der ja die Vollgestalt des Menschen ist, wird gesagt, er ist am Ende der Zeit gekommen. Die Heilige Schrift gibt das Bild, daß uns eine ganze Geschichte vorausgeht, über deren Sinn wir im einzelnen nicht nachdenken können. Sie ist ja nicht einfach nur Vorbereitung des Späteren. Denn vieles ist wieder verschwunden oder erwies sich als ein Übergangsstadium. Aber klar wird, daß es ein unermeßlich langer Weg ist und das Abenteuer des Menschseins als eine Art Finale erscheint.

Zwischenfrage: Wie lange bleibt uns noch?

Darüber können wir nicht urteilen. Wir wissen nur, daß dieses Finale von innen her immer im Plan liegt, aber erst spät zum Einsatz kommt und gewissermaßen das Ganze in sich aufnehmen wird.

Wenn nun Gott ein liebender Gott ist und wenn er alle Menschen gleich liebt – warum hat er uns dann so unterschiedlich ausgestattet? Die einen sind schön und begehrt, die anderen eher einsam. Die einen sind klug und von leichter Auffassungsgabe, die anderen müssen sich jeden kleinen Erfolg mühsam erkämpfen. Ganz zu schweigen von jenen Menschen, die schwerbehindert schon auf die Welt kommen. Es kann doch nicht sein, daß die einzelnen Seelen selbst dafür verantwortlich sind, oder?

Sicher nicht, denn das würde voraussetzen, daß man sein späteres Leben vorher schon präpariert hat. Andererseits würde mit dieser Seelenwanderungstheorie auch die Einmaligkeit und Verantwortung des Menschseins entleert werden. Nein, wir wissen es nicht. Wir können nur eines sagen: Gott hat eine sehr vielfältige Welt geschaffen, schon im vormenschlichen Bereich, und auch beim Menschen liegt offenbar die Vielfalt. Das muß nicht unbedingt negativ sein. Jemand, der keine mathematische Begabung hat, kann eine große künstlerische Begabung haben, jemand, der im intellektuellen Bereich nichts leistet, kann im handwerklichen Bereich eine wertvolle Kraft sein.

Ich glaube, wir haben uns vielleicht auch einen zu einseitigen Standard dessen gebildet, was der Mensch können soll. Vielfach wird er nach einem sogenannten Intelligenzquotienten gemessen, der auch wieder nur eine bestimmte Art von Intelligenz erfassen kann. Wir fassen den Menschen unter einem bestimmten Bild des Könnens oder des Erfolgs auf und haben damit gar keinen Blick mehr für den Reichtum unterschiedlicher Begabungen, die alle ihren Sinn, ihren Wert und ihre Bedeutung haben.

Natürlich gibt es Grenzfälle, diejenigen, die wirklich benachteiligt sind, die Behinderten, andere, die im Elend aufwachsen, die nie einen Ort der Verwirklichung finden können. Hier stoßen wir dann erneut auf das Problem, warum eigentlich so viel Leid in der Welt ist. Aber ohne daß wir darauf jetzt eine Antwort suchen wollen, sollte festgehalten werden, daß auch der Behinderte nicht ein Geschöpf ist, das es eigentlich nicht geben sollte. Er hat gerade in seiner Behinderung seinen eigenen Wert. Und der Christus, der sich die Dornenkrone aufsetzen läßt und von sich sagt, ein Wurm bin ich und kein Mensch, hat sich auch in die Schar der Behinderten hineingestellt, die eine Botschaft für die Menschheit haben. Sie können in besonderer Weise als Leidende, unsere Liebe Fordernde und in Liebe Zurückschenkende auch eine besondere Sendung haben – wenn wir nur wach dafür werden.

Es gibt genügend Gründe, den Menschen als eine Krone der Schöpfung zu bezeichnen. Wir haben 19.000 Sprachen erfunden. Wir singen Opern und spielen Instrumente, die wir selbst gebaut haben. Wir durchmessen riesige Weiten – andererseits zeigt diese Krone der Schöpfung sich oft genug als blutrünstiges Geschöpf, das sein eigenes Zuhause immer wieder in ein riesiges Schlachthaus verwandelt. Und kaum ist ein Leid zu Ende, wird das nächste angerichtet. Kaum hat man einen Krieg überlebt, wird der nächste schon vorbereitet.

Und diejenigen, die gestern selbst Opfer waren, werden morgen schon zu Tätern.

Sie haben damit die ganze Spannung und auch das ganze Drama des Menschseins angedeutet. Die Größe des Menschen ist ganz unbestreitbar. Dieses winzige Geschöpf, das biologisch ja unter die armseligeren Geschöpfe gehört und verminderte Sinnesaktivitäten hat (auch hier wieder das Große im Geringen), hat Fähigkeiten entfaltet, die ihm das All erschließen. Der Mensch kann mit seinem Auge ins All hineinschauen und vom All heraus wiederum die Einzelheiten seines Lebens betrachten. Er ist damit gleichsam in die Brunnenstuben des Seins vorgedrungen, so daß er selber versuchen kann, es entweder umzumontieren oder es sinnvoll zu nutzen und fortzuentwickeln.

Ich glaube, die Größe des Menschseins ist uns heute sichtbarer als je zuvor – und natürlich auch der mögliche Absturz. Denn je größer das Geschöpf ist, desto gefährdeter ist es auch. Und je größer seine Möglichkeiten, seine Kräfte und sein Können sind, desto größer sind auch die Gefährdungen, die davon ausgehen können. Eine Mücke kann das anrichten, was in ihr drinnen ist, nicht mehr und nicht weniger. Der Mensch aber hält mit der Menschheit die ganzen Kapazitäten in Händen, die insgesamt im Menschen verborgen sind. Er kann damit letztlich auch Weisen der Zerstörung entfalten, die kein anderes Lebewesen in sich trüge.

Das ist diese innere Paradoxie des Menschseins. Er ist zum Größten berufen, aber seine Freiheit kann den anderen Versuch, Größe gegen Gott haben zu wollen und zu einem Gegengott zu werden, zu einer wirklichen Bedrohung werden lassen. Sie kann sein Absturz sein, so daß er zu einem zerstörerischen Dämon wird.

Manchmal möchten wir zu Gott am liebsten sagen: Hättest Du den Menschen doch weniger groß gemacht, dann wäre er auch weniger gefährlich. Hättest Du ihm die Freiheit nicht gegeben, dann könnte er nicht so weit abstürzen. Und doch wagen wir es dann letztlich nicht zu sagen, weil wir auch dankbar sein müssen, daß Gott die Größe geschaffen hat. Und wenn er das Risiko der Freiheit des Menschen und damit aller ihrer Abstürze auf sich nimmt, dann können wir zwar schaudern vor dem, was dabei geschehen kann, und müssen versuchen, alle positiven Kräfte zu mobilisieren, aber wir müssen auch das Grundvertrauen, das Gott in den Menschen hat, mitteilen. Und nur im Festhalten an diesem Grundvertrauen können wir uns auch den Gefährdungen des Menschen entgegensetzen und sie ertragen.

Als Gott die Erde schuf, schuf er sie als Teil eines Sonnensystems, das wiederum zu einem Milchstraßensystem von einhundert Millionen Sternen in einem Meer von ähnlichen Galaxien gehört, die im Weltraum herumtreiben. Das uns nächstgelegene System schwebt zwei Millionen Lichtjahre von uns entfernt im Raum. Ist es denn so unvorstellbar, daß außerhalb unserer winzigen kleinen Welt, in diesem unfaßbaren Universum, nicht auch irgendwo anders Geschöpfe Gottes und vielleicht sogar dem Menschen ähnliche Wesen existieren?

Der Gedanke, daß wir in diesem unermeßlichen Meer von Gestirnen nicht allein sein können, liegt irgendwie nahe. Wir können diese Vorstellung auch nicht absolut ausschließen, weil wir die ganze Weite von Gottes Gedanken und Schöpfung nicht kennen. Tatsache ist allerdings, daß bisher alle Versuche, so etwas ausfindig zu machen, gescheitert sind.

Eine wissenschaftlich sehr begründete Meinung geht inzwischen dahin, daß außerirdisches Leben in hohem Maße unwahrscheinlich sei. Jacques Monod etwa, der ja nun wirklich kein Christ gewesen ist, meint, daß nach allem, was wir naturwissenschaftlich über die Welt erkennen können, die Wahrscheinlichkeit außerirdischer Wesen so minimal ist, daß sie schon an Unmöglichkeit grenzt.

Was wir sagen können ist lediglich: Wir wissen es nicht. Aber bisher gibt es keine ernsthaften Anhalte dafür, daß anderswo solche Wesen existieren.

Auf jeden Fall dagegen wissen wir, daß Gott den Menschen auf diesem Staubkorn Erde so wichtig genommen hat, daß er selber hier gelebt und sich ewig an diese Erde gebunden hat. Dem entspricht schließlich auch das Muster göttlichen Handelns, das wir kennen. Gott hebt immer gerade das scheinbar Unwichtige auf und zeigt sich dem Menschen in dem, was scheinbar nur Staubkorn ist, oder, wie in Nazareth, einem Ort, der quasi nicht existiert. Damit stellt Gott unsere Maßstäbe immer wieder richtig. Es zeigt, daß die Unermeßlichkeit des Quantitativen eine ganz andere Größenordnung ist als die Unermeßlichkeit des Herzens, wie Pascal es schon gesagt hat. Das Quantitative hat seine unbestreitbare Größe, aber es ist auch wichtig, dieses Quantitative, etwa diese unendliche Weite des Universums, zu relativieren. Schon ein einziges, verstehendes und liebendes Herz hat eine andere unmeßbare Größe. Es entspricht einer ganz anderen Ordnung als alles Quantitative in seiner gewaltigen Macht, aber es ist nicht minder groß.

Würde es denn in der Offenbarung stehen, wenn wir Verwandte hätten im All?

Nicht notwendig, weil Gott uns ja nicht alles erzählen wollte, was es gibt. Die Offenbarung war nicht dazu da, uns ein lückenloses Wissen über Gottes Ideen und über das Weltall zu geben. Eines der Weisheits-Bücher, das die Väter viel zitiert haben, sagt darüber einmal: Gott hat die Welt unserer Disputation übergeben. Das Wissen der Wissenschaft ist sozusagen das Abenteuer, das er *uns selber* überlassen hat. In der Offenbarung dagegen sagt er von sich aus nur das, was zum Leben und Sterben wesentlich ist.

Die christliche Lehre hat die Welt in zwei Bereiche eingeteilt, in eine sichtbare und in eine unsichtbare Welt. Sie spricht von »oben« und »unten«. Was ist damit gemeint?

Oben und unten ist natürlich eine bildhafte Verstehenshilfe, die sich aus unserer eigenen Lebensanschauung erschließt. Dieser Symbolismus kann freilich auch zu einer naiven Anschauung werden, zu einem Physizismus, mit dem man dann das Wesentliche verfehlt. Aber als ein Urbild, das aus sich selber spricht, bleibt es wertvoll. Es lehrt uns unterscheiden, daß es Tiefen und Höhen gibt, daß es Stufen des Seins gibt, das Größere und das Geringere, daß es die eigentliche Höhe, den lebendigen Gott gibt.

Auch die Unterscheidung zwischen sichtbar und unsichtbar erfahren wir ganz konkret. Es gibt eben Kräfte, die wir nicht sehen können und die dennoch ganz real sind. Nehmen wir vor allem die eigentlichen Dinge, die Dinge des Geistes und des Herzens. Ich kann zwar im Auge eines Menschen, in seinem Ausdruck und in anderem etwas von seinem Inneren sehen, aber nur als einen Reflex, der tiefer liegt. So gesehen leuchtet auch durch die materiellen Dinge das Unsichtbare ein Stück weit durch, so daß wir des Unsichtbaren gewiß werden und wir auf dieses Unsichtbare hin in Bewegung gebracht werden. Jedenfalls deutet sich uns in den Kräften, die nicht zu sehen und die doch in ihrer Wirkung zu spüren sind, an, daß die Welt tiefer reicht als das sinnliche Auge und die sinnlichen Phänomene es erfassen können.

In Verbindung mit »oben« und »unten«, mit »Sichtbarem« und »Unsichtbarem« erscheinen im Alten Testament geheimnisvolle Gestalten. Sie treten als Gottes Boten oder als »Engel des Herrn« auf. Drei dieser Engel, die Erzengel, werden in der Bibel sogar mit Namen genannt. Da ist Michael (der Name bedeutet übersetzt »Wer ist wie Gott?«); dann Rafael (»Gott hat geheilt«) und Gabriel (»Gott hat sie stark gemacht«). In der Schule konnten wir früher lernen, Engel seien reine Geister, ausgestattet mit Verstand und Willen. Stimmt das noch?

Ja, das stimmt nach wie vor. Die Schrift sagt uns dies, und irgendwie gibt es auch ein Urwissen des Menschen, daß wir nicht die einzigen geistigen Geschöpfe sind. Gott hat die Welt auch angefüllt mit anderen Geistwesen, die uns nahe sind, weil seine ganze Welt letztlich doch eine einzige ist. Sie sind auch Ausdruck seiner Fülle, seiner Größe und seiner Güte. In diesem Sinne gehören die Engel tatsächlich zum christlichen Weltbild, zu der Weite der Schöpfung Gottes, die sich auch in anderen, in nicht-materialisierten Geistgeschöpfen darstellt. Sie sind damit auch eine unmittelbare lebendige Umgebung Gottes, in die wir hineingezogen werden sollen.

Im Reich der Engel gibt es nach kirchlicher Lehre nicht nur Erzengel und Kerubim und Serafim und ganz gewöhnliche Engel, sondern auch die Schutzengel. Kaum zu glauben, daß jeder Mensch wirklich einen eigenen Schutzengel hat, mit dem er sogar zusammenarbeiten kann.

Das ist ein Glaube, der sich in der Kirche gebildet hat und der sehr gut begründet ist. Niemand ist verpflichtet, daran zu glauben. Es hat nicht den Gewißheitsgrad wie etwa die Aussage über Christus oder über Maria. Aber es gehört zu den inneren Überzeugungen, die in der christlichen Erfahrung gewachsen sind, daß mir Gott irgendwie einen Begleiter an die Seite stellt, der mir in einer besonderen Weise zugewiesen ist und dem ich zugewiesen bin. Sicher, nicht jedem Menschen wird es im gleichen Maße naheliegen, sich damit innerlich vertraut zu machen.

Kennen sie Ihren Schutzengel persönlich?

Nein. Ich selber fühle mich so direkt auf Gott bezogen, daß ich zwar dankbar bin, zu glauben, daß es den Schutzengel gibt, aber mich direkt mit Gott selber austausche. Das ist nach Temperamenten verschieden. Anderen Menschen ist es gegeben, und für sie ist es eine sehr tröstende Gewißheit. Nur ist dann wichtig, daß man nicht dabei halt macht, sondern daß man sich davon wirklich zu Gott hinführen läßt, und daß die eigentliche Beziehungsrichtung immer Gott selber bleibt.

Das sogenannte Böse

Der Mythos besagt, daß die Geister des Himmels ursprünglich im Glanze der Gnade und Herrlichkeit waren. Sie durften Gott anschauen und anbeten und waren vollkommen glücklich. Einer dieser Engel an der Seite Gottes allerdings, Luzifer, erlag der Versuchung des Hochmutes und lehnte sich gegen den Herrn auf. Er und seine Gefährten mußten dafür mit dem Höllensturz büßen.
Über das Phänomen des Bösen, das der biblische Mythos zu erklären versucht, wird bis heute gestritten. Mittlerweile befassen sich Wissenschaftler mit einer zu beobachtenden »Vermehrung an empirisch meßbarer Grausamkeit und unverständlicher Bosheit« unter den Menschen. »Ich stoße also auf das Gesetz«, beschrieb bereits der hl. Paulus, »daß in mir das Böse vorhanden ist, obwohl ich das Gute tun will.« Und es heißt, Luther habe das Böse, den Satan, sogar leibhaftig gesehen und ihm ein Tintenfaß an den Kopf geworfen. Die Grundfrage bleibt: Warum sollte Gott Satan geschaffen haben? Warum sollte der Himmelskönig sich selbst einen Gegner erschaffen?

Die Geschichte vom Engelsturz ist als solche in der Bibel nicht direkt erzählt, sondern aus verschiedenen Texten heraus im Laufe der Zeit entwickelt worden. Wohl aber treten in der Bibel böse Geister auf. Weniger am Anfang, erst allmählich verstärkt sich die Deutlichkeit, daß es nicht nur die guten Engel, sondern auch Geistwesen gibt, die böse sind und die in die Welt und in den Menschen hereinwirken, ihn gefährden und ihn sozusagen mit hinunterziehen wollen.
Keinesfalls aber kann man sagen, daß Gott Satan geschaffen

hat. Die Geschichte vom Sturz Luzifers, die im christlichen Bewußtsein allmählich gewachsen ist, will ja gerade aussagen, daß solche bösen Geistmächte – die in der Umgebung Jesu bei den Teufelsaustreibungen ganz sichtbar vorkommen – nicht als solche von Gott geschaffen sind. Gott hat nur das Gute geschaffen. Und das Böse ist nicht eine selbständige Wesenheit, sondern immer nur als Negation an einem eigentlich guten Wesen überhaupt denkbar. Nur daran kann es sich festhalten, weil die bloße Negation nicht existieren könnte.

Wie sieht die Versuchung denn aus?

Noch einmal: Gott hat keinen Gott des Bösen erschaffen, er hat sich keinen Gegengott an die Seite gestellt. Was er erschaffen hat, ist die Freiheit und der Umstand, daß unsere Einsichtsfähigkeit dieser Freiheit oft nicht standhält.
Die Wahrnehmung böser Geistmächte wird in der Bibel dahingehend erklärt, es handle sich um kreatürliche Mächte, die uns auch den Spiegel vorhalten. In ihnen können wir gewissermaßen ein Muster dafür erkennen, wie die Gefährdung der Freiheit aussieht. Diese Gefährdung wiederum läuft dabei immer auf folgendes hinaus: Je größer ein Wesen ist, desto mehr Autarkie will es besitzen. Es will immer weniger abhängig und umsomehr selbst eine Art Gott sein, der niemandes anderen bedarf. Hier entsteht dieser Wille zur Unbedürftigkeit, den wir Hochmut nennen.
Im geistigen Wesen steckt immer eine Versuchung. Sie besteht in einer Art Verkehrung, daß man nämlich die Liebe als Abhängigkeit ansieht und nicht mehr als das Geschenk, das mich überhaupt erst lebend macht. Daß man diese Beziehung nicht mehr als Leben stiftend betrachtet, sondern als Begrenzung der eigenen Unabhängigkeit.

Kann man das Böse irgendwie erkennen?

Ich würde sagen, niemand kann den Teufel beweisen. Aber die Wahrnehmung, daß es über die menschliche Bosheit hinaus Verstörungen und Störungen in der Schöpfung gibt, eine Art Macht des Neides, die uns mitreißt und herunterreißen will, die ist da und wird uns von der Bibel und vom christlichen Glauben in dieser Weise erklärt. Dabei darf allerdings nie die Vorstellung vom Teufel als einem Gegengott aufsteigen, der Gott die Stirn bieten und ihn zum Kampf herausfordern könnte. Am Ende hat die Negation keine Macht. Das Böse ist zwar eine ständige Gefährdung und Versuchung, aber es ist am Ende kein ebenbürtiger Widerpart Gottes. Wir müssen immer wissen, daß nur Gott Gott ist, und daß daher derjenige, der auf ihn baut, sich vor den satanischen Mächten nicht zu fürchten braucht.

Was ist mit Hitler? War er, wie manche meinen, ein »leibhaftiger Satan«? Sartre sagte einmal: »Der Teufel, das ist Hitler, das ist Nazideutschland.« Und die jüdische Philosophin Hannah Arendt sprach in bezug auf die Greueltaten des Faschismus das berühmte Wort von der »Banalität des Bösen«.

Daß ein Mensch, der aus dem Untersten aufgestiegen war – er hatte ja als Nichtstuer herumgelebt und eigentlich auch keine Bildung empfangen –, ein Jahrhundert in Bewegung setzen kann, daß er mit einer dämonischen Klarsicht politische Entscheidungen treffen und Menschen sich hörig machen konnte, auch gebildete Menschen, ist unheimlich.
Hitler war einerseits eine dämonische Gestalt. Man braucht nur die Geschichte der deutschen Generäle zu lesen, die sich

immer wieder vornahmen, ihm einmal ihre Meinung ins Gesicht zu sagen, und dann wiederum so von seiner Faszination überwältigt waren, daß sie es nicht wagten. Wenn man ihn dann aus der Nähe sieht, ist dieser gleiche Mensch, dem eine dämonische Faszination eignete, wirklich ein ganz banaler Strolch. Und daß sich schließlich gerade in der Banalität die Macht des Bösen ansiedelt, zeigt auch etwas von der Physiognomie des Bösen: je größer es wird, desto erbärmlicher wird es, desto weniger wirkliche Größe trägt es in sich.

Hitler hatte gleichsam auch dämonisch Situationen vorhergesehen. Ich habe zum Beispiel einen Bericht gelesen, wie der Besuch des Duce in Berlin vorbereitet wurde. Die einzelnen damit Beauftragten machten ihre Vorschläge, und nach langer Zeit sagte er dann: »Nein, das ist alles nichts. Ich sehe, wie es gehen muß.« Und in einer Art Ekstase trägt er das vor, und so wurde es dann auch gemacht. Das heißt also, irgendwie ist da eine dämonische Übermächtigung, die das Banale groß macht – und das Große wieder banal – und vor allen Dingen gefährlich und zerstörerisch.

Sicher kann man nicht sagen, daß Hitler der Teufel war; er war ein Mensch. Es gibt aber glaubwürdige Berichte von Augenzeugen, die darauf deuten lassen, daß er eine Art von dämonischen Begegnungen hatte, daß er zitternd sagte: »Er war wieder da« und dergleichen. Wir können das nicht durchforschen. Daß er allerdings irgendwie in einer tiefen Weise in den Bereich des Dämonischen hineingehalten war, das, glaube ich, kann man in der Art sehen, wie er Macht auszuüben vermochte, welchen Terror, welches Unheil seine Macht angerichtet hat.

Ist es denn so ausgeschlossen, daß es nicht auch eine Abgründigkeit in Gott selbst geben könnte? Eine dunkle Seite? Nach dem menschlichen Motto »zwei Seelen schlummern, ach, in meiner Brust«?

Diese Frage ist natürlich in der Religionsgeschichte immer wieder aufgetaucht, auch in den sogenannten gnostischen Strömungen in der Geschichte des Christentums. Carl Gustav Jung hat sie auf seine Weise erneuert, und gemeint, ob nicht das Letzte dann doch auch wieder zweiseitig sein muß. Und weiter: Ist dieser Gott nicht zugleich vielleicht auch ein Dämon? Hat das Böse nicht in ihm selber schon seinen Ursprung? Denn wenn das Böse existent ist, ist es dann nicht auch etwas von ihm Kommendes?

Dieser Frage, in der die Welt wirklich unheimlich wird, weil Gott unheimlich wird, hat Christus sozusagen den Wind aus den Segeln genommen. Und zwar, indem er selber für uns stirbt und damit die *Abgründigkeit der Liebe* Gottes zeigt. »Es ist kein Dunkel in ihm« (d. h. in Gott), kann von daher der Jakobus-Brief sagen, das Dunkel kommt von anderswo her, auf Gott hingegen können wir uns ganz verlassen; das Dämonische, das Böse hat keine Verankerung in ihm und deswegen wird das Endgültige, wenn Gott alles im allem sein wird, wirklich die Befreiung von der Bedrängnis des Bösen sein.

Natürlich steht damit zugleich die Frage auf, woher kommt dann das Böse, wenn es keinen Ursprung in Gott hat? Wie kann es dann überhaupt existieren? Ist er dann, wenn das Böse ohne ihn kam, überhaupt der Schöpfer von allem? Hier stehen wir wieder vor einem abgründigen Problem. Die christliche und biblische Antwort lautet: Es kommt aus der Freiheit.

Insofern ist das Böse keine neue Kreatur, etwas Selbstwirkliches, das in sich dastünde, sondern es ist in seinem Wesen Negation, ein Zerfressen der Kreatur. Es ist nicht ein Sein –

denn Sein kann tatsächlich nur von der Quelle des Seins kommen –, sondern ein Nein. Daß das Nein so mächtig sein kann, muß uns schockieren. Aber es ist, glaube ich, doch auch tröstlich, zu wissen, daß das Böse keine eigene Kreatur, sondern so etwas wie eine Schmarotzerpflanze ist. Es lebt davon, daß es das andere ausnimmt, und am Schluß bringt es sich dabei genauso selber um, wie die Schmarotzerpflanze es tut, wenn sie Herr wird und ihren Wirt umbringt.

Das Böse ist nicht etwas Eigenes, Seiendes, sondern es ist die Negation. Und wo ich mich ins Böse hineinbegebe, verlasse ich den Raum der positiven Seins-Entfaltung zugunsten des Schmarotzerzustandes des Seins-Zerfressens und der Seins-Verneinung.

Himmel und Hölle

Zu einem der wichtigsten Bestandteile des Glaubens, die uns allerdings immer fremder und suspekter geworden sind, gehört die Vorstellung von Himmel und Hölle und sogar von einem Fegefeuer.

Das heißt, mit dem Tod ist es nicht aus. Das ist die Grundgewißheit, von der der christliche Glaube ausgeht. Sie ist im übrigen, in unterschiedlichen Formen, der ganzen Menschheit gemeinsam. Irgendwie weiß der Mensch: da gibt's noch mehr, da ist noch was. Das bedeutet, daß wir eine Verantwortung Gott gegenüber haben, daß es ein Gericht gibt, und daß menschliches Leben entweder recht werden oder aber auch scheitern kann.

Was das Rechtwerden angeht, auf das wir trotz all unseres Versagens alle hoffen, so spielt hier das Fegefeuer eine wichtige Rolle. Es wird wenig Menschen geben, deren Leben rundum rein und erfüllt ist. Und es wird hoffentlich auch wenig Menschen geben, deren Leben zu einem unheilbaren, totalen Nein geworden ist. Meistens ist irgendwo trotz vielen Versagens die Sehnsucht nach dem Guten bestimmend geblieben. Gott kann die Scherben auffangen und etwas daraus machen. Wir brauchen allerdings eine gewisse letzte Reinigung, ein Fegefeuer eben, indem uns der Anblick Christi sozusagen noch mal richtig freibrennt, und erst in diesem reinigenden Blick sind wir quasi gottfähig und können dann zu Hause sein bei ihm.

Klingt provozierend altmodisch.

Ich glaube, daß das etwas sehr Menschliches ist. Ich würde sogar sagen, wenn es das Fegefeuer nicht gäbe, müßte man es erfinden, denn wer würde schon von sich anzunehmen wagen, daß er direkt vor Gott hintreten kann. Und doch wollen wir auch nicht, um mit einem Bild der Schrift zu sprechen, »mißglücktes Töpferwerk« sein, das man wegwerfen muß, sondern heilbar sein. Fegefeuer bedeutet im Grunde, daß Gott die Scherben zusammenfügt. Daß er uns so reinigen kann, daß wir schließlich bei ihm sein und im erfüllten Leben stehen können.

Und was machen die Buddhisten im Jenseits, oder die Protestanten? In einem altbairischen Volksstück wird gesagt, es gäbe sogar einen eigenen Himmel für Preußen, denn sonst wäre ja der Himmel der Bayern kein Paradies mehr.

Ich würde sagen, sehr menschlich betrachtet besteht das Fegefeuer ja auch darin, diese Partikularismen zu überwinden. Hier wird von jedem das Unerträgliche und das, was er nicht ertragen kann, herausgereinigt, so daß dann in jedem der reine Kern zum Vorschein kommt und wir merken, daß wir wirklich alle zu einer großen, gemeinsamen Symphonie gehören.

Und was die Buddhisten angeht, so wollen sie ja, weil alles, was ist, im Grunde Leiden ist, aus diesem leidvollen Rad der Vergänglichkeit heraustreten ins reine Nichts, das aber dann doch irgendwie nicht das pure Nichts ist. Insofern ist auch hier – in einer ganz anderen Vorstellungsweise – so etwas wie eine Hoffnung auf das endgültig richtige Sein vorhanden.

Mit den protestantischen Freunden teilen wir den Glauben, daß es Himmel und Hölle gibt. Daß sie das Fegefeuer nicht annehmen können, hat Gründe unter anderem in der Rechtfertigungslehre. Und vielleicht sollte man auch gar nicht so viel darüber streiten. Im Grunde sind wir doch alle froh, daß wir wissen, Gott selber bringt noch zurecht, was wir nicht zurechtbringen konnten.

Offenbar hat auch das Gebet für die Verstorbenen hier seinen Grund.

Es ist ein Urdrang des Menschen, daß er für die Verstorbenen noch etwas tun und daß er nachträgliche Liebesakte setzen möchte, vor allem wenn er merkt, daß er ihnen vorher etwas schuldig geblieben ist. Wir glauben, es müßte über diese Schwelle hinüber noch die Möglichkeit geben, sozusagen ein Paket nachzuschicken, eine Geste zu geben. Wenn es aber nur Himmel und Hölle gibt, dann wird das ja sinnlos.

Insofern liegt schon in dem Gebet für die Verstorbenen ein tiefes Wissen darüber, daß wir noch etwas Gutes für sie tun können. Und ich glaube, gerade dieser so menschliche Aspekt zeigt, was mit dem Fegefeuer gemeint ist. Die Verstorbenen sind noch in einem Zustand, in dem ihnen unsere Gebete helfen können.

Augustinus unterschied einmal »Erstschöpfung« (creatio prima) und »fortdauernde Schöpfung« (creatio continua). Die Kirche spricht vom großen »Heilsplan Gottes«. Ist damit gemeint, daß Gott nach wie vor, um im Bild zu bleiben, an seinem Buch sitzt und die Geschichte des Lebens weiterschreibt, Kapitel für Kapitel?

Jedenfalls sagt auch Christus im Johannesevangelium einmal: »Mein Vater hat gewirkt, und er wirkt noch immer.« Er verwendet sogar das Wort »arbeiten«, weil er selber als Arbeiter angesprochen wird und sagt: Gott hat gearbeitet und arbeitet noch immer. Es ist identisch mit dem, was wir unter dem Begriff »lebendiger Gott« sehen können. Gott hat sich nicht zurückgezogen. In ihm ist einerseits alles in einem Augenblick als Ganzes schon da – und doch ist es nie das lieblose Ablaufen eines Räderwerkes, sondern immerfort lebendige Gegenwart. In diesem Sinne ist es wahr, daß Gott immer in der Geschichte mit dabei ist. Sie schließt die Einzigkeit seiner Idee, seines Wortes, kurzum die volle Gegenwart Gottes in jeder Stufe ihrer Entfaltung mit ein.

Man könnte freilich auch auf den Gedanken kommen, daß der Mensch nun selbst es ist, der die Schöpfung weiterschreibt. Denn wofür die Natur bislang Millionen von Jahren benötigte, das setzen heute Genforscher und Bio-Designer in neuen Lebensmitteln und neuen Lebewesen in einem Lidschlag der Geschichte zusammen.

Diese Montage der Gene stellt natürlich ein großes Problem dar. Einerseits ist es eine Chance. Wir sind damit so weit in die Urstruktur des Lebendigen vorgedrungen, daß wir ihren Code erkennen können, und die Gene daher mitbauen oder sogar umbauen können. Soweit es heilend und in Ehrfurcht vor der Schöpfung geschieht, ist es gut. Soweit der Mensch nun aber glaubt, selber ein Demiurg, ein Weltenmonteur zu werden, kann er gerade damit zum Zerstörer werden.
Es ist wichtig, hier ganz deutlich festzuhalten: Die große Ehrfurcht vor dem, was unantastbar zu bleiben hat, muß zu einem Grundgesetz allen menschlichen Handelns werden. Wir müssen wissen, daß der Mensch nicht unseren Montageplänen unterworfen sein kann und unterworfen sein darf. Wir müssen wissen, daß schon der Beginn des Montierens zu einer Herrschaftsanmaßung über die Welt werden kann, die zugleich ihre Zerstörung in sich trägt.
Der Mensch kann ja nichts erschaffen, er kann allenfalls etwas zusammensetzen. Mit dieser Fähigkeit kann er dort, wo er demütig und ehrfürchtig den Ideen dient, die in der Schöpfung da sind, ein Helfer und Hüter von Gottes Garten sein. Wo er aber sich selber zum Macher aufwirft, da ist die Schöpfung bedroht.

DER BAUM DES LEBENS

War schon der Griff nach den Früchten vom Baum der Erkenntnis ein wesensverändernder Frevel, so warnt der Schöpfer im Bericht der Bibel ganz eindringlich vor einem weiteren, noch größeren, ja, eigentlich dem absoluten Tabu, nämlich dem Griff nach dem Baum des Lebens.
In der Genesis heißt es, Gott habe östlich von Eden himmlische Wächter aufgestellt – die Cherubim mit ihren flammenden Schwertern –, um den Zugang zu diesem Baum bis zum Jüngsten Tag zu bewachen. »Ja, der Mensch ist jetzt wie einer von uns geworden«, spricht Gott im Text der Heiligen Schrift, »da er Gutes und Böses erkennt. Nun geht es darum, daß er nicht noch seine Hand ausstrecke, sich am Baume des Lebens vergreife, davon esse und ewig lebe!« Ist damit eine letzte Grenze eindeutig abgesteckt? Beginnt dahinter mit absoluter Sicherheit unsere eigene Vernichtung?

Diese großen Bilder der Genesis werden uns letztlich unausschöpfbar bleiben und nie ganz ausgemessen sein. Sie verbergen über jede Erkenntnis hinaus immer noch weitere Dimensionen.
Zunächst möchte ich die klassische Sicht dieses Bildes zeigen, wie sie bei den Vätern des Glaubens entwickelt wurde. Die Kirchenlehrer verweisen darauf, daß der Mensch vom Lebensbaum erst ausgeschlossen wird, nachdem er durch das Essen vom Erkenntnisbaum sich in eine ihm unangemessene Stellung hineinmanövriert hat. Er hat sich etwas herausgerissen, was ihm, wenn er es sich eigenmächtig aneignet, nur zum Verhängnis werden kann. Als Antwort auf diese neue Situation sagt Gott, der Mensch darf jetzt nicht auch noch nach dem

Lebensbaum greifen, denn in diesem Zustand unsterblich zu sein, wäre in der Tat Verdammnis.
Insofern ist das Ausschließen vom Lebensbaum, das mit dem Todesgeschick verbunden ist, eine Gnade. Wenn wir in der Form, in der wir jetzt leben, ewig leben müßten, wäre es wahrhaftig kein erstrebenswerter Zustand. In einem Leben, das durch so viel Verwirrnis gekennzeichnet ist, ist der Tod zwar immer noch ein Widerspruch und im einzelnen immer ein tragisches Geschehen – und doch auch eine Gnade, weil ansonsten aus dieser Art Leben Ewigkeit und die Welt vollends unbewohnbar würde.

Muß die Botschaft dieses Bildes heute nicht noch ernster genommen werden als je zuvor?

Natürlich kann man in solchen Bildern auch viel tiefer gehen. Wenn wir jetzt sehen, wie Menschen mit der Verfügung über den genetischen Code anfangen, sich wirklich vom Lebensbaum zu nehmen und sich selber zu Herren über Leben und Tod zu machen, das Leben neu zu montieren, dann allerdings geschieht genau das, wovor der Mensch eigentlich bewahrt werden soll: er überschreitet eine letzte Grenze.
Mit dieser Manipulation macht der Mensch den anderen Menschen zu seinem Geschöpf. Der Mensch entsteht dann nicht mehr aus dem Geheimnis der Liebe heraus, über den letztlich ja doch geheimnisvollen Vorgang der Lebenszeugung und der Geburt, sondern er entsteht industriell als Produkt. Er ist von anderen Menschen gemacht. Er ist damit entwürdigt und seines eigentlichen Schöpfungsglanzes beraubt. Wir wissen nicht, was in diesem Bereich in Zukunft alles geschehen wird, aber davon können wir überzeugt sein: Gott wird einem letzten Frevel, einer letzten frevlerischen Selbst-

zerstörung des Menschen entgegentreten. Er wird der Erniedrigung des Menschen durch die Züchtung von Sklavenmenschen entgegentreten. Es gibt letzte Grenzen, die wir nicht überschreiten können, ohne zu Zerstörern der Schöpfung selbst zu werden, ohne damit über den ersten Sündenfall und seine negativen Folgen weit hinaus zu gehen.

Die Frage der Manipulation menschlichen Lebens ist akut geworden.

Hier gilt unumstößlich: Das Leben des Menschen muß unverfügbar bleiben. Es muß hier eine Grenze unseres Machens, Könnens und Dürfens und des Experimentierens aufgerichtet bleiben. Der Mensch ist nicht eine Sache für uns, sondern jeder einzelne Mensch repräsentiert Gottes eigene Gegenwart in der Welt.

Manchmal scheint es, als hätten wir diese Grenze nicht erst noch vor uns, sondern als hätten wir sie bereits überschritten. Mit der Gentechnik ist ein neues Werkzeug entstanden, das erstmals das gesamte Erbmaterial auf diesem Planeten zur Disposition stellt.
Längst wurde damit begonnen, das Leben zu verändern. Schon leben Zigtausende, wahrscheinlich Hunderttausende von Menschen, deren Biographie absolut nicht mehr mit dem bisherigen Zeugungsakt verbunden ist, sondern die als Eizelle und Samen außerhalb des Mutterleibes ihr Leben begonnen haben. Es gibt Kinder, die haben in ihrer Biographie drei Mütter: eine, von der die Eizelle stammt, eine, die den Embryo ausgetragen hat, und eine, die ihn aufziehen will. Manche Kinder haben Väter, die bereits Jahre vor der Geburt gestorben sind.

Ob nun das Kind nach Wunsch, hergestellt nach Geschlecht, Augenfarbe, Größe und Gewicht, oder die Verlängerung des Lebens in einem anderen Körper – vieles wird in Zukunft möglich sein. Als eine Gruppe von Wissenschaftlern Ende 1999 erstmals eines von den 24 Chromosomen des Menschen komplett entschlüsselt hatte (eins von den kleineren Chromosomen, aber immerhin ein Speicher mit rund 30 Millionen Erbinformationen), sagte eine Beteiligte dem Reporter: Na ja, es war schon eine »höllische Arbeit«. Könnte es sein, daß die Forscherin damit recht behält?

Ja, leider kann das sein. Wir müssen zunächst allerdings unterscheiden zwischen dem, was Menschen gemacht haben, und dem, was Menschen sind. Wer immer auch auf solche Weise ins Menschsein gekommen ist, ist ein Mensch und von uns als solcher zu lieben und anzuerkennen. Daß wir diese Weise der Hervorbringung von Menschen ablehnen müssen, darf nicht zur Folge haben, daß Menschen, die so ins Leben gebracht worden sind, stigmatisiert werden. Wir erkennen in ihnen trotzdem das Geheimnis des Menschseins und empfangen sie als solche – das ist, glaube ich, sehr wichtig.
Mit dem, was Sie geschildert haben, ist in der Tat eine verhängnisvolle Bahn beschritten. Die katholische Kirche hat von Anfang an vor dieser Montage des Menschseins gewarnt. Diese Produktion bot sich zunächst in scheinbar ganz unschuldigen Formen dar, wie ja vieles zunächst immer unschuldig anfängt. Zuerst ging es um Hilfe für kinderlose Ehepaare. Hier ist das Problem auch noch relativ gering, wenn es wirklich Ehepaare sind, die guten Willens sind und die auf diese Weise ihr Kind empfangen können. Dennoch wird auch hier bereits eine schiefe Ebene beschritten, wenn man glaubt, ein Kind unter allen Umständen ertrotzen zu

können, es als ein Recht zu betrachten. Auf diese Weise wird das Kind zu einer reinen Habe. Es kommt nicht mehr aus der Freiheit des Schöpfers, die sich auch in der Unberechenbarkeit der Freiheit der Natur darstellt.

Ich denke, es besteht heute generell die große Gefahr, das Kind als ein Recht, als eine Habe zu sehen. In ihr wollen sich die Eltern nicht nur selbst darstellen, sondern auch das, was ihnen in der eigenen Biographie noch nicht gelungen ist, verwirklichen – um sich damit gleichsam selbst zu wiederholen und zu bestätigen. Hier entsteht notwendig die Rebellion gegen die Eltern. Diese Rebellion verteidigt den Anspruch auf das Selbersein, darauf in einer eigenen Rechtssphäre zu stehen.

Jeder Mensch kommt selbst aus Gottes Freiheit und steht mit eigenem Recht in ihr. Die Erziehung durch die Eltern muß Führung zum Eigenen sein, und nicht Beanspruchung für sich selbst, das ist der wahre Kern an den antiautoritären Programmen. Falsch ist es allerdings, Erziehung überhaupt zu verwerfen, mit der Begründung, damit würde quasi die Freiheit schon manipuliert. Die Freiheit braucht die Starthilfe, braucht die Begleitung. Und eine wirklich verstehende Erziehung manipuliert nicht das Kind in mich hinein, sondern sucht danach, ihm seine eigene Gestalt zu lassen und seinen eigenen Weg zu ermöglichen.

Noch einmal zur Montage des Menschen ...

Wie gesagt, es beginnt harmlos, menschenfreundlich, aber wenn man sich das Kind nicht mehr schenken läßt, sondern es sich notfalls machen lassen will, ist bereits eine Schwelle überschritten. Anstelle eines Aktes der Liebe tritt der technische Akt, der ja bei der in vitro Fertilisation mit hinzugehört.

Ab hier entstehen notwendigerweise Folgeprobleme. Zunächst stellt sich schon die Frage, was denn mit den sogenannten überzähligen Föten geschieht, also mit Wesen, die Menschen sind, aber von vorneherein als überzählige Produkte behandelt werden.

Die augenblickliche Praxis ist, sie in Massentötungen zu Tausenden zu vernichten.

Und so gibt es nach und nach vielerlei Folgen, die letztendlich die Beziehung zum Menschsein Schritt für Schritt weiter verändern. Was noch alles geschehen wird, ab wann das dann zu welcher Art von Katastrophe führt, wissen wir nicht. Gott sei Dank wissen wir es nicht. Aber wir wissen, daß wir uns einer solchen Bemächtigung des Menschseins, es selber zu manipulieren und zu verfügen, entgegenstellen müssen. Es geht nicht darum, die Freiheit der Wissenschaft oder die Möglichkeiten der Technik zu behindern, sondern darum, die Freiheit Gottes und die Würde des Menschen zu verteidigen, denn die steht hier auf dem Spiel. Wer diese Einsicht vor allem vom Glauben her gewonnen hat – aber es gibt auch genügend Nicht-Christen, die diese Einsicht haben –, hat auch eine Verpflichtung, dafür einzustehen, daß diese Grenze gesehen und als unüberschreitbar anerkannt wird.

4 Von der Ordnung

Die Urevidenzen des Weltalls

Auch wenn wir Gott nicht durchschauen können, vielleicht können wir im folgenden etwas vom Aufbau der Welt und von dem sehen, was Menschen in diesem göttlichen Universum zugedacht ist. Immer vorausgesetzt, daß Gott überhaupt existiert. Sie haben dabei wiederholt von den objektiven Werten und der »Urevidenz des menschlichen Lebens« gesprochen, den Botschaften des Alls. Das Problem der Moderne, meinten Sie, bestehe darin, daß sie sich von dieser Urevidenz getrennt hat. Es gebe eben Haltungen, die absolut und für immer wahr sind, und andere, die wirklich und immer falsch sind, weil sie dem Sein widersprechen. Was heißt das?

Das christliche Bild der Welt ist, daß die Welt im einzelnen in einem sehr komplizierten Evolutionsprozeß entstanden ist, daß sie aber im tiefsten eben doch aus dem *Logos* kommt. Sie trägt insofern Vernunft in sich, und zwar nicht nur eine mathematische Vernunft – niemand kann leugnen, daß die Welt mathematisch strukturiert ist –, also eine ganz neutrale, sachhafte Vernunft, sondern als Logos auch eine *moralische* Vernunft.

Aber woher will man das so genau wissen?

Die Schöpfung selbst gibt Weisung, wie sie verstanden und angenommen werden will. Auch für einen Nichtchristen kann das einleuchtend sein. Der Glaube aber entschlüsselt uns deutlich, daß in der Vernunft der Schöpfung nicht bloß eine mathematische, sondern auch eine moralische Botschaft enthalten ist.

Eine erste Entschlüsselung gibt es in dem, was wir als das *Gewissen* bezeichnen. In ihm ist ein Urwissen um bestimmte Dinge vorhanden, die nie gutgehen können. Einen unschuldigen Menschen umzubringen, warum auch immer, ist etwas, was jeder Mensch, wenn er nicht schon ganz verbildet ist, im Innersten als nicht richtig erkennt. Ganz generell gehört ebenso die Ehrfurcht vor dem Leben mit dazu, oder etwa das Halten des gegebenen Wortes, also Wahrhaftigkeit und Wahrheit.

Natürlich bleiben diese Werte sehr allgemein. Wir wissen ja, daß Hans Küng sie in Form eines Weltethos, in einen jedermann zugänglichen Codex, umschmelzen will – worüber wir jetzt nicht zu diskutieren brauchen. Aber immerhin, dieser Versuch zeigt auch, daß wir von einer gewissen Transparenz der Schöpfung, die ihre Weisungen durchscheinen läßt, sprechen dürfen. Und auch wenn im einzelnen große Unterschiede auftauchen, ziehen sich Grundkonstanten von Werten durch die großen Religionen und durch die ganze Geistesgeschichte der Menschheit hindurch. Nehmen wir die Lüge. Es gibt Leute, die sagen, manchmal ist sie richtig, manchmal ist sie notwendig. Aber daß sie in sich das Richtige sei, wird wohl niemand behaupten wollen.

Damit diese Grundevidenzen freilich ihre Wirksamkeit, ihre Klarheit erhalten, brauchen wir einen Nachhilfeunterricht. Diese Hilfe, mit der die allgemeinen, etwas verschwommenen Erkenntnisse konkretisiert und realisierbar werden, ist ein

Teil des Weges, den uns Christus führt. Die Überlieferung der Kirche nennt diesen Weg *Erleuchtung,* weil einem langsam die Dinge, die man schon irgendwie ahnte und die doch unklar blieben, klarwerden.

Sind diese »Urevidenzen des Alls«, diese »Grundgesetze des Lebens«, die wir offensichtlich immer wieder ignorieren oder vergessen, in den uralten Mythen von Sintflut, Turmbau von Babylon oder von Sodom und Gomorrha enthalten? Ist die Botschaft dieser Geschichten in Wahrheit eine Art Überlebenswissen für die ganze Menschheit?

Ganz sicher stellen diese Geschichten, die erstaunlicherweise quer durch die Religionsgeschichte gehen, Warntafeln auf. Die Erzählung von der Sintflut gibt es in unterschiedlichsten geographischen Bereichen, die sicherlich nicht miteinander in Berührung standen. Sie drücken irgendwie doch eine gemeinsame Erfahrung und Einsicht der Menschheit aus, eine innere Erinnerung, die dem Menschen geblieben ist. In diesen Erzählungen werden uns sehr spezifische Botschaften entschlüsselt. Denken wir zum Beispiel an den babylonischen Turmbau, mit dem sich der Mensch durch die Technik eine Einheitszivilisation verschaffen will. Er will den an sich ja richtigen Traum der *einen Welt,* der einen Menschheit, durch die Macht des eigenen Könnens und Bauens herbeiführen und versucht über den Turm, der zum Himmel reicht, selber die Macht zu ergreifen und zum Göttlichen vorzustoßen. Im Grunde ist es das gleiche, was auch der Traum der modernen Technik ist: göttliche Macht zu haben, an die Schaltstellen der Welt zu kommen. Insofern liegen in diesen Bildern wirklich Warnungen aus einem Urwissen heraus, die uns anreden.

Bleiben wir beim Turm von Babylon. Die Bibel gibt hier eine merkwürdige Auskunft: »Der Herr sprach, siehe, sie sind ein Volk, und nur eine Sprache haben sie alle. Das ist aber erst der Anfang ihres Tuns. Nichts von dem, was sie vorhaben, wird ihnen unmöglich sein. Wohlan, laßt uns hinabsteigen! Wir wollen dort ihre Sprache verwirren, daß keiner mehr die Rede des anderen versteht.« Hört sich eigentlich nach Willkür an.

Ja, fast nach dem Neid Gottes, der den Menschen nicht hochkommen lassen will. Natürlich finden wir hier eine Bildsprache, die aus dem Material schöpft, das Israel damals verfügbar gewesen ist. Gewisse heidnische Elemente sind darin nicht vollkommen ausgetrieben, sie konnten erst im Lauf der Auslegungsgeschichte ganz überwunden werden. Worauf es freilich ankommt ist nicht, daß Gott Angst hat, der Mensch könnte zu groß werden und ihm seinen Thron streitig machen, sondern daß er sieht, wie der Mensch, indem er sich eine falsche Höhe zulegt, sich selber zerstört.

Wir können dieses Bild vielleicht so entschlüsseln: In Babel ist die Einheit der Menschheit und der Versuch, selber Gott zu werden und dessen Höhe zu erreichen, ausschließlich an das technische Können gebunden. Eine Einheit auf dieser Basis aber, wird uns nun gesagt, die trägt nicht, die wird zur Verwirrung.

Wir können diese Lehre in der heutigen Welt gut nachvollziehen. Einerseits gibt es diese Einheit. Die Stadtkerne sehen in Südafrika so aus wie in Südamerika, wie in Japan, wie in Nordamerika und in Europa. Es werden überall die gleichen Jeans getragen, die gleichen Schlager gesungen, die gleichen Fernsehbilder angesehen und die gleichen Stars bewundert. Insofern gibt es so etwas wie eine Einheitszivilisation bis hin zu McDonalds als dem Einheitsfutter der Menschheit.

Während nun diese Uniformierung im ersten Augenblick eigentlich wie eine Art Versöhnungskraft richtig und gut zu sein scheint – genau wie die Einheitssprache im babylonischen Turmbau –, wächst gleichzeitig die Entfremdung der Menschen voneinander. Sie kommen sich nicht wirklich näher. Wir erleben statt dessen eine Zunahme der Regionalismen, den Aufstand der verschiedenen Zivilisationen, die jede nur noch sie selber sein wollen, oder sich von den anderen unterdrückt fühlen.

Ist das ein Plädoyer gegen die Einheitszivilisation?

Ja, weil man in ihr das Eigentliche und Eigene verliert. Hier geht die tiefere Kommunikation der Menschen untereinander verloren, die nicht durch diese oberflächlichen, äußeren Verhaltensformen und durch die Beherrschung der gleichen technischen Apparaturen geschaffen werden kann. Der Mensch reicht eben viel tiefer. Wenn er sich nur in dieser Oberfläche vereinigt, rebelliert zugleich das Tiefe in ihm gegen die Uniformierung, in der er sich dann doch selber als versklavt erkennt.

Man kann sagen, daß im Bild des babylonischen Turmbaus eine Form von Vereinigung und von Welt- und Lebensverfügung des Menschen kritisch betrachtet wird, die nur scheinbar Einheit stiftet, und nur scheinbar den Menschen erhöht. In Wirklichkeit beraubt sie ihn seiner Tiefe und seiner Höhe. Sie macht ihn zudem auch gefährlich, weil er einerseits sehr viel kann, andererseits aber sein moralisches Vermögen seinem technischen Vermögen nicht standhält. Die moralische Kraft ist nicht mitgewachsen mit den Fähigkeiten des

Machens und des Zerstörens, die der Mensch entwickelt hat. Das ist der Grund, warum Gott gegen diese Art von Vereinigung einschreitet und eine ganz andere schafft.

Was meinen Sie damit?

Für uns Christen gehören ja Altes und Neues Testament immer zusammen. Die alttestamentlichen Texte sind dabei ein erster Schritt. Sie bleiben nach unserer Überzeugung aus sich selbst unverständlich, wenn man nicht den nächsten Schritt dazu liest. Wir werden das an späterer Stelle noch anhand der Verbindung von Adam zu Christus und an anderen Beispielen sehen können. Die Pfingstgeschichte, in deren Verlauf nun Gott sein Einheitsmodell einsetzt, gehört ebenfalls dazu. Es ist das Gegenstück zum babylonischen Turmbau, das das Bild erst verstehbar und ganz macht. Die Apostel sprechen hier keine Einheitssprache und dennoch verstehen alle einander. Die Vielfalt bleibt, sie wird nun durch die Einheit des Herzens zu einer inneren Einheit umgeformt.
Pfingsten gibt das Gegenmodell zu Babylon: eine Einheit, in der der Reichtum der Menschheit bewahrt wird. Gott will Einheit. Dazu ist überhaupt sein ganzes Handeln in der Geschichte da; dazu ist Christus in die Welt gekommen; dazu schafft er Kirche. Aber er will eben eine Einheit, die in eine andere Tiefe und in eine andere Höhe reicht.

Unweigerlich wird man mit der Warnung von Babylon an die augenblickliche elektronische Revolution erinnert, die unsere Welt so erschüttert und verändert, wie wohl noch keine Revolution zuvor es getan hat. Wir scheinen im Begriff zu sein, einen ganz neuen Kosmos zu schaffen. Die virtuellen Realitäten aus dem elektronischen Netz und die sogenannten E-Com-

merce-Unternehmen sind nicht nur zu einem Unterhaltungsspiel, sondern auch zu einem Spiel um sehr viel Geld, um Macht, um ganze Volkswirtschaften geworden, die das Schicksal von Millionen von Menschen in der Hand halten.
Und noch eine Entwicklung zeichnet sich ab: Die meisten Menschen der westlichen Welt verbringen heute schon mehr Zeit vor und mit elektronischen Medien als mit »normaler« Realität, also mit Menschen, mit Natur. Es sind Ersatzwirklichkeiten, und es fordert immer mehr Kraft, diesen Scheinbildern der Simulation in dieser vollkommenen Einheitswelt zu widerstehen.

Hier sieht man erneut, wie sich im Verlauf der Geschichte Intuitionen eines Bildes enthüllen, an die man vorher gar nicht denken konnte. Natürlich gehört es nicht zum Wortsinn dieses Textes. Aber wenn wir ihn im Licht unserer Erfahrungen lesen, sehen wir, daß die Intuition, die dort gegenwärtig ist, sich uns heute konkretisiert. In ihr verstehen wir, was gegenwärtige Entwicklungen bedeuten, warum es eine Bedrohung ist, diese Art von Einheit zu schaffen.

Von einem anderen großen Mythos aus den Bildern der Bibel, der Sintflut, könnte man dabei auf andere Fluten schließen, die Überflutung mit Reizen, Bildern, Slogans, der Angebote des kapitalistischen Marktes ...

Auch das ist ein Bild mit vielen Dimensionen. Es gab ja immer die zwei Bedeutungen des Wassers. Als Quelle und als Regen ist es das große Geschenk, das Element des Lebens schlechthin. In den Ozeanen und in der Flut dagegen ist es eine Gefahr, die die Erde bedroht, die das Leben verschlingen kann. Die Urflut wurde so zum Urbild für die zerstörerischen

Mächte, die das Leben unter sich begraben, die die Grenzen, an denen Gott das Leben gesichert hat, wegreißen. Die Deiche zerbrechen und in ihrer Flut wird Leben begraben. In diesem Sinn bleibt Urflut ein in den Menschen eingezeichnetes Urbild, das sehr weit reicht. Denn daß es vielfältige Fluten gibt, die Deiche zerbrechen, Leben zerstören, Kultur zerstören, Menschsein zerstören, sehen wir heute.

5 Von den Testamenten

Der Alte Bund

Der Alte Bund ist die Geschichte Gottes mit seinem auserwählten Volk. Gott selbst gibt ihm einen Namen. Es war an jenem Tag, als er mit dem Stammvater Jakob im Fluß Jabok gekämpft hatte. Jakob ließ sich dabei auch vom Herrn des Weltalls nicht niederringen, deshalb sollte er von nun an »Israel« heißen, Gottesstreiter.
Warum aber hat Gott sich überhaupt ein Volk auserwählt? Und warum speziell dieses?

Im Alten Testament wird das Besondere speziell dieser Wahl immer wieder herausgestellt, etwa im Deuteronomium. Durch Mose sagt Gott dem Volk: Ich habe euch nicht ausgewählt, weil ihr ein besonders großes, ein besonders bedeutendes Volk seid, nicht weil ihr diese oder jene Qualität habt, sondern weil ich euch liebe, aus freier Wahl heraus.
Wir können diese Wahl nicht rational hinterfragen, sie bleibt sein Geheimnis. Verbunden ist damit freilich auch: Gott wählt. Er wählt aber nicht, um die andern auszuschließen, sondern er wählt, um von den einen her zu den anderen zu kommen und konkret ins Spiel der Geschichte einzutreten.

Dieses auserwählte Volk mußte von seiner 3000jährigen Geschichte immerhin 2000 Jahre im Exil verbringen, und noch heute kämpft es um die Sicherheit in einem eigenen Staat. Man fragt sich: Warum wurde das Ägypten der Pharaonen so groß und mächtig, und ausgerechnet jenes Volk, mit dem Gott seinen Bund geschlossen hat, wird über die Jahrhunderte verfolgt, vertrieben und gefoltert – bis hin zum Versuch der absoluten Vernichtung durch den Holocaust?

Die Kategorien Gottes sind anders. Die Erwählung durch Gott bedeutet nicht, daß er im Sinn der irdischen Kategorien Größe verleiht. Er erhebt sein Volk nicht zu einer Großmacht, sondern er zeigt sich und wirkt wiederum durch das Geringe. Nicht die Großmacht ist das, was nach Gottes Maßstab zählt, sondern das Geschehen des Glaubens.
Dazu war offenbar ein Volk berufen, das zwischen den Großmächten, eingespannt zwischen Ägypten und Babylon, stets zermürbt zu werden drohte. Gott macht also gerade in dem, was alles andere ist als eine weltliche Macht, seine eigene Geschichte. Und für die Kirche können wir daraus wiederum lernen, daß auch sie nicht durch ihre irdische Macht bedeutend ist, sondern nur, indem sie immer wieder das Andere Gottes verkörpert und darstellt. Ihre größten Augenblicke sind die Augenblicke des Leidens in der Verfolgung, und nicht die Augenblicke, in denen sie über viel Geld und über irdische Macht verfügt.
Wir können hier auch für uns selber die Ordnung der Kategorien lernen, das, was das Wesentliche und das Nichtwesentliche im Leben ist. Aber im einzelnen das Warum Gottes nachzurechnen, ist wiederum nicht unsere Sache. Er zeigt uns einen Weg, eine Richtung, und behält sich seine Souveränität.

Es ist eine merkwürdige Geschichte. Obwohl die Juden seit zweitausend Jahren im Exil leben, von Land zu Land gejagt werden, hat sich ihre Religion nicht in Luft aufgelöst. Dieses Phänomen ist in der Menschheit bis heute ohne Beispiel. Stellt sich die Frage, ob nicht die Entwicklung der Welt insgesamt auf geheimnisvolle Weise mit der Entwicklung des jüdischen Volkes zusammenhängt?

Das scheint mir eigentlich ganz offenkundig zu sein. Daß dieses winzige Volk, das kein Land, keine völkische Existenz mehr hat, sondern in der Verstreuung über die Welt hin existiert, trotzdem seine Religion behält, daß es auch sich selbst behält, daß es Israel bleibt, daß die Juden die Juden und ein Volk geblieben sind, auch in den zweitausend Jahren, in dem sie ohne Land waren, das ist ein absolutes Rätsel. Allein dieses Phänomen läßt eigentlich schon sehen, daß hier etwas anderes am Werk ist.
Gott hat das Volk nicht zu einer Großmacht gemacht, im Gegenteil, es ist das am meisten leidende Volk in der Weltgeschichte geworden. Aber es hat immer seine Identität behalten. Sein Glaube konnte nicht untergehen. Und er bleibt immer auch ein Stachel im Herzen der Christenheit, die ja aus der Geschichte Israels hervorgewachsen und an sie gebunden ist. Man merkt insofern, daß mehr im Spiel ist als geschichtliche Zufälligkeiten. Die Großmächte von damals sind alle untergegangen. Es gibt weder die alten Ägypter noch die Babylonier oder Assyrer. Israel bleibt – und zeigt uns etwas von der Beständigkeit, ja vom Geheimnis Gottes.

Israel ist die Wiege des christlichen Glaubens, und ohne Übertreibung wird man sagen können, daß die beiden großen Weltreligionen die Grundlagen des Lebens für weite Teile der Erde entscheidend geprägt haben. Bis in unsere Zeit entwickeln die Juden die Kultur unterschiedlicher Länder maß-

geblich fort, Amerika ist das aufregendste Beispiel hierfür.
Sind die Juden bis heute das auserwählte Volk Gottes?

Das ist gerade in letzter Zeit eine extrem diskutierte Frage. Daß die Juden in einer besonderen Weise mit Gott zu tun haben und Gott sie nicht fallenläßt, ist ganz offenkundig. Und das ist ja auch die Perspektive des Neuen Testaments. Paulus sagt uns im Römerbrief: am Schluß wird ganz Israel heimgeführt werden. Die andere Frage ist, inwieweit mit dem Aufstehen der Kirche, des Volkes Gottes aus allen Völkern, mit dem Geschehen des Neuen Bundes, dann ein Leben im Alten Bund, das sich dem von Christus kommenden Neuen nicht öffnet, noch ein in sich gültiger Weg ist.
Es gibt heute die vielfältigsten Theorien darüber. Als Christen sind wir davon überzeugt, daß das Alte Testament inwendig auf Christus hin ausgerichtet ist, und daß es seine eigentliche Antwort, seine ganze Zielrichtung erst findet, wenn es von Christus her gelesen wird. Das Christentum ist ja keine andere Religion gegenüber der Religion Israels, sondern es ist das mit Christus neugelesene Alte Testament.
Wir haben bereits mit einer ganzen Reihe von Beispielen gesehen, daß alttestamentliche Geschichten und Texte ein Anfang sind, der noch auf etwas wartet. Sie werden erst vollständig und entschlüsselbar, wenn wir sie vom Neuen Testament her lesen. Das Neue Testament ist also nicht etwas Aufgepfropftes. Und unser Verhältnis zum Alten Testament besteht auch nicht darin, daß wir uns sozusagen widerrechtlich etwas, was eigentlich anderen gehört, zueignen. Sondern es besteht darin, daß da wirklich ein inneres Unterwegssein da ist und das Alte Testament ein unfertiges Fragment bleibt, wenn es nicht ins Neue übergeht. Das ist unsere christliche Grundüberzeugung.

Aber mit dieser Überzeugung geht die andere Hand in Hand, daß Israel auch heute noch seine besondere Sendung hat. Wir warten zwar auf den Augenblick, an dem auch Israel zu Christus Ja sagen wird, aber wir wissen auch, daß es in der Zeit der Geschichte gerade in diesem Stehenbleiben an der Tür eine besondere Sendung hat, die für die Welt von Bedeutung ist. Insofern bleibt dieses Volk in einer besonderen Weise in den Plänen Gottes.

Gott hat also sein Wort nicht zurückgenommen, nach dem Israel das auserwählte Volk ist?

Nein, weil er treu ist. Man kann natürlich feststellen, daß Israel noch ein Stück Weges vor sich hat. Als Christen glauben wir, daß es am Ende mit uns in Christus zusammenfinden wird. Aber es ist nicht einfach nun abgetan und aus den Plänen Gottes entlassen, sondern es bleibt weiterhin in der Treue Gottes stehen.

Heißt das, die Juden müssen oder sollten den Messias anerkennen?

Wir glauben das. Das bedeutet nicht, daß wir ihnen Christus aufnötigen dürfen, sondern daß wir an der Geduld Gottes teilhaben müssen. Wir müssen auch versuchen, die Christusgemeinschaft so zu leben, daß diese Gemeinschaft nicht mehr gegen sie steht oder ihnen unzumutbar wäre, sondern ihnen das eigene Zugehen darauf ermöglicht. Es bleibt allerdings in der Tat unsere christliche Überzeugung, daß Christus auch der Messias Israels ist. Freilich liegt es in Gottes Händen, auf welche Weise, wann und wie sich das Einswerden von Juden und Heiden, das Einswerden des Gottesvolkes vollziehen wird.

»Auch ich bin Israelit, ein Nachkomme Abrahams aus dem Stamm Benjamin«, sagt Paulus in seinem Brief an die Römer, auf einem Teil Israels allerdings liege »Verstockung«. Und weiter: »Vom Evangelium her gesehen sind sie Feinde Gottes ..., von ihrer Erwählung her gesehen sind sie von Gott geliebt.« Starke Worte.

Das ist wiederum eines der Paradoxe, die das Neue Testament vor uns hinstellt. Das »Nein« zu Christus bringt die Israeliten einerseits in eine Konfliktsituation mit dem weitergehenden Handeln Gottes, zugleich aber wissen wir, daß ihnen die Treue Gottes sicher ist. Sie sind nicht aus dem Heil ausgeschlossen, sondern dienen ihm in einer bestimmten Weise und stehen damit in der Geduld Gottes, in die wir uns mit hineinstellen.

Das Buch der Bücher

Die Bibel, aus der wir nun häufig gelesen haben, umfaßt 72 Bücher: 45 aus dem Alten und 27 aus dem Neuen Testament. Das älteste Buch geht auf Moses zurück und ist über 3000 Jahre alt. Und es heißt, der Heilige Geist habe den Verfassern eingegeben, was und wie sie schreiben sollten. Er habe sie durch seine Erleuchtung vor Irrtum bewahrt: »Dies sei aufgeschrieben für das kommende Geschlecht, damit das Volk, das noch geschaffen wird, den Herrn lobpreise.«
Aber enthält die Bibel wirklich in allen ihren Teilen das Wort Gottes? Denn daß die Erde keine Scheibe ist, sondern eine Kugel, hätte der Heilige Geist eigentlich wissen können.

Ja, das könnte man witzigerweise wirklich so nachfragen. Aber sehen Sie, da muß man dann eben doch die Besonderheit der Bibel bedenken.

Vergleichen wir die Heilige Schrift zum Beispiel mit dem Koran. Nach der Überzeugung der Moslems ist der Koran direkt von Gott diktiert. Er geht durch keine Geschichte hindurch, er braucht keine menschlichen Vermittlungen, er ist ein direktes Wort Gottes. Die Bibel dagegen ist ganz anders strukturiert. Sie ist durch eine Geschichte vermittelt, und sie erstreckt sich als Buch selbst über einen Zeitraum von über tausend Jahren hinweg. Wobei wir die ganzen textkritischen Fragen, ob Moses nun etwa ein Autor war oder nicht, hier ruhig beiseite lassen dürfen. Aber es bleibt richtig, daß die biblische Literatur in einer tausendjährigen Geschichte gewachsen ist und insofern ganz unterschiedliche Geschichts- und Zivilisationsstufen durchschreitet, die sich alle in ihr spiegeln. In den ersten drei Kapiteln der Genesis etwa begegnen wir einer anderen Zivilisationsform als später in der exilischen oder in der Weisheits-Literatur und schließlich in der neutestamentlichen Literatur. Damit wird sichtbar, daß Gott nicht einfach direkt diese Worte diktiert hat, sondern daß sie als Niederschlag einer von ihm geführten Geschichte, als Zeugnis dieser Geschichte entstanden sind.

Wer damit anfängt, in diesem Buch zu lesen, findet spannende Geschichten und gute Parabeln für das Leben – allerdings auch einen Berg voller Widersprüche.

Ich kann die Bibel als Wort Gottes nur verstehen, indem ich sie in der Spannung ihrer Einheit lese, in dem Miteinander des Ganzen – und nicht in einzelnen Wörtern oder Sätzen. Das ist etwas sehr Wesentliches und etwas sehr Dramatisches. Die

Bibel enthält eben deshalb widersprüchliche oder jedenfalls spannungsreiche Texte, weil der Glaube ja nicht als fertiges System vor uns hingestellt wird.

Die Bibel ist kein Lehrbuch über Gott und die göttlichen Dinge, sondern sie enthält Bilder, in denen sich Erkenntnisse und Einsichten fortentwickeln und in denen langsam auch ein geschichtliches Werden voranschreitet. Nur indem ich eines auf das andere beziehe und sich die Bilder dann auch gegenseitig korrigieren, verstehe ich sie als Gottes Wort. Wenn ich sie allerdings aus dem Lebenszusammenhang, in dem sie Gottes Wort sind, isoliere, lese ich geschichtliche Texte. Freilich haben auch diese eine besondere Bewandtnis, aber es sind eben Einzelstücke – und es ist nicht immer unmittelbar das Wort Gottes.

Kompliziert.

Das eine ist, die Bibel als streng historische Lektüre zu betrachten, die sozusagen die menschliche Komponente schonungslos bloßlegt. Das andere ist, die Bibel nur in ihrer Ganzheit als Wort Gottes zu sehen, in der sich die einzelnen Dinge aufeinander beziehen und sich im Verlauf des Weges erschließen. Daraus folgt bereits, daß ich das Kriterium der Inspiration und auch der Irrtumslosigkeit nicht mechanisch anwenden kann. Es ist unmöglich, einen einzelnen Satz herauszunehmen und zu sagen, nun ja, dieser Satz steht im großen Lehrbuch Gottes, also muß er einfach in sich richtig sein.

Die Ebene, auf der ich die Bibel als Gottes Wort wahrnehme, ist die Ebene der Einheit der Geschichte Gottes. Das gilt im übrigen auch für die jüdische Auslegung. Sie unterscheidet ja zwischen der Thora – die als der eigentliche Kanon der Schrift gilt – und den prophetischen und erzählerischen Büchern, die sozusagen die Umrahmung bilden. Erst recht sind wir in der christlichen Lektüre davon überzeugt, daß, wie schon gesagt, uns das Neue Testament erst den Schlüssel zum Alten liefert.

Dies ist auch der Grund, weswegen die Väter-Theologie und die mittelalterliche Theologie die Bibel selbst nie »Offenbarung« genannt hat. Die Offenbarung ist das Größere, das dahintersteht. Und die Inspiration besteht darin, daß die Menschen, die den Text verfaßt haben – wobei das sehr häufig auch kollektive Werdeprozesse gewesen sind –, aus dem Volk Gottes und seiner Geschichte heraus sprechen. Sie sind dadurch, daß sie durch viele Vermittlungen hindurch die Geschichte des Gottesvolkes und die Führungen Gottes ins Wort bringen, in dem Subjekt Gott mit verankert.

Es heißt, in den heiligen Schriften sei die Geschichte der Menschheit vollkommen aufgeschrieben, von Alpha bis Omega. Alle Weisheit, alle Geheimnisse, ja auch alle Geschehnisse bis in die heutige Zeit hinein und darüber hinaus. Es sei alles nur verschlüsselt, mit einem bestimmten Code versehen. Man müsse deshalb lernen, den Bibel-Code zu lesen. Was halten Sie von dieser Theorie?

Wenn man das oberflächlich mechanisch auffaßt, ist es sicher falsch. Manche glauben, den Code zu haben und finden dann zum Beispiel in der Apokalypse den Atomkrieg und weiß Gott was für Ereignisse dargestellt. Natürlich kann man auf diese Weise ganz verblüffende Entsprechungen entdecken und vermeintlich alles Geschehen schon dargestellt finden. Daß in der Bibel in verschlüsselter Form alle empirischen Fakten stünden, ist ganz sicher falsch.

Die Ganzheit und die Totalität der Bibel, die es wirklich gibt,

ist völlig anderer Natur. Die Bibel spricht zur ganzen Geschichte und gibt auch die wesentlichen Lichter für ihren Weg. Aber Gott ersetzt nicht unser Denken. Er ersetzt nicht die Wissenschaft, ersetzt nicht unsere eigene geistige Anstrengung. Er läßt uns, wie wir schon sagten, die Welt zum Disput, damit wir selber uns mit ihr auseinandersetzen. Er springt nicht in die Lücken unseres Wissens ein, sondern er gibt uns Weisheit – die natürlich auch Wissen mit sich führt, sonst wäre sie keine wirkliche Weisheit. Er gibt uns die Orientierungen, die der Mensch braucht, um richtig leben zu können. Diese Wegweisungen gelten freilich für das Ganze der Geschichte, für alle Orten und Zeiten, sie müssen aber immer von neuem verstanden werden.
Es gibt von Gregor dem Großen ein auch im Katechismus zitiertes Wort, das folgendes sagt: Das Wort der Schrift wächst mit dem Lesenden. Und auch der Lesende wächst daran, und das Wort zeigt dann erst seine Größe und wächst gleichsam in die Geschichte hinein.

Manche glauben, die Bibel strotzt vor Grausamkeit, Intoleranz und Gnadenlosigkeit. Jemand hat angeblich 250 Stellen in der Bibel gefunden, die von der Vernichtung von Feinden berichten. Andererseits hat mir ein schon sehr alter Mönch erzählt, sobald man regelmäßig in den Heiligen Schriften lese, beginne sich der Alltag zu verändern, und zwar auf eine sehr heilsame Weise.

Ja, das würde ich auch sagen. Wenn ich in der Bibel nur lese, um herauszufinden, was ich alles an Schrecklichem finden kann, oder um zusammenzuzählen, wo Blutrünstiges vorkommt, dann heilt sie mich natürlich nicht.
Die Bibel ist zum einen wirklich der Spiegel einer Geschichte,

zum anderen aber auch ein Weg, der uns ganz persönlich führt und uns ins rechte Licht setzt. Wenn ich die Bibel also aus dem Geist lese, in dem sie geschrieben worden ist, eben von Christus her, oder auch wenn ich sie als gläubiger Jude lese, wenn ich sie also von der rechten Mitte her und gläubig lese, dann hat sie in der Tat eine verwandelnde Kraft. Sie führt mich in die Christushaltung hinein, deutet mir das Leben aus und ändert auch mich selber.

Sie sagten einmal, nicht die Gelehrten, sondern das Volk sei der eigentliche Besitzer der Bibel.

Diese Ansicht habe ich mit der Befreiungstheologie gemein. Richtig ist: die Bibel ist vom Volk Gottes geschrieben, die einzelnen Autoren sind inspiriert, und insofern spricht in ihnen das Subjekt Kirche, durch das wiederum Gott redet. Sie ist deshalb gerade auch dem Glauben der einfachen Menschen übergeben.
Um die rein historischen, wissenschaftlichen Dinge auszulegen, braucht es natürlich die Gelehrten, die Spezialisten. Den eigentlich entscheidenden Sinn der Bibel aber begreift gerade auch der einfache Gläubige. Sie ist wirklich allen gegeben und auf ihre Weise auch allen verständlich. Der hl. Augustinus hat einmal ein sehr schönes Wort gesagt: Aus dem Bach, aus der Quelle trinkt der kleine Hase und trinkt der große Wildesel, und jeder kriegt seinen Durst gestillt. Und so ist es wirklich, daß Hase wie Wildesel trinken und jeder bekommt für seinen Durst das richtige.

Es gibt eine Reihe von verborgenen Schriften, die nicht in die Sammlung des Neuen Testaments aufgenommen wurden. Heute werden diese als Apokryphen *bezeichneten Texte wie-*

der ausgegraben und vielfach zitiert. War der Kanon vielleicht etwas zu voreilig abgeschlossen worden?

Die Kanon-Geschichte ist eines der großen Probleme, selbst im Alten Testament. Auch hier gibt es einerseits interessante und wichtige Apokryphen, aber auch unterschiedliche Kanones.

Sehr früh bereits unterschied man zwischen dem Alexandrinischen Kanon, in dem die Bibel in der griechischen Übersetzung niedergelegt ist, und dem Masoretischen Kanon, der sich im Judentum in der Zeit nach Christus endgültig fixiert hat. Zwar waren bereits wesentliche Stücke – die Thora oder etwa auch größere Teile der Propheten – als Kanon vorhanden, die Kanongeschichte insgesamt aber war zur Zeit Christi noch in Bewegung.

Vom Neuen Testament her wurde als Kanon des Alten Testamentes dann im großen und ganzen der Alexandrinische Kanon übernommen. Die Rabbinen wiederum haben mit der Masora einen etwas schmaleren Kanon gewählt, weil ihnen der Alexandrinische Kanon schon zu viel Christliches enthielt. Luther schließlich hat sich für den hebräischen Kanon entschieden, den er als den einzig authentischen ansah, weswegen die Protestanten einen schmaleren alttestamentlichen Kanon haben als wir.

Die neutestamentliche Kanongeschichte ist im Grunde sehr verwickelt und schwierig. Auch wenn wesentliche Teile bereits Ende des 2. Jahrhunderts abgeschlossen waren, zieht sich die Findung bis in das 5. Jahrhundert hin.

Rein *historisch* betrachtet, oder aus einer liberalen Perspektive gesprochen, wie es der evangelische Theologe Harnack gesagt hat, könnte man urteilen, was im Kanon steht, ist zwar eher zufällig zusammengefaßt worden, aber es ist dennoch die wirklich wichtige und wertvolle Literatur darin vollständig aufgenommen. Aus einer Glaubensperspektive heraus beurteilt, ist der Kanon allerdings nicht von irgend jemand gemacht worden, etwa von einer Gruppe von Gelehrten, die sich zusammengesetzt und studiert hätten, sondern er ist mit der Kirche im lebendigen Leben der Schrift nicht nur Stück um Stück gewachsen, er mußte sich vor allen Dingen auch durch die Liturgie regelrecht bewähren. Die Fragen waren etwa: Was ist vorlesbar? Was ist universal? Was ist sowohl in der semitischen als auch in der griechischen und lateinischen Christenheit anerkannt? In einem schwierigen inneren Prozeß hat sozusagen die Kirche sortiert, was sie gemeinsam als ihre innere Grundlage erkannt hat (wobei es zwischen Zonen der Kirche kleine Unterschiede gegeben hat).

Heute gibt es Bestrebungen, den Kanon zum Teil wieder aufzuknüpfen und von vorne anzufangen. Speziell Bewegungen im Feminismus sehen sich eher in den gnostischen Schriften bestätigt, die nicht in die Fassung des Neuen Testamentes aufgenommen wurden. Sie möchten von daher nun einen anderen Kanon. Aber das heißt natürlich, die lebendige Kirche zu bestreiten und an ihre Stelle gelehrte Rekonstruktionen zu setzen. Insofern ist ein Glaubensentscheid im Spiel. Die Frage ist: Glaube ich, daß es die Kirche gibt, daß sie in ihrem gemeinsamen Glauben erkannt hat, worauf sie beruht – oder nehme ich an, daß die Auswahl der Texte zufällig und historisch ist? Wenn ich von letzterem ausgehe, möchte ich mir jetzt natürlich ein anderes Christentum heraussuchen und mir dafür neue Quellen an Land ziehen.

Andererseits ist keine einzige der Urschriften der Evangelien mehr vorhanden. Und daß beim Abschreiben und Übersetzen

Fehler entstehen, ist nahezu unvermeidlich. Haben wir überhaupt noch die authentische Heilige Schrift?

Da würde ich uneingeschränkt mit Ja antworten. Natürlich wird es bei einzelnen Wörtern und Sätzen immer Streit geben. Man braucht nur die neue kritische Ausgabe des Neuen Testaments von Nestle-Aland anzuschauen, dann sieht man, wie viele Varianten es in dem riesigen Apparat gibt. Aber so interessant es ist, die Varianten zu studieren, so viel man auch lernen kann von dieser handschriftlichen Überlieferung, in der sich ja auch kirchliche Bewegungen und Erfahrungen spiegeln, so unveränderlich bleibt dennoch die Substanz der Heiligen Schrift. Sie ändert sich nicht, ob ich nun andere Handschriften auswählen oder andere Lesarten wählen würde. Das sind interessante Varianten und Aspekte. Aber der Text im großen und ganzen, seine eigentliche Substanz ist da, und er ist gerade dadurch in seiner Treue gesichert, daß er in einzelnen Varianten vorkommt.

Franziskus las nicht nur in der Bibel, er machte mit ihr auch eine Art Roulette. Als er seinen Orden gründete, so wird berichtet, schlug der Heilige wahllos eine Seite auf und sagte dann: »So machen wir es!« Und er schlug noch eine Seite auf und sagte: »Das soll unsere Regel sein!« Auch der hl. Augustinus fand einmal eine ganz bestimmte Seite aufgeschlagen vor sich liegen und machte sich den Text zu eigen; der sollte dann freilich sein Leben radikal verändern.

Das ist eine sehr alte Sache. Bereits Augustinus hat sie als Überlieferung vorgefunden. Er entdeckt damit sein Bekehrungswort, wie auch Franziskus sein Wegwort darin gefunden hat. Mir hat der König von Belgien, Baudouin, einmal erzählt, daß er das auch manchmal gemacht hat, und daß es ihm unglaublich geholfen und ihm erstaunlich genau das Wort gegeben hat, das er brauchte. Bei einer sehr schweren Kabinettskrise, als er kaum noch eine Möglichkeit sah, wie er eine Regierung bilden sollte, ging er in die Kapelle, nahm die Schrift zur Hand und fand ein Wort, das ihm plötzlich eingegeben hat, was er machen muß. Also es kommt vor.

Und ist offenbar bei Regierungsbildungen zu empfehlen ...

Gewissermaßen. Aber man kann es nicht einfach zu einem Rezept erheben, sonst würden wir die Schrift zu einem Orakel machen. Richtig und wichtig ist, daß wir die Bibel regelmäßig lesen, uns von ihr begleiten und führen lassen. Im inneren Umgang mit ihr finden wir dann auch die uns besonders ansprechenden Worte, die uns in bestimmten Situationen weiterhelfen.

6 Vom Gesetz

Von den vier Gesetzen

Die Kirche hat die Lehre von den vier Gesetzen entwickelt. Sie sollen zeigen, nach welcher Ordnung das Leben in unserer Welt aufgebaut ist. Diese Gesetze sind: erstens das Naturgesetz; zweitens das Gesetz der Begierlichkeit; drittens das Gesetz des Alten Bundes durch Moses; und viertens schließlich das Gesetz des Neuen Bundes durch Jesus Christus. Habe ich das richtig erfaßt?

Zunächst muß man sehen, daß diese Gesetze nicht auf gleicher Stufe stehen. Das *Naturgesetz* besagt, daß die Natur selbst eine moralische Botschaft enthält. Der geistige Gehalt der Schöpfung ist nicht nur mathematisch-mechanisch. Das ist die Dimension, die die Naturwissenschaft in den Naturgesetzen erhebt. Aber es ist mehr an Geist, an »Naturgesetzen« in der Schöpfung. Sie trägt eine innere Ordnung in sich und zeigt sie uns auch an. Wir können aus ihr die Gedanken Gottes und die richtige Art ablesen, wie wir leben sollen.
Punkt zwei: Das *Gesetz der Begierde* will sagen, daß die Botschaft der Schöpfung verdunkelt ist. Ihr tritt eine Art Gegenrichtung entgegen, die durch die Sünde in der Welt ist. Es drückt die Tatsache aus, daß der Mensch, wie man so sagt, gegen den Stachel löckt. Paulus sagt es so: Der Mensch spürt ein Gesetz in sich, das ihn treibt, oft das Gegenteil von dem zu

tun, was er eigentlich möchte. Dieses ist also eine andere Ebene. Während das Naturgesetz die innere Botschaft der Schöpfung ausdrückt, bedeutet das Gesetz der Begierde, daß der Mensch sich seine eigene Welt gebaut und damit einen Gegentrend in die Welt hereingebracht hat.

So hat es vor allem Thomas von Aquin formuliert und ausgebaut.

Ja, Thomas ist in allem die Synthese und die Summe.
Dritter Punkt: das *Gesetz des Alten Bundes*. Auch dieses Gesetz hat wieder eine mehrschichtige Bedeutung. Der Kern sind die Zehn Gebote vom Sinai. Zudem werden aber auch die ganzen fünf Bücher Mose, die die Rechtsordnung Israels bilden, als »Das Gesetz« bezeichnet. Sie stellen Israels Lebensordnung, seine Gebetsordnung und zugleich seine sittliche Ordnung dar. Paulus hat diese Ordnung dann kritisch hinterfragt. Er hat dabei festgestellt, daß dieses Gesetz zwar eine Ordnungsmacht gewesen ist – und es bei unseren jüdischen Mitbürgern und auch bei uns in vieler Hinsicht bleibt, wie wir sicher noch besprechen werden –, daß es andererseits aber dann doch auch den Menschen nicht vollends befreien konnte. Und der Grund hierfür ist: Je stärker der Anspruch des Gesetzes ist, um so größer wird der Trieb dagegen.
Es ist Jesus Christus, der schließlich von Paulus als die Befreiung vom Gesetz in die Freiheit des Glaubens und der Liebe hinein angesehen wird. Thomas von Aquin hat im Anschluß an Worte des hl. Paulus dennoch auch von einem *Gesetz* gesprochen, nämlich vom *Gesetz Christi,* das aber nun ganz anderer Natur ist. Thomas sagt, das neue Gesetz, das Gesetz Christi, ist der Heilige Geist, das heißt, es ist eine Kraft, die

uns von innen her treibt, und uns nicht nur von außen her auferlegt ist.

Insofern haben wir also vier ganz verschiedene Ebenen: erstens die Botschaft der Schöpfung. Zweitens die Gegenbewegung des Menschen in seiner Geschichte, in der er sich gewissermaßen gegen Gott seine eigene Welt zu bauen versucht. Drittens die Anrede durch Gott im Alten Testament, das dem Menschen zwar den Weg vorgibt, gegen den er aber im Widerstand und irgendwie ohnmächtig bleibt. Das Gesetz des Alten Bundes bleibt so vorläufig, es weist über sich hinaus. Und da ist schließlich viertens Christus, der uns über die äußeren Gesetze hinaus von innen her anrührt, und uns damit die innere Richtung unseres Lebens anbietet.

Da ist eine Geschichte, die mich irritiert: Jesus sagt: »Denkt nicht, ich sei gekommen, um das Gesetz und die Propheten aufzuheben. Ich bin nicht gekommen, um aufzuheben, sondern um zu erfüllen. Amen, das sage ich auch: Bis Himmel und Erde vergehen, wird auch nicht der kleinste Buchstabe des Gesetzes vergehen, bevor nicht alles geschehen ist.«

Christus kommt nicht als Gesetzesbrecher. Er kommt nicht, um das Gesetz für ungültig oder sinnlos zu erklären. Das tut im übrigen auch Paulus nicht, auch wenn einige in den paulinischen Positionen eine Spannung zu dem bei Matthäus überlieferten Jesuswort zu finden glauben. Er sagt, das alte Gesetz habe seine wesentliche pädagogische Bedeutung bis in seine Details hinein. Christus kommt, um es zu erfüllen. Das heißt aber auch, um das Gesetz auf eine höhere Ebene zu heben. Er erfüllt es in seinem Leiden, in seinem Leben, in seiner Botschaft. Und nun bewirkt dieses, daß in ihm das ganze Gesetz seinen Sinn gefunden hat. Alles, was darin ge-

meint und gewollt ist, ist wirklich in seiner Person verwirklicht.
Das ist der Grund, warum wir nun eben nicht mehr die Buchstaben des Gesetzes, wie es bis ins Detail durch die vielen Vorschriften geregelt ist, zu erfüllen brauchen. Die Gemeinschaft mit Christus bedeutet, daß wir dort sind, wo das Gesetz erfüllt ist; wo es seinen richtigen Ort gefunden hat; wo es im wörtlichen Sinne »aufgehoben«, also aufbewahrt und zugleich verwandelt ist.

Es gibt Bibliotheken voller Gesetzestexte über das Zusammenleben und richtige Verhalten der Menschen in den einzelnen Staaten. Im Gegensatz dazu hat es Christus offenbar vermocht, in nur wenigen Sätzen konzentriert für alle Menschen auf Erden verständlich und nachvollziehbar auszudrücken, was das Hauptgesetz der Welt ist.
Als man ihn fragte: Meister, welches Gebot im Gesetz ist das wichtigste, gab er folgende Antwort: »Du sollst den Herrn, deinen Gott, lieben mit ganzem Herzen, mit ganzer Seele und mit all deinen Gedanken. Das ist das wichtigste und erste Gebot. Ebenso wichtig ist das zweite: Du sollst deinen Nächsten lieben wie dich selbst.« Und er sagt, um es quasi auch für den letzten verständlich zu machen, noch dazu: »An diesen beiden Geboten hängt das ganze Gesetz samt den Propheten.«

Das ist in der Tat der große Durchbruch, die große Synthese, die Jesus gebracht hat. Von den verschiedenen Blickwinkeln und Details her wirft er den Blick aufs Ganze und sagt uns: in diesem Doppelgebot ist wirklich alles enthalten. Gott und der Nächste, das gehört untrennbar zusammen. Jesus hat damit eine ungeheure Vereinfachung vollzogen, die gleichwohl keine Verbilligung oder eine Banalisierung ist, sondern eine Verwesentlichung. Hier tritt exakt der Kern zum Vorschein, der alles trägt, um den sich alles dreht und auf den allein es ankommt, wie Paulus sagt. Wenn wir das nicht als Grundgebot haben, ist alles Reden nur Geplapper und tönernes Erz und keine Wirklichkeit. Frömmigkeitsübungen und Aktivitäten aller Art sind leer, wenn in ihnen nicht beseelend die Liebe da ist. Sie bringen den Menschen nicht in die Berührung mit Gott und helfen auch dem Nächsten nicht. Insofern ist diese Konzentration, diese Vereinfachung, die die Einfachheit Gottes und zugleich auch die Größe und Schönheit seines Anspruchs zeigt, wirklich der wesentliche Durchbruch.

Wir müssen natürlich hinzunehmen, daß im alten Israel Rechtsordnung sowie sittliche Ordnung des Staates und kultische Ordnung ineinandergriffen. Mit dem Jesusereignis wird dieses Gefüge getrennt. Die Religion erhält sozusagen ihr eigenes Wesen. Sie beseelt zwar den Staat und sein Recht und gibt ihm die moralischen Maßstäbe vor, aber das staatliche Recht ist von dem, was Moral oder was Glaube uns sagt, unterschieden.

Von daher gesehen wird es in den Staaten immer eigene Rechtsordnungen und Rechtsnormen geben müssen. Diese würden allerdings ins Leere greifen, wenn sie keine innere Beseelung hätten; wenn Menschen nicht von innen her den wesentlichen Anspruch an ihr Leben erkennen würden und auf diese Weise die Rechtsordnungen aus bloßen äußeren Verkehrsregeln umwandeln in eine gerechte Weise des Miteinanderseins.

Ist es das, was Sie einmal mit dem Satz meinten, das eigentliche Naturgesetz ist ein moralisches Gesetz?

Ja. Die Natur hat, wie schon gesagt, nicht nur Ablaufgesetze, wie sie die Naturwissenschaft erforscht, sondern sie trägt eine tiefere Botschaft in sich. Sie gibt uns Wegweisungen. Und wenn die Kirche von Naturgesetz redet, meint sie nicht die Gesetze im naturwissenschaftlichen Sinn, sondern die innere Weisung, die uns aus der Schöpfung entgegenleuchtet.

DIE ZEHN GEBOTE

In der Wüste Sinai zog Moses eine Grenze um den Berg Horeb. Niemand durfte diese Grenze überschreiten, nur er alleine. Am dritten Tage begann es zu blitzen und zu donnern, dichtes Gewölk verhüllte den Berg, Posaunen erklangen. Der ganze Berg rauchte, flammte und bebte, und nur Moses stieg auf den Gipfel des Berges, um von Gott die Zehn Gebote, das göttliche Gesetz, zu empfangen. Moses schrieb alle Worte des Herrn in das Buch des Bundes.
Soweit der Mythos. Die Zehn Gebote gelten der Kirche als Ausdruck der Sorge Gottes um den Menschen, sie sollen den Weg zu einem guten Leben weisen. Zunächst einmal: Sind diese Gesetze wirklich durch Gottes Erscheinen Moses am Berge Sinai übergeben worden? Als steinerne Tafeln, wie es heißt, »die vom Finger Gottes beschrieben waren«?

Vielleicht müssen wir hier das Wort »Mythos« ein bißchen aufklären. Was uns hier gesagt wird, ist zweifellos in einer Bildersprache gesagt. Diese Sprache sagt Dinge aus, die man nur sehr schwer beschreiben kann. Daß uns diese Botschaften in Bildvisionen mitgeteilt werden, darf gleichwohl nicht be-

deuten, daß es sich gleichsam nur um einen Traum, um Sagen oder gar Märchen handelt.
Wir haben hier ein Bild, das auf wirkliches Geschehen verweist, auf ein wirkliches Hereintreten Gottes in die Geschichte, auf eine wirkliche Begegnung zwischen Gott und diesem Volk – und durch dieses Volk hindurch wiederum mit der Menschheit. Dieses Bild wird vermittelt durch einen Menschen, der Gott nahe ist, dem gegeben war, Gott wirklich zu hören, mit ihm, wie die Bibel sagt, wie ein Freund zu reden, und der aus dieser inneren Freundschaft heraus zum Mittler werden und die Botschaft Gottes weitergeben konnte. Wir haben hier also einen Ereigniskern, der in visionärer Bildsprache geschildert wird.

Aber inwiefern sollten diese Gebote nun wirklich von Gott kommen?

Wir wissen heute, daß die Zehn Gebote, wie sie in den Büchern Moses stehen, durchaus mit der Geschichte der umliegenden Völker verflochten sind. Ähnliche Anläufe, in denen das Ringen der Geschichte anwesend ist, gibt es auch im assyrischen Bereich. Dennoch, daß das Gesetz diese Form erhalten hat und in dieser Gestalt in der Schrift festgehalten ist, geht über bloße gegenseitige Einflußnahmen hinaus. Da ist eben der Mensch, den Gott angerührt hat, und der aus dieser Freundschaftsberührung heraus den Willen Gottes, der bislang nur fragmentarisch und in anderen Überlieferungen gesagt wurde, in eine Gestalt bringen konnte, in der wir wirklich das Wort Gottes vernehmen.
Wie weit es tatsächlich steinerne Tafeln gegeben hat, ist eine andere Frage. Sie wissen ja, daß Moses nach der Sinai-Erzählung diese Tafeln zunächst im Zorn zerbricht und schließ-

lich Ersatztafeln bekommt. Wesentlich ist, daß sich hier wirklich Gott selber durch den Freund hindurch verbindlich zu erkennen gibt. Insofern ist diese Vermittlung mehr als menschliches Erdenken oder auch menschliche Feinfühligkeit für die Botschaft der Schöpfung.

Sind die Zehn Gebote heute noch gültig – ohne Einschränkung?

Sie sind gültig. Wir haben ja schon ein Gebot besprochen, das durch die Begegnung mit Christus sozusagen ein neues Gesicht bekommen hat und neu gefaßt wurde: »Du sollst dir keine Bilder machen«. Dieses Gebot wird in dem Augenblick neu, in dem Gott sich selber in seinem Bild darstellt. Insofern sind diese Gebote auch auf dem Weg, sie erhalten durch Christus ihre endgültige Gestalt.
Auch das Sabbat-Gebot, das ja auf den Schöpfungsbericht zurückgreift, behält seine grundlegende Gültigkeit, bekommt aber eine neue Form, indem nun der Auferstehungstag Jesu der eigentliche Bundestag wird. Der Weg führt vom Sabbat zum Sonntag – und erfährt damit auch eine Vertiefung.
In diesem Sinne sind das keine mechanisch schon fertig abgeschlossenen Worte, sie gehören ins Licht Christi hinein und finden darin ihre definitive Gestalt. In ihrem Kern aber sind und bleiben sie gültig.

Wurden die Zehn Gebote nie abgeändert?

Nein. Es gibt zwar zwei Fassungen, eine im Buch Exodus und die andere im Deuteronomium. Sie weichen in geringfügigen Äußerlichkeiten voneinander ab, bleiben aber in ihrer Substanz gleich – und stehen natürlich auch nicht zur Disposition des Menschen.

Als Moses vom Heiligen Berg zurückkehrt, tanzt das Volk um das berühmte Goldene Kalb. Voller Zorn über den Götzendienst zertrümmert der Gottesstreiter die Gesetzestafeln. Nur die Leviten, die Nachkommen von Levi, die später die Priesterkaste bilden, scharen sich um ihn und stellen sich damit auf die Seite Gottes. »Zieht hin und her im Lager, von Tor zu Tor!«, befiehlt Moses, »es töte ein jeder selbst den Bruder, Freund und Nächsten.«
Die Geschichte der Zehn Gebote begann also im Grunde mit einem riesigen Frevel gegen Gebot Nr. 5: Du sollst nicht töten. Moses müßte es eigentlich besser gewußt haben.

Sie begann zunächst mit einem Frevel gegen das erste, das tragende Gebot: Du sollst keine fremden Götter anbeten.
Der Mensch ist dann im Lot, wenn er Gott als Gott anerkennt und in der Anbetung Gottes lebt. Und er begibt sich in die Verkehrung, in die Perversion seines Daseins, wenn er das, was nicht Gott ist, anbetet. Wenn er sich selber seine Gottheiten macht und damit letztlich sich selber anbetet. Von diesem Grundfrevel her ist das Volk zerfressen und innerlich entstellt. Es hat sich in den Tod hineingegeben. Denn von Gott weggehen, der die Quelle des Lebens ist, heißt ja, aus dem Leben weggehen.
Die Geschichte, die sich daran anschließt, klingt freilich unerhört grausam und ist für uns kaum noch verständlich. Auch da müssen wir wiederum auf Christus vorausschauen. Er macht das Umgekehrte. Er nimmt seinerseits den Tod auf sich und tötet nicht die anderen. In dieser Stunde der Geschichte am Sinai aber vollstreckt Moses sozusagen das, was schon da

ist: die anderen haben selber ihr Leben pervertiert. Inwieweit dieses Geschehen wörtlich zu nehmen ist, ist eine andere Frage. Das Volk Israel bleibt ja vorhanden. Das Geschehen ist ein Ausdruck dafür, daß der, der von Gott abfällt, der sich nicht nur aus dem Bund, sondern aus dem Raum des Lebens weggibt, das Leben selbst zerstört, und insofern bereits in die Todeszone hineingetreten ist.

Das erste Gebot
»Ich bin der Herr, Dein Gott.
Du sollst keine anderen Götter neben mir haben.«

Wenn man genau hinsieht, war der Tanz ums Goldene Kalb vielleicht in der ganzen Geschichte der Menschheit noch nie so wild und berauscht wie in unserer Zeit.

Es gibt heute zwar keine Götter, die explizit als solche deklariert wären, es gibt jedoch Mächte, vor denen sich die Menschen beugen. Das Kapital etwa ist eine solche Macht, und der Besitz ganz generell. Oder nehmen wir die Geltungssucht. Das Goldene Kalb hat in vieler Hinsicht in unserer westlichen Welt eine große Aktualität. Die Gefahr ist einfach da.
Aber es geht um mehr. Immer häufiger wird auch das Antlitz des einen Gottes verwischt. Das geschieht, indem man sagt, na ja, im Grunde meinen ja alle Götter schließlich denselben Gott. Jede Kultur hat eben ihre spezielle Ausdrucksform, und es kommt nicht so sehr darauf an, ob man Gott nun als Person oder als nichtpersönlich nimmt, ob man ihn Jupiter, Shiva oder sonstirgendwie nennt. Und immer mehr zeigt sich, daß man Gott nicht mehr ernst nimmt. Daß man von Gott weggegangen ist und sich nur noch Spiegelungen zuwendet, in denen man nur sich selber sieht.

Wir sehen: In dem Augenblick, in dem der Mensch Gott beiseite legt, sind die Versuchungen des Götzendienstes sehr groß. Im Moment ist es unsere große Gefahr, daß man Gott als ziemlich überflüssig ansieht. Er ist so weit weg, heißt es, und ihn anzubeten bringt scheinbar auch nichts. Was wir weniger beachten ist: Wenn wir den Grundpfeiler herausreißen, auf dem die Ordnungen des menschlichen Lebens beruhen, wird sich der Mensch zunehmend desintegrieren.

Das zweite Gebot
»Du sollst den Namen Gottes nicht verunehren!«

Man fragt sich allerdings: Wenn Gott so groß ist, wieso ist er nicht erhaben über meine kleine Lästerung, den Frevel eines winzigen Erdenwurmes?

Es geht nicht darum, daß wir Gott etwas antun könnten und er sich dafür rächen müßte. Es geht darum, daß wir im richtigen Lot bleiben. In dem Augenblick, in dem wir Gott verunehren, sein Gesicht entstellen und ihn in der Welt so unzugänglich machen, daß er nicht mehr leuchten kann, leuchtet auch der Mensch nicht mehr.
Martin Buber hat einmal gesagt, kein Wort ist so mißbraucht worden wie das Wort *GOTT*. Das Wort sei so befleckt und entstellt, daß man es eigentlich nicht mehr gebrauchen könne. Ich denke, so sagt er weiter, wir dürfen dieses Wort dennoch nicht vermeiden und auslassen, sondern sollen versuchen, es mit aller Ehrfurcht vom Boden aufzuheben und es wieder richtig hinzustellen.
Man erinnere sich alleine daran, daß auf den Koppeln des deutschen Militärs in der Zeit der Nazidiktatur die Wörter »Gott mit uns« eingeprägt waren. Während man damit

scheinbar Gott in Ehren hielt, wurde er in Wirklichkeit für die eigenen Zwecke mißbraucht.

Jeder einzelne Mißbrauch des Namens Gottes aber, jedes Verstellen von Gottes Antlitz, so daß er nicht mehr erkennbar werden kann, hinterläßt Schmutz und ungeheure Spuren. Die große Macht des Atheismus oder die Ablehnung und Gleichgültigkeit gegenüber Gott ist ohne diese Mißbräuche des Namens Gottes gar nicht erklärbar. Sein Gesicht wurde so entstellt, daß der Mensch sich davon abwenden mußte. Insofern hat sich längst gezeigt, wie furchtbar folgenreich für die Geschichte die Verletzung dieses Gebotes werden kann.

Das dritte Gebot
»Gedenke, daß du den Sabbat heiligst.«

Manche mögen den Sonntag sehr gerne und genießen es, daß er anders ist. Andere wollen ohne Pause einkaufen, arbeiten und lärmen. Aber vielleicht haben wir einfach auch vergessen, was mit dem Sonntag gemeint war.

Der Sabbat ist im Schöpfungsbericht als eine Zeit eingeführt, in der der Mensch für Gott frei wird. In Verbindung mit dem Dekalog ist er obendrein das Zeichen für den Bund mit seinem Volk. Die Uridee des Sabbat ist damit eigentlich eine Vorwegnahme der Freiheit und der Gleichheit aller.

Am Sabbat ist selbst der Sklave kein Sklave, auch für ihn gilt die Ruhe. In der kirchlichen Tradition war dies immer einer der Hauptaspekte. Was die Freien betraf, so war ihre Betätigung ja keine Arbeit im eigentlichen Sinne, das konnte weiterhin getan werden. Ein weiterer wichtiger Punkt ist, daß an diesem Tag die Schöpfung ihre Ruhe haben soll. Das war so urtümlich gefaßt, daß das Gebot sogar für das Vieh galt.

Heute ist es so, daß der Mensch über seine Zeit komplett und ausschließlich alleine verfügen möchte. Wir haben in der Tat vergessen, wie wichtig es ist, Gott in die Zeit hereinzulassen und die Zeit nicht nur als Verfügungsmaterial für die eigenen Belange zu gebrauchen. Es geht darum, aus Nützlichkeiten und Zweckmäßigkeiten herauszutreten – und damit den anderen und sich selber freizugeben.

Wir haben bereits angedeutet, daß der Sabbat im Auferstehungsmorgen Christi eine neue Form erhält. Nun ist es der Morgen, an dem der Auferstandene unter die Seinen hereintritt, an dem wir uns mit ihm versammeln, an dem er uns zu sich einlädt – in den Tag der Anbetung und in die Begegnung mit Gott hinein, wo er zu uns kommt und uns aufsucht und wir ihn aufsuchen können.

Das vierte Gebot
»Du sollst Vater und Mutter ehren,
auf daß es dir wohlergehe und du lange lebest auf Erden.«

Auffallend ist, daß dieses Gebot als einziges mit einer Verheißung verbunden ist. Jesus betont immer wieder, wie wichtig es ist.
Ich möchte hier gerne eine kleine Geschichte erzählen. Es war in unserem Urlaub, und es freute mich sehr, wie meine Jungs waren. Paul fischte stundenlang nach kleinen Fischen und winzigen Langusten, Jakob grub Löcher in den Sand. Wir hatten ein kleines Boot, und Paul schwamm sehr lange neben dem Boot her. Er hatte plötzlich keine Angst mehr, und er war sehr stolz, daß er es gut und alleine bewältigen konnte. Einmal saß ich ein Stück weiter oben auf einem Felsen und sah auf meine Frau und die Kinder, und sie waren alle so jung und kräftig und schön. Und ich dachte, jetzt beginnen

die besten Jahre meines Lebens, und ich will sie nicht vertändeln, und daß es herrlich ist, das zu sein und sein zu können. Und plötzlich mußte ich dabei auch an meine Eltern denken und an meine Großeltern – und eben auch an dieses vierte Gebot.

Dieses Gebot ist in der Tat die *Magna Charta* der Familie. Hier ist eine Grundordnung festgestellt. Die wesentliche Zelle der Sozialität und der Gesellschaft, sagt sie uns, ist die Familie, sind Eltern und Kinder. Und nur in dieser Grundordnung können die menschlichen Grundtugenden eingeübt werden. Nur darin wächst das rechte Verhältnis der Geschlechter und der Generationen zueinander.
Das Gebot enthält einerseits den Auftrag der Erziehung. Es bedeutet, den anderen in seine Freiheit richtig hineinzuführen, so daß er ihre inneren Gesetzlichkeiten lernt, daß er das Menschsein richtig erlernt. Der Gehorsam steht dabei im Dienst dieser Einübung in die eigene Freiheit. Und umgekehrt verlangt es selbstverständlich von seiten der Kinder, diese Erziehung anzunehmen.
Das vierte Gebot enthält aber auch ein stilles Kapitel über den Umgang mit dem alten, dem nicht mehr nützlichen, dem machtlos gewordenen Menschen. Es wird großer Wert darauf gelegt, die altgewordenen Eltern zu ehren. Wir sollten uns nicht nach Nützlichkeit orientieren, sondern in den Alten immer noch die Menschen ehren, die mir das Leben geschenkt haben. In ihnen kann ich auch die Würde des Menschen ehren, gerade dort, wo er sich selbst nicht mehr helfen kann. Diese grundlegende, bleibende Ehrfurcht vor dem Menschen ist ein ganz wichtiger Aspekt dieses Gebotes. In ihm liegt eben auch die Bedingung der eigenen Zukunft, um später auch selbst vertrauend ins Alter hineingehen zu können.

Das fünfte Gebot
»Du sollst nicht töten.«

Kaum jemand würde den Sinn dieses Gebotes bestreiten wollen. Seltsam nur, daß es so unentwegt verletzt wird.

Zweifellos ist im Menschen eine Urevidenz vorhanden, daß ich den anderen nicht umbringen darf. Selbst wenn ich vergessen habe, daß jeder Mensch ausschließlich in Gottes Verfügung steht, weiß ich zumindest, daß er ein eigenes Lebens- und Menschenrecht hat, und daß ich mich am Menschsein als solchem vergehe, wenn ich ihn umbringe.
In den Grenzfällen allerdings wird diese Einsicht, wie wir sehen, immer undeutlicher. Das gilt besonders für den Beginn der Existenz, wo das Leben noch schutzlos, manipulierbar ist. Hier taucht die Versuchung auf, nach Nutzgesichtspunkten vorzugehen. Man will auswählen, wen man überleben lassen will und wen nicht, weil er der eigenen Freiheit und Selbstverwirklichung im Wege steht. Da, wo das Menschsein noch nicht in seiner äußeren Gestalt mit Rede und Antwort dasteht, da erlischt dann leicht das Bewußtsein für dieses Gebot.
Dasselbe gilt für das Ende des Lebens. Man empfindet nun den Kranken, den Leidenden als lästig und redet sich ein, daß der Tod ja auch für ihn gut sei. Daraus wird der Vorwand, bevor es sozusagen zu »schwierig« wird, ihn ins Jenseits hinüberzubefördern.
Und von da an geht es Stück für Stück weiter. Heute kommen erneut Gedanken der Menschenzüchtung hoch, die wir in einer unglückseligen Zeit bereits kennengelernt haben. Es entsteht die Überlegung, ob Menschen, die kein Bewußtsein mehr haben und keine soziale Funktion mehr erfüllen können, eigentlich wirklich als Menschen anzusehen sind.

Die Weiterungen gehen relativ zügig voran, vor allen Dingen, wenn ich bei der Euthanasie anfange. Sofort taucht die Frage auf, ab wann ist ein Leben so dem Schmerz ausgeliefert, so beschwerlich in meinen Augen, daß ich es auslöschen darf. An den Grenzen des Lebens also erlischt dann allzu leicht dieses eigentlich menschenurtümliche, moralische Bewußtsein, daß der Mensch über den anderen nicht verfügen darf. Um so mehr müssen wir gerade heute um diesen Inhalt des fünften Gebotes streiten – um das Gottesrecht auf das Menschenleben, von der Empfängnis bis zum Tode.

Das sechste Gebot
»Du sollst nicht Unkeuschheit treiben.«

Unsere Welt hat aus der ständigen Verfügbarkeit des Eros eine Tugend gemacht. Man muß allerdings kein Sexmaniak sein, um sich zu fragen: Muß denn Unkeuschheit wirklich Sünde sein?

Der Urtext dieses Gebotes lautet im Alten Testament: »Du sollst nicht ehebrechen.« (Ex 20,14; Dt 5,18) Dieses Gebot hat also zunächst einen sehr spezifischen Sinn. Es geht um die Unverletzlichkeit des Treueverhältnisses von Mann und Frau, das nicht nur die Zukunft des Menschen hütet, sondern auch die menschliche Geschlechtlichkeit in die Ganzheit des Menschseins integriert und ihr damit erst ihre menschliche Würde und Größe gibt.
Das ist der Kern dieses Gebotes. Nicht in einem beiläufigen Kontakt, sondern in dem Kontext eines Ja zweier Menschen zueinander, die damit zugleich ein Ja zu Kindern sprechen, in der Ehe also liegt der wahre Ort, an dem Sexualität ihre menschliche Größe und Würde empfängt. Nur dort wird der

Geist sinnlich und die Sinne werden geistig. Hier geschieht das, was wir als Wesen des Menschen gekennzeichnet haben. Es hat die Brückenfunktion, daß die beiden Enden der Schöpfung ineinandertreten und sich gegenseitig ihre Würde und ihre Größe geben.

Wenn nun gesagt ist, der Ort der Sexualität ist die Ehe, das heißt eine Bindung in Liebe und in Treue, die gegenseitige Fürsorge und Bereitschaft für die Zukunft mit einschließt, also auf die Menschheit im ganzen hingeordnet ist, ist natürlich mitgegeben, daß nur dort Sexualität auch ihre eigentliche Würde und Vermenschlichung erhält.

Zweifellos ist die Kraft des Triebes, vor allen Dingen in einer Welt, die ganz von Erotik gezeichnet ist, gewaltig, so daß die Bindung an diesen Urort der Treue und der Liebe kaum noch verständlich ist. Sexualität ist längst im großen Stil zu einer Ware geworden, die man einkaufen kann. Aber es ist doch auch einsichtig, daß sie damit entmenschlicht ist, daß ich hier obendrein den Menschen mißbrauche, von dem ich mir Sex nur als eine Ware abhole, ohne ihn als Mensch zu respektieren. Menschen, die sich selbst zur Ware machen oder hierzu gezwungen und verschachert werden, werden regelrecht ruiniert. Und inzwischen ist über den Markt der Sexualität sogar ein neuer Sklavenmarkt entstanden. In dem Augenblick also, in dem ich Sexualität nicht mehr in eine sich selber bindende Freiheit gegenseitiger Verantwortung binde, sie nicht mehr in Ganzheit des Seins hineinknüpfe, entsteht ganz zwangsweise eine Logik der Vermarktung des Menschen.

Noch einmal zum Kern des Gebotes.

Hier ist folgende Schöpfungsbotschaft gesprochen: Mann und Frau sind einander zugeordnet. Sie werden Vater und

Mutter verlassen und ein Fleisch werden, haben wir in der Genesis gehört. Nun könnte man, rein biologisch betrachtet, natürlich auch sagen, die Natur hat Sexualität erfunden, um die Art zu erhalten. Aber das, was wir zunächst als pure Naturalie, als bloße biologische Realität vorfinden, bekommt in der Gemeinschaft von Mann und Frau menschliche Gestalt. Es ist eine Weise, wie der Mensch sich dem andern aufschließt. Wie sich nicht nur Bindung und Treue entwickeln, sondern insgesamt der Raum entsteht, in dem Menschen von der Empfängnis an ins Leben hineinwachsen können. In diesem Raum entsteht vor allem das richtige Miteinander des Menschen. Was zunächst eine biologische Gesetzlichkeit, ein Trick der Natur ist (wenn man so sagen will), erhält eine menschliche Gestalt, in der Treue und Liebesbindung von Mann und Frau entstehen, die zugleich wiederum die Familie ermöglicht.

Dieses ist der aus der Schöpfung heraus uns ansprechende Kern des Gebotes. Je tiefer man ihn lebt und durchdenkt, desto mehr wird auch einsichtig, daß andere Formen der Sexualität nicht die eigentliche Höhe der menschlichen Berufung erreichen. Sie entsprechen nicht dem, was vermenschlichte Sexualität sein will und soll.

Wir werden in einem späteren Kapitel noch über Sex reden. Bei den Zehn Geboten hat man allerdings auch den Verdacht, sie könnten ein Gesetz gegen die Gesetze der Natur sein. Es fällt uns ja gerade deswegen so schwer, sie einzuhalten, weil sie unseren menschlichen Trieben, unseren Neigungen so oft entgegenlaufen.

Gewiß. Freilich trägt gerade das sechste Gebot die Botschaft der Natur selbst in sich. Die Natur regelt über das Vorhandensein zweier Geschlechter, daß sich die Art erhält – und das wieder auf besondere Art bei Lebewesen, die, wenn sie aus dem Mutterschoß hervortreten, noch lange nicht fertig sind und einer langen Pflege bedürfen.

Der Mensch ist ja kein Nestflüchter, sondern ein Nesthocker. Rein biologisch gesehen ist die menschliche Rasse so beschaffen, daß der erweiterte Mutterschoß der Liebe von Vater und Mutter erhalten bleiben muß, damit über das erste biologische Stadium hinaus das weitere Hineinwachsen ins Menschsein ermöglicht wird. Der Mutterschoß der Familie ist quasi eine Existenzbedingung.

Insofern zeigt sich hier von der Natur her selbst das Urgesicht des Menschseins. Es bedarf einer bleibenden Bindung aneinander. In dieser Bindung geben Mann und Frau zunächst sich selbst – und dann sich auch den Kindern, damit auch sie in das Gesetz der Liebe, des Sichgebens, des Sichverlierens hineinfinden. Bei den Nesthockern braucht es eben die nachgeburtliche Treue. Insofern ist die Botschaft von der Ehe und Familie durchaus ein Gesetz aus der Schöpfung selber und nicht der Natur des Menschen entgegengesetzt.

Es fällt uns dennoch erheblich schwer, es einzuhalten.

Richtig bleibt, daß hier – wie auch in allen anderen Bereichen, die wir besprochen haben – ein Gegentrend vorhanden ist. Es gibt hier einen Überschuß an biologischer Macht. Wir können in den modernen Gesellschaften – aber auch in den jeweils späten Gesellschaften früherer Epochen, etwa im Rom der Kaiserzeit – eine öffentliche Erotisierung beobachten, die diesen Überschuß an Trieb noch weiter befördert und damit die Bindung an die Ehe schwermacht.

Kommen wir zurück auf das, was wir über die vier Gesetze

gesagt haben. Hier sehen wir zwei unterschiedliche Ordnungen von Natur. Die Botschaft der Natur ist, daß sie uns auf das Zueinander von Mann und Frau als die innerste Naturbewegung verweist, die schließlich eine menschliche Bewegung wird und die den Raum schafft, wo sich Menschsein erst entwickeln kann. Die andere Botschaft ist, daß wir in gewisser Hinsicht auch auf Promiskuität hintendieren, jedenfalls auf eine Verfügung über die Sexualität, die sich nicht in den Rahmen einer Familie hineinbinden will.

Die Unterschiedlichkeit dieser beiden Ebenen von Natürlichkeit können wir vom Glauben her ganz gut erkennen. Das eine stellt sich wirklich als die Botschaft der Schöpfung dar – das andere als die Selbstverfügung des Menschen. Aus diesem Grunde wird dieses Sichhineinbinden in die Ehe immer ein Ringen bleiben. Wir sehen allerdings auch, daß dort, wo es gelingt, Menschlichkeit reift und Kinder Zukunft lernen können. In einer Gesellschaft, in der Ehescheidung normal geworden ist, liegt der Schaden immer bei den Kindern. Von daher entsteht eigentlich schon von den Kindern her gesehen noch einmal ein Beweis dafür, daß das Beieinandersein, das Stehen in der Treue, das eigentlich Richtige und den Menschen wirklich Gemäße wäre.

Das siebte Gebot
»Du sollst nicht stehlen.«

Das Eigentum des anderen zu achten, ist ein banaler Grundsatz, was steckt noch dahinter?

Die Lehre von der universalen Bestimmung der Güter der Schöpfung ist nicht nur eine schöne Idee, sie muß auch funktionieren. Ihr zugeordnet ist deshalb die Wahrheit, daß der einzelne seine Sphäre an Grundbedarf des Lebens braucht und es daher die Ordnung des Eigentums geben muß, die jeder einzelne zu achten hat. Hier entsteht natürlich ein großer Bedarf für die Sozialgesetzgebung, die den Mißbrauch des Eigentums entsprechend beschneiden und überwachen muß.

Wir sehen ja im Augenblick deutlich wie selten zuvor, wie sich Menschen selber zerstören, indem sie nur noch für ihren Besitz, für die Sache leben, wie sie untergehen darin und der Besitz zu ihrer eigentlichen Gottheit wird. Wer sich zum Beispiel ganz den Gesetzen der Börse unterwirft, kann im Grunde an nichts anderes mehr denken. Wir sehen die Macht, die nun die Besitzwelt über die Menschen ausübt. Je mehr sie haben, desto mehr werden sie auch versklavt, weil sie ständig der Wahrung und Vermehrung dieses Besitzes hinterhersein müssen.

Die Problematik des Eigentums ist auch in dem gestörten Verhältnis zwischen Erster und Dritter Welt deutlich zu sehen. Hier ist das Eigentum nicht mehr in der richtigen Weise der Universalbestimmung der Güter untergeordnet. Auch da müssen Rechtsformen gefunden werden, damit dieses im Lot bleibt oder auch erst ins Lot kommt.

Sie sehen nun, wie hinter dem Wort vom Achten des fremden Besitzes eine ungeheure Last von Wirklichkeit zum Vorschein kommt. Es umfaßt beides, sowohl den Schutz dessen, daß jeder das bekommen muß, was er zum Leben braucht (und dann auch darin geachtet werden muß). Aber auch die Verantwortung, sein Eigentum so zu verwenden, daß es dem Gesamtauftrag der Schöpfung und der Nächstenliebe nicht widerspricht.

Das achte Gebot
»Du sollst nicht lügen«
oder »Du sollst kein falsches Zeugnis geben.«

Lügen schreiben die besten Geschichten, manchmal aber werden selbst kleine Lügen so groß, daß sie beinahe den Präsidenten einer Supermacht oder auch staatstragende Parteien und Medienfürsten stürzen können. Und das seltsame ist: Nichts bleibt verborgen.

Ich meine, hier ist einfach die Bedeutung der Wahrheit als ein grundlegendes Gut des Menschen verankert. Alle Gebote sind ja Gebote der Liebe oder Ausfaltungen des Liebesgebotes. Sie haben insofern alle ganz explizit auch mit dem Gut der Wahrheit zu tun. Wenn ich mich von der Wahrheit wegstehle oder Wahrheit verfälsche, in die Lüge verfalle, schade ich häufig dem anderen – ich schade aber immer auch mir selber.
Aus der kleinen Lüge wird bekanntlich leicht eine Gewohnheit, eine Weise, sich durch das Leben zu schwindeln, sich überall mit der Lüge zu helfen und selber dann in die Lüge verstrickt zu sein und damit gegen die Wirklichkeit zu leben. Mit inbegriffen ist zudem, daß jede Verletzung dieser Würde der Wahrheit den Menschen nicht nur erniedrigt, sie ist auch ein grober Verstoß gegen die Liebe. Denn wenn ich dem anderen die Wahrheit vorenthalte, enthalte ich ihm ein wesentliches Gut vor und führe ihn auf den falschen Pfad. Wahrheit ist Liebe, und Liebe, die gegen die Wahrheit stehen würde, würde sich selber entstellen.

Das neunte und zehnte Gebot
»Du sollst nicht begehren Deines Nächsten Weib.«
»Du sollst nicht begehren Deines Nächsten Hab und Gut.«

Diese beiden Gebote, die zusammengehören, gehen weit über das Äußere, das Faktische hinaus und berühren die inneren Gesinnungen. Hier wird uns gesagt, daß die Sünde nicht erst in dem Augenblick beginnt, in dem ich den Ehebruch vollziehe oder dem anderen unrechtmäßig Eigentum wegnehme, sondern daß Sünden aus Gesinnungen heraus geboren werden. Es reicht daher nicht, sozusagen bloß vor dem letzten Faktum haltzumachen, weil das dann gar nicht mehr möglich ist, wenn ich nicht in mir die innere Ehrfurcht vor der Person des anderen, vor seiner Ehe oder seinem Besitz, gewahrt habe.

Die Sünde beginnt also nicht erst in äußerlich greifbaren Aktionen, sondern sie beginnt bereits in ihrem Nährboden, in Gesinnungen des Neides, der inneren Absage an das Gut des anderen und an ihn selber. Eine menschliche Existenz, die nicht die Gesinnungen reinigt, kann folglich auch in den Fakten nicht in Ordnung bleiben. Hier wird deshalb unmittelbar an das Herz des Menschen appelliert. Denn das Herz ist der eigentliche Urort, von dem her sich die Taten eines Menschen entfalten. Es muß allein schon aus diesem Grund sozusagen hell und rein bleiben.

Als Moses am Berg Sinai unter Blitz und Donner die Gesetzestafeln in Empfang nahm, schlug gleichsam auch die Geburtsstunde des freien Individuums. So lautet jedenfalls die These des deutsch-jüdischen Publizisten Hannes Stein. Jeder Mensch hatte sich und seine Taten von nun an vor Gott direkt zu verantworten, ob Herr oder Sklave, Mann oder Frau. Mit dem Bund am Sinai entsteht quasi das autonome Rechtssubjekt. Ist es eine kühne Behauptung, wenn man sagt, der Grundstein der freiheitlichen, demokratischen Gesellschaften kommt nicht aus dem antiken Griechenland, sondern aus der jüdisch-christlichen Tradition?

Ich habe das Buch von Hannes Stein auch gelesen und würde sagen, darin ist sicher ganz Wesentliches gesehen. In der Würde jedes einzelnen, der für sich einzeln vor Gott steht, von Gott angeredet und in den Bundesworten als Person getroffen ist, ist in der Tat der Kernpunkt der Menschenrechte – nämlich die gleiche Würde des Menschen – und damit das eigentliche Fundament der Demokratie gegeben.

In Israel selbst sollte es zunächst keine Könige geben, sondern nur Richter, die das Gottesrecht anwenden und darüber wachen, daß es in Geltung bleibt. Beabsichtigt war also im Grunde eine vollkommen egalitäre Gesellschaft, eine Art Anarchie in einem positiven Sinn: niemand herrscht, nur Gott alleine. Und er herrscht durch sein Recht, durch sein Wort und durch die Gebote hindurch.

Diese frühe Gesellschaftsordnung mußte schließlich dem Pragmatischen weichen, wie wir früher schon besprochen haben. Ich würde deswegen jetzt aber nicht die Bedeutung der griechischen Demokratie verflüchtigen, auch hier ist etwas Wichtiges gewachsen und ein praktisches Modell entwickelt worden, an das man später anknüpfen konnte. Allerdings müssen wir uns darüber klar sein, daß in der griechischen Demokratie nur die freien Männer stimmberechtigt waren. Frauen waren nicht Subjekt der Politik, und damit vom Stimmrecht ausgeschlossen, wie auch die Sklaven. Weil die Freiheit begrenzt ist, bietet Griechenland das Beispiel einer begrenzten Demokratie. Das biblische Wort umgekehrt spricht nun tatsächlich jedem, der Mensch ist und als Mensch Gottes Ebenbild ist, diesen vollen Subjektcharakter zu. Es trägt damit, das ist wahr, in der Tat eine weitergreifende Fundamentierung für demokratische Verfassungen in sich.

7 Von der Liebe

Vom Sinn des Lebens

Die Kirche sagt, der Mensch könne von sich aus weder der Welt noch sich selbst einen Sinn geben. Schwer zu glauben angesichts der riesigen Bibliotheken voller Bücher, die von klugen und weniger klugen Leuten schon über das Leben und seinen Sinn geschrieben wurden.

Wenn in der Welt nicht schon Sinn läge, dann könnten wir auch keinen machen. Wir können zwar Handlungen vollziehen, die im Rahmen eines Zweckgefüges etwas bedeuten, aber einen Lebenssinn selbst ergeben sie nicht. Sinn gibt es – oder es gibt ihn nicht. Insofern kann er nicht einfach ein Produkt von uns sein. Was wir produzieren, kann uns einen Augenblick Genugtuung verleihen, aber doch nicht das Ganze unseres Lebens rechtfertigen und mit Sinn erfüllen.
Natürlich haben Menschen aller Zeiten und aller Orte nach Sinn gefragt und werden es auch weiter tun. Sie werden dabei immer auch Stücke von Antworten finden können. An diesen Antworten bleibt wiederum nur das gültig, was Menschen nicht erfinden, sondern *finden*, was sie in dem Geschöpf Mensch als solches entdecken. Und was ihnen damit helfen kann, sich selber richtig zu verstehen, ihr Leben sinnvoll zu leben.
Das, was die Kirche sagt, daß nämlich der Sinn nicht von uns

gemacht, sondern von Gott gegeben wird, ist in dieser Weise zu verstehen: Sinn ist etwas, was uns trägt, was uns voraus- und über unsere eigenen Gedanken und Entdeckungen hinausgeht – und nur so hat er auch die Kraft, unser Leben zu tragen.

Wenn man den Sinn des Lebens wirklich in einem einzigen Wort ausdrücken könnte, stünde hier das Wort LIEBE. Sie sei, sagen uns die Dichter und Gelehrten aller Zeiten, nicht nur der Sinn, sondern auch das Grundprinzip des Lebens, das eigentliche Geheimnis. Jemand meinte, erst wer die Unendlichkeit dieser Liebe spürt, ist auch in den Kern des Glaubens eingedrungen.

Daß unser Leben letzten Endes darauf hinausläuft, Liebe zu entdecken, zu empfangen und zu geben, ist uns, glaube ich, auf der Wegstrecke dieses Gesprächs immer wieder begegnet. Und der gekreuzigte Christus, der die Liebe bis ans Ende darstellt, wie er selber im Johannesevangelium sagt, hebt dieses Prinzip ins ganz Reale. Gott selbst ist Liebe. In diesem Sinn ist Liebe tatsächlich das Grundgesetz und das Grundziel des Lebens.
Wir sind hier wieder beim Geheimnis des Weizenkorns, beim Sichverlieren und Sichfinden. Damit müssen wir nun verbinden, daß man die Liebe, wie wir wissen, nicht machen kann. Sie wird uns geschenkt. Sie ereignet sich, sie geht vom andern her auf mich zu, sie geht in mich ein.
Die menschliche Liebe enthält immer einen Ewigkeitsanspruch in sich. Liebe ist ein Widerspruch gegen den Tod, wie der französische Philosoph Gabriel Marcel einmal gesagt hat. Diese Liebe wird folglich aus einem Versprechen erst dann zu einer eingehaltenen Realität, wenn sie von einer wirklich

Ewigkeit gebenden Liebe umfangen ist. Marcel meinte, einem Menschen zu sagen »ich liebe dich« heißt: ich weigere mich, deinen Tod anzunehmen, ich protestiere gegen den Tod.
So sehen wir, daß die menschliche Liebe an sich ein uneinlösbares Versprechen ist. Sie will Unendlichkeit und kann doch nur Endlichkeit geben. Aber andererseits weiß sie, daß dieses Versprechen nicht sinnlos und widersprüchlich und damit zerstörerisch ist, da in ihr letztlich ja doch die Unendlichkeit lebt. Liebe ist also schon rein menschlich betrachtet tatsächlich das, wonach wir Ausschau halten und auf das zuleben. Von ihren eigenen Dimensionen her aber trägt sie letzten Endes den Ausblick auf Gott und das Warten auf Gott in sich.

Liebe, das sagt sich manchmal so leicht. Aber wer weiß denn schon, was Liebe ist? Wie liebt uns Gott zum Beispiel? Wir haben bereits vom angeblich »zornigen Gott« gesprochen. Es gibt Menschen, die sagen, er verkündet auch eine Drohbotschaft. Wie sieht denn diese göttliche Liebe aus, die uns geschenkt wird?

Zunächst einmal muß Zorn nicht unbedingt der Liebe widersprechen. Ein Vater zum Beispiel, Sie wissen es besser als ich, muß manchmal seinem Sohn auch zornig ins Gewissen reden, gerade *weil* er ihn liebt. Und er würde seiner Liebespflicht und seinem Liebeswollen nicht genügen, wenn er, um es dem andern und auch sich selber bequemer zu machen, nicht manchmal kritisch eingreifen würde in sein Leben, ihn nicht zurechtweisen würde.
Wir wissen ja, daß verzogene Kinder, denen alles gestattet worden ist, am Schluß häufig mit dem Leben gar nicht zurechtkommen können, weil das Leben später anders mit ihnen umgeht, und weil sie es nicht gelernt haben, sich selber

in Zucht zu nehmen, sich auf den richtigen Weg zu bringen. Oder wenn ich zum Beispiel einem Drogenabhängigen, weil ich nett zu ihm sein möchte, die Drogen verabreiche, die er möchte, anstatt ihn davon wegzuführen (was für ihn sehr hart wäre), kann man nicht von wirklicher Liebe sprechen. Anders ausgedrückt: Liebe im richtigen Sinn ist nicht einfach immer Nachgeben, Weichlichkeit und bloßes Süßtun. Insofern ist ein bloß versüßlichter Jesus oder ein Gott, der zu allem ja sagt, der immer nur nett ist, nur eine Karikatur der wirklichen Liebe. Weil Gott uns liebt, weil er will, daß wir in die Wahrheit hineinwachsen, darum muß er uns auch fordern und uns auch korrigieren. Gott muß das tun, was wir in einem Bildwort »Zorn Gottes« nennen, das heißt er muß uns Widerstand leisten, wo wir von uns selber abfallen und wo wir gefährdet sind.

Klingt sehr ernst.

Es ist wichtig zu erkennen, daß die echte Liebe eben auch einen großen Ernst in sich trägt. Sie will dem andern das wirklich Gute, und darum hat sie den Mut, sich ihm entgegenzustellen, wo er das Gute nicht sieht, wo er blind ins Unglück hineinrennt.
Damit haben wir bereits auch das Positive der Liebe gesagt. Sie mag den anderen. Sie will, daß es ihm gutgeht, daß er glücklich ist, daß er sich selber findet. Und daher ist die Liebe gut zu ihm. Aber gut zu ihm sein kann ich nicht anders, als daß ich mich vom Guten her, von dem, was wirklich gut ist, leiten lasse und mich mühe, ihm zu helfen, daß er gut wird. Ein wahrer Liebesakt ist also derjenige, der aus dem Guten kommt und damit ins Gute hineinmündet. Und so gehört zum Lieben einerseits immer wieder auch der Selbstverzicht,

das Sichweggeben für den andern, und andererseits die Hilfe an den anderen. Eine Hilfe, damit er sich nicht in sich verschließt und alles nur in sich hineinnimmt, sondern damit auch er den Weg dieses Herausgehens, den Weg des Weizenkorns findet.

Der jüdische Religionsphilosoph Martin Buber beschrieb einmal ein wichtiges Attribut an der Liebe Gottes, er nannte es »das Herausholen«. Buber sagt: »Das Herausholen gehört zum Wesen Gottes von Anfang an. Das Herausholen aus Verstrickungen, das Herausholen aus der Stumpfheit, das Herausholen aus der Vereinsamung und Isolation.«

Hierfür können wir gewissermaßen den Exodus der Israeliten aus der ägyptischen Gefangenschaft als ein Modell betrachten. Aber es beginnt bereits mit der Berufung Abrahams. Gott holt Abraham heraus aus seiner Familie und bringt ihn auf einen Weg. Im Grunde muß jeder Mensch seinen Exodus machen. Er muß nicht nur aus dem Mutterboden heraustreten und selbständig werden, sondern auch aus der Verschlossenheit in sich selber. Er muß aus sich weggehen, sich selber überschreiten, nur dann kommt er sozusagen ins Gelobte Land – in den Raum der Freiheit, in dem er nun die Welt mit aufbauen hilft. Dieses Grundgesetz der Überschreitung haben wir als Wesen der Liebe kennengelernt. Natürlich ist auch der Akt dessen, der mich liebt, ein solcher Akt. Er muß mich herausziehen aus dem bequemen Trieb, in mir selber bleiben zu wollen.

Ein großer Lehrer der menschlichen Seele, Erich Fromm, hat sich die Frage nach dem Warum der Liebe gestellt: Warum müssen wir lieben?

Fromm glaubte herausgefunden zu haben, daß der Grund in dem entsetzlichen Erlebnis der Einsamkeit, des Getrenntseins generell liegt, das seit der Vertreibung aus dem Paradies entstanden ist. Nur deshalb gebe es bei den Menschen das starke Bedürfnis nach Konformität bis hin zu orgiastischen Erlebnissen in der Gruppe. Umgekehrt sei die Verbreitung von Alkoholismus, Rauschgiftsucht und Selbstmord in der gegenwärtigen Welt ein Symptom für dieses relative Versagen der Konformität.

Fromm geht dann einen Schritt weiter. Er sagt, wir können dieses Problem des Getrenntseins eben nicht mit Arbeit, Erfolg, Anpassung oder eben orgiastischen Erlebnissen lösen, alle diese Befriedigungen seien nur vorübergehend. Die eigentliche Antwort auf die existentielle Frage liege eben ausschließlich in der Vereinigung mit einem anderen Menschen, in der Liebe. Fromm: »Das Verlangen nach zwischenmenschlicher Vereinigung ist das stärkste Streben im Menschen. Es ist das grundlegendste Verlangen, die Kraft, die die menschliche Rasse zusammenhält, den Clan, die Familie und die Gesellschaft. Sein Versagen bedeutet Wahnsinn oder Vernichtung – Selbstvernichtung oder Vernichtung anderer. Ohne Liebe könnte die Menschheit nicht einen einzigen Tag existieren.«

Interessant ist, daß Fromm von der Einsamkeit als dem Gegensatz zur inneren Bestimmung des Menschen spricht. Wenn Einsamkeit ein Nichtgeliebtsein, ein Verlassensein, das Bloß-ich-sein bedeutet, und wenn damit mein Leben leer bleibt, ist dieser Zustand tatsächlich die Furcht auf dem Grund aller Befürchtungen. Von da aus sieht man erneut, daß der Mensch von innen her, als Bild Gottes, dazu geschaffen ist, daß er geliebt werde und selber ein Liebender sei.

Ich glaube, man muß hier wirklich die Gottebenbildlichkeit ins Spiel bringen. Gott ist Liebe. In der Dreifaltigkeit stellt sich die wesentliche Liebe selbst dar. Der Mensch ist Gottes Bild, er ist damit einer, dessen innerste Dynamik darauf angelegt ist, ebenfalls Liebe zu empfangen und zu geben.

Der Weg in die wirkliche Liebe hinein ist mit dem Sichverlieren verbunden, also mit der Mühsal eines Exodus. Insofern liegen auf dem Weg dahin die Versuchungen zu den schnelleren Erfüllungen, in Ersatzbefriedigungen, die Sie gerade genannt haben.

Erst später ahnt man, daß dieser Ersatz nur ungeheure Täuschungen bietet, und erst recht den Absturz in die unerträgliche Einsamkeit, in die Frustration des absoluten Leerseins nach sich zieht. Sie sind im Grunde Bilder der Hölle. Denn wenn wir uns fragen, was denn das *Verdammtsein* eigentlich bedeutet, dann ist es eben dieses: an nichts mehr Geschmack finden können, nichts mehr mögen, niemanden mögen und selber nicht gemocht sein. Aus der Liebesfähigkeit und damit aus dem Raum des Liebenkönnens verstoßen zu sein – das ist dann die absolute Leere, in der der Mensch im Widerspruch mit sich selbst lebt und das Dasein wirklich gescheitert ist.

Wenn es also wirklich der Wesenszug des Menschen ist, Gott ähnlich zu sein, ein Liebender zu sein, dann kann die Menschheit und kann jeder einzelne von uns nur bestehen, wenn Liebe da ist, und wenn der Weg zu dieser Liebe auch gelehrt wird. Wir können wieder auf Christus kommen: Die erlösende Tat Christi besteht gerade darin, daß er uns das Geliebtsein von Gott greifbar macht. Er trägt es jedem von uns zu und begleitet uns selbst mit seinem Kreuzweg auf den Weg des Sichverlierens. Und indem er damit aus dem Gesetz der Liebe nun die Gabe der Liebe macht, überwindet er die Einsamkeit der Einsamkeiten, die die Unerlöstheit wäre.

Wie lernt man lieben?

Aber ist es nicht merkwürdig, daß man trotz der tiefverwurzelten Sehnsucht nach Liebe alle anderen Dinge für wichtiger hält: Erfolg, Sex, Prestige, Geld, Macht. Beinahe unsere ganze Energie brauchen wir dazu, um zu lernen, wie man diese Ziele erreicht. Und fast nichts verwenden wir darauf, um die Kunst des Liebens zu erlernen.

Vieles von dem, was Sie genannt haben, sind Abkürzungs- und Ersatzwege. Damit soll das Abenteuer des Sichverlierens eingespart werden, um sein gewünschtes Ziel schneller zu erreichen. Das ist das eine. Daneben steht, daß es durchaus zur Berufung des Menschen gehört – und sozusagen auch seine Sendung als Liebender erst erfüllt –, daß er auch sein Können entfaltet.
Der Mensch soll die Möglichkeiten, die in ihn hineingelegt sind, aktualisieren und erlernen, er soll etwas tun in dieser Welt. Insofern ist das Lernen des Berufes und das Sicheinsetzen dafür durchaus nicht dem Grundauftrag der Liebe entgegengesetzt, sondern dessen Konkretisierung. Ich erfülle sozusagen meine Sendung auch als Liebender erst ganz, wenn ich ganz der werde, der ich sein kann. Wenn ich das gebe, was ich geben kann. Wenn ich in der Schöpfung und im Geflecht der menschlichen Beziehungen die Möglichkeiten eröffne, die uns helfen, miteinander das Leben zu bestehen und die Fruchtbarkeit der Welt und des Lebens so zu gestalten, daß sie ein Garten wird, in dem wir Geborgenheit und Freiheit zugleich finden.
Der Grundauftrag wird dann schief, wenn die Berufsausbildung nur noch auf das Erlernen von Fähigkeiten abzielt;

wenn die Beherrschung der Welt und die Fähigkeit, Besitz zu erwerben, Macht auszuüben, sich von dem inneren Auftrag der Liebe – des Daseins aller für alle – abkoppeln. Wenn die Macht die Überhand über die Gabe gewinnt. Wenn damit dann auch wieder die Selbstbehauptung, die Selbstverschließung, das Ansammeln von Dingen um sich selber das Primäre wird und insofern die Liebesfähigkeit im Menschen erstickt wird. Der Mensch wird dann von den Dingen beherrscht und weiß diese nicht mehr richtig zu werten.

Wichtig ist, daß wir unser Können, die Berufsausbildung, nicht an sich für etwas eher Nebensächliches anschauen. All unser Können und auch alles technische Vermögen des Menschen muß allerdings seinen inneren Ort behalten und darf sich nicht verselbständigen. Wenn Macht sich verselbständigt und schlechthin die Kategorie des Menschen wird, dann wird sie zur Versklavung, und damit zum Gegenpol zur Liebe.

Fragen wir konkret: Wie ist es denn bei einem Kardinal? Konnten Sie die Kunst des Liebens lernen?

Liebe muß man ja nicht so lernen, wie man beispielsweise Klavier spielen lernt oder wie man mit einem Computer umzugehen lernt. Man muß sie sozusagen immer mit-lernen in den einzelnen Dingen. Und natürlich lernt man sie auch von exemplarischen Menschen. Zunächst einmal von den Eltern, die einem Vorbild und Führer sind und in denen man das Menschsein richtig verwirklicht sieht. Später lernt man sie in den Begegnungen, die einem das Leben zuspielt. Man lernt sie in einer Freundschaft, lernt sie mit einer Aufgabe, die mich mit dem anderen verbindet, mit einem Auftrag. Es geht in all dem darum, nicht in erster Linie sich selbst zu suchen, sondern den Weg des Gebens und damit auch das richtige Empfangen zu erfahren.

Nun, ich will nicht über mich selber urteilen, aber jedenfalls habe ich versucht, von dem Bild Christi und der Heiligen her die Liebe und, sagen wir es bescheidener, die Güte zu erlernen, und habe von daher meine Schritte und Taten abzumessen versucht. Gott wird richten, Menschen werden richten, wie weit ich das wirklich erlernt habe.

Manchmal wird man auch verkannt. Mir geht nicht aus dem Sinn, was ich in einem früheren Porträt einmal über Sie geschrieben habe. Ich hatte dabei den Schriftsteller Stefan Andres zitiert. Andres hatte in einer Novelle den spanischen Großinquisitor, der sich von dem großen Maler El Greco porträtieren ließ, mit folgenden Worten skizziert: »Er ist nicht in der Liebe beteiligt.«

Ja, so kann ein Amt von außen aussehen. Wir versuchen jedenfalls dort, wo wir sozusagen kritisch mit Leuten umgehen müssen, es im Sinn einer Liebe zu tun, die ja nicht nur Schmeichelei ist, sondern die auch Grenzen setzt, wo Schaden angerichtet wird, wo die inneren Gesetzlichkeiten der Liebe verletzt werden. Meine Mitarbeiter und ich bemühen uns, den betreffenden Menschen selbst im Auge zu behalten und das Ganze in einer Weise zu tun, daß er selber erkennen kann, worum es uns geht. Wir möchten nicht einfach einen Bannstrahl gegen ihn schleudern, sondern der Gemeinschaft im ganzen und dabei letztlich auch ihm dienen. Und wir fühlen uns vor allen Dingen verpflichtet, den Glauben der Kleinen zu schützen. Mir hat erst neulich ein bedeutender Bischof erzählt, daß er in einem asiatischen Land gesehen hat, wie einer der berühmten Gegner der Glaubenskongregation mit unglaublicher Arroganz auf dem Glauben der Kleinen herumgetrampelt ist. Erst dabei, so der Bischof, sei ihm aufgefallen, daß wir doch einen wichtigen Auftrag haben, die Kleinen gegen diese Arroganz zu schützen.

Das Wort war natürlich nicht nur auf das Amt gemünzt, sondern auch auf den Amtsinhaber persönlich, auf den das Amt abfärben könnte.

Ja, natürlich gibt es diese Gefahr. Man kann nur versuchen, immer wieder auch Korrekturen anzubringen und dieser Gefahr möglichst nicht zu erliegen.

Die meisten Menschen sehen in dem Problem des Liebens in erster Linie das Problem, selbst geliebt zu werden, und nicht so sehr den Anstoß, selbst zu lieben.

Mit dieser Einstellung ist das Wesen der Liebe freilich schon verdorben. Wenn man Liebe nur *haben* will, dann genau empfängt man sie nicht, dann wird sie egoistisch, verdorben, und das spürt selbstverständlich auch der andere. Zum Weg des Liebenlernens gehört, daß man auch die Überwindung und die Freigabe seiner selbst lernt, daß man sich schenken lernt, und zwar gerade auch da, wo man nichts dafür bekommt. Daß man sich vor allen Dingen auch dem Unsympathischen gibt und dem, der mich einfach braucht, dem Leidenden. Denken wir an den Samariter. Gerade dann ist man ein Liebender, wenn man nicht immer für sich selber einheimsen will, sondern ein Gebender zu werden versucht, der speziell jene sieht, denen niemand ein gutes Wort schenkt, auch wenn oder gerade weil sie einem unsympathisch erscheinen.

Aspekte der Liebe

Erich Fromm meint, die wichtigste Sphäre des Gebens sei nicht die Sphäre der materiellen Dinge. Ein Mensch gebe dem anderen dann am meisten, wenn er von sich selbst, also von dem Kostbarsten, was er besitzt, von seinem Leben gibt. Er gibt von seiner Freude, von seinem Interesse, von seinem Verständnis, von seinem Wissen und natürlich auch von seinem Humor und von seiner Traurigkeit – kurzum von allem, was in ihm lebendig ist.

Geben kann nicht primär heißen, daß man Geld gibt, das ist eine Binsenwahrheit. Natürlich kann Geld auch sehr notwendig sein. Aber wo nur Geld gegeben wird, ist das für den anderen oftmals beleidigend. Ich habe das in der Dritten Welt immer wieder gesehen. Wenn ihr uns nur Geld schickt, sagen einem die Menschen, schadet ihr uns oft mehr als ihr uns nutzt. Geld wird schnell irgendwo mißbraucht und verschlimmert die Situation noch. Ihr müßt schon mehr geben. Ihr müßt selber kommen, ihr müßt euch selber geben, und dann auch helfen, so daß die materiellen Gaben, die ihr bringt, richtig angewandt werden können, daß sie nicht etwas nur aus dem Säckel Herausgeworfenes sind, mit dem ihr euch auch irgendwie loskauft von der Frage, die wir an euch stellen und für euch sind.
Solange wir nur Geld oder Know-how geben, geben wir immer zu wenig. Insofern waren dann doch die Missionare ein Vorbild, die den Menschen Gott gegeben haben, die ihnen Liebe glaubhaft gemacht haben, die ihnen einen neuen Weg des Lebens geschenkt haben, die sich selber ganz gegeben haben, die nicht für zwei, drei Jahre, für ein interessantes Aben-

teuer, sondern für ihr Leben hingegangen sind, um für immer den Menschen dort zu gehören. Wenn wir diese Fähigkeit eines Selbergebens nicht wieder erlernen, werden die anderen Gaben zu wenig sein.

Was jetzt im Weltmaßstab gesagt ist, gilt natürlich auch im Verhältnis zum einzelnen Menschen. Es gibt da eine schöne Geschichte von Rilke. Der Dichter erzählt, daß er in Paris immer an einer Frau vorüberkam, der man ein Geldstück in den Hut hineingeworfen hat. Die Bettlerin blieb dabei immer total unbewegt, als wenn sie keine Seele haben würde. Rilke gibt ihr nun eines Tages eine Rose. Und in dem Augenblick blüht ihr Gesicht auf. Er sieht zum ersten Mal, daß sie Empfindungen hat. Sie lächelt, dann verschwindet sie und ist acht Tage lang nicht mehr da, um zu betteln, weil ihr etwas gegeben worden ist, das mehr ist als Geld.

Ich glaube, das ist so eine schöne, kleine Begebenheit, an der man sehen kann, daß manchmal eine Rose, ein Akt von Zuwendung, von Herzlichkeit, von Annahme des anderen mehr sein kann als viele Geldstücke oder sonstige materielle Gaben.

Das Neue Gesetz, das mit dem Messias verheißen war, war ein Evangelium der Liebe. Kann man sagen, daß der Alte Bund alles in allem auch ausgelaugt, irgendwie am Ende war; in seinem Gottesdienst, in seinem Opfer und auch im Verständnis vom gemeinschaftlichen Leben? Denn offenbar war nun die Zeit gekommen, etwas Neues zu beginnen. Malachias, der letzte Prophet des Alten Bundes, hatte verkündet: »Der Herr der Heerscharen spricht: Ich habe kein Wohlgefallen an euch und nehme keine Opfer mehr an aus eurer Hand.«

Ich würde nicht sagen, daß der Alte Bund ausgelaugt war. Die Juden leben ja noch immer in ihm und ziehen aus dem Alten Testament noch immer großen geistigen Reichtum. Wohl aber werden wir als Christen sagen, er war ein Unterwegssein, das auf ein Ziel zuging, und das nun allmählich kommen mußte, damit dieser ganze Weg seinen Sinn behielt. Das Vorherige wird insofern nicht einfach abgebrochen oder als verbraucht beiseite gelegt, sondern es ist ein Weg, der zu einem Ziel führte, und der sozusagen in dem Ziel immer gegenwärtig bleibt. Ohne ihn können wir in das Ziel nicht hineinkommen.

Die Opferkritik gibt es im Alten Testament von Anfang an. In den Psalmen sagt Gott zum Menschen: Wenn ich etwas zu essen wünschte, würde ich es ja wohl nicht dir sagen; ich mag deine Stiere und deine Brandopfer nicht, das ist es ja nicht, was ich brauche, ich brauche das Herz.

In den Opfergaben steckte immer auch das Bemühen, Gottes Herrschaft anzuerkennen und wenigstens zeichenhaft das Eigene zu geben. Zugleich war den Menschen irgendwie bewußt, daß Gott mit Stieren und mit verbrannten Kälbern eigentlich nichts anfangen kann. In diesem Sinn überschreiten sich die alttestamentlichen Kulthandlungen von innen her auf den hin, der nun das wirkliche Opfer ist, der Sohn, der sich uns gibt und uns dem Vater gibt, der also sozusagen anfängt, die Welt in Liebe umzuwandeln. Die Liebe ist dabei das wirkliche Opfer. Sie löst die verzweifelte Geste, die in den Tieropfern lag, ab und macht sie sinnlos.

Insofern ist es dann eben doch kein Zufall, daß tatsächlich 40 Jahre nach dem Kreuz der Tempel für immer aus der Geschichte verschwindet, weil das, was darin gemeint war, nun wirklich da ist.

War es Liebe zu den Menschen, daß Gott nun seinen Sohn schicken wollte – oder war es vielleicht doch nur Mitleid?

Ich würde Mitleid und Liebe nicht gegeneinandersetzen. Wirkliches Mitleiden ist ja mehr als bloße Sentimentalität. Es ist eine Art von Identifikation mit dem Leiden des anderen, und damit ein wesentlicher Akt der Liebe.
Die alte Welt der Griechen hatte die Unveränderlichkeit Gottes herausgestellt und ihn damit auch als reinen Geist, der nicht fühlen kann, noch viel weniger leiden, dargestellt. Das hat die Christen veranlaßt zu fragen, wie ist es denn nun wirklich mit Gott? Und Origenes hat einmal das schöne Wort gesagt: Gott kann zwar nicht leiden, aber er kann mitleiden. Das heißt, er kann die Identifikation mit uns, den Leidenden, vollziehen. Sie ist der große Akt der Liebe, in der er sich mit uns bis ins Körperliche hinein in Christus identifiziert – und damit uns mit ihm identifiziert und in seine Liebe hineinzieht.
Ich würde also sagen, gerade dadurch, daß das Christentum gegen die stoische Ethik der absoluten Ausschaltung des Leidens nun die Kraft des Mitleidens stellt, hat es auch die Liebe proklamiert. Mitleiden im richtigen Sinn ist ein Akt der Liebe.

KAPITEL 11
VON JESUS CHRISTUS

Herr Kardinal, kann man sich Jesus Christus so vorstellen wie er auf dem Grabtuch von Turin erscheint?

Das Turiner Grabtuch ist ein Geheimnis, ein Gebilde, das noch keine eindeutige Erklärung gefunden hat, auch wenn sehr vieles für seine Echtheit spricht. Auf jeden Fall rührt es uns an – mit der eigenartigen Kraft dieser Gestalt, mit den ungeheuren Verletzungen.

Und mit einem sehr eindrucksvollen Gesicht.

Wir können in diesem Antlitz die Passion auf erschütternde Weise erkennen. Und wir sehen zudem eine große innere Würde darin. In diesem Gesicht liegen Ruhe und Gelassenheit, Friede und Güte. Insofern hilft es uns wirklich, uns Christus vorzustellen.

Ein Mann mit großem Selbstbewußtsein ...

Wenn es nur ein menschliches Selbstbewußtsein wäre, dann wäre es ein überstiegenes. Es ist etwas anderes in diesem Ausdruck, etwas viel Größeres: Jesus weiß, daß er ganz mit einem anderen eins ist, nämlich mit dem Vater, mit Gott. Diese Einheit ist familiär, sie überschreitet alle anderen Arten von mystischen Einigungen, die wir kennen. Jesus kann deshalb den Namen Gottes – »Ich bin es« – mit gutem Grund auf sich anwenden.

Ein Mann aber auch, der manchmal barsch und ungehalten ist. Er sagt einmal: »O du ungläubige und unbelehrbare Generation!« Ganz verzweifelt ruft er aus: »Wie lange muß ich noch bei euch sein? Wie lange muß ich euch noch ertragen!«

Daß es diese Strenge im Herrn und gleichsam eine Ungeduld mit den Menschen gibt, berührt auch mich immer wieder. Wir können daraus eine Lektion über die Liebe lernen, die nicht einfach bloß Weichherzigkeit, Nachgiebigkeit ist, sondern fordernd.
Jesus blickt die Menschen mit den Augen Gottes an. Aus dieser Sicht heraus können wir erkennen, wie enttäuscht Gott eigentlich von den Menschen ist, welcher Zorn in ihm aufsteigen muß angesichts dessen, wie dieses sein Geschöpf mit sich und mit ihm umgeht. Diese Worte zeigen, wie beunruhigend diese innere Langweiligkeit und Gleichgültigkeit Gott gegenüber, diese Hörunfähigkeit und Verschlossenheit des Menschen aus der Perspektive Gottes tatsächlich aussehen muß.

Jesus' Lieblingsausdruck ist offenbar »Heulen und Zähneknirschen«. Wann immer er etwas Schlimmes andeuten will, heißt es, dort werde Heulen und Zähneknirschen sein.

Ich würde es nicht gerade als den Lieblingsausdruck bezeichnen. Dies ist etwas, was bei Jesus in den Grenzworten vorkommt. »Heulen und Zähneknirschen« stellt eigentlich die Bedrohung, die Gefährdung, ja letztlich den gescheiterten Menschen dar. Es ist eine Situation, die eine Welt der in die

Droge und in die orgiastischen Ekstasen verfallenen Menschen beschreibt, denen im Augenblick des Herausfallens aus der Betäubung die totale Widersprüchlichkeit ihres Lebens deutlich wird.

Die Hölle wird für gewöhnlich als Feuer, als Brennen dargestellt. Zähneknirschen entsteht aber eigentlich, wenn man friert. Hier ergibt sich für den gefallenen Menschen in seinem Heulen und Klagen und dem Protestgeschrei das Bild eines Ausgesetztseins in die Kälte, in die man sich mit der Absage an die Liebe begeben hat. Es wird einem in der von Gott und damit von der Liebe völlig abgekoppelten Welt nun zum Frieren – bis hin zum Zähneknirschen.

Manchmal leistet sich Jesus sogar richtige Zauberkunststücke. Als seine Jünger wieder einmal kein Geld haben, um die fällige Tempelsteuer zu bezahlen, sagt er zu Petrus: »Geh an den See und wirf die Angel aus; den ersten Fisch, den du heraufholst, nimm, öffne ihm das Maul, und du wirst ein Vierdrachmenstück finden. Das gib den Männern als Steuer für mich und für dich.«

Jesus hat nicht einfach beliebig Wunder gewirkt, sondern nur im Zusammenhang des Glaubens. Er hat ausdrücklich gesagt: Ich bin nicht dazu gekommen, um Wunder zu wirken, sondern das Reich Gottes zu verkünden.

Die von Ihnen angesprochene kleine Geschichte ist in der Tat von etwas anderer Art. In ihr geht es darum, etwas Tieferes zu verdeutlichen. Man sieht darin, daß der Herr, der eigentlich keine Steuern zu zahlen braucht, weil der Tempel ja schließlich ihm gilt, es zwar im Gehorsam tut, es dann aber auf eine von Gott besonders geschenkte Weise macht. Ich sehe Jesus leise dabei lachen.

Jesus – eine Erfindung?

Die Zweifel an der Geschichte Jesu Christi werden sicher nie verschwinden. Für die einen ist Jesus eine reine Erfindung, für die andern eine Art von Sektenführer. Andere wiederum glauben, Christus wäre lediglich eine jener archetypischen Figuren gewesen, die etwas vom Drama des Menschseins auf eine sehr klare Art auszudrücken vermögen: den Schmerz, die Angst, die Liebe. Und manche werden sagen: Dieser Meister mag interessant sein, aber was hat Jesus schon mit mir zu tun?

Natürlich kann man an allem Geschichtlichen zweifeln, wie wir immer wieder sehen. Da wird zum Beispiel jetzt von einem Privatgelehrten Karl der Große geleugnet, ja, die ganze Geschichte zweier Jahrhunderte wird als gefälscht hingestellt und so weiter. Gut, wir waren nicht dabei. Und die geschichtliche Urkunde gibt uns zwar Kunde, aber sie bringt uns nicht mit dem Faktum selbst in Berührung.

Also doch Raum für Spekulationen?

Nein. Schon wenn wir lediglich die anerkannten historischen Kriterien anwenden, ist die Bezeugung Jesus' so früh, so umfassend und so gut, daß wir an seiner historischen Gestalt überhaupt nicht zweifeln können. All das, was uns hier überliefert wird, ist zudem ganz anders als das, was man konstruieren oder sich erdenken könnte. Es durchbricht alle Plausibilitätsschemen.
Und wir können hier sowohl die Spur des Ereignisses wahrnehmen als auch das, was in der Nachfolge aus dieser Be-

gebenheit geworden ist. Beides ist nicht durch Ideenkompositionen erklärbar, sondern nur durch die elementare Wucht von etwas, das wirklich geschehen ist. Zweifel an der historischen Existenz Jesus sind daher in meinen Augen nicht seriös.

Was aber ist an dem Quellenbestand historisch wirklich verläßlich?

Nun, Sie wissen ja, daß jetzt mehr und mehr in die Quellen hinein- und in ihnen herumgebohrt wird. Man versucht, sie immer noch weiter auseinanderzunehmen. Am Ende bleiben dann nur noch sehr armselige Stücke übrig, und plötzlich wird man sich fragen, wie aus einer so armseligen Figur überhaupt solche Ereignisse haben wachsen können.
Wir dürfen eines nicht vergessen: Der erste Korintherbrief, der uns das Zeugnis über die Auferstehung Jesu und über die Einsetzung der Eucharistie bringt, liegt in Texten vor, die schon Paulus vorgefunden hat. Der Brief wurde Anfang der 50er Jahre nach der Geburt Christi geschrieben. Der darin enthaltene Text geht wiederum auf Jerusalemer Überlieferungen zurück. Es sind also, wie Paulus das selbst sagt, übernommene Bestände. Auch ihre Sprachform zeigt, daß wir hier ganz nah an die Ereignisse selbst herankommen.
Ich muß gestehen, je länger ich diesen Bemühungen der Quellenforschung zuhöre, desto geringer wird mein Vertrauen zu dem Übermaß an Hypothesen, das da hochgeschossen ist. Und die sich dann ewig wiederholen und gegenseitig widerlegen. Die ganze Konstruktion eines bloß historischen Jesus im Gegensatz zu dem geglaubten Christus, die mit dem Beginn der Aufklärung einsetzte, ist ja schon von Albert Schweitzer so kritisiert worden. Er sagt, da glaubten wir, ihn nun endlich

wirklich zu haben, aber er ist an unserer Zeit vorbeigegangen und zu sich selbst zurückgekehrt.

Ich denke, alle diese Versuche sind Rekonstruktionen, in denen man immer das Bild des Konstrukteurs sieht. Ob Sie Adolf Harnacks Christus nehmen – der den liberalen Menschentypus widerspiegelt –, oder ob Sie Bultmanns Christus nehmen, der dessen existentialistischen Philosophietypus zeigt. Alle diese Konstruktionen sind unter dem Grundgedanken gemacht: Gott als Mensch kann es gar nicht geben. Die Ereignisse, die ihn voraussetzen würden, können daher nicht historisch sein. Das heißt, hier geht man bereits mit einer Voraussetzung heran, durch die man im Grunde dem Ereignis seine innere Wucht nehmen muß – und damit gerade das, was ihm Spannung und Fülle gibt.

Wie würden Sie herangehen?

Ich finde es viel richtiger, daß man einfach mal fragt: Gibt die Gestalt, so wie sie im Neuen Testament da ist, Sinn? Und meine Antwort wäre: Nur so, wie sie da ist, gibt sie überhaupt Sinn. Nur so hat sie Größe und konnte sie Auslöser solcher Ereignisse werden. Meiner Überzeugung nach ist deshalb – trotz aller Quellenkritik, von der man auch viel lernen kann – das Vertrauen zu den Evangelien voll gerechtfertigt. Wir können, auch wenn in Details manche Überlieferungen in späterer Zeit weiter ausgeformt sein mögen, der Sache nach auf das Zeugnis der Evangelien vertrauen und dort die wirkliche Gestalt Christi finden. Sie ist viel wirklicher als die scheinbar so sicheren historischen Rekonstruktionen.

Und ich füge noch hinzu: Das Johannesevangelium, das lange Zeit als eine rein theologische Komposition betrachtet worden ist – Bultmann zum Beispiel hat versucht, es aus den gnostischen Strömungen zu erklären –, erscheint gerade heute auch historisch in einer erstaunlichen Weise rehabilitiert. Es hat die genauesten geographischen Angaben und enthält die genaueste Kenntnis des jüdischen Denkens und der jüdischen Lebensgestalt in jener Zeit. Ein Exeget wie Klaus Berger in Heidelberg möchte es deshalb sogar als das älteste der Evangelien ansehen. Nun, da würde ich allerdings nicht mitmachen. Die ganze Überlieferung sagt, es ist Ende des 1. Jahrhunderts entstanden. Bleiben wir dabei. Aber es ist ein Evangelium, das aus einer sehr präzisen Kenntnis kommt, und nicht eine theologische Vision darstellt, die sich vom Erdboden der Geschichte gelöst hätte.

8 Von der Offenbarung

Der französische Theologe Henri de Lubac sagte einmal, der bevorzugte Platz des Mysteriums sei das Leben Christi. Die Taten darin seien zwar einerseits echte menschliche Taten, aber es seien eben auch Taten einer göttlichen Person. De Lubac wörtlich: »Den Sinn des Lebens Christi fassen, heißt eindringen in die göttliche Wirklichkeit.« Heißt das, Gott und auch unsere ganze menschliche Existenz werden sichtbar und faßbar, wenn wir das Leben Christi lesen lernen?

Ich glaube, das Wesentliche ist, daß man im allmählichen Eindringen und Mitleben des Lebens Christi überhaupt erst den Lebensstoff und die Lebensgrundlage hat, in der einem das Verstehen Gottes zuteil werden kann. Die Worte Jesu sind gewiß von einer unersetzlichen Bedeutung, aber wir dürfen Christus nicht auf Worte allein reduzieren. Das Fleisch, wie Johannes sagt, gehört mit dazu, es ist das gelebte Wort, das dann eben bis ins Kreuz hineinführt. Nur wenn wir den ganzen, vitalen Zusammenhang der Gestalt Jesu betrachten, sprechen auch die Worte in jener Größe, die ihnen innewohnt. Insofern ist die Betrachtung des Lebens und Leidens Jesu Christi zum Verstehen seiner Botschaft in der Tat grundlegend.

Propheten und Vorboten

Dann lassen Sie uns bitte Gestalt, Leben und Botschaft Jesu Christi etwas genauer nachzeichnen. Beginnen wir mit Johannes. »Im Anfang war das Wort«, so fängt sein Evangelium an, und weiter heißt es: »Und das Wort ist Fleisch geworden/ und hat unter uns gewohnt,/ und wir haben seine Herrlichkeit gesehen,/ die Herrlichkeit des einzigen Sohnes vom Vater, voll Gnade und Wahrheit.« Dieser Prolog gehört mit Sicherheit zum Erhabensten, was in der Welt jemals aufgeschrieben wurde.

Die ersten Worte des Johannesevangeliums schlagen die Brükke von der Schöpfungsgeschichte, dem Urgrund der Dinge, in das Geschehnis in Palästina hinein. Sie zeigen uns folgendes: Jener Logos, jener schöpferische Sinn, aus dem die Welt geworden war, ist in diesem Menschen Jesus persönlich da. Jene Kraft, die die Welt erschaffen hat, tritt damit selber in die Welt herein und redet mit uns. Es ist das große Paradox, das hier auf uns zukommt: Gott ist so groß, daß er klein werden kann. Und zwar so klein, daß er uns in einer menschlichen Person begegnet. Gott fällt dabei aber nicht einfach vom Himmel herunter und stellt sich uns vor, sondern er fügt sich ganz konkret in einen Geschichtszusammenhang ein, der ein Weg auf ihn hin ist. Ein Weg, an dem er sozusagen erwartet ist und in dem uns seine Botschaft vernehmbar werden kann.

Als unmittelbarer Vorbote von Jesus Christus gilt Johannes der Täufer. »Er kam als Zeuge«, heißt es im Evangelium, »um Zeugnis abzulegen für das Licht, damit alle durch ihn zum Glauben kommen.«

In diesem Geschichtszusammenhang gibt es einen letzten Propheten, einen letzten Zeugen, der Jesus historisch vorausgeht. Der Täufer ist dabei der Vertreter einer Art Erweckungsbewegung. Die Frage nach dem Retter, dem Messias, ist in dieser aufgewühlten Stunde Israels zu einer brennenden Frage geworden. Israel steht unter Fremdherrschaft, es trägt aber nach wie vor die Verheißungen in sich und wartet darauf, daß sie Wirklichkeit werden. Andererseits ist es eine Zeit ohne Propheten. Es scheint, als ob das Licht der Prophetie erloschen sei.

Johannes kam aus der Wüste, und er verkündete etwas Neues. Er sei, sagte er, »die Stimme, die aus der Wüste ruft«. Er taufte, aber er taufte, wie es geschrieben steht, »auf der anderen Seite des Jordan«. Und als er eines Tages Jesus auf sich zukommen sah, spricht Johannes die geheimnisvollen Worte: »Seht, das Lamm Gottes, das die Sünde der Welt hinwegnimmt. Er ist es, von dem ich gesagt habe: Nach mir kommt ein Mann, der mir voraus ist, weil er vor mir war.«

Johannes tritt in der Wüste als ein Gottgeweihter auf. Er verkündet zunächst einmal Buße, Reinigung und Sammlung des Volkes für das Kommen Gottes. Diese Verkündigung ist gewissermaßen die Zusammenfassung der ganzen Prophetie in genau den Augenblick hinein, in dem die Geschichte an ihr Ziel drängt. Seine Sendung ist, die offene Tür für Gott zu schaffen, damit Israel bereit ist, ihn aufzunehmen und ihm die geschichtliche Stunde zu bereiten.

Das Wichtige sind zum einen seine Bußworte, die die ganze Prophetie aufnehmen, zum andern sein Christus-Zeugnis, das wiederum die Prophetie konkretisiert in dem Bild von dem Lamm, das nun das Lamm Gottes ist. Denken wir zurück an die Abrahams-Geschichte und die Isaaks-Geschichte, an die Tieropfer, in denen das Lamm eine Rolle spielt, besonders an das Osteropfer, das ein Lammopfer ist. Diese Ersatzversuche finden nun ihre Erfüllung. Das Osterlamm steht im Grunde für uns Menschen. Nun wird Christus von Gott her das Osterlamm, er teilt damit unser Schicksal und verwandelt es.

Der zweite Satz ist ein stiller Hinweis auf die Göttlichkeit Jesu Christi, auch wenn diese beim Täufer nicht voll durchdacht und nicht voll ausgesprochen ist. Er sagt, daß hier nicht irgendeine geschichtliche Person ist, sondern daß es der uns allen Vorausgehende, der aus der Ewigkeit Gottes Kommende und mit ihr von innen Vertraute ist.

Der Patriarch Jakob hatte die Zeit, in der dieser Erlöser kommen würde, tatsächlich in etwa so beschrieben, wie sie sich bei der Geburt Christi darstellte. Viele waren vom Glauben abgefallen, Pharisäer lebten voll Hochmut und Lieblosigkeit, wie es heißt, die anderen fühlten sich wie eine Herde, die keinen Hirten mehr hat. Die Sehnsucht nach dem Meister jedenfalls war bei Juden und Heiden gleichermaßen groß geworden. »Tauet Himmel den Gerechten!«, so flehte der Prophet Isaias, »Wolken regnet ihn herab!« Und trotzdem: Könnte es nicht auch sein, daß diese Prophezeiungen auf Jesus hinkonstruiert wurden, und zwar erst im nachhinein?

Sie spielen mit dem ersten Satz Ihrer Frage wohl auf den sogenannten Jakobssegen an (Gen. 49), der aus einer Sammlung von oft rätselhaften Verheißungsworten für die zwölf Söhne Jakobs besteht. Im Segen über Juda heißt es: »Nicht weicht der Herrscherstaat von Juda noch der Fürstenstab von seinen Füßen, bis der kommt, dem er gebührt und dem der Gehorsam der Völker gehört« (49.10). Das wurde dann als Verheißung des Davidskönigtums gedeutet (David gehörte dem Stamm Juda an), und nach dessen Erlöschen – also zur Zeit Jesu – als Zusage eines neuen Davidssohnes angesehen, des Messias, dem auch die Weltvölker, die Nicht-Juden gehorchen würden. Daß die Christen diesen Vers im Davidssohn Jesus erfüllt fanden, liegt auf der Hand. Aber die Zeit Jesu ist noch nicht beschrieben, die Worte (über deren Ursprungszeit die Gelehrten streiten) weisen geheimnisvoll ins Kommende und ergeben erst im Licht Christi einen klaren Sinn.

Nehmen wir nun den Propheten Isaias. Bei ihm heißt der Text ursprünglich ja: »Tauet, ihr Himmel, die Gerechtigkeit.« Und erst nachdem die Gerechtigkeit als Person gekommen war, haben die Christen diesen Satz personalisiert gelesen. So kann man auch in dieser Beziehungseinheit von Altem und Neuem Testament den Wegcharakter des Schriftwortes sehen. Die Worte gehen ihm entgegen, sie suchen ihn gleichsam noch aus dem Dunklen heraus.

Natürlich kann man das Alte Testament auch von Christus weg lesen, so eindeutig ist der Finger nicht, den es auf Christus richtet. Und wenn die Juden es in ihm nicht erfüllt finden können, kommt das ja nicht einfach aus Bosheit heraus, sondern doch auch aus der Dunkelheit der Worte und dem Spannungsverhältnis zwischen der Gestalt Jesu und diesen Worten. Jesus gibt ihnen eine neue Bedeutung – und doch bekommen sie von ihm her auch alle erst Zusammenhang, Richtung und Sinn.

Man kann also mit guten Gründen Christus das Alte Testament absprechen und sagen, nein, das ist nicht das, was er sagte. Und man kann es ihm mit guten Gründen zusprechen – das ist der Streit, der zwischen Juden und Christen besteht. Aber nicht nur hier. Auch ein Großteil der rein historisch-kritischen Exegese liest das Alte Testament ebenfalls nicht in diesem Weg- und Verweischarakter und sieht die christliche Deutung als etwas an, was dem historischen Ursinn nicht gemäß ist, oder jedenfalls weit über ihn hinausgeht.

Es bleibt zu sagen: Das Alte Testament ist keine Wahrsagerei, sondern es ist ein Weg. Die Freiheit, es abzulehnen, bleibt bestehen. Ich würde sagen, gerade die Tatsache, daß sie bestehen bleibt, ist uns eine Gewähr dafür, daß diese Worte in sich stehen. Das Alte Testament geht historisch ganz klar Christus voraus, der Glaube der Juden und ihre Schriften machen das auch für einen Blinden klar. Die Kirchenväter haben es geradezu als die geschichtliche Sendung der Juden angesehen, daß sie mit ihrem Ja zum Alten Testament und ihrem Nein zu Jesus die Authentizität und das Alter ihrer heiligen Bücher für jedermann klar verbürgen. Deshalb, so meinten die Väter, mußten sie Juden bleiben und wurden nicht Christen. Die Texte stehen in sich, aber sie ergeben einen neuen Sinn und eine ganzheitliche Sicht, wenn wir sie mit Christus lesen.

HAT GOTT SICH KORRIGIERT?

Mit dem Erscheinen Christi werden Vorschriften des Alten Bundes, ob nun gewisse Opferriten oder auch das unselige »Auge um Auge, Zahn um Zahn«, außer Kraft gesetzt. Müßte man von daher nicht auch sagen können, Gott hat sich korrigiert?

Ich würde in all dem wieder von einem geschichtlichen Weg sprechen. »Auge um Auge, Zahn um Zahn« klingt ja schauerlich, war aber zunächst doch schon ein Prinzip, das die Rache sozusagen kanalisiert und rationalisiert hat. Die Vergeltung muß dem anderen entsprechen, sie darf nicht überwuchern, sondern muß sich an das Maß der Tat halten. Insofern war das ein Fortschritt, der im übrigen in der Rechtsprechung noch immer gilt. Zu diesem Fortschritt im Rechtsbewußtsein mußte freilich hinzukommen, daß nur durch eine Liebe, die die Kette der Vergeltungen durchbricht, überhaupt etwas Neues Wirklichkeit werden kann.

Wir hatten uns ja in diesem Gespräch bereits mit dem Wort auseinandergesetzt: »Ich bin nicht gekommen, das Gesetz aufzuheben, sondern es zu erfüllen.« In der Frage des Tempelopfers begegnen wir diesem Wort ganz konkret. Die Opfergaben waren immer nur ein Ersatz. Und wenn nun der kommt, der das gibt, was das Eigentliche ist und damit den Menschen dazu bringt, daß er sich Gott geben kann, dann ist der ganze Sinn dieser Opfervorgänge in ihm zur Erfüllung gelangt. Dann ist das, was der Tempel war und sein sollte, in ihm als dem lebendigen Tempel da. Es ist also nicht einfach etwas abgeschafft, sondern es ist an sein Ziel gebracht.

In diesem Sinn ist das, was der Tempel wollte, in der Eucharistie gegenwärtig geblieben. Aber nun in der Sinngestalt, auf die es vorher nur Anläufe gegeben hatte. Ich würde also nicht sagen, Gott hat sich korrigiert. Wir sehen statt dessen, wie ein Weg, in dem er den Menschen zunächst jene Formen läßt, über die sie noch nicht hinauskönnen, eine innere Dynamik in sich trägt und weiterführt. Was der Weg wirklich meinte, wird nun erfüllt und erhält seinen richtigen Platz.

In den Schriften ist die Rede vom »neuen Israel, dem Volk Gottes, das Du gerufen hast«. Heißt das, daß mit dem Erscheinen des Heilandes nun diejenigen, die ihm nachfolgen, die Christen, das neue und damit ebenfalls ein auserwähltes Volk Gottes sind?

Ja, das kann man schon sagen. Sie sind sozusagen das vergrößerte Israel. Paulus sagt ausdrücklich, Abrahams Kinder sind nicht einfach die, die blutsmäßig, sondern die aus seinem Glauben heraus von ihm abstammen. Deswegen reicht durch die Gemeinschaft mit Christus die Breite Israels nun weiter als die Breite der blutsmäßigen Abstammung. Diese Gemeinschaft ist aus einem geistigen Grundentscheid (und vor allem aus einer Gabe heraus) zu einem Volk geworden, in dem die Verheißung nunmehr auf Universalität hindrängt.

Das Wort *auserwählt* hat bei uns deswegen einen schlechten Beigeschmack, weil wir es als Abgrenzung, als den Dünkel des Besserseins auslegen. Im ursprünglichen biblischen Sinn bedeutet es, daß ein Volk gewählt wird, um ihm etwas zuzumuten, um etwas zu tragen und etwas für die andern auszurichten. Insofern ist eine Erwählung immer eine Erwählung *für* etwas. In gewisser Hinsicht wird einem damit sozusagen die Sache schwerergemacht, weil man Verantwortung für die andern übernimmt.

In diesem Sinn geht die Erwählung und der Begriff Israel nun auf diejenigen über, die durch Christus zu Abraham, zum lebendigen Gott gehören. Sie sind allerdings zu einem Leben für die anderen nicht deshalb ausgesucht, damit sie ein Spezialbillett für den Himmel bekommen, sondern damit sie sich am Dienst Christi, am Dienst Israels für die Geschichte beteiligen.

9 Vom Licht

Schon merkwürdig: Gott, der Allermächtigste, hat sich zu seinem Erscheinungsort auf Erden das Allerkleinste ausgesucht, einen armseligen Stall in Bethlehem. Und die Kirche argumentiert: Es ist alles so unglaublich und paradox, daß es allein schon deshalb wahr sein muß.

Diese Argumentation würde alleine genommen als Wahrheitsargument natürlich nicht genügen. Aber in der Tat, das Wählen des Kleinen ist schon charakteristisch für die Geschichte Gottes mit dem Menschen.
Wir sehen dieses Charakteristikum zunächst schon darin, daß der Schauplatz des göttlichen Handelns die Erde wird, dieses Staubkorn im Weltall; daß dort wiederum Israel, ein praktisch machtloses Volk, Träger seiner Geschichte wird; daß dort wieder Nazareth, ein völlig unbekannter Ort, seine Heimat wird; daß der Gottessohn schließlich in Bethlehem, außerhalb des Ortes, in einem Stall geboren wird. Dies alles zeigt eine Linie.
Gott stellt sein ganzes Maß, nämlich die Liebe, gegen den menschlichen Hochmut. Er ist im Grunde der Kern, der Originalgehalt aller Sünde, nämlich des Sich-selber-Gott-machen-Wollens. Die Liebe dagegen ist etwas, das sich nicht erhebt, sondern heruntersteigt. Die Liebe zeigt, daß gerade das Heruntersteigen der eigentliche Aufstieg ist. Daß wir in die Höhe kommen, wenn wir heruntergehen, wenn wir einfach werden, wenn wir uns zu den Armen, zu den Niedrigen beu-

gen. Gott macht sich klein, um den aufgeblasenen Menschen wieder ins richtige Maß zu bringen. So gesehen ist das Gesetz des Kleinseins ein Grundmuster göttlichen Handelns. Es läßt uns etwas vom Wesen Gottes und auch von unserem eigenen Wesen erkennen. Insofern trägt es eine hohe Logik in sich und wird zu einem Verweis auf Wahrheit.

Es gibt in diesem Umfeld eine Szene, die Weltruhm erlangt hat. Musikalisch ist sie verewigt in einem triumphalen Chor aus Friedrich Händels »Messias«. Den Hirten auf dem Felde nämlich, die bei ihrer Herde Nachtwache halten, erscheint ein Engel, umstrahlt von der Herrlichkeit Gottes: »Fürchtet euch nicht!«, bittet der Engel, »denn ich verkünde euch eine große Freude.« Und noch während er spricht, gesellen sich Scharen himmlischer Geister zu ihm und singen in einem unerhörten Auftritt wahrlich überirdische Worte: »Ehre sei Gott in der Höhe und Friede den Menschen auf Erden, die guten Willens sind.«

Das ist sicher eine der am meisten das Herz bewegenden Szenen in der Heiligen Schrift. Die Christenheit liebt sie nicht umsonst so. Wir können das schon von der frühchristlichen Kunst an sehen. Diese Szene geht zu Herzen, aber die Botschaft reicht weit über das nur Gemütvolle und Liebenswerte hinaus.
Wiederum sind es zuallererst die Einfachen, die an die Krippe gerufen werden. Herodes erfährt es nicht. Auch die Gelehrten erfahren es zunächst nicht. Die Nachricht erreicht die Hirten, die Wartenden, jene, die wissen, daß sie die erlösende Nähe Gottes brauchen. In ihnen ist die Bereitschaft und Offenheit vorhanden, da hinzugehen. Diese Menschen verkörpern zusammen mit Maria und Joseph, mit Simeon und Anna, mit

Elisabeth und Zacharias die Armen Israels – und damit das Volk Gottes überhaupt. Wir sehen schon aus den Psalmen, daß der Ausdruck *die Milden* oder *die Armen* unmittelbar zu Deckwörtern für die gläubige Mitte Israels geworden war. Und so wie Jesus das Kindsein preist, gilt es, sich diese Einfachheit des Herzens zu bewahren, die sehend werden und den Engel hören kann.

Die zweite Gruppe, die laut Matthäusevangelium in Bethlehem ankommt, sind die Weisen aus dem Morgenlande. Es ist bezeichnend. Die Einfachen gehen voraus, aber die Weisen sind nicht ausgeschlossen. In ihnen gibt es eine wirkliche, echte Weisheit, die den Menschen offen macht für Christus. Und noch eines ist wichtig. Die Weisen, die zur Geburtsstätte Christi kommen, sind Heiden. Es ist gewissermaßen die Bewegung der Kirche, der Heiden, die hier bereits zeichenhaft in Gang kommt.

Der wichtigste Moment der Geschichte

Was sich mit diesem Akt zutrug, urteilte einmal der deutsche Bischof Rudolf Graber, »übertrifft die Welterschaffung um ein Unendliches«. Niemals zuvor sei etwas Größeres geschehen, und niemals werde es etwas Größeres geben: »Denn daß Gottes einziger Sohn, die zweite göttliche Person, sich bereitmacht, auf dieser kleinen, winzigen Erde Mensch zu werden, übersteigt einfachhin alles.«

Ja, es ist wirklich ein sehr wichtiges Lehrstück, um den Begriff des Großen und des Kleinen ins richtige Lot zu bringen.

Von den materiellen Ausmaßen her erscheint uns natürlich die Weltschöpfung als das unermeßlich Größere. Daneben ist dieses kleine Ereignis in Bethlehem, das die Historiker zunächst übersehen haben, eigentlich nicht der Erwähnung wert.

Ginge es nach den quantitativen Dimensionen, dann ist das eine das ganz Große und das andere das ganz Kleine. Wenn wir aber sehen, daß bereits ein einziges menschliches Herz eine neue Größenordnung gegenüber der ganzen Weite des Kosmos darstellt, wie Pascal es formuliert hat, dann können wir erst recht begreifen, daß der Vorgang, daß Gott ein Mensch wird, daß der, der der Schöpfer ist, der ewige Logos ist, in dieses Menschsein heruntersteigt und sich an es bindet, so daß er dieser Mensch ist – daß dieses ein Ereignis von einer ganz anderen Größenordnung ist. Gott selbst tritt herein und wird ein Mensch. Damit ist eine Dimension eröffnet, der gegenüber die scheinbar unermeßlichen *materiellen* Dimensionen eine wesentlich geringere Ordnung von Größe darstellen.

Die Geburt Christi ist über 2000 Jahre hin zum größten Mythos aller Zeiten geworden. Inzwischen gehört diese Nacht der Nächte längst allen. Nirgendwo tritt der Glaube so sichtbar über die kirchlichen Ufer wie hier. Weihnachten hat ein unüberbietbares Maß an Symbolik, an Werten, an Moral und Melancholie, ein Maß an Menschsein schlechthin. Manchmal denke ich, wir kennen zwar Weihnachten, aber Weihnachten kennt uns noch viel mehr.

Vielleicht müssen wir uns kurz noch einmal über das Wort »Mythos« verständigen. Das Wort Mythos wird zwar heute weithin positiv aufgefaßt, als eine Art von visionärem Ausdruck für Wirklichkeiten, die die Sinne übersteigen; so enthalte er eine höhere Wahrheit als die des bloß Faktischen. Aber »Mythos« steht doch auch in dieser positiven Fassung gegen Geschichte. Er meint Vision, nicht Tatsachen. Die Geburt Christi dagegen ist ein historisches Ereignis, etwas, was historisch wirklich geschehen und Ereignis geworden ist. Diese Bindung an reale Geschichte gehört in der Religionsgeschichte zum Spezifischen des christlichen Glaubens.

Dies vorausgesetzt, ist es in der Tat erstaunlich, wie diese Nacht im Stall, in dieser Höhle, die erst auf die Botschaft der Engel hin von den Hirten bemerkt wurde, nun auch über die christliche Welt hinaus zu einem Zeichen geworden ist, an dem kaum jemand vorübergeht. Wir müssen allerdings auch hinzufügen, daß mit dieser Ausbreitung von Weihnachten weit über den Raum des Glaubens hinaus auch eine ungeheure Banalisierung Hand in Hand geht.

Heute wird es mehr und mehr zum Trend, dieses Fest vom Christentum unabhängig zu machen und den christlichen Anfang abzustoßen wie eine Rakete, die die erste Stufe von sich stößt, wenn sie in die Höhe gekommen ist. In Amerika werden im Zuge der Merkantilisierung und Sentimentalisierung Schaufenster großer Geschäfte, die bislang an Weihnachten mit Krippen dekoriert waren, jetzt mit mythischen Darstellungen, mit Rehen und Hirschen oder Weihnachtsmännern ausgestattet, womit dann wirklich der Mythos an die Stelle des Christlichen gesetzt wird. Natürlich bleibt noch immer ein Nachglanz dessen, was die Menschen berührt hat, als sie erfuhren, daß Gott ein Mensch geworden ist. Aber es ist ein Versuch, das Schöne und Anrührende zu behalten und sich von dem Anspruchsvollen, das darin liegt, zu lösen.

Weihnacht zeigt uns, bei all den großen Gedanken und Gefühlen, eben auch die ganzen Widersprüche, die Verlogen-

heit in der Welt – und auch unseren eigenen Zweifel und Unglauben.

In diesem Ereignis sind so viele Töne des menschlichen Herzens, so viel große und wichtige Wertelemente angesprochen, daß man im ersten Augenblick wirklich meinen könnte, man könnte diese Dinge einfach für sich alleine wegnehmen und das eigentliche Ereignis damit entbehrlich machen (womit Weihnachten natürlich seiner Größe beraubt wird und irgendwie ins Leere fällt). Aber das ändert nichts daran, daß hier in der Tat so vieles gesagt ist, was auch über das Christentum hinaus verständlich und bedeutend ist, und was Menschen vielleicht auch wieder an den Glauben heranführen kann. Das Geheimnis des Kindes, der Einfachheit, der Demut – das alles spricht daraus. Und diese menschlichen Lehrstücke sollten wir auch ganz wesentlich in den Raum stellen, um daran die Menschlichkeit Gottes zu zeigen.
An sich liegt dem ursprünglichen Brauchtum eine große Idee zugrunde. Dieses Kind ist das Geschenk Gottes an die Menschen, insofern ist Weihnachten zu Recht der Tag des Schenkens. Wenn aber das Schenken zu zwanghaften Geschäftsaktionen wird, ist die Idee des Geschenkes verzerrt. Dann gilt das, was Christus zu den Jüngern sagt: Macht es nicht wie die Heiden, die andere einladen, weil sie auch selbst wieder eingeladen werden. Als reiner Warenaustausch wird Weihnachten zur Herrschaft des Sich-selber-Wollens, zu einem Instrument des unersättlichen Egoismus und der Verfallenheit an den Besitz und an die Macht – wo uns doch dieses Ereignis die genau gegenteilige Botschaft bringt. Weihnachten wieder zurückschneiden ins Einfache, das wäre schon eine große Aufgabe.

Licht der Welt

Christus ist nicht der Erleuchtete, sondern das Licht selbst. Er ist nicht nur der Weg, er will auch das Ziel sein. Sie nannten das Geschehnis von Bethlehem einmal den »entscheidenden Durchbruch der Weltgeschichte auf die Vereinigung von Geschöpf und Gott hin«.

Es ist das ungeheure Ereignis, daß Gott wirklich Mensch wird. Daß er sich nicht als Mensch verkleidet, nicht eine Zeitlang nur eine Rolle spielt in der Geschichte, sondern es wirklich ist – und sich letztlich mit seinen ausgebreiteten Armen am Kreuz zu dem offenen Raum macht, in den wir hineintreten können.
Wenn nun dieser Gottmensch, wie die Schrift sagt, uns alle zu seinem Leib machen will, uns in eine lebendige Leibeseinheit hineinziehen will, wie Mann und Frau ein Fleisch werden nach der Bibel, dann sehen wir, daß es sich hier nicht um ein Einzelereignis handeln kann, das wieder vergeht wie es gekommen ist. Nein, es ist ein Durchbruch, ein Anfang, in den uns Christus durch die Eucharistie, durch die Sakramente, die Taufe hineinziehen will. In diesem Sinn geschieht hier wirklich etwas über alle Evolution Hinausgehendes, die Verschmelzung von Gott und Mensch, von Kreatur und Schöpfer. Sie geschieht dabei nicht mehr als ein Schritt der Evolution, aus den Kräften der Natur heraus, sondern als ein Einbruch, eine personale Tat der Liebe, die von diesem Zeitpunkt an einen neuen Raum und eine neue Möglichkeit für den Menschen aufgetan hat.

Sie sagten einmal, Jesus sei der »exemplarische Mensch, der Mensch der Zukunft, durch den hindurch sichtbar wird, wie sehr der Mensch noch das zukünftige, das ausstehende Wesen ist«. Heißt das, die eigentliche, die uns in Wirklichkeit innewohnende Entfaltung und Bestimmung wird genau so aussehen, wie sie in Jesus Christus abgebildet war?

In der Tat geschieht durch Jesus Christus der Durchbruch auf den neuen Menschen hin. In ihm hat die eigentliche Zukunft des Menschen, das Ausstehende, was er sein kann und sein soll, begonnen.
Ich würde nicht sagen, daß der Mensch nur eine äußere Nachzeichnung der Geschicke Jesu Christi sein kann. Wohl aber, daß die innere Figur Jesu, wie sie sich in seiner ganzen Geschichte und schließlich in seiner Selbsthingabe am Kreuz darstellt, das Maßbild der künftigen Menschheit bedeutet. Wir sprechen ja nicht von ungefähr von Nachfolge Christi, von dem Hineingehen in diesen Weg. Es geht gleichsam um die innere Identifikation mit Christus – genauso wie *er* sich mit uns identifiziert hat. Ich denke, das ist wirklich das, worauf der Mensch zugeht.
In den großen Geschichten der Nachfolge, die sich die Jahrhunderte hindurch zutragen, faltet sich freilich auch erst aus, was in der Gestalt Jesu Christi verborgen ist. Es ist also nicht so, daß uns hier ein Schematismus übergestülpt wird, sondern daß darin alle Möglichkeiten wahren Menschseins enthalten sind. Wir sehen, wie eine Theresia von Lisieux, wie ein heiliger Don Bosco, wie eine Edith Stein, wie ein Apostel Paulus oder ein Thomas von Aquin von Jesus her gelernt haben, wie Menschsein zu machen ist. All diese Menschen sind Jesus wirklich ähnlich geworden – und sind doch je anders und original.

Die Lichter auf dem Adventskranz, erklärten Sie einmal in einer Predigt, sollen die Kinder an die Jahrtausende der Menschheitsgeschichte vor Jesus Christus erinnern, an die Finsternis einer noch unerlösten Geschichte. Der Zeit seit der Geburt des Herrn haben die Christen seither einen schönen Namen gegeben: »anni salutis reparatae«, Jahre des wiederhergestellten Heiles.

Wenn man sich Heilszeit mechanisch vorstellt, als ein fest eingerichtetes Regime, in dem ich das Heil nur abzuholen brauche, dann haben wir den Begriff sicher verfehlt. Wir sehen ja, wie er ständig widerlegt wird. Kein Jahrhundert etwa hat so grausame, so blutige Kriege geführt wie das unsrige. Es ist Böseres geschehen als vorher überhaupt geschehen konnte, weil die Möglichkeiten nicht vorhanden waren, das Böse so raffiniert, technisch bedacht und rationalisiert zu begehen.
Das Heil, das uns geschenkt worden ist, ist keine mechanische und äußerliche Sache. Es ist der Freiheit anvertraut und damit auch in die Zerbrechlichkeit der menschlichen Freiheit und des menschlichen Wesens hineingegeben. Das Heil beginnt in jedem Menschen immer neu, es ist nicht einfach da. Man kann es von außen her nicht einfach zementieren und durch Macht verfügen, sondern nur immer in die sich öffnende Freiheit hineingeben. Aber über allem und in allem steht doch der, der auf uns zugeht und der uns eine Hoffnung gibt, die stärker ist als die Verwüstungen, die die Menschen vollbringen.

Was kam mit Christus auf die Erde?

Jesus wird auch als der »neue Adam« bezeichnet. Er sei Mittler und Erfüller der ganzen Offenbarung. Kann man denn in wenigen Sätzen sagen, was mit Christus Neues in die Welt gekommen ist?

Greifen wir das Bild vom »neuen Adam« auf. Adam ist zunächst die Chiffre für den Anfang des Menschseins, für den Stammvater. Wenn nun Christus der »neue Adam« genannt wird, ist damit gesagt, daß der eigentliche Beginn kommt. Der damalige Beginn ist demnach ein Vorentwurf auf Christus hin und erklärt sich auch erst von ihm her. Von daher können wir ruhig sagen, daß in Jesus – gerade weil er nicht nur Mensch ist, sondern Gottmensch – das Maßbild des Menschseins an sich gesetzt ist, dazu berufen, in die Einheit mit Gott hineinzugelangen.
Die Originalität Jesu sollte man nicht nur an einzelnen Worten oder Taten messen. Das Kreuz ist in der Form neu, wie er es annimmt und leidet. Die Auferstehung ist neu. Schon die Geburt aus der Jungfrau ist neu (auch wenn es Mythen gibt, die darauf zugehen). Die Botschaft der Gottes- und Nächstenliebe als der Fülle des ganzen Gesetzes, oder dann die Eucharistie, in der er sich von seiner Auferstehung her mitteilt – das alles sind große Neuheiten, die er in die Welt trägt. Sie alle reflektieren das Neue schlechthin: daß Gott nämlich nicht mehr jenseits ist; daß Gott nicht mehr nur der ganz Andere und Unbegreifbare ist, sondern daß er auch der ganz Nahe, der mit uns identisch Gewordene ist, der uns anrührt und den wir anrühren, den wir empfangen können und der uns empfängt.

Insofern ist die eigentliche Originalität Jesu eben er selbst – als Einssein von Gott und Mensch.

Dieser Gott und Mensch sagt freilich auch: »Ich bin gekommen, um Feuer auf die Erde zu werfen. Wie froh wäre ich, es würde schon brennen!« Und weiter: »Meint ihr, ich sei gekommen, um Frieden auf die Erde zu bringen? Nein, sage ich euch, nicht Frieden, sondern Spaltung.«

Das ist ein gewaltiges Wort. Wenn er vom Feuer spricht, meint er zunächst seine eigene Passion, die ja eine Passion der Liebe und insofern ein Feuer ist; der neue Dornbusch, der brennt und doch nicht zerstört; ein Feuer, das weitergegeben werden soll.
Jesus kommt nicht, um es uns bequem zu machen, sondern er wirft Feuer in die Erde, das große, lebendige Feuer der göttlichen Liebe, die der Heilige Geist ist, Feuer, das brennt. In einem von Origenes überlieferten apokryphen Jesuswort heißt es: »Wer mir nahekommt, kommt dem Feuer nahe.« Wer demnach in seine Nähe kommt, muß bereit sein, sich brennen zu lassen. Wir sollten diese Aussagen gerade heute einem nichtssagenden, banalisierten Christentum entgegenstellen, das möglichst anspruchslos und bequem sein will. Christentum ist groß, weil die Liebe groß ist. Es brennt, aber das ist kein Zerstörungsfeuer sondern eines, das hell macht, rein, frei und groß. Christsein ist daher das Wagnis, sich diesem brennenden Feuer anzuvertrauen.

Wir haben das andere Wort von Jesus: »Frieden gebe ich euch, meinen Frieden gebe ich euch, und nicht wie die Welt ihn gibt, gebe ich ihn euch.«

Beide Worte müssen zusammengehalten werden, um den Sinn von Gottes Rede aufleuchten zu lassen. Christus ist der, der den Frieden bringt. Und ich würde sagen, dies ist das übergeordnete Wort. Aber wir verstehen diesen von Christus gebrachten Frieden nur recht, wenn wir ihn nicht banal als Sich-vorbei-Mogeln an dem Schmerz auffassen, oder an der Wahrheit und an den Auseinandersetzungen, die sie mit sich bringt.

Wenn eine Regierung jeden Konflikt vermeiden wollte und es jedem recht machen will, oder auch wenn ein einzelner Mensch das tut, dann funktioniert gar nichts mehr. Und so ist es auch in der Kirche. Wenn sie nur auf Konfliktvermeidung ausgeht, damit ja bloß nirgendwo Aufregungen entstehen, dann kann die eigentliche Botschaft nicht mehr zum Ziel kommen. Denn diese Botschaft ist eben auch dazu da, mit uns zu streiten, den Menschen aus der Lüge herauszureißen und Klarheit, Wahrheit zu schaffen. Die Wahrheit ist nichts Billiges. Sie ist anspruchsvoll, und sie brennt auch. Zur Botschaft Jesu Christi gehört eben auch die Herausforderung, die wir in diesem Streit mit seinen Zeitgenossen finden. Hier wird eine verkrustete Form von Glaube, ein selbstgerechter Glaube, nicht bequem übertüncht, sondern es wird der Streit damit aufgenommen, damit die Verkrustung aufgebrochen und die Wahrheit zum Ziel kommen kann.

Hat der Friede, den Jesus Christus bringt, zunächst einen streitbaren Charakter?

Er überführt uns jedenfalls unserer Lügen. Er zieht uns aus unserer Bequemlichkeit heraus in den Kampf, in das Leiden der Wahrheit hinein. Nur so auch kann der wirkliche Friede gegenüber dem Scheinfrieden entstehen, hinter dem sich dann Heuchelei und Konflikte aller Art verbergen.

Das Wort vom Feuer gehört dem größeren Friedenswort Jesu zu, aber es zeigt zugleich, daß der wirkliche Friede streitbar ist. Daß die Wahrheit das Leiden und auch den Streit wert ist. Daß ich nicht die Lüge hinnehmen darf, damit Ruhe ist. Denn nicht Ruhe ist die erste Bürger- und Christenpflicht, sondern das Stehen zu dem Großen, das Christus uns geschenkt hat, und das zu einem Leiden, zu einem Kampf bis zum Martyrium hin werden kann – und gerade so friedensstiftend ist.

FROHE BOTSCHAFT

Jesus sprach vom Feuer und vom Schwert, aber er sagt auch: »Lernt von mir!« Denn auf diese Weise »werdet ihr Ruhe finden für eure Seele«. Er sei in Wahrheit »gütig und von Herzen demütig«. Und weiter: »Mein Joch drückt nicht, und meine Last ist leicht.« So stellt man sich in der Tat eine Frohbotschaft vor.

Ja, wobei wir wissen, daß diese tröstenden Worte Jesu auch einen großen Anspruch enthalten. Aber gegenüber dem, was wir gerade über das Leiden der Wahrheit, über das Feuer Christi gesagt haben, zeigen sie das, worauf es *letztlich* ankommt.

Christus verkörpert die große und reine Güte Gottes. Er will es uns nicht schwermachen, sondern er kommt, um mit uns zu tragen. Er nimmt uns dabei die Last des Menschseins nicht einfach ab, sie bleibt schwer genug. Aber wir tragen nicht mehr alleine, er trägt mit. Christus ist nicht die Bequemlichkeit, die Banalität, aber in ihm finden wir jene innere Ruhe, die davon kommt, daß wir uns von einer letzten Güte und einer letzten Geborgenheit getragen wissen dürfen.

Wir sehen, das ganze Gefüge der Botschaft Jesu ist sehr spannungsvoll, es ist eine große Forderung. Sie ist so, daß sie immer mit dem Kreuz zu tun hat. Wer sich nicht brennen lassen will, wer zumindest nicht dazu bereit ist, kommt auch nicht in seine Nähe. Immer jedoch dürfen wir wissen, daß wir gerade darin der eigentlichen Güte begegnen, die uns hilft, die uns annimmt – und die es mit uns nicht nur gut meint, sondern die auch macht, daß es uns gutgeht.

10 Vom Weg

Von Evangelien und Evangelisten

Das Leben Christi bietet wenig, was auf dieser Erde materielle Spuren hinterlassen hätte. Jesus erbaute keine Tempel, eroberte keine Städte und prägte keine Münzen. Kein Manuskript eines klassischen Autors allerdings ist auch nur annähernd in so mannigfachen Dokumenten überliefert wie die Schriften des Neuen Testaments. Ihre Zahl geht in die Tausende, und die ältesten unter ihnen trennen nur wenige Jahrzehnte von der Zeit Christi.
Wir haben bereits von der historisch-kritischen Forschung gesprochen, die den Zweifel an der Wahrheit der Person Christi und seiner Botschaft nährt. Es sei nicht gesichert, sagt sie, wo und wann genau Jesus geboren wurde, ob er die Bergpredigt tatsächlich in dieser Form gehalten hat. Es sei sogar unwahrscheinlich, so neuere Forscher, daß er sich selbst als Messias verstanden habe. Vieles sei nur erklärbar aus einer Zeit, in der apokalyptische Vorstellungen Hochkonjunktur hatten. Ich möchte den Punkt gerne vertiefen: Geht diese Forschung falsch mit der Geschichte, und insbesondere falsch mit dem Glauben um?

Die historisch-kritische Forschung hat zweifellos große Verdienste. Sie hat uns vieles genauer verstehen gelehrt. Aber sie hat auch ihre Grenzen, gerade bei einem Text dieser Art. Die-

se Methode bezieht sich auf die Erforschung der Vergangenheit durch Texte im allgemeinen und setzt dabei die allgemeinen Gesetze der Geschichte voraus. Die in den Evangelien berichteten Ereignisse allerdings brechen aus diesen allgemeinen Gesetzen aus, und sie widerstreben damit der lückenlosen Verallgemeinerung der Methode.
Im Laufe der Zeit hat man versucht, in den Texten unterschiedliche Quellen aufzufinden und zu unterscheiden; auch daran ist manches wichtig. Aber im ganzen bleiben es eben Versuche, die schnell wechseln und deren Wahrscheinlichkeitsgehalt man nicht überschätzen darf. Vor allen Dingen ist es so, daß die Frage, wer denn dann die Evangelien eigentlich erfunden hat, größere Rätsel aufwirft, als wenn man insgesamt die Texte in ihrer Ganzheit für glaubwürdig und historisch hält. Denn wenn dem nicht so wäre, müßte in ganz kurzer Zeit innerhalb dieser einen Epoche ein ungeheurer Erfindungsreichtum von genialischen Würfen stattgefunden haben. Wie konnte sich der Text des Evangeliums so schnell durchsetzen? Wer waren die Autoren, die solches in die Welt bringen konnten? Wieso ergibt sich daraus ein einheitliches Gebilde, die Kirche – das alles findet hier keine Antworten.

Wo aber dann?

Der Text hat sein Spezifisches, und dieses verlangt seinen eigenen Respekt. Die Texte geben in ihrer Ganzheit eine völlig aus dem üblichen der Geschichte herausbrechende Wirklichkeit wieder. Diese Wirklichkeit ist in sich stimmig, und deswegen ist es nach wie vor berechtigt, ihnen in ihrer Ganzheit zu trauen.
Man muß hinzufügen, daß es *die* historisch-kritische Methode und *die* Ergebnisse nicht gibt. Es gibt Wissenschafts-

Autoren, die dem Text nach wie vor ein großes Vertrauen entgegenbringen und dafür auch objektive methodische Gründe vorbringen. Und es gibt solche, die praktisch überhaupt nichts stehenlassen – und damit aber dann ihrerseits zu Erfindungen genötigt sind, um zu erklären, wie das Ganze vor sich gegangen sein soll. Sie tappen dabei völlig ins Blaue, weil hierfür dann keine Quellen vorliegen, so daß diese Versuche im Grunde doch auch wieder zur Phantasie werden.

Sehen wir uns die Evangelisten ein wenig näher an. Da ist Matthäus. Er trägt den zur damaligen Zeit unüblichen Doppelnamen Matthaj-Levi. Ein Zöllner, der Geld in die eigenen Taschen fließen läßt, einer, der für die feindliche römische Staatsgewalt arbeitet. Er ist der, von dem es im Evangelium heißt: »Und als Jesus in seinem Haus beim Essen war, kamen viele Zöllner und Sünder und aßen zusammen mit ihm und seinen Jüngern.« Also nicht gerade der Ehrenmann und die Glaubwürdigkeit in Person.

Nun müssen wir vielleicht doch etwas näher auf die Quellenfrage eingehen. Das Matthäus-Evangelium galt früher als das älteste unter den Evangelien. Eine Notiz eines Schriftstellers aus dem 2. Jahrhundert, Papias, sagt, daß Matthäus dieses Evangelium zunächst in hebräischer Sprache verfaßt habe, bevor es ins Griechische übertragen worden sei. Wegen des Reichtums seiner Informationen, seines Aufbaus und seiner ganzen Lesbarkeit galt es als *das* Evangelium der Kirche, nach dem im allgemeinen zitiert worden ist. Lukas und Markus wurden hinzugenommen, aber Matthäus galt als das älteste und das am meisten tragende, das am meisten der Kirche unmittelbar für ihre Liturgie, für ihren Glauben zugesprochene Evangelium.

Den Ergebnissen der Forschung nach sind die Texte der drei Synoptiker – Matthäus, Markus, Lukas – in irgendeiner Beziehung miteinander verwoben und hängen voneinander ab. Die Frage, wie das entstand, ist ganz neu aufgerollt worden. Heute ist ein Großteil der Kritik der Meinung, daß man dieses Evangelium nicht dem Apostel Matthäus zuschreiben könne, sondern daß es etwas späteren Ursprungs sei und etwa gegen Ende des 1. Jahrhunderts in einer syrisch-judenchristlichen Gemeinschaft niedergeschrieben wurde.

Die Entstehung der Evangelien insgesamt stellt sich uns heute als ein sehr vielschichtiger Prozeß dar. Am Anfang stehen wohl Sammlungen der Worte Jesu, die zunächst mündlich memoriert und weitergegeben, alsbald aber auch schriftlich fixiert wurden. Der kürzlich verstorbene Erfurter Exeget Heinz Schürmann hat wahrscheinlich gemacht, daß das Memorieren von Jesus-Worten durch die Jünger bis in die Lebenszeit Jesu selbst zurückreicht. Am Anfang steht also die mündliche Überlieferung. Neben den Wortüberlieferungen gab es Ereignisüberlieferungen, Lokaltraditionen und so weiter. Subjekt des Überlieferns war nicht der einzelne, sondern die gläubigen Gemeinden und in ihnen die gemeinsame Kirche. Dann kommt es zum Prozeß der Verschriftlichung, der also schon auf einem reichen Überlieferungsgut aufbauen konnte und alles andere als private Schriftstellerei war, auch wenn der Redaktion des Materials durch die Evangelisten große Bedeutung zukommt. In ihr drückt sich jeweils eine theologische Vision aus. Was nun die einzelnen Evangelien betrifft, so geht man heute davon aus, daß nicht das Matthäus-, sondern das Markusevangelium das älteste ist. Matthäus und Lukas haben sozusagen den Grundstock von Markus übernommen und durch andere ihnen vorliegende Überlieferungen bereichert. Das Johannesevangelium wiederum hat seine ganz eigene Entstehung und ist aus einem Guß. Wichtig ist, daß die ersten drei Evangelien nicht einfach von *einem* Verfasser geschrieben sind, sondern daß dahinter der Überlieferungsprozeß der glaubenden Kirche steht – also ein Prozeß, der von den Anfängen an sich langsam in Überlieferungen kristallisiert, die schließlich zu Evangelientexten zusammengefügt werden.

Die Frage der Personen ist deshalb in gewisser Hinsicht sekundär. Lukas ist freilich als Individualität ganz deutlich zu erkennen. Ihm gehören unbestritten das dritte Evangelium und die Apostelgeschichte an. Auch Markus als Petrusschüler hat klar sein eigenes Profil als Evangelist. Ungeklärt ist heute, wem die letzte Redaktion des Matthäusevangeliums zuzusprechen ist. Wesentlich ist, daß am Anfang das mündliche Weitertragen steht, das für den Orient so charakteristisch ist. Das gewährleistet die Nähe zum historischen Ursprung. Die aus mündlicher Überlieferung gewachsenen Texte haben eine Gemeinschaftskontrolle hinter sich (die in den einzelnen Gemeinden, die diese Überlieferungen aufnehmen, zu spezifischen Färbungen führte, ohne die wesentliche Treue anzutasten).

Und was nun die Person dieses Matthaj-Levi angeht, so haben Sie ja lediglich seine Vergangenheit geschildert. Matthäus ist in der Begegnung mit Jesus ein anderer geworden. Er hat Jesus als Weg angenommen und dem abgesagt, was er bisher getan hatte. Er hat in der Gemeinschaft der Zwölf, in der Gemeinschaft mit dem Auferstandenen und schließlich in den missionarischen Diensten gezeigt, daß er wirklich »erneuert« war, und daß wir diesem neuen Menschen glauben dürfen.

Der Evangelist Lukas war Arzt, er wollte seinen Lesern zuallererst zeigen, daß Jesus als Retter auf die Welt gekommen ist,

als Heiland für Leib und Seele. Für ihn war Jesus voller Mitgefühl und Liebe für die Menschen am Rande.
Aber kommen wir zum Johannes-Evangelium. Es sei aus einem Guß, haben Sie gerade gesagt. Jedenfalls hat es einen völlig anderen, sehr tiefsinnigen Charakter. Bei den Synoptikern tritt uns eher der Menschensohn entgegen; bei Johannes leuchten die Streitreden mit den Schriftgelehrten auf – und vor allem die ganze Herrlichkeit des Gottessohnes. Ich kann mir vorstellen, daß er Ihr Lieblingsevangelist ist.

Ich mag ihn sehr gerne, muß aber sagen, daß ich gerade auch Lukas sehr gerne mag. Da haben wir diese wunderbaren Gleichnisse vom armen Lazarus, vom Samaritaner, vom verlorenen Sohn. Er ist ein so großer Erzähler, daß da ganz besondere »Perlen« drin sind. Auch die Kindheitsgeschichten. Jeder Evangelist hat so sein besonderes Gesicht. Ich muß sagen, daß ich Lukas eben gerade angesichts dieser so tiefgehenden Menschlichkeit, die darin ist, die zugleich Horizonte in die Ewigkeit aufreißt, besonders liebe. Die Synoptiker halte ich insgesamt in ihrer Einheit für etwas unersetzlich Schönes, eben gerade weil sie nicht so sehr Individual-Kompositionen sind, sondern weil wir das Weitertragen der Überlieferung in der lebendigen Kirche spüren, das dann allmählich sich in einem zusammenhängenden Text verdichtet. Aber zweifellos bleibt Johannes ein Buch mit einer unauslotbaren Tiefe, das mich immer wieder fasziniert.

Manchmal wirkt die Jesus-Geschichte freilich etwas konstruiert. Jesus hält sich zum Beispiel auch streng an die Zahlenmystik des Alten Testaments. Er war 40 Tage in der Wüste, hat exakt 7 Wunder gewirkt, 12 Gleichnisse erzählt, 12 Apostel eingesetzt ...

Was alle Evangelien gleichermaßen kennen, ist die Einsetzung der 12 Apostel. Und das ist gar nicht verwunderlich. Wenn Jesus nun wirklich das neue Israel aufbauen will, wenn er sich als der Gesandte Gottes weiß, der Israel erneuert und dann das Licht zu den Völkern getragen wissen will, dann ist es ganz normal, daß er auf die Symbolik der 12 Stämme Israels zurückgreift und sozusagen 12 neue Stammväter beruft und so den Anfang des erneuerten Israels in einer symbolischen Geste darstellt.

Die 40 Tage in der Wüste nehmen die 40 Wüstenjahre Israels wieder auf. Die Zahl der berichteten Wunder und Gleichnisse ist in den einzelnen Evangelien verschieden.

Dennoch, die Evangelien lesen sich immer wieder auch wie Lehrstücke. Teils sogar wie eine Inszenierung, ein Stück für Agitation und Propaganda.

Ja, sie sind ein Lehrstück, aber doch auch einfach Zeugnis. Johannes sagt selbst, daß er damit Zeugnis geben will. Das ist die Grundkategorie, unter der wir sie lesen dürfen. Sie wollen Jesus selbst, mit seinem Wort, seinem Werk, seinem Leiden darstellen. Sie möchten weit mehr als belehren. Sie möchten Begegnung schaffen mit einem Ereignis, das dann freilich auch geistigen Inhalt hat und Erkenntnislehre vermittelt. Sie reden zum Herz und zum Verstand zugleich.

Vom Weg, der Wahrheit und vom Leben

Es gibt wunderbare Synonyme für Jesus: er ist das Brot des Lebens, das Salz der Erde und das Licht der Welt. Jesus sagt von sich selbst: »Ich bin der Weg, die Wahrheit und das Leben. Und jeder, der an mich glaubt, wird auf ewig nicht sterben.«
Kann man 2000 Jahre nach seiner Geburt die Frage, wer Jesus wirklich war, überhaupt noch authentisch beantworten?

Wenn man jetzt nur rein historisch durch 2000 Jahre durchgraben müßte, dann stößt, wie wir es eben besprochen haben, die historische Methode an ihre Grenzen. Aber so ist es ja nicht.
Wir sehen, daß das lebendige Subjekt, das aus der Verkündigung entstanden ist, die Kirche, sich ihre Identität gewahrt hat und in dieser Identität von den Anfängen an da ist. Die Kirche ist gleichsam zeitgenössisch mit Jesus, und es ist eine Gleichzeitigkeit, die durch die Zeit hindurch hält.
Wir sind infolgedessen gar nicht durch den ungeheuren Graben von 2000 Jahren von ihm getrennt. Das Subjekt, das lebendig von ihm Zeugnis ablegt und das sozusagen mit dem gleichen Ich spricht, mit dem es auch am Anfang gesprochen hat, hat nie aufgehört. In ihm ist das Wissen seiner Gegenwart lebendig geblieben. In ihm können wir den Ursprung anschauen, aus dem es kommt. Natürlich ist darin Glaube mit dabei, aber ohne eine Form von Sympathie, von Glauben, kann ich generell keinen anderen Menschen erkennen.

Ich habe einmal ein Bild in der Kirche von Nazareth gesehen, es zeigt den kleinen Jesus, wie er linkisch an der Hobelbank hantiert. Maria sitzt dabei, ängstlich bis leidend, und Zimmermann Joseph trägt schon ganz die Miene eines Mannes, der früh ahnt, daß dieser Stammhalter wohl eher kein Handwerker wird. Schon mit 12 wollte Jesus ausreißen (»muß im Hause meines Vaters sein«), mit 30 wollten ihn die Nazarener den Berg hinabwerfen, den »Berg des Absturzes«.

Die christliche Überlieferung hat anfangs die Kindheitsgeschichte Jesu nicht öffentlich weitergegeben. Erst bei Lukas und bei Matthäus erscheint sie in je verschiedenen Überlieferungsbrechungen. Die Evangelien wollten eben nicht irgendeine Biographie von Jesus geben, wie ein Historiker sie schreiben würde, sondern Zeugnis ablegen von dem, was für uns wesentlich ist. Und da lag es ihnen nicht daran, diese Zeit der Stille nachzuerzählen, sondern zum einen seine besondere Herkunft von Gott in den Kindheitsgeschichten darzustellen, den Stern, der von Anfang an über diesem Leben steht, und ihn dann eben mit seiner Botschaft zu zeigen.

Was man auf solchen Heilige-Familie-Bildern sieht, ist die fromme Phantasie, die sich vor allen Dingen seit dem 19. Jahrhundert des nazarethanischen Themas angenommen und sich das nach den eigenen Lebensbildern zurechtgelegt hat. Dagegenzuhalten ist, daß es die Kleinfamilie in der Form, wie sie hier dargestellt wurde, im Palästina von damals gar nicht gegeben hat. Statt dessen lebte die Großfamilie in einer Art Sippenclan zusammen. Daher kommt es dann auch, daß von Brüdern Jesu die Rede ist.

Das 19. Jahrhundert hatte das alles in ein anderes Licht getaucht. Wir sehen den Höhepunkt dieser Interpretation dann bei Charles de Foucauld, der aus Nazareth eine Botschaft der Stille, der Einkehr und der Demut macht. Er hat damit sicherlich kostbare Dinge entdeckt, die aber nicht den unmittelbaren Kern der Botschaft bilden, der uns eben in dem vorgelegt ist, was die Evangelien sagen.

Warum hat Jesus erst mit dreißig begonnen, öffentlich zu wirken? Er hatte damit bis zu seinem Tode gerade mal drei Jahre Zeit, die Botschaft zu verkünden?

Es war einfach klar, daß in der damaligen Welt, in der Konstellation Israels, nicht ein beliebig junger Mann auftreten konnte. Jemand, der die Funktion eines Rabbi erfüllen wollte, auch wenn Jesus kein Rabbi im strengen Sinn war, mußte er das Mindestalter von dreißig haben. Deswegen geschieht der Auftritt in dem Augenblick und nicht vorher. Die Botschaft Jesu hatte ihr inneres Maß, und dafür war diese Zeit schließlich ausreichend.

Als Jesus einmal zu Besuch in seiner Heimatstadt ist, stecken die Leute die Köpfe zusammen, wie man das eben von neugierigen Nachbarn so kennt: »Ist das nicht der Sohn des Zimmermanns? Woher hat er plötzlich soviel Weisheit und Kraft?« Und weiter zitiert die Bibel: »Heißt nicht seine Mutter Maria, und sind nicht Jakobus, Josef, Simon und Judas seine Brüder? Leben nicht alle seine Schwestern unter uns?«
An dieser Stelle sind alleine vier Brüder genannt und eine unbestimmte Zahl von Schwestern. Wenn ich mich recht erinnere: Sprach die Kirche nicht immer nur von einem einzigen Sohn der Jungfrau Maria?

In einem kleinen Nest wie Nazareth kennt selbstverständlich jeder jeden. Natürlich wird dann einer, der bisher in der Stille mitgelebt hatte wie die anderen auch, verwundert angesehen, wenn er plötzlich mit einem solchen Anspruch auftritt. Und wenn man jemanden so nahe kennt, dann traut man ihm das nicht zu. Es scheint einen Widerspruch zu geben zu dem, was vorher war, und er wird sozusagen wieder ins Gewöhnliche heruntergezogen. Jesus antwortet von daher mit dem Wort: »Nirgendwo ist ein Prophet weniger willkommen als in der Heimat.« Was die Frage der Geschwister Jesu betrifft: Die Kirche glaubt auch heute daran, daß Maria als Jungfrau *ihn* geboren hat, ihn und keinen anderen. Sie gehörte von ihm her Gott und konnte da sozusagen nicht in ein normales Familienleben zurückkehren.

Der Sprachgebrauch der »Geschwister Jesu« erklärt sich ganz ungezwungen aus den damaligen Familienstrukturen. Und es gibt ja auch Anzeichen genug, daß diese Kinder nicht Maria zugeteilt werden. Hier ist zum Beispiel auch von einer anderen Maria die Rede, und andere Dinge mehr. Von den spezifischen Familienverhältnissen hören wir nur in Andeutungen. Sie lassen allerdings erkennen, daß hier mehrere Familien zueinander gehören. Wenn dann Jesus unter dem Kreuz seiner Mutter Johannes als Sohn gibt, sehen wir, daß sie in einer besonderen Gestalt dasteht und in einer besonderen Einzigartigkeit ihm zugehört.

Rein historisch kann man sicherlich die Frage nicht lösen. Man kann die Einzigkeit der Mutterschaft Marias nicht beweisen. Man kann umgekehrt aber auch keineswegs beweisen, daß die genannten Personen nun Vollgeschwister Jesu sein müssen. Vielmehr gibt es – Josef Blinzler hat hierzu eine gute Monographie geschrieben – im einzelnen Hinweise genug, die erkennen lassen, daß diese Geschwister anderen Familien zugehören und sozusagen innerhalb des Clans als Geschwister bezeichnet werden. Im übrigen ist dieser Begriff *Geschwister Jesu* auch ein Begriff in der Urkirche, in der es

Spannungen gab zwischen dieser Familiengemeinschaft Jesu, die ein strenges Verständnis von Judenchristentum hatte, und anderen Richtungen in der werdenden Kirche.

WER WAR JESUS WIRKLICH?

Manchmal benimmt sich Jesus wie ein zorniger Halbstarker. Als er eines Morgens hungrig in die Stadt zurückkehrt und an einem Feigenbaum keine Früchte, sondern nur Blätter sieht, beginnt er zu fluchen: »In Ewigkeit soll keine Frucht mehr an dir wachsen.« Der Feigenbaum verdorrte auf der Stelle.

Die Sache mit dem Feigenbaum hat einen »typologischen« Charakter, das heißt, es geht um eine für Propheten in Israel typische Zeichenhandlung. Der Feigenbaum symbolisiert in diesem Falle das Volk Israel, und die Geschichte selbst hängt mit der Passion zusammen, wo das Ringen um das Ja oder Nein Israels seinen dramatischen Höhepunkt erreicht. Der fruchtlose Feigenbaum reicht aber als Symbol weit darüber hinaus und exemplifiziert die Frage des Fruchtbringens ganz allgemein.
Es geht gar nicht um einen augenblicklichen Zornesanfall, sondern um eine zeichenhafte Gestik, in der Jesus zeigt, wie Völker, Gemeinschaften, Gruppen, die gleichsam nur Blätter hervorbringen, die sich nur selbst darstellen, und aus denen nichts herauskommt, was den anderen dient, dürr werden, verdorren. Es gibt auch ein Christentum, das nur Blätter, nur Papier hervorbringt, und dann verdorrt. Insofern müssen wir diesen Vorgang aus der Perspektive des Gottessohnes sehen,

der in diesem Bild eine Symbolperspektive über die Jahrhunderte hinweg vor uns aufrichtet.

Einmal macht er ganzen Städten einen Vorwurf, weil sie sich nicht bekehrt hätten: »Und du, Kafarnaum, meinst du etwa, du wirst bis zum Himmel erhoben? Nein, in die Unterwelt wirst du hinabgeworfen.«

Jesus spricht hier Städte an, die in besonderer Weise mit seinem Leben verflochten sind und in denen er in besonderer Weise Glaube erwarten durfte. Er sieht aber, daß auch hier dieses Bekanntschaftssyndrom wirkt. Sie nehmen ihn nicht wirklich ernst, der Glaube wächst nicht. So rücken diese Orte nun in eine Reihe mit Städten, die Symbole der Strafgerichte, des Versagens, des Verlorengehens geworden sind.
Wiederum wird das gleiche sichtbar: Wo der Mensch oder eine Gemeinschaft sich weigert, die Dinge Gottes ernst zu nehmen, wiederholt sich auf irgendeine Weise das Gomorrha-Geschick. Wenn eine Gesellschaft von der Gemeinschaft mit dem lebendigen Gott weglebt, zerschneidet sie die inneren Wurzeln ihrer Sozialität.
Auch heute können wir solche Geschicke sehen. Denken wir nur an atheistische Gesellschaften, an die Probleme, die sich in den Nachfolgestaaten der Sowjetunion nach 50 Jahren marxistischer Regierung in diesem Prozeß des Zerfallens zeigen. Hier zogen sich Gesellschaften, die von Gott wegleben, wirklich auch das Lebensfundament weg.

Aber sogar zu Petrus ist Jesus einmal extrem ungehalten, ja beleidigend. »Weg mit dir, Satan«, faucht er ihn an, »geh mir aus den Augen! Du willst mich zu Fall bringen.«

Zu Petrus hat Jesus ein besonders nahes Vertrauensverhältnis, von daher sind solche Aussprüche gerechtfertigt. Wir sehen ja, wie Petrus das annimmt. Er begreift, daß er ganz falsch gelegen hatte. Es geht hier darum, daß er den Herrn am Kreuzweg hindern möchte. Er sagt, mit deiner Sendung paßt das nicht zusammen, du mußt Erfolg haben, du kannst doch nicht zum Kreuz gehen. Petrus wiederholt damit die Versuchung, die uns von den Wüstentagen als Jesu' Versuchung schlechthin geschildert wird, ein Messias des Erfolgs zu sein, auf das politische Pferd zu setzen.

Es ist eine Versuchung, die immer wieder neu aufsteht. Etwa auch, wenn man ein marxistisches Christentum konzipieren möchte, das endgültig die ideale Gesellschaft hervorbringt. Hier ist dieselbe Erlösungsidee am Werk: erlöst werde die Menschheit, wenn alle genug Geld und Waren hätten. Gerade dieser Vorstellung stellt sich Jesus entgegen. Insofern nimmt Petrus in dem Augenblick, wo er ihm dieses Modell vorhält, sozusagen die Rolle des Satans in der Wüste ein. Petrus versteht es; auch wenn er sich bis zuletzt immer wieder neu mit dem Skandal des Kreuzes auseinandersetzen und gegen das andere Konzept, das so menschlich ist, die Besonderheit Jesu erlernen muß.

Gegen manche Leute hat Jesus eine richtige Aversion. Er nennt sie »Nattern und Schlangenbrut« und »blinde Führer«. »Ihr siebt Mücken aus und verschluckt Kamele«, zürnt er. »Weh euch, ihr Schriftgelehrten und Pharisäer, ihr Heuchler. Ihr verschließt den Menschen das Himmelreich.« Jesus ist offenbar ein Verfechter der Wahrhaftigkeit, der Einheit zwischen Reden und Handeln, zwischen dem, was man predigt und dem, was man selber lebt. Die Schriftgelehrten verabscheut er: »Sie schnüren schwere Lasten zusammen und legen sie den Menschen auf die Schulter, wollen selber aber keinen Finger rühren, um die Lasten zu tragen.«

Ich glaube, man kann in diesen Sätzen gleichsam den Zorn Gottes über eine verfälschte Frömmigkeit hören. Aus der Perspektive Gottes sind Jesus solche Menschen zuwider. Er hält ihnen mit großer Dramatik vor, wie diese scheinbare Frömmigkeit oder auch Gelehrtheit ganz an ihrer Aufgabe vorbeigeht. Und auch da spricht er wieder in die Generationen hinein. Man weiß ja, daß Luther diese Sachen ganz direkt auf die katholische Hierarchie angewandt hat und gesagt hat, von der gilt das ganz genauso.

So glatt darf man es sicher nicht machen. Aber in der Tat müssen alle, die im Dienst des Wortes Gottes stehen, sich von solchen Worten aufgerüttelt fühlen und sich immer wieder fragen lassen, ob das nicht auch von ihnen gilt. Es gibt da ein kleines Buch des Kirchen- und Mönchsvaters Maximus Confessor. In diesem Werk hält er seinen Mönchen eine aufrüttelnde Rede. Er sagt, dieses Wort gilt für uns noch viel mehr als für die Pharisäer von damals. Wir sind schlimmer als sie, wenn wir all diese Verkehrung, Verengung, und Verfälschung der Frömmigkeit leben, weil wir ein größeres Licht empfangen haben.

Und was die Schriftgelehrten angeht, sie kennen sozusagen jeden Buchstaben der Schrift, es sind Exegeten, Spezialisten der Schrift, die auch auf Anhieb sagen können, welcher Prophet wo welches gesagt hat. Aber es ist eine tote Erkenntnis. Sie zerlegen die Schrift nur in ihre Elemente und finden in ihr das Lebendige nicht mehr. Insofern wird die Gefahr jeder spezialistischen Auslegung in dieser Figur sichtbar. Man weiß zwar alles, aber die Schrift wird wie ein Laborstück, wie ein Skelett behandelt, aus dem man nun alles herauspräpariert.

Man ist damit bei aller Detailkenntnis ganz besonders weit von ihrer Botschaft entfernt. Demgegenüber versteht das Hören der Einfachen die eigentliche Botschaft oft besser als jenes so vielschichtige Wissen, das dem Kern gegenüber taub und blind geworden ist.

Jesus ist offensichtlich auch ein ungeduldiger Mann. Einmal befiehlt er seinem Chef-Apostel Petrus, er solle über das Meer wandeln. Komm! Ruft er ihm zu. Und Petrus kommt. Er steigt aus dem Boot und kann tatsächlich das eigentlich Unmögliche, er geht über Wasser. Allerdings nur bis zu dem Augenblick, als er Angst vor dem Wind bekommt, der gerade heftiger wird. Schon beginnt er in den Fluten zu versinken. Jesus schüttelt den Kopf: »Du Kleingläubiger, warum hast du gezweifelt.«

Er bringt halt das ans Licht, was in der Seele des Petrus vorgegangen ist. So ähnlich ist es ja auch einmal beim Seesturm, als die Jünger ganz verzweifelt sind, daß Jesus sich nicht rührt, selbst dann nicht, als das Boot schon mit Wasser vollläuft. Und nachdem er aufgestanden ist und sie rettet, sagt er: »Wie konntet ihr zweifeln.«

Jesus setzt voraus, daß seine Jünger ihn eigentlich kennen sollten. Daß sie wissen müßten, er werde sie nicht untergehen lassen. Er zeigt ihnen daran, daß ihr Glaube an das, was er ist und was sie eigentlich erkannt und angenommen haben, noch immer so minimal ist, daß ein Windhauch diesen Glauben gleichsam wegblasen kann.

In der beschriebenen Szene geht es darum, daß Petrus nicht mehr auf Jesus blickt, sondern die irdischen Elemente im Auge hat. Natürlich ergibt dann jede Wahrscheinlichkeitsrechnung, daß er sofort untergehen muß, wenn er sich auf das

Wasser begibt. Er hat damit aber genau das Eigentliche aus dem Spiel gelassen, daß er nämlich von Jesus gerufen ist, der der Herr ist. Mit ihm und durch seine Kraft, in der Beziehung zu ihm wird er sozusagen auch über die Todeselemente der Welt hinweggehen können.

Auch dies ist wieder eine sehr tiefe Gleichnisgeschichte. Wenn wir auf die Wahrscheinlichkeitselemente der Naturereignisse und alles Wißbaren hinschauen, erscheint das Christentum extrem unwahrscheinlich. Und wenn wir uns von dem Blick auf das bannen lassen, was augenblicklich Strömung ist, was der Wind ist, der uns um die Ohren schlägt, dann kann der Glaube eigentlich nur versinken. Wir müßten folglich mit Petrus sagen: Es geht nicht mehr! Wenn wir das tun, haben wir den eigentlichen Anker schon verloren, der darin besteht, aus der Beziehung zu dem zu leben, der die Schwerkraft überwindet, die Schwerkraft des Todes, die Schwerkraft der Geschichte und ihrer Unmöglichkeiten. Glaube heißt Widerstand gegen die Schwerkraft, die uns nach unten zieht. Glaube heißt Gemeinschaft mit dem, der die andere Schwerkraft hat, eine, die uns nach oben zieht, die uns hält, und die uns auch über die Todeselemente hinüberführt.

Einmal, als Jesus bei den Heiden ist, in der Gegend der Städte Tyrus und Sidon, wollte er weder lehren noch Wunder wirken. Selbst als ihn eine Mutter inständig anfleht, er möge doch bitte ihre Tochter heilen, die von einem bösen Geist arg gequält werde, weist Jesus sie barsch ab: »Ich bin nur zu den verlorenen Schafen des Hauses Israel gesandt.«

Es gehört zu den charakteristischen Elementen des Lebens Jesu, daß er selber nicht in die Heidenmission eintritt. Erst nach der Auferstehung wird er diese Mission seinen Jüngern auftragen. Zunächst hat Israel sozusagen ein Vorrecht. Es ist das von Gott erwählte Volk, der Punkt, von dem aus Gott sein Handeln beginnt. Und so hält er sich an diese heilsgeschichtliche Prärogative Israels. In seinem irdischen Leben ringt Jesus um das Herz Israels, ringt darum, daß Israel als solches in ihm den Verheißenen erkennt, mit ihm eins wird, und daß von dort aus dann die Geschichte ihre Verwandlung empfängt.

Auch Paulus hält sich zunächst an diese Struktur. Wo immer er hingegangen ist, hat er seine Mission immer in der Synagoge begonnen. Selbst als er in Rom ankommt, ruft er zunächst seine jüdischen Landsleute zusammen. Und erst wenn es hier nicht gelungen ist, die Glaubensgemeinschaft mit Jesus in der Identität mit der Glaubensgeschichte Israels herzustellen, geht der Weg zu den Heiden. Gerade Paulus, der große Überwinder der Schwellenangst, sagt, die Botschaft gilt immer zuerst für die Juden und dann für die Heiden.

Es wird also ein Gesetz der Heilsgeschichte eingehalten. Gott bleibt sich treu, und Jesus ist treu. Auch wenn er das jüdische Gesetz von innen her erneuert und umwandelt, ist er nicht einfach ein Rebell, der alles anders macht, sondern handelt aus dieser innersten Treue heraus. So nimmt die Bestätigung der Treue Gottes dem zwingenden Übergang zu den Heiden den Anschein des Verrates – und läßt ihn im Gegenteil als die Logik seiner Auferstehung erscheinen, in der letztlich das Gestorbensein des Weizenkorns zum Übergang ins Große und Weltweite wird.

Jesus zieht über Land. Er mahnt zu Demut und Buße, er lehrt beten, warnt vor Genußsucht und Hartherzigkeit. Er erzählt das Gleichnis vom armen Lazarus, der in den Himmel kam, während der reiche Prasser in die Hölle muß – ein richtiger Wanderprediger eigentlich.

Er ist ein Wanderprediger, das ist schon richtig. Er predigt zunächst in Galiläa und versucht dort die Menschen in sein Wort hineinzusammeln. Dann dehnt er seine Predigttätigkeit auch nach Jerusalem aus. Er weiß sich zu Israel gesandt und will dort allen die neue Botschaft bringen, die er auszurichten hat. Ihr Kern ist das Reich Gottes, die Erneuerung der Welt durch die Erbarmungen Gottes.

Die einzelnen Elemente, die Sie angedeutet haben, fügen sich alle dieser großen Perspektive ein. Jesus lebt einerseits in der Treue zu der Heilsgeschichte Gottes, er hält auch die Feststruktur Israels ein, macht Wallfahrten, hält das Ostermahl. Er lebt durchaus als ein frommer und gläubiger Jude. Und zugleich als der Sohn, der der neue Moses ist. Der *über* Moses steht. Der nun das Gesetz nicht mehr bloß wie die Gelehrten interpretiert, sondern der als der Sohn, der selbst der Gesetzgeber ist, es auf eine neue Stufe hebt.

Ein Rebell?

Es ist nicht einfach Liberalität oder Rebellion, Anrennen gegen dies und jenes, Herumrempeln und nicht annehmen wollen, sondern es ist die Perspektive des Gesetzgebers, des Schöpfers selbst, die das Vorläufige aufreißt und in das Endgültige hineinbringt, und gerade darin eine tiefere Treue vorlebt. Ich glaube, dieses Miteinander von scheinbarer Rebellion und wirklicher Treue müssen wir sehen, wenn wir die Gestalt Jesu richtig verstehen wollen. Sie hebt das Vorangegangene nicht auf – »Kein Jota, kein Häkchen soll verschwinden«, sagt er –, sondern bringt es erst zu seiner ganzen Tiefe.

Besondere Freude hat Jesus offenbar an den Kindern und den einfachen Gläubigen. Er ist regelrecht, was bei ihm selten vorkommt, begeistert davon: »Ich preise dich, Vater, Herr des Himmels und der Erde, weil du all das den Weisen und Klugen verborgen, den Unmündigen aber offenbart hast.«

Ja, da ist wieder diese geheimnisvolle Struktur des Handelns Gottes: Das ganz Große wird von den Einfachen leichter erfaßt, als von denen, die mit tausend Unterscheidungen, mit vielfältigem intellektuellen Gepäck, alles einzeln abtasten und sich von dem Großen gar nicht mehr überwältigen lassen können.

Das ist keine Absage an die Intellektuellen oder an die Schriftkenntnis, aber doch eine Mahnung, eine innerste Einfachheit nicht zu verlieren, die tragende Mitte des Ganzen wahrzunehmen und sich überwältigen zu lassen, das Unerwartbare anzunehmen.

Daß diese Versuchung unter Intellektuellen groß ist, ist kein Geheimnis. Wenn wir auf die Geschichte der Ideologien des vergangenen Jahrhunderts zurückblicken, sehen wir, daß die einfachen Menschen oft klarer geurteilt haben als die Intellektuellen. Sie wollen immer noch weiter differenzieren, erst mal in Ruhe dieses und jenes herausfinden – und lassen dabei den Blick fürs Ganze dann untergehen.

»Euch ist es gegeben«, meint Jesus zu den Jüngern, die Geheimnisse des Reiches Gottes zu erkennen. Zu den anderen Menschen aber wird nur in Gleichnissen geredet; denn sie sollen sehen und doch nicht sehen, hören und doch nicht verstehen. Das ist der Sinn der Gleichnisse: Der Samen ist das Wort Gottes.« Immerhin muß etwas Besonderes in der Sprache des Evangeliums liegen. Alle Menschen der Welt, unab-

hängig von ihren Kulturen, und auch unabhängig, in welchem Jahrhundert sie leben, können sie verstehen.

Das Wort, das Sie zitiert haben, stammt ursprünglich von dem Propheten Jesaja. Es ist ein Augenblick des Versagens, als er diese Gerichtsdrohung ausspricht. Er meint darin, ihr hört die Wahrheit zwar alle, aber am Schluß wird sie euch offenbar doch nur gegeben, damit ihr sie nicht versteht.

Ein geheimnisvolles Wort.

Jesus sagt, am Ende wird das, was zum Verstehen gegeben ist, bei euch zur Verhärtung ins Nichtverstehen hinein. Ihr könnt euch ruhig hinter den vordergründigen Worten verschanzen; bleibt nur bei ihnen – und schließt euch so vom Verstehen aus. Hiermit wird das angebotene Wort gleichsam zum Gerichtswort, weil die Menschen sich an die vordergründige Schale des Wortes halten und nicht mehr in seine Tiefe hineinhören wollen.

An sich sind die Gleichnisse dazu gegeben, dem Menschen das Unfaßbare anzunähern. Sie sind schon rein pädagogisch eine großartige Sache. Die großen, ewigen Geheimnisse werden uns in Geschichten des Alltags erzählt, die plötzlich für Gotttes Geheimnis transparent werden. Und im Einfachsten, in Saat und Ernte, in Geschichten wie denen von Lazarus oder dem Samariter, zeigt sich wiederum das Große.

Gott geht in Christus auf den Menschen zu, er macht ihm das Wort mundgerecht, er übersetzt es in das, was der Mensch selber erlebt und erkennt, was seinen Alltag strukturiert, so daß er durch das Vordergründige und Alltägliche den Schritt und den Blick auf das Wesentliche gewinnt. In diesem Sinne haben wir hier in der Tat überzeitliche, alle Kulturen betreffende Worte, weil sie an die Urvorgänge des menschlichen Lebens anknüpfen.

Die Gleichnisse haben offenbar eine weitere Ebene, einen zusätzlichen Code eingebaut. Sie sagten einmal, daß das Verstehen »an das Mitsein mit Christus« gebunden sei: »Sie verweigern sich demjenigen, der sie nur intellektuell und historisch oder spekulativ in Griff zu nehmen versucht.«

Wenn ich die Schrift nur in ihrem vordergründigen Erscheinungsbestand lese und den Sinn für die Transparenz verliere, die in den einfachen Vorgängen liegt, dann mache ich mich nicht auf den Weg, in den mich das Gleichnis hineinziehen will.
Ein Gleichnis bringt mich auf einen Weg. Ich sehe zunächst das, was alle sehen, was ich immer schon weiß. Nun werde ich darauf aufmerksam, daß da mehr drinsteckt. Ich muß also lernen, über das täglich Wahrgenommene hinauszugehen. Wenn ich mich hingegen an das Oberflächliche hefte und mich diesem Weg versage, dann sehe ich die tiefere Wahrheit dieser Geschichten nicht, zumal auch die Gleichnisse immer in einem Lebenszusammenhang mit dem Leben Jesu selbst stehen. Manche werden geradezu zu einer Art verschlüsselter Autobiographie Jesu, die sich erst in seinem eigenen Leben und Leiden entschlüsselt.

WUNDERBARE BROTVERMEHRUNG

Eine Geschichte ist im Evangelium besonders schlicht erzählt, ohne Drumherum und tiefsinnige Sätze: die Speisung der Fünftausend.
Es geschieht an einem abgelegenen Ort irgendwo in Galiläa, und sehr viele Menschen haben sich um Jesus versammelt. Sie mögen ihm fasziniert zugehört haben. Plötzlich ist es Abend, und irgendwie hat es keiner so richtig bemerkt. Die Jünger fordern Jesus auf, er solle umgehend die Leute in ihre Dörfer zurückschicken, hier draußen gebe es nichts zu essen und nichts zu kaufen. Jesus bleibt ruhig. Er sagt nur: »Gebt ihnen zu essen.«
Es sind gerade mal fünf Brote und zwei Fische, also sieben Teile vorhanden. »Und er nahm die fünf Brote und die zwei Fische«, heißt es in der Heiligen Schrift, »blickte zum Himmel auf, sprach den Lobpreis, brach die Brote und gab sie den Jüngern. Auf diese Weise konnten alle satt werden, fünftausend Männer und eine Zahl an Frauen und Kindern. Als man die Reste einsammelte, waren sogar noch genau 12 Körbe übriggeblieben.«

Wir haben zum einen das Faktum, zum anderen die tiefere symbolische Dimension, die in dieser Geschichte liegt. Man erwartete ja von der messianischen Zeit, daß sich das Manna-Wunder wiederholen würde. Der Messias, so glaubte man, würde sich dadurch ausweisen, daß alle zu essen haben, und daß das Brot nun wieder vom Himmel selber kommt.
Jesus hat nun vor, dieses Manna-Wunder auf eine ganz andere Ebene zu transponieren. Und zwar mit der Eucharistie. Mit dem Brot, in dem er sich selber gibt und in dem nachfolgend

die Brotvermehrung über die ganze Geschichte hin stattfindet, bis in unsere Tage hinein. Er ist gewissermaßen unerschöpflich austeilbar.

Auf dieses erneuerte Manna-Wunder macht Jesus in dieser Brotgabe einen Anlauf, indem er das alte Manna wiederholt und zugleich auf ein ganz anderes, sagen wir demütigeres, anspruchsvolleres hinführen will. Es ist in der Tiefe ein viel größeres Wunder. Und zwar auch darin, daß hier nicht einfach Brot vom Himmel fällt, sondern das Austeilen, das Mitsein des Menschen, das Einander-Geben – das eben nicht einfach vom Himmel herunterfällt –, mit einbezogen wird.

Mit diesem Wunder ist jedenfalls eine vielschichtige Perspektive in das menschliche Leben und in die kommende Kirche hineingegeben. Diese Geschichte führt ja auch zu einer Scheidung der Geister. Da gibt es dann die, die sagen, er ist also doch der Messias, und die ihn dann zum König machen und ihn in die politische Macht zwingen wollen. Und nachdem er dies nicht annimmt, entsteht auch die Unzufriedenheit mit dem Wunder, kommt die Meinung auf, nun, dann ist er eben doch nicht der Erlöser. Und von diesem Zeitpunkt an datieren auch die getrennten Wege: der eine in die Verweigerung, der andere zur Passion.

Ist es nur Symbol oder Wirklichkeit?

Heute sind viele Exegeten, die an die Naturgesetze glauben und so etwas für unmöglich halten, versucht, diese Speisung nur als eine bildhafte Darstellung zu nehmen, und in der Tat ist der symbolische Gehalt sehr weitreichend. Wir sollten aber auch nicht zu voreilig Gottes Möglichkeiten beschneiden. Es gibt auch in der Kirche ähnliche Vorgänge.

Ich war neulich in Turin, und da hat uns einer der alten Patres erzählt, wie sich im Leben von Don Bosco zweimal ganz ähnliche Dinge abgespielt haben. Einmal waren durch ein Versehen nicht genügend Hostien konsekriert. Obwohl eine riesige Zahl von Kommunikanten gekommen war, junge Leute, gab es nur etwa zehn oder zwanzig Hostien. Don Bosco machte allerdings kein Aufsehen. Er sagte: »Seid nur ruhig und teilt, und sie reichen für alle.« Und so war es dann auch.

Das andere Mal verspricht er nach einem harten Arbeitstag den Buben, daß sie alle gedörrte Kastanien kriegen würden. Er sagt also seiner Mama, sie soll die Kastanien herrichten. Sie aber versteht es falsch und dörrt nur eine Menge, die für gerade mal zehn Jungen ausreichen würde. Die Mama ist entsetzt, als sie ihren Irrtum bemerkt. Er sagt aber nur: »Keine Sorge, teilt aus, und sie reichen, sie können sogar nachfüllen.« Und in der Tat, so war es auch diesmal. Dafür gibt es eine ganze Anzahl Zeugen, die das miterlebt haben.

Insofern sollten wir Gott nicht im voraus absprechen, daß er auch einmal machen kann, was normalerweise nicht geschieht.

Jesus und die Frauen

Jesus hat häufig konventionelle Schranken überwunden. Demonstrativ läßt er sich mit Sündern und Armen ein. Und ein ganz besonderes Verhältnis hat er offenbar zu den Frauen. Jesus »war kein Asket, sondern er war den Freuden des Lebens durchaus zugetan«, glaubt der jüdische Bibelwissenschaftler Schalom Ben-Chorin. Wie auch immer, Frauen fanden umgekehrt den Menschensohn sehr faszinierend. Kann man sich bei Jesus nicht auch ein erotisch-sexuelles Verhältnis vorstellen?

Das Sexuell-Erotische ist nicht Teil seiner Weise der Freundschaft. Hier gehört Jesus einfach einer anderen Ordnung zu. Aber daß er zu wirklich tiefer menschlicher Freundschaft und auch wirklicher Liebe fähig war, das sehen wir an seinen Beziehungen, die uns die Evangelien schildern. Und richtig ist auch, daß gerade die Frauen ein besonderes Gespür haben für das Neue, Andere, Große, Geheimnisvolle, das in ihm auftritt, und er sie auf besondere Weise in seine Gemeinschaft hereinzieht. Gegenüber dem zeitgenössischen jüdischen Gebrauch, wonach die Frauen als zweitrangig angesehen werden, vollzieht Jesus so etwas wie eine Emanzipation der Frau. Die Frauen gehörten aufgrund ihrer sozialen Stellung irgendwie in diese Kategorie des Kleinen, der Gott seine besondere Liebe und seine besondere Zuneigung versichert. Er weckt damit auch das Charisma der Frauen. In der Begegnung mit ihm rücken speziell die beiden Frauen von Betanien in unser Blickfeld. Sie zeigen uns, wie von da aus konstitutiv die Frauen als lebendige Mitträger in den Aufbau der Kirche hineingehören.

Es waren die Frauen, die Jesus treu begleitet hatten, bis unter das Kreuz. Im Gegensatz zu ihnen hatten alle Jünger längst das Weite gesucht. Aus Maria Magdalena hatte Jesus sieben böse Geister ausgetrieben, die sie seelisch verwüstet hatten. Ausgerechnet sie, nicht Johannes und nicht Petrus, wird nun der erste Mensch, der die Auferstehung Jesu verkünden darf. Ein starkes Stück, wenn man bedenkt, daß Frauen im Orient vor Gericht keineswegs als zeugnisfähig galten. Der hl. Augustinus nannte von daher Maria Magdalena die Apostelin der Apostel.

Und das ist eigentlich geblieben. Noch bis 1962 wurde in der Liturgie die Apostel-Präfation an ihrem Tag gelesen, weil sie als die »Apostolin« galt. Daß Maria Magdalena den Aposteln als erste die Botschaft von der Auferstehung Jesu bringt, zeigt noch einmal das besonders herzliche und innige Verhältnis, das Jesus zu dieser Frau gehabt hat. Das ist auch in diesem Dialog spürbar, wo er einfach nur, da sie ihn nicht erkennt, den Namen »Mariam« sagt. Und dann erkennt sie ihn wieder und fällt zu seinen Füßen: »Rabbuni, mein Meister.« Darin ist die Ehrfurcht, die Distanz vor seiner Größe und zugleich diese tiefgehende Liebe vor dem, der als Mensch Gott ist und als Gott doch ganz Mensch ist, mit enthalten.

Auf die Position der Frau in der Kirche würde ich gerne an späterer Stelle eingehen. Hier noch kurz: Gibt es bestimmte Jesus-Erzählungen oder Geschichten im Evangelium, von denen wir uns künftig verabschieden müssen, weil sie von neuen Erkenntnissen der Forschung oder etwa auch von neuen Funden, zum Beispiel in Qumram, widerlegt wurden?

Ich kenne keine. Vielleicht gibt es gewisse Schattierungen, die uns die Texte anders verstehen lassen. Aber das, was die Evangelien sagen, ist ja unmittelbar in jener Zeit formuliert worden und kann daher durch neue zeitgenössische Erkenntnisse gar nicht umgestoßen werden. Das Zeugnis der Evangelien über Jesus Christus bleibt und behält seine Gültigkeit.

Von der Begegnung

Eminenz, Sie sprachen einmal davon, daß der Glaube an Jesus Christus dem Menschen auch die Welt erschließt. Er zeige einem, wie alles aufgebaut ist, wie sich die Dinge zueinander verhalten. Kann man damit auch lernen, besser zu leben? Die entscheidenden Stationen unseres Lebens liegen ja nicht in unserer Hand. Wir bestimmen weder unsere Geburt, noch unseren Tod. Aber es gehört zur Aufgabe einer Biographie, herauszufinden, wer man ist und was für eine Berufung man hat, welchen Weg man gehen soll. Kann der christliche Glaube dem einzelnen Menschen wirklich auf die Sprünge helfen?

Natürlich ersetzt der Glaube nicht die eigene Besinnung. Oder das Lernen mit und durch die andern im Ganzen der Geschichte. Gott nimmt uns die eigene Mühe nicht ab. Glaube ist kein magisch wirkendes Zaubermittel. Er gibt uns aber den Schlüssel, damit wir selber lernen können. Damit wir uns erforschen und erfragen können, wer wir sind.

Ganz allgemein gilt, daß der Mensch sich immer erst am anderen, durch den anderen erkennt. Niemand kann zu sich selber finden, wenn er nur in sich hineinschaut und sich aus sich selber herausgrübeln und herauskonstruieren will. Der Mensch ist als Beziehungswesen so geschaffen, daß er am anderen wird. Daß in den Begegnungen mit anderen sich auch sein Sinn, seine Lebensaufgabe, sich seine Lebensforderung und -möglichkeit erschließt.

Von dieser Grundstruktur der menschlichen Existenz her können wir dann auch den Glauben und die Begegnung mit Jesus verstehen. Glaube ist nicht einfach ein System von Wissen, von Mitteilungen, sondern in seinem Kern vor allem

Begegnung mit Christus. Von ihm her öffnet sich auch sein Wort. Und das, was ich damals zu formulieren versuchte, bedeutet, daß diese Begegnung mit Jesus unter allen unseren Begegnungen, deren wir bedürfen, die entscheidende, die eigentlich aufschließende ist. Alle anderen Beziehungen lassen letzten Endes unklar, woher wir kommen, wohin wir gehen. In der Begegnung mit ihm geht das grundlegende Licht auf, durch das ich Gott, den Menschen, die Welt, die Sendung und den Sinn verstehen kann – womit sich dann alle anderen Begegnungen ordnen.

VON DER WÜSTE

Die Lehre von Jesus Christus wird von den Aposteln wörtlich als »Der neue Weg« bezeichnet. Dieser neue Weg beginnt, nachdem Jesus getauft ist, ausgerechnet in der Wüste. Sie ist quasi der letzte Boxenstop, bevor Christus öffentlich zu seiner großen Passion anhebt. 40 Tage Wüste – wieder ein großes Symbol.

Die Zahl 40 hat in der Tat große symbolische Bedeutung. Auch Elias, um nur ein Beispiel zu nennen, war 40 Tage zum Heiligen Berg unterwegs. Diese Spanne ist immer wieder die Zeit des Lernens, der Bereitung, des Werdens. Das Urbild ist die Wüstenzeit Israels, in der dieses Volk die Ordnung Gottes und seinen Willen kennenlernt, und damit darauf vorbereitet wird, überhaupt ein Volk zu sein und Träger der Verheißungen zu werden.
Jesus nimmt in den 40 Wüstentagen die 40 Wüstenjahre Israels noch einmal auf. Er durchschreitet sozusagen noch einmal

den ganzen Weg dieser Geschichte und zeigt damit auch uns, daß ohne eine Zeit der Verzichte, des Stillewerdens, des Herausgehens und der Sammlung große Sendungen nicht reifen können. Fastend und betend setzt sich Jesus der ganzen Abgründigkeit der Wüste aus. Sie steht einerseits symbolisch für die besondere Begegnung mit Gott, aber zugleich auch für die Gefährlichkeit der Welt. Sie ist der Ort, wo es kein Leben, keine Nahrung gibt, der Ort der Einsamkeiten. So durchschreitet er damit auch die ganze Wüste der Gefährdungen, des versagten Lebens, des Verzichtes, die Wüste von Hunger und Durst. Jesus nimmt gleichsam die Versuchungen der Menschheit auf, durchleidet sie, um von da aus das große Wort und die große Botschaft zu bringen.

Nach 40 Tagen und Nächten des Fastens wird Jesus vom Teufel in Versuchung geführt. Zuerst will der Satan, daß Jesus aus Steinen Brot macht. Ein dummer Teufel offenbar.

Diese Geschichte zeigt die Gegenprogramme, die Versuchungen, denen Jesus als der Erlöser während seines ganzen dreijährigen Weges ausgesetzt ist, und die die ständigen Versuchungen in der Kirchengeschichte sind. Jesus sagt folglich auch an einer anderen Stelle: »Ihr habt in meinen Versuchungen mit mir ausgehalten.« Und zu Petrus sagt er: »Du bist jetzt der Satan, trägst diese Versuchungen an mich heran.« Auch die gesättigten Fünftausend, die ihn zum König und damit zum Brotgeber machen wollen, tragen die Versuchung an ihn heran. Wir sehen darin Vorentwürfe von etwas, was auf dem Weg Jesu und auch in der Kirche immer wieder neu bestanden werden muß.

Was meinen Sie damit?

Ich meine zum Beispiel, sich damit als nützlich zu erweisen, daß man die Sozialordnungen der Welt reformiert und den Idealstaat schafft. An der Sozialreform mitzuwirken ist für die Kirche sehr wichtig, aber die eigentliche Heilung des Menschen kann nicht von äußeren Sozialstrukturen, sondern nur vom Innern her anheben. Auch wenn der Kirche alle Zeiten hindurch der Hunger der Menschen zu Herzen gehen muß, wenn sie darum ringen muß, daß sich die Hände finden, die Brotvermehrungen schaffen – so darf sie doch nicht dahin ausweichen, bloß ein Sozialverein zu sein, sich nur auf das Materielle zu konzentrieren, als ob dies das eigentlich Erlösende wäre, und dabei vergessen, daß der Mensch eben nicht vom Brot allein, sondern von jedem Wort aus dem Munde Gottes lebt.

Das gleiche gilt für die beiden anderen Versuchungen, die Aufforderung, sich von der Tempelzinne herabzustürzen, um Gott auf die Probe zu stellen, daß er sich zeigen muß, und schließlich die ungeheure Versuchung, die Herrschaft über die Welt an sich zu reißen: »Bete mich an, dann gebe ich dir die Weltherrschaft«, verspricht der Teufel. Das will sagen, eine Weltherrschaft, die durch Macht erreicht werden soll, und sei es auch zu noch so idealen Zwecken, aber ohne Gott gesucht wird, die verdirbt den Menschen.

In der Geschichte sind diese Experimente zur Genüge exerziert worden, Gott abzusagen und durch das reine Machen, durch die Strukturen der Macht dem Menschen zu geben, was er will. Alle diese Experimente haben darin vom Negativbild her geklärt, worum es geht. Sie können immer wieder der Kirche und auch jedem einzelnen den Spiegel vorhalten: Dort, wo auf Gott verzichtet wird, wo wir selber mit unserem Kalkül an ihm vorbei die Welt einzurichten versuchen, wo wir meinen, die Befriedigung der materiellen Bedürfnisse sei die eigentliche Lösung der Probleme, da erlösen wir nichts, sondern da zerstören wir, da tun wir das Werk des Satans.

Nach seiner Erfahrung in der Wüste beginnen sich die ersten Jünger um Jesus zu sammeln. Sie fragen ihn: »Meister, wo wohnst du?« Und Jesus gibt eine extrem kurze Antwort: »Kommet und sehet.«

Ja, da ist das Experiment des Mitseins notwendig. Jesus ist nicht an einem Punkt fixierbar. Er wohnt im Unterwegssein, im Vorausgehen. Erst in der Nachfolge, indem wir uns mit ihm auf einen Weg begeben, lernen wir, wo er wohnt. Und dann werden wir ihn auch sehen. Wenn wir ihn und seine Lehre bloß aufgrund von Theorie, von Reflexion verstehen wollen, lernen wir ihn nicht kennen.

Die ersten Jünger, die Jesus zu »Menschenfischern« machen will, sind Andreas und Johannes, später kommt Petrus hinzu, Andreas' Bruder. Auffallend ist, daß der Meister sich nicht mit Gelehrten umgeben hat, sondern mit aufrechten, einfachen Leuten. Sie waren nicht besonders klug, sie waren noch nicht einmal besonders tapfer und wachsam, und predigen konnten sie ohne Hilfe des Heiligen Geistes offenbar auch nicht. Immer wieder sind sie geplagt von Zweifel und Unglauben. Hatte Jesus eine schlechte Hand bei der Auswahl seiner Leute?

Es waren jedenfalls keine Formate, die aus eigenem Wissen und Können eine Weltmission entzünden konnten. Wenn sie, wie der heilige Chrysostomos sagt, gleichsam »den großen Würfel geworfen haben«, dann durch eine andere Kraft. Insofern scheint mir die Wahl dieser einfachen Leute, die keine

Politiker, keine Gelehrten waren, sehr vielsagend. Es wird sichtbar: sie hätten das aus Eigenem nicht eingerichtet. Sie waren von einem Größeren berührt und von ihm getragen und geführt.
Trotzdem kann man in dieser vielschichtig zusammengesetzten Gesellschaft auch eine gewisse Apologie der Jünger erkennen. Einerseits sind darunter antirömische Fanatiker, die auch gewaltbereit sind. Simon der Zelot etwa. Die Zeloten sind ja die Partei derer, die den messianischen Zustand mit Gewalt herbeiführen wollen. Auch bei Judas Iskariot deutet der Name auf eine bestimmte Parteizugehörigkeit gleicher Art. Es sind also Männer der extremen Linken, wie man das heute nennen würde. Sie sind zum Widerstandskampf bereit und erwarten von Jesus wohl ähnliches. Auf der anderen Seite haben wir Levi, den Zöllner, der wiederum zu den Kollaborateuren gehört, jenen von Haus aus reichen Leuten, die mit der Macht verfilzt sind.

Eine Art Proporz-Zusammensetzung.

Jesus hat gleichsam schon in der Konstituierung dieses Kreises eine Versöhnungsarbeit getan. Von allen Seiten her kann man kommen, und von jedem Ausgangspunkt her kann ein Weg zu ihm hin- oder wegführen. Insofern können wir uns auch die inneren Spannungen in dieser Jünger-Gemeinschaft vorstellen.
Zum anderen sind alle diese Jünger, wie Sie sagten, doch auch gestandene Mannsbilder. Petrus zum Beispiel hat eine Fischerei-Kooperative und ist in dem Sinn ein kleiner Unternehmer. Es sind Leute, die im praktischen Leben stehen, die Sinn für das Reale haben, aber nicht im Banausischen des bloß pragmatischen Realismus ertrunken sind. Sie haben sich eine hö-

here Erwartung behalten. Diese Menschen sind nicht einer Art Verzauberung verfallen, sondern haben all ihre Kräfte in den Dienst der Berufung gestellt. Sie geben uns ein Beispiel dafür, daß Gott durch einfache Menschen hindurch das tut, was nur er selber tun kann, aber auch dafür, daß Größe in einfachen Menschen steckt.

Ganz anders als diese Jünger in der Nachfolge Christi haben Menschen heutzutage die Vorstellung, sie könnten sich ihren Weg, ihre ganze Biographie, ausschließlich selber zusammenbauen. Es gebe ohnehin keine eindeutige Identität mehr. Das Leben bestünde aus einem fließenden Wechsel von Illusionen, je nachdem, welche Aufgaben, welche Inszenierung gerade vorliegt – oder welche Lust. Die Entscheidung von Entweder-Oder sei in der modernen Welt ohnehin passé, es gebe statt dessen die neue Möglichkeit des Weder-Noch.

Flexibilität ist heute zu einem tragenden Stichwort geworden. Wir wollen auf neue Herausforderungen reagieren können und hoffen, durch häufigen Berufswechsel auch möglichst schnell und gut aufzusteigen. Ich denke aber, es gibt nach wie vor Berufe, die einen Menschen ganz fordern. Der Arztberuf etwa, oder auch der Beruf des Erziehers, ist nicht etwas, was ich mal für zwei Jahre mache, sondern er ist eine Berufung, die mich für mein ganzes Leben fordert. Das heißt, es gibt auch heute Aufgaben, die nicht Job sind, die sozusagen *neben* meinem Leben herlaufen, um mir das nötige Geld für meinen Unterhalt zu sichern. Bei echten Berufungen ist auch nicht das Einkommen das Kriterium, sondern das Ausüben eines Dienstes in der Menschheit.

Was würde Jesus dazu sagen?

Jesus würde niemanden daran hindern, auf flexible Herausforderungen zu reagieren. Seine Jünger selber mußten flexibel genug sein, ihr Leben vom Alltag des Fischers in das Mitgehen auf einen noch offenen und geheimnisvollen Weg hin umzustellen – um schließlich den Sprung aus dem Innern des Judentums, in dem sie alle tief verankert waren, in die Heidenmission zu wagen.

Zugleich aber mußten sie in der wesentlichen Grundoption Beständigkeit und Treue haben. Wir sollten insofern Flexibilität und Treue nicht in einen Gegensatz stellen. Gerade auch Treue muß sich in wechselnden Situationen bewähren. Jemand, der heute fünfzig Jahre hindurch Priester oder in einer Ehe bleibt, muß durch eine sehr wechselvolle Geschichte hindurchgehen. Er muß in den jeweiligen Veränderungen reifen und seine Identität zu ihrer Fülle bringen.

In der modernen Situation ist es leider vielfach so, daß nur noch der Wechsel, die Flexibilität an sich, etwas zählt. Dem möchte ich widersprechen. Gerade heute brauchen wir das Stehen zu einer Sendung, zu einem Beruf; gerade heute brauchen wir Menschen, die sich selber ganz geben. Denken wir wieder zurück an Entwicklungshilfe. Es ist nützlich, wenn es Leute gibt, die zwei, drei Jahre etwas machen, aber man braucht auch sehr viele, die sich ganz geben. Es gibt Berufungen, die den ganzen Menschen verlangen.

Diese Lebensentwürfe sind kein Zeichen für Phantasielosigkeit oder Erstarrung. Gerade in dieser Beständigkeit sind Menschen innerlich so weit und so reif und so groß, daß Veränderung und Kontinuität ineinandergreifen. In ihrem Miteinander sind sie das eigentlich Große.

Um bei den Lebensentwürfen zu bleiben: Viele Menschen haben die Vorstellung, ihr Leben sei eine Art Film. Und in die-

sem biographischen Streifen könnten sie alle Schnitte, alle Inszenierungen selber in Szene setzen. Die Überlegung drängt sich wirklich auf: Wieso sollte ich in meinem Leben eigentlich Umwege machen, mich anstrengen, mich auf die Suche begeben, Selbstbegrenzung üben oder Beständigkeit zeigen? Also diesen schwierigen Weg einschlagen, den die Jünger mit Jesus gehen. Warum sollte das Leben nicht einfach nur leicht sein?

Das könnten sich nur Leute leisten, die am gedeckten Tisch des Lebens aufwachen. Das ist eine Phantasie der Besitzenden, die nicht wahrnimmt, daß für die große Mehrheit der Menschen das Leben ein Ringen ist. Ich würde dieses Sichselbermachen deshalb als einen Egoismus und als einen Verschleiß der Berufungen ansehen.

Wer meint, bei ihm ist alles schon vorhanden, er kann infolgedessen aus dem vollen schöpfen und sich alles selber zurechtrichten, der versagt sich dem, was er geben könnte. Der Mensch ist ja nicht nur dazu da, damit er sich selber macht, sondern damit er sich herausfordern läßt. Wir alle stehen im Großen einer Geschichte und sind aufeinander verwiesen. Der Mensch sollte sich deshalb nicht nur ausdenken, was er möchte, sondern sich vielmehr fragen, wozu er gut ist und was er beizutragen vermag. Dann wird er sehen, daß nicht in der Bequemlichkeit, der Leichtigkeit und im Sichtreibenlassen die Erfüllung liegt, sondern daß sie gerade in diesem Sichfordernlassen, in dem schwereren Weg liegt. Alles andere wird auch irgendwie langweilig. Nur der Mensch, der sich »dem Feuer aussetzt«, der einen Ruf in sich erkennt, eine Berufung, eine Idee, der er genügen muß, der einen Auftrag für das Ganze annimmt, der findet auch Erfüllung. Wie gesagt, nicht im Nehmen, nicht auf dem bequemen Weg werden wir reich, sondern erst im Geben.

Von Macht und Besitz

Es gibt von Jesus das Wort »Vom Herrschen und Dienen«. Christus spricht so: »Ihr wißt, daß die Herrscher ihre Völker unterdrücken und die Mächtigen ihre Macht über die Menschen mißbrauchen. Bei euch soll es nicht so sein, sondern wer bei euch groß sein will, der soll euer Diener sein, und wer bei euch der Erste sein will, soll euer Sklave sein. Denn auch der Menschensohn ist nicht gekommen, um sich dienen zu lassen, sondern um zu dienen und sein Leben hinzugeben als Lösegeld für viele.« Dienen und Gehorchen sind wesentliche Merkmale aus der Lehre Christi und aus dem Leben der Kirche. Die Begriffe sind heute nicht sonderlich populär. Was verbirgt sich dahinter?

Vom Evangelium her gesehen gibt es tatsächlich einen Gegenentwurf zum führenden Lebenstrend der Moderne, eine Art heilsame Unmodernität, die uns aus dem Trend des Herrschens und Verfügenwollens herauszieht. Und derjenige, der selbst nicht zu den Mächtigen gehört, wird dankbar dafür sein, wenn er sehen darf, daß der Mächtige sich nicht selber bedient am Tisch des Lebens. Daß er die Macht oder die Habe, die ihm gegeben ist, als einen Auftrag ansieht, um darin ein Dienender zu werden.
Ich glaube, in diesen Worten von dem Herrscher, der ein Diener sein soll, und in den Gesten, mit denen Jesus dieses selber tut, liegt die eigentliche Revolution, die die Welt verändern könnte und sollte. Solange Macht und Besitz an sich als Zielwerte angesehen werden, wird Macht immer auch eine Macht gegen die anderen sein, und wird der Besitz wiederum immer andere ausschließen.

In dem Augenblick, in dem nun der Herr der Welt kommt und den Sklavendienst der Fußwaschung tut – wiederum nur ein Exempel dafür, daß er uns das ganze Leben über die Füße wäscht –, erhalten wir ein ganz anderes Bild. Der Gott, der die Macht schlechthin ist, er will uns nicht treten, sondern er kniet sich vor uns hin, um uns zur Höhe zu bringen. Das Geheimnis der Größe Gottes zeigt sich gerade darin, daß er klein sein kann. Er muß nicht auf den hohen Sessel kommen und in den oberen Etagen sitzen. Gott will uns damit von unseren Macht- und Herrschaftsideen abbringen. Er zeigt, daß es eigentlich das Kleine ist, wenn ich über eine Menge gebieten kann und alles habe, was ich möchte – und daß es das Große ist, wenn ich in den Dienst der anderen getreten bin.

Eine ungeheure Provokation.

Dies anzunehmen ist und bleibt sicherlich immer eine Revolution. Sie ist nie einfach nur getan, weil sie immer wieder eine innere Umkehr verlangt – aber es ist die heilsamste und die wesentlichste Bekehrung, die es gibt. Nur wenn Macht von innenher geändert wird, wenn das Verhältnis zum Besitz sich von innen her ändert und wir die Lebensfigur Jesu annehmen, der mit seinem ganzen Sein der Gestus der Füßewaschung ist, dann kann eine Welt heil werden und können Menschen recht miteinander leben.

Ein Manifest.

Jesus stellt dar, was der Mensch sein sollte, wie er sein sollte, und worauf wir zugehen müssen.

11 Von der Wahrheit

In Ihrem Amt als Präfekt der Glaubenskongregation sind Sie für die Kirche der oberste Hüter der Wahrheit. Ihre Aufgabe ist es, die Wahrheit des Glaubens zu verteidigen. Weiß man denn immer so genau, was Wahrheit ist und was nicht?

Jeder einzelne muß ständig seine Fehlbarkeit vor Augen haben. Aber es ist doch auch nicht so, daß wir als gläubige Christen im Dunkel darüber herumtappen, was wir nun eigentlich glauben. Allmählich wird ja wirklich der Eindruck erweckt, daß eigentlich niemand so recht weiß, was wir genau glauben, und folglich könne sich auch jeder irgend etwas daraus aussuchen. Wenn dem aber so wäre, daß wir keine gemeinsame und erkennbare Identität mehr haben, wenn der Glaube jede Kontur verloren hat, dann hat das Christentum in der Tat jede Rechtfertigung eingebüßt. Es müßte dann zugeben, daß es bankrott gemacht hat und selber nicht mehr weiß, was es will.

Als Katholiken können wir sagen – die anderen werden Analoges auf ihre Weise sagen können –, daß sich seit den Anfängen von den Aposteln her inhaltlich eine Identität des Glaubens aussagt, die als solche auch in Worten formuliert wurde. Der hl. Paulus sagt bereits im 6. Kapitel des Römerbriefes: »Ihr seid in der Taufe in einen Typus von Lehre hinein übergeben worden.« Mit anderen Worten: Schon Paulus sieht eine inhaltliche Identität des Christlichen, in der sich das zusammenfaßt, was von Christus her (und das ganze Alte Testament einbegreifend) auf uns zugekommen ist. Diese Glaubens*formeln*, die laut Paulus den Taufvorgang tragen und definieren, haben sich sehr früh aus den Schriftworten selbst zum Glaubens*bekenntnis* entwickelt, und etwas weiter gefaßt zur Glaubens*regel*, die wirklich apostolische Ursprünge hat.

Haben wir hier die Identität des Glaubens?

Ja. Der Glaube ist gewiß im Laufe der Jahrhunderte weiter entfaltet und präzisiert worden, aber er hat sich damit nicht ins Unbestimmte verflüchtigt. Insofern muß man diesen Nivellierungsideen, diesen Vorstellungen einer Ungreifbarkeit des Glaubens entgegentreten. Der Glaube hat etwas zu sagen. Und da er beschreibbar ist, können wir auch Grenzen angeben. Wir können sagen, von wo an jemand ganz deutlich nicht mehr gläubig ist. Und wenn jemand es nicht mehr ist, nicht mehr sein kann, soll er den Mut haben, zu sagen: Ich kann in dieser Identität nicht mehr leben, sie nicht mehr als Wahrheit wahrnehmen und trenne mich davon. Aber der Nebel, in dem das Ganze zu einem undefinierbaren Gefüge von Gewohnheiten degeneriert, der nützt niemandem.

Ihr Bischofsmotto lautet »Mitarbeiter der Wahrheit«. Wie kamen Sie auf diesen Leitspruch?

Ich bin natürlich, wie es sich gehört, ein eifriger Leser der Heiligen Schrift, und auf dieses Wort, das mich irgendwie von Anfang an fasziniert hat, bin ich im 3. Johannesbrief gestoßen. Sein Sinn ist zunächst eher begrenzt. Wer die Boten des Evangeliums aufnimmt, der wird danach zu einem Mitarbeiter der Wahrheit. Und mit dem Aufnehmen der Boten arbeitet er bereits selber in dieser Welt mit.

Ich muß sagen, daß ich in den Jahrzehnten meiner Lehrtätigkeit als Professor die Krise des Wahrheitsanspruches bei mir selbst sehr stark empfunden habe. Meine Befürchtung war, daß es eigentlich Anmaßung ist, wie wir mit dem Begriff der Wahrheit des Christentums umgehen, ja, auch Respektlosigkeit den anderen gegenüber. Die Frage war, wieweit dürfen wir das noch gebrauchen?

Ich habe diese Frage sehr eingehend durchwandert. Letztlich konnte ich dann doch sehen, wenn wir von dem Begriff der Wahrheit abgehen, dann gehen wir gerade von den Grundlagen ab. Denn für das Christentum ist es von Anfang an charakteristisch, daß der christliche Glaube nicht primär Übungen oder Observanzen vermittelt, wie es in manchen Religionen der Fall ist, die wesentlich im Einhalten bestimmter ritueller Ordnungen bestehen.

Das Christentum tritt mit dem Anspruch auf, uns etwas über Gott und die Welt und uns selber zu sagen – und zwar was wahr ist und was uns Licht gibt. Ich bin von daher zu der Erkenntnis gekommen, daß wir in der Krise der Zeit, in der wir zwar eine Menge von Kommunikation in naturwissenschaftlicher Wahrheit haben, aber in der die eigentlichen Fragen des Menschen ins Subjektive abgedrängt sind, gerade die Suche nach der Wahrheit und auch den Mut zur Wahrheit wieder neu brauchen. Insofern ist in diesem Urwort, das ich mir als Motto gewählt habe, etwas von der Funktion eines Priesters und Theologen definiert, daß er nämlich versuchen soll, in aller Demut, in allem Wissen um seine eigene Fehlbarkeit, Mitarbeiter der Wahrheit zu werden.

Sohn Gottes

Irgendwann auf seiner Wanderung über Land und Dörfer hält Jesus plötzlich inne. »Für wen halten die Leute den Menschensohn?«, fragt er seine Jünger. »Na ja«, antworten sie, »einige für Johannes den Täufer, andere für Elija, Jeremias oder einen anderen Propheten«. »Und für wen haltet ihr mich?« will er nun wissen. Petrus sagt: »Du bist der Messias, der Sohn des lebendigen Gottes.« Jesus ist glücklich: »Selig bist du, Simon Barjona; denn nicht Fleisch und Blut haben dir das offenbart, sondern mein Vater im Himmel.«

In dieser Petrus-Geschichte wird ein deutlicher und wichtiger Unterschied gemacht: Was sagen die Leute – und was sagt ihr? Jesus spielt darauf an, daß es zweierlei Weisen gibt, ihn zu kennen. Jene Menschen, die vielleicht einmal einem Wunder, einer Predigt beigewohnt haben, die von ihm gehört haben, haben eine bestimmte Erkenntnis von ihm, sie rechnen ihn zu den Großen der Religionsgeschichte.
Das ist auch heute noch so. Man will ihn in einer der bekannten Kategorien unterbringen. Er sei einer der maßgebenden Menschen, sagt zum Beispiel der Philosoph Karl Jaspers, er sei einer der großen Propheten oder ein Religionsstifter, meinen andere. Jesus sagt, das ist also die Erkenntnis, die jene Leute haben, die mich letzten Endes aus zweiter Hand kennen. Was aber sagt ihr von mir? Das heißt, was sagen die, die ihn von innen her kennen?
Diese Szene ist laut Lukas im Zusammenhang mit dem Beten Jesu angesiedelt. Er macht damit deutlich: diejenigen, die ihn auch in seinem Austausch mit dem Vater kennen, die ihn in seinem Eigentlichen, in dieser innersten Beziehung kennenler-

nen, die können auch wirklich erkennen, wer er ist. Sie treten damit aus den allgemeinen Schemata heraus und entdecken die Einzigkeit und Einmaligkeit dieser Gestalt – dessen, der der Gesalbte Gottes ist, der Sohn des lebendigen Gottes. Diese Stelle, die bei den drei Evangelisten in jeweils anderen Versionen überliefert wird, war der Ausgangspunkt, aus dem sich das christliche Bekenntnis überhaupt entwickelt hat. Petrus wird sozusagen als der Vorbeter des Bekenntnisses angesehen und damit auch als derjenige, der hierfür mit einer besonderen Verantwortung ausgestattet ist.

Die Kirchenlehrer sagen über Jesus: »Gott von Gott, Licht vom Licht, wahrer Gott vom wahren Gott, eines Wesens mit dem Vater.«

Wenn wir die drei Evangelien vergleichen, dann können wir auch sehen, wie das Bekenntnis langsam wächst und sich in den weitergehenden Erfahrungen der Jünger und des Glaubens vertieft. Bei Markus heißt es zunächst: »Du bist der Messias«; bei Lukas: »der Messias Gottes«; bei Matthäus: »der Messias, der Sohn des lebendigen Gottes«.
Was soll damit gesagt sein? Hier klärt sich allmählich, daß Jesus nicht nur ein Messias ist, wie ihn die jüdische Erwartung sieht, sondern daß in ihm zwei Erwartungslinien zusammentreffen. Es gab einerseits die Erwartung eines neuen David oder eines neuen Mose, des großen Königs, des großen Gesetzgebers, der der Freund, der Vermittler Gottes ist, wie David und Mose es waren. Die andere Erwartung ist, Gott selbst werde eingreifen und die Sache mit der Welt in die Hand nehmen. Die Gestalt Christi bedeutet, daß diese beiden Linien ineinandermünden. Daß da ein Mensch ist, daß aber in diesem Menschen Gott selber eingreift.

Daß Jesus mit dem Wort »Sohn Gottes, Licht vom Licht, wahrer Gott vom wahren Gott, gezeugt nicht geschaffen« richtig geschildert ist, ergibt sich aus der Summe der ganzen Begegnung mit ihm, von der galiläischen Predigt angefangen, durch seine Botschaft, über den Prozeß vor dem jüdischen Gericht, in dem er ja mit der Frage konfrontiert wird, ob er wirklich Gott sei, bis in das Kreuz und in die Begegnung mit dem Auferstandenen hinein. Schon die jüdischen Obrigkeiten spüren, daß hier ein Anspruch vorliegt, der über alles bloß Menschliche hinausgeht und den sie daher als Gotteslästerung verstehen, vielleicht verstehen müssen. Und insofern begreifen sie ihn schon richtig. Jesus gibt ihnen ja auch recht. Er sagt, ja, ich bin es!

Von der Trinität

In Irland ist das Kleeblatt, weil es dem heiligen Patrick als Bild für die Heilige Dreifaltigkeit diente, das Nationalsymbol des Landes. Für Normalsterbliche, oder zumindest für Nicht-Iren, ist das schwer zu verstehen: Vater, Sohn und dann auch noch der Heilige Geist – drei Wesen, und doch wieder nur eines. Und sogar für Heilige wird es kompliziert. Es gibt ein Bild des Malers Pinturicchio, auf dem ein Bischof am Ufer einer Bucht steht, fragend die Hände hebt und irgendwie ins Leere schaut. Das Bild trägt den Titel: »Der hl. Augustinus am Meeresstrande über das Geheimnis der hl. Dreifaltigkeit nachdenkend.« Ist die Trinitätslehre lediglich aus einer Spekulation über Gott entstanden?

Einen Augenblick möchte ich doch bei Augustinus innehalten. Ich habe ja dieses Bild durch das Zeichen der Muschel in mein Wappen aufgenommen und wollte damit meine innere Zuneigung zu Augustinus ausdrücken.

Augustinus hat das große Werk über die Dreifaltigkeit geschrieben, ringend, und dann auch selber sich als versagend erkennend. Aus diesem Ringen hat sich die Legende geformt, er habe am Meer einen Buben gefunden, der sich eine Grube grub und mit der Muschel versuchte, den Ozean in seine Grube hineinzuschöpfen. Als er das sah, habe der Heilige innerlich folgendes wahrgenommen: So wenig der Ozean in diese Grube zu schöpfen ist, so wenig kann das Geheimnis Gottes in dein Gehirn hineingeschöpft werden, dazu ist es zu klein. Diese Legende ist, glaube ich, eine sehr zutreffende Aussage über unsere Grenze. Der Ozean geht eben nicht in die kleine Muschel unseres Denkens hinein, auch wenn es sich noch so ausweitet. Das ganz Andere Gottes bleibt uns unfaßbar.

Man sieht, nicht nur für normale Menschen, sondern auch für die gescheitesten ist dieses Geheimnis, daß Gott wirklich nur einer ist, und daß er dennoch in drei Personen, in dieser dreifachen Liebesbeziehung existiert, letzten Endes nicht auflösbar. Wichtig ist, daß der christliche Glaube beides festhält: Gott ist ein Einziger und ist höchste Einheit. Aber die allerhöchste Einheit ist dann eben nicht mehr die Einheit des Unteilbaren, sondern die Einheit, die durch den Dialog der Liebe entsteht. Gott, der Eine, ist zugleich Beziehung in sich selbst, und daher kann er auch Beziehung schaffen. Irgendwie können wir das als sinnvoll erahnen, auch wenn es sich für uns schlechterdings nicht auflöst.

Wie ist aber dann die Trinitätslehre überhaupt entstanden?

Aus dem Umgang mit Christus. Aus dem Tatbestand, daß der, der zu Gott *Vater* sagt und der sich als *der Sohn* bezeichnet – Christus bezeichnet sich eben nicht als »einen Gottessohn« –, sich als mit Gott identisch zeigt.

In der Folge sind viele Fragen gewachsen: Wie ist es denn nun eigentlich? Ist Christus nun *ein* Gott? Sind es zwei Götter? Ist er etwas ganz anderes? Hat er sich überhoben? Ist es überhaupt Wahrheit, was er sagt? So, und nun gibt es aber ein Erfahrungsdatum, nämlich den Dialog Jesu mit dem Vater, und hinzu kommt der Anspruch, der aus diesem Dialog Vater und Sohn heraus in seinen Worten auf seine Hörer zukommt, so daß uns hier einerseits Gleichheit, Einheit und Gottsein in der Einzigkeit Gottes begegnen, andererseits aber auch Differenz, Unterschiedenheit.

Hinzu kommt, daß Christus selber von dem Geist des Vaters spricht, der zugleich sein Geist ist. Daß diese Zweiheit Vater und Sohn noch das Weitere, den Heiligen Geist mit umfaßt, war natürlich noch viel schwerer zu verstehen. Christus war eine Person, die man erfahren konnte, der Geist ist sozusagen als Wirkung gegenwärtig, aber als Person für uns nicht so greifbar. Aus diesem Grund ist ja lange über seinen Personcharakter gestritten worden. Wenn aber Jesus vom Geist als dem »Parakleten« spricht, als dem Anwalt, den er uns gibt, als den Tröster, dann wird deutlich, daß er mit ihm in die gleiche Stufe gehört, und daß dieses Relations-Sein in Gott sich in dem dreifachen Gefüge Vater-Sohn-Geist ausdrückt.

Die Theologie hat in bewegenden, beeindruckenden Versuchen immer wieder die innere Stimmigkeit darzustellen versucht, daß erst die Dreiheit die Relation ganzmacht. Sie hat damit wesentliche Denkhilfen geboten, um bei aller Distanz unseres kleinen Grübchens doch etwas von dem Ozean sichtbar zu machen. Wesentlich also ist, daß die Trinitätslehre nicht erdacht worden ist, sondern Ergebnis einer Erfahrung ist. Sie entstammt der Begegnung mit dem, was Christus sagt und tut, und was im glaubenden, denkenden Umgeben mit diesen Worten und Taten dann allmählich formuliert werden konnte. Wir dürfen dabei nicht übersehen, daß schon ganz am Anfang die Tauformel steht: »Ich taufe dich im Namen des Vaters, des Sohnes und des Heiligen Geistes.« Diese Formulierung führt sich auf den Auftrag des Auferstandenen selbst zurück. Auch wenn deren Tiefgang noch nicht durchschaut ist, so prägt sie dennoch schon von Anfang an die Struktur des christlichen Betens und des christlichen Glaubens.

Vater unser

Das »Vaterunser« ist das einzige Gebet, das Jesus den Jüngern gelehrt hat, es ist seit 2000 Jahren wesentlicher Bestandteil jedes Gottesdienstes. Dieses Gebet umfaßt – genau wie das Credo, wie die Stämme Israels, wie die Apostel und wie die Sternenbilder am Himmel – die Gesamtzahl zwölf. In diesen zwölf Sätzen wiederum sind exakt sieben Bitten enthalten. Es muß ein großes Geheimnis darin liegen.

Daß es zwölf Sätze sind, ist mir nicht bewußt. Inwieweit das auch auf den griechischen Text zutrifft, ist noch eine andere Frage. Wenn das so ist, ist es auf jeden Fall eine interessante Struktur. Wir haben das Vaterunser ja in zwei Versionen, in der lukanischen und der matthäischen. Ich finde es sehr schön, daß in sieben Bitten die ganze Skala und auch die innere Rangordnung der Bitten ausgebreitet ist und jedes Wort seine eigene Tiefe hat.

Alleine das Wort *Vater,* mit dem wir uns in die Kindesbeziehung zu Gott hineinbegeben, ist unausschöpflich. Aber das Wort *unser* gehört nicht minder dazu. Nicht im »Ich«, sondern nur im »Wir« bin ich in dieser Kindschaft enthalten. Und so hat die Struktur dieses Gebetes einen Reichtum, der in den Auslegungen aller Jahrhunderte erst allmählich sichtbar gemacht worden ist.

Das Vaterunser wird offenbar nie alt ...

Es gibt unendlich viele Werke darüber, weil jeder sich darin auch ganz persönlich findet. Von daher gilt vom Vaterunser, was vom Wort Gottes, vom Credo der Christen überhaupt gilt: Es ist einerseits eine feste Gestalt – es ist immer das gleiche –, und doch ist es unerschöpflich und auch immer neu. Es führt immer weiter. Wir sind nicht einfach an eine Vergangenheit gekettet, in der nun nichts mehr Neues zu entdecken wäre, sondern es ist ein Land voller Entdeckungen, in dem jeder sich selber auch neu finden kann.

Und warum betet die Kirche dieses Gebet tagtäglich in ihrer Messe? Nur weil es Jesus vorgegeben hat?

Ich würde sagen, das ist ja schon Grund genug. Es ist das Urgebet, in dem wir uns am allermeisten mit ihm betend und in der richtigen Linie des Betens wissen. Gregor der Große meinte einmal in einem Brief, das *Vaterunser* ist in der Messe so wesentlich, weil es schließlich Christus selbst gemacht hat. Es sei über jedes Gebet, das vom Menschen komponiert worden ist, erhaben, auch über die liturgischen Gebete.

Im Vaterunser *heißt es an einer Stelle:* »*und führe uns nicht in Versuchung.*« *Warum aber soll ein liebender Gott uns in Versuchung führen wollen? Ist das ein Übersetzungsfehler? Frère Roger, der Gründer der Bewegung von Taizé, einer ökumenischen Ordensgemeinschaft in Frankreich, hat vorgeschlagen, man möge beten:* »*Und lasse uns nicht in Versuchung.*«

Daran wird ja viel herumgekaut. Ich weiß, daß Adenauer den Kardinal Frings bedrängt hat, das könne ja so, wie es da steht, nicht stimmen. Wir kriegen auch immer wieder Briefe in dieser Richtung. Das »führe uns nicht in Versuchung« ist in der Tat die wörtliche Übersetzung des Textes. Natürlich entsteht die Frage, was das eigentlich bedeutet?

Der Betende weiß, daß Gott ihn nicht ins Schlechte hineindrängen will. Er bittet Gott hier sozusagen um sein Geleit in der Versuchung. Der Jakobus-Brief sagt ausdrücklich, Gott, in dem kein Schatten von Finsternis ist, versucht niemanden. Aber Gott kann uns auf die Probe stellen – denken wir an Abraham –, um uns reifer zu machen, um uns mit unserer eigenen Tiefe zu konfrontieren, und um uns dann erst wieder vollends zu sich selber zu bringen. Insofern hat auch das Wort »Versuchung« verschiedene Schichten. Gott will uns nie zum Bösen anleiten, das ist klar. Aber sehr wohl kann es sein, daß er die Versuchungen nicht einfach von uns weghält, daß er uns, wie gesagt, durch Prüfung hilft und auch führt.

Wir bitten ihn jedenfalls darum, daß er uns nicht in Versuchungen geraten läßt, die uns ins Böse abgleiten lassen würden; daß er uns nicht Prüfungen auferlegt, die unsere Kräfte überschreiten würden; daß er die Macht nicht aus der Hand gibt, um unsere Schwachheit weiß und uns daher schützt, damit wir ihm nicht verlorengehen.

Klipp und klar: das Gebet bleibt, wie es ist?

Ich würde sagen ja. Es wäre nicht ganz verboten, sinngemäße Übersetzungen im Sinne von Roger Schütz und anderen Vorschlägen zu machen. Aber mir scheint doch, daß die Demut, es in der Wörtlichkeit zu lassen und sich in seine Tiefe hineinzubeten, das Bessere ist.

DAS VATER-SOHN-PRINZIP

»Keiner kennt den Sohn als der Vater, und keiner kennt den Vater als der Sohn«, heißt es im Evangelium nach Matthäus. Offensichtlich ist die Analogie der Gottvaterschaft so etwas wie der Schlüssel zum Verständnis der Generationen oder auch von Werden und Vergehen. Die Apostel nennen den Vater »Ursprung und Ziel aller Dinge«, nur in ihm könne sich der Mensch erkennen. Ist es eine Beziehung, die irgendwie als ein Prinzip ganz tief in das Leben eingraviert ist?

Zunächst scheint mir wichtig, die Einzigartigkeit dieses ganz speziellen Vater-Sohn-Verhältnisses herauszustellen. In dem Satz »niemand kennt den Vater, nur der Sohn, niemand den Sohn, nur der Vater«, drückt sich zunächst ein sehr allgemeines Gesetz des Erkennens aus. Es besagt, daß nur Gleiches von Gleichem erkannt werden kann. Wo keine innere Entsprechung zu Gott da ist, kann auch keine Gotteserkenntnis erfolgen. Gott kann im eigentlichen Sinne nur von sich selbst erkannt werden. Wenn infolgedessen dem Menschen Gotteserkenntnis zuteil wird, setzt das voraus, daß Gott die

Menschen in ein Verwandtschaftsverhältnis heraufzieht und daß so viel Ähnlichkeit mit ihm in den Menschen lebendig ist, daß nun Erkennen möglich wird. Und Jesus fährt dann fort: »Niemand kann es erkennen, außer wem du es offenbaren willst.« Mit anderen Worten: Erkenntnis geht nur in der Willensgemeinschaft auf.

Aber ist das Vater-Sohn-Verhältnis nicht auch exemplarisch für die menschliche Existenz?

Man kann es als solches ansehen. Es wird zunächst als ein Sprach- und Denkmodell gebraucht, damit wir wie durch ein fernes Fenster ein bißchen in Gott hineinschauen können – immer wissend freilich, wie das 4. Lateran-Konzil sagt, daß die *Un*ähnlichkeit Gottes mit unseren Dingen viel größer ist als alle Ähnlichkeiten. Aber andererseits könnte das Beziehungsfeld Vater-Sohn nicht zur Analogie dienen, um uns eine ferne Ahnung von dem inneren Geheimnis Gottes zu vermitteln, wenn es nicht seinerseits eine Spur Gottes in sich trüge. Dieses spezifische Verhältnis Vater-Sohn – das ein Verhältnis des Gebens, des Empfangens und des Zurückgebens ist – ist ein menschliches Urverhältnis. Wenn man von hier aus weiter philosophiert, wird man natürlich die ganze Frage der menschlichen Familie stellen, und dann stößt man unweigerlich auch auf Grenzen. Richtig ist jedenfalls, daß dieses ganz spezifische Beziehungsverhältnis so weit reicht, daß es als ausgestreckter Zeigefinger auch bis nach oben reichen kann.

Mit der Krise des Vaterseins in der modernen Zivilisation, dem Verlust der bisherigen Vaterrolle, ist auch der Autoritätsbegriff in eine Schieflage geraten. Es scheint allerdings, als habe man damit auch eine Unmenge an altem Wissen verges-

sen oder leichtfertig weggeschoben. Es war irgendwie unbequem geworden, den Überlieferungen weiter zu vertrauen. So hat man, um im Bild zu bleiben, gewissermaßen das Kind mit dem Bade ausgeschüttet.
Gott gab den Vätern die Sendung, hieß es einmal. Und in der Tat vollzieht sich in der Vater-Sohn-Linie seit jeher die Weitergabe des Erbes, die fast immer ein dramatischer Prozeß, ein Kampf ist, in dem bezähmt und geführt werden muß, in dem es Widerstand braucht, um wachsen zu können.
Erich Fromm hat den Unterschied zwischen Vater- und Mutterliebe einmal so dargestellt: Die Liebe der Mutter, sagt er, ist prinzipiell. Sie wird einem geschenkt. Sie ist quasi eine Art blinde Liebe. Und mit ihr ist auch keine moralische Verpflichtung verbunden. Die Liebe des Vaters hingegen ist bedingte Liebe. Sie ist eine Liebe, die man sich verdienen kann, wenn man versucht, nach den Regeln zu leben.

Das sind sehr tiefsinnige anthropologische Fragen. Wie geht die Weitergabe des Menschseins, der menschlichen Weisheit und Erfahrung vonstatten? Wie sind die Urbeziehungen Vater-Mutter-Kind, Vater-Sohn, Mutter-Tochter gelagert? Was sagen sie uns über das Geheimnis Gottes aus und was nicht? Ich würde zuallererst noch einmal unterstreichen, daß eine unendliche Unähnlichkeit in der Beziehung zu Gott besteht. Daß in dem Ähnlichen doch das ganz Andere erscheint, und wir daher mit Analogien, mit Anwendungen extrem vorsichtig sein müssen. Je mehr wir vom Menschen, von der Vater-Sohn-Beziehung, von der Mutter-Kind-Beziehung verstehen, desto mehr können wir darin dann auch etwas von Gott ahnen. Etwa, daß Gott auch eine Mutterliebe zu uns hat, obwohl – wie schon gesagt – das Wort »Mutter« nicht als Gebetswort auf ihn angewandt wird.

Was Sie nun von Erich Fromm zitiert haben, und was mir nicht bekannt war, finde ich sehr interessant und nachdenkenswert. Auf den ersten Anblick würde ich allerdings nicht allem zustimmen. Ich denke schon, daß in der Mutterliebe, die zunächst einfach ein natürlicher Affekt ist – sie hat ja dieses Kind in sich getragen, es ist ihr Fleisch und Blut –, nicht nur eine biologische Vorgabe von Zugewandtheit und von Liebe da ist. Sie trägt für dieses Kind auch die Verantwortung, daß ihm nicht nur Bios, sondern auch die zugehörige Liebe und damit der Weg des Menschseins gegeben werde.

Ich glaube, daß darin ein moralischer Anspruch bereits tief eingelassen ist. Menschliche Mutterschaft ist eben nie etwas bloß biologisches, sondern auch ein geistiger Vorgang. Die Mutter trägt das Kind in sich, sie gebiert es und muß sich dabei geistig mit dem Kind auseinandersetzen. Es ist ein Vorgang, an dem sie in ihrer Ganzheit beteiligt ist.

Die Vater-Sohn-Beziehung ist zweifellos anders und komplizierter. Ein Theologe hat gesagt, heute müsse man die Geschichte vom verlorenen Sohn durch die Geschichte vom verlorenen Vater ergänzen. Väter gehen oft ganz im Beruf auf und sind mehr auf ihr Werk als auf ihr Kind, mehr auf die Leistung als auf die Gabe und die in ihr liegende Aufgabe bezogen. Aber der Ausfall des Vaters schädigt im Innersten auch die Söhne. Wenn wir auf die heidnischen Mythologien schauen, so ist zum Beispiel der Gott-Vater Zeus als launisch, unberechenbar, selbstherrlich dargestellt: Der Vater verkörpert da zwar Macht und Autorität, der aber nicht die nötige Verantwortung, die Bändigung der Macht durch das Recht und die Güte entspricht. Ganz anders erscheint uns der Vater schon im Alten Testament und noch mehr in Jesu Rede vom Vater: Hier entsprechen sich Macht und Verantwortung; hier tritt uns das Bild der recht geordneten und mit der Liebe eins gewordenen Macht entgegen, die nicht durch die Furcht herrscht, sondern Vertrauen schafft. Das Vatersein Gottes bedeutet eine Zuwendung zu uns, unser inneres Angenommensein durch Gott, so daß wir ihm in kindlicher Liebe zugehören können. Sein Vatersein bedeutet gewiß, daß er die Maßstäbe setzt und uns auch korrigiert, mit einer Strenge, die Liebe ist und die immer auf Vergebung angelegt bleibt. Die Geschichte vom verlorenen Sohn ist wohl auch die eindringlichste Darstellung des Bildes von Gott dem Vater, die wir im Neuen Testament aus dem Munde Jesu besitzen.

Insofern werden hier unsere menschlichen Vater-Erfahrungen korrigiert, ihnen wird ein Maß gesetzt. Das Bild von Gott dem Vater, wie es in der Bibel erscheint, ist nicht eine Projektion unserer Erfahrungen nach oben, sondern umgekehrt: Von oben her wird uns ganz neu gesagt, was Vater eigentlich ist und auch unter den Menschen sein könnte und sollte.

12 Vom Leben

Ich glaube, jeder würde gerne wissen, wie Leben richtig geht, wie es funktioniert, wie es gut läuft, wie man gut damit zurechtkommt und wirklich ein gutes Gefühl hat. Der große Schauspieler Cary Grant hat seiner Tochter Jennifer vor seinem Tod einen bewegenden Abschiedsbrief hinterlassen. Er wollte ihr noch einige Empfehlungen mit auf den Weg geben. »Liebste Jennifer«, schrieb er darin, »lebe dein Leben voll, ohne selbstsüchtig zu sein. Sei maßvoll, respektiere die Mühe anderer. Strebe nach dem Besten und gutem Geschmack. Behalte einen reinen Verstand und sauberes Benehmen.« Und weiter: »Sei dankbar für die Gesichter guter Menschen und die süße Liebe hinter ihren Augen ... Für Blumen, die im Winde tanzen ... Ein kurzer Schlaf noch, und ich wache für Ewigkeiten auf. Wenn ich nicht erwache, wie wir es verstehen, dann lebe ich in dir, liebste Tochter, fort.« Hört sich irgendwie katholisch an.

Es ist jedenfalls ein sehr schöner Brief. Wie katholisch er nun war oder nicht war, weiß ich nicht. Es ist freilich der Ausdruck eines Menschen, der weise geworden ist, und der den Sinn für das Gute empfangen hat und es weiterzugeben versucht, und zwar in einer wunderbaren Liebenswürdigkeit.

Das Leben des Menschen

Wenn wir das Leben des Menschen von großer Distanz aus betrachten – was ist es dann? Ist das Leben grundsätzlich mehr ein Spiel, das gespielt sein will? Ist es wie eine Feder im Wind? Abhängig von Trieben, von Gewalten, von der Herkunft eines Menschen, von dem Stich einer Malariafliege, der es aus der Bahn werfen kann? Oder ist der Lebenslauf von uns allen vielleicht sogar längst festgelegt? Wie ein Fahrplan meinetwegen, den Gott in seinem unerforschlichen Ratschlag vor langer Zeit in sein geheimes Buch des Lebens *eingeschrieben hat? Michelangelo sagte es so: »Die Figur ist längst im Stein. Ich schlage nur das Überflüssige weg.«*

Sie haben da ein reiches Programm in diese Frage hineingepackt. Ich glaube, wenn wir fragen »Was ist das Leben?«, dann ist wichtig, zuallererst die Vielschichtigkeit dieses Begriffes wahrzunehmen.
Zunächst ist Leben etwas Biologisches. Es tritt schließlich aus dem Anorganischen heraus und beschreibt dann eine neue Ebene von Wirklichkeit. Als eines der Hauptkennzeichen dafür, daß nun Leben da ist, wird die Fähigkeit der Selbstreproduktion und das Selbstfunktionieren eines Mechanismus hingestellt, der dann eben keine Maschine ist, sondern ein Organismus. Wir haben also zunächst die Schicht des Biologischen, die in den einfachsten Einzellern anfängt und sich in immer höhere und kompliziertere Formen entwickelt, so daß es auch immer großartiger, geheimnisvoller und reicher wird.
Beim Menschen kommt eine neue Schicht hinzu. Es ist der Geist, der lebt und Leben ist. Der Geist verschmilzt sich mit

der biologischen Existenz und gibt damit dem Leben eine weitere Dimension.

Der christliche Glaube ist zudem davon überzeugt, daß uns noch eine weitere, neue Schicht widerfährt, und zwar in der Begegnung mit Christus. Wir können sie bereits vorahnen in dem Vorgang der menschlichen Liebe: Hier tritt immer dann, wenn ich geliebt werde, durch das Du des anderen eine weitere Schicht in die Dynamik des Geistes herein. Ähnliches geschieht, wenn sich durch Christus Gott selbst mir zuwendet und dadurch mein Leben ein Mitleben mit dem schöpferischen Urleben selbst wird.

Das heißt, Leben hat vielfältige Stufen.

Und es empfängt seine höchste Stufe, wo es Mitleben mit Gott wird. Genau darin beruht ja auch die Kühnheit des menschlichen Abenteuers. Der Mensch kann und soll die Synthese dieser ganzen Stockwerke der Schöpfung sein. Er kann und soll in den lebendigen Gott hineinreichen und ihm das, was von ihm kommt, wieder neu zuspielen. Wir sagten bereits, daß in die Dynamik eines jeden Lebens der Faktor Freiheit hereintritt, und dieser Faktor ist der totalen Vorherbestimmung entgegengesetzt.

Vom christlichen Gottesbild her gibt es für das Leben keine starre Fixierung. Denn dieser Gott ist so groß und so sehr Herr des Ganzen, er ist von seinem Wesen her so sehr Liebe zur Freiheit, daß er das Selbstverfügen in das Leben des Menschen hineingeben kann. Auch wenn er dieses Leben immer in Händen hält und umfaßt und trägt, so ist doch die Freiheit nicht nur eine Fiktion. Sie geht sogar so weit, daß selbst das ganze Projekt Gottes vom Menschen zerstört werden kann. Wichtig ist, daß sich Leben in diesen unterschiedlichen

Schichten zuträgt. Durch die oberen Schichten reicht es schließlich über den Tod hinaus in die Ewigkeit hinein. Der Tod allerdings ist in der Tat das notwendige Geschick alles bloß organischen Lebens.

Wenn Freiheit mehr ist als nur ein Wort, wie kriege ich dann mein Leben wirklich auf die Reihe? Wie bewältige ich mein Lebensrad, all die für ein Leben so wichtigen Stationen, Passagen und Scheidewege? Wann gelingt ein Leben? Kann man das von der Lehre Christi her überhaupt sagen? Muß es aussehen wie das von Mutter Teresa?

Das ist eine Möglichkeit. Aber wenn wir uns, sagen wir, die große Galerie der Heiligen, oder überhaupt die Galerie der großen Menschen mit einem gelungenen Leben vorstellen, dann sehen wir, daß die Berufungen vielfältig sind. Nicht jeder muß eine Mutter Teresa sein. Auch ein großer Wissenschaftler, ein großer Gelehrter, ein Musiker oder ein ganz schlichter Handwerker, ein Arbeiter können ein gelungenes Leben darstellen, Menschen, die ihr Leben redlich und treulich und demütig leben ...

Klingt erneut ein wenig altmodisch ...

Das mag vielleicht so klingen, aber man wird gerade darin ein erfülltes Leben finden, ob gestern, heute oder morgen. Jedes Leben hat seine eigene Berufung. Es hat seinen eigenen Code und seinen eigenen Weg. Keines ist nur eine Nachahmung, herausgestanzt unter einer Fülle von gleichartigen Exemplaren. Und jeder braucht auch den schöpferischen Mut, sein Leben zu leben und sich nicht zu einer Kopie von einem anderen zu machen.

Wenn Sie sich das Gleichnis von dem faulen Knecht ansehen, der sein Talent vergräbt, damit ja nichts damit passiert, dann ist das, was ich meine, darin ausgesagt. Er ist ein Mensch, der das Risiko nicht eingehen will, sein Leben in seiner Originalität zu leben und es zu entfalten; es auch den Gefährdungen auszusetzen, die damit notwendig eintreten.
In diesem Sinn gibt es die Vielfalt der Berufungen. Ich hatte in unserem ersten Buch »Salz der Erde« gesagt, es gibt so viele Wege zu Gott, wie es Menschen gibt. Hier müßte man hinzufügen: Es gibt so viele Wege des erfüllten Lebens, wie es Menschen gibt.

Ist der Mensch dann sozusagen eine leere Kreativität?

Nein, dies alles heißt nicht, daß wir ratlos in den Ozean des Unbestimmten hinein entworfen sind, wie das zum Beispiel Sartre sagt. Sartre meint, Freiheit ist eine Verdammung. Die Kuh braucht nicht nachdenken, wie sie das Kuhsein macht, der Mensch aber muß sich selber erfinden. So ist es nun auch wieder nicht, daß der Mensch aus dem Nichts, ohne Entwurf herauf in das Leben müßte.
Es gibt die Grundmuster. Jeder einzelne Mensch versucht, irgendwo Auskunftsinstanzen zu finden, um zu fragen, wie hast *du* es gemacht, wie hat *der* es gemacht, wie könnte *ich* es machen? Wie kann ich überhaupt mich selbst und meine Möglichkeiten erkennen? Wir sind überzeugt, daß die grundlegende Auskunftsinstanz Christus ist. Er gibt uns einerseits die großen, gemeinsamen Grundlinien und tritt mit uns andererseits aber auch in ein so persönliches Verhältnis, daß wir mit ihm und in der Gemeinschaft der Glaubenden unsere Originalität erlernen können – und Originalität und Gemeinschaft sich dann versöhnen.

Früher wollten die Menschen ganz einfach rechtschaffene Leute sein und ihre Existenz einigermaßen gesichert haben. Das genügte. Es gab eine Zeit, den Acker zu bestellen, eine Zeit zum Säen und auch eine Zeit zum Ernten. Und wie das Leben funktioniert, stand ja in der Bibel. Heute scheint alles viel komplizierter geworden zu sein. Der bisherige rote Faden eines Lebens jedenfalls, der Lebensplan, der bislang so etwas wie Identität bildete, läßt sich immer schwerer spinnen.

Daß das Leben in unserer komplizierten Gesellschaft komplizierter geworden ist, scheint mir unbestreitbar zu sein. Trotzdem sollten wir jetzt nicht das Kind mit dem Bade ausschütten und die Konstanten gleichsam als inexistent betrachten. Wir haben ja schon über die Zehn Gebote meditiert, die sich zwar jeder Generation und jedem einzelnen Leben immer wieder neu erschließen müssen, die aber doch eine unverwechselbare und klare Botschaft enthalten.

Es wäre zu wiederholen, daß das Christentum nun nicht ins Formlose entschwindet und keine Aussage mehr machen würde. Gerade das Christentum hat eine Kontur, die einerseits weit genug ist, um der Originalität den Entwicklungsraum zu öffnen – und die ihr andererseits aber auch die Maßstäbe setzen kann, durch die diese Entwicklung möglich ist. Gerade in einer verworrenen und komplizierten Welt sollen und dürfen wir um so mehr auf die großen Konstanten der Rede Gottes setzen, um weiterhin den roten Faden zu finden. Denn wenn man es nicht tut, wird die nihilistische Kreativität des einzelnen in Wirklichkeit sehr bald zu einer Kopie, die sich den allgemeinen Maßstäben unterwirft, und die nur das tut, was eben die Zeit und ihre Möglichkeiten anbieten.

Wenn man die spezifische Botschaft des Glaubens wegläßt,

werden wir nicht origineller, sondern nur, je nach den Moden der Zeit, immer mehr hinunter uniformiert. Diese Uniformierung erleben wir ja in der Uniformität modernen Daseins sehr deutlich. Deswegen glaube ich, ist es heute wichtiger denn je, zu sehen, daß die Konstanten der Offenbarung und des Glaubens auch weiterhin eine Wegweisung sind, die mir die Haltepunkte geben, an denen ich nach oben kommen kann, und die mir zugleich das Licht schenken, um meine ganz persönliche Berufung entfalten zu können.

DAS JESUS-PRINZIP

Jesus wollte den Menschen immer wieder den Weg zeigen; die richtigen Haltepunkte für ein gelungenes Leben, von denen Sie gesprochen haben. Einmal stieg er auf einen Berg, und seine Bergpredigt hat gewissermaßen ein neues Kapitel eröffnet. Die Wirkung jedenfalls muß schon damals umwerfend gewesen sein. Es heißt: »Als Jesus diese Rede beendet hatte, war die Menge sehr betroffen von seiner Lehre; denn er lehrte sie wie einer, der göttliche Vollmacht hat und nicht wie ihre Schriftgelehrten.«

Die Bergpredigt hat sicher einen symbolischen Ort. Jesus stellt sich hier als der neue Mose dar. Und an die Stelle des Berges Sinai tritt nun dieser Berg der Seligpreisungen als jene neue Höhe, von der aus er dem Menschen Weisung gibt. Er lehnt sich dabei zunächst an die Struktur des Dekalogs an, aber er vertieft ihn auch, erneuert ihn, gibt ihm in der Bergpredigt eine neue Weite, einen neuen Anspruch. Mehr noch, er bricht in eine neue Stufe der Humanität durch, die dadurch möglich ist, daß Gott sich den Menschen verbindet.

Jesus erklärte öffentlich: »Ich habe meine Lehre nicht von mir, sondern von dem, der mich gesandt hat. Wer den Willen Gottes tut, der wird an sich erfahren, ob diese Lehre von Gott ist, oder ob ich aus mir selber rede.«

Er stellt sich nicht nur mit Mose auf eine Ebene, was für die Hörer sicher schon nicht ganz leicht zu verkraften gewesen war, sondern mit dem eigentlichen Gesetzgeber, Gott selber. Jesus legt mit göttlicher Vollmacht aus. »Euch ist gesagt worden«, das heißt »Gott hat euch gesagt«, so spricht er, und weiter: »Ich aber sage euch.« Insofern ist die Bergpredigt in vieler Hinsicht der stärkste Ausdruck seines gottheitlichen Anspruchs; seines Anspruchs, daß nun nicht mehr durch menschliche Vermittlungen hindurch, sondern von Gott selber das alttestamentliche Gesetz seine tiefste Auslegung und seine universale Geltungsweise erfährt.

Die Menschen spüren das. Und sie spüren auch, sagen wir, den Doppelaspekt der Bergpredigt sehr stark, daß diese Botschaft einerseits eine neue Innerlichkeit, eine neue Reife und Güte, eine Befreiung vom Oberflächlichen und Äußerlichen mit sich bringt, aber zugleich auch eine neue Größe des Anspruchs. Und dieser Anspruch ist dabei sogar so groß, daß er den Menschen, wenn er allein gelassen wird, gleichsam erdrücken muß.

Wenn nun gesagt wird: Ich sage euch nicht mehr bloß, du darfst die Ehe nicht brechen, sondern du darfst die Frau nicht einmal begierlich anschauen; wenn gesagt wird: du sollst nicht nur nicht töten, sondern du darfst dem andern nicht einmal zürnen; und wenn gesagt wird: es reicht nicht Auge

um Auge, Zahn um Zahn, sondern im Gegenteil, dem, der dich auf die Wange schlägt, halte die andere hin – dann werden wir mit einem Anspruch konfrontiert, der zwar eine Größe hat, die Bewunderung hervorruft, der aber den Menschen auch zu überfordern scheint. Der ihn zumindest überfordern müßte, wenn er nicht in Jesus Christus zunächst durchgelebt wäre und das Ganze nicht eine Folge der persönlichen Begegnung mit Gott wäre. Wir sehen darin tatsächlich die göttliche Vollmacht. Daß er nicht einer der Boten ist, sondern der Endgültige, in dem Gott sich selber äußert.
Die Stelle bei Johannes, die Sie zitiert haben, faßt dies alles noch einmal in einer Formel zusammen. Du mußt es experimentieren, will sie uns sagen, und wenn du mit meinem Wort lebst, dann wirst du sehen, daß du den richtigen Weg gegangen bist.

Die Bergpredigt entspricht nicht unbedingt den herkömmlichen Vorstellungen. Sie widerspricht sogar unserer Definition von Glück, von Größe, von Macht, von Erfolg oder Gerechtigkeit. Jesus geht es offensichtlich um andere Kategorien. Und am Ende seiner Rede gibt er seinem Publikum noch eine Zusammenfassung dessen, was wirklich wichtig ist, quasi ein Gesetz der Gesetze, die Goldene Regel des Lebens. Sie lautet: »Alles, was ihr also von den anderen erwartet, das tut auch ihnen! Darin besteht das Gesetz und die Propheten.«

Die Goldene Regel gab es ja auch schon vor Christus, allerdings in der negativen Weise: »Was du nicht willst, das man dir tue, das füge auch keinem anderen zu.« Jesus übersteigt das in der positiven Formulierung, die natürlich weit anspruchsvoller ist. Alles, was du willst, daß man dir tue, sagt er nun, das tue auch andern. Damit wird sozusagen die schöpfe-

rische Phantasie der Liebe herausgefordert. Insofern wird diese Regel zum *Gesetz der Freiheit,* wie der Jakobus-Brief die Bergpredigt, die Botschaft Jesu insgesamt, zusammenfaßt. Weil damit letztlich ein unendlich weiter Raum eröffnet ist, indem die Kreativität des Guten sich entfalten kann.
Ich glaube, das Großartige daran ist, daß man nicht wieder mißt, wer hat wann wem alles wie getan; daß man sich nicht mehr in Unterscheidungen verquert, sondern daß man sieht, was uns im wesentlichen aufgetragen ist: nämlich die Augen aufzumachen, das Herz aufzumachen und schöpferische Möglichkeiten des Guten zu finden. Es geht nicht mehr darum, zu fragen, was ich mir wünschte, sondern das, was ich mir wünschte auf den anderen hinüberzutragen. Und dieses wirkliche Sich-Geben mit all seiner schöpferischen Phantasie, mit all den Möglichkeiten, die sich einem eröffnen, ist in eine ganz praktische Regel gefaßt, damit es nicht irgendein idealistischer Traum bleibt.

Die große Bergpredigt beginnt mit den Seligpreisungen. Es sind interessanterweise gerade neun. Die Zahl neun wiederum gilt auch als die Zahl der Engel, weil deren Welt in neun Ordnungen geteilt ist. Und sie ist auch ein Symbol der Vollendung.

Diese Seligpreisungen sind ein Text ganz besonderer Art, weil sie von unseren Maßstäben so stark abweichen. Nicht die Reichen werden als selig benannt – es gibt eben einen Unterschied zwischen selig und glücklich –, sondern die Armen; und nicht die Leidlosen, sondern die Leidenden. Der Hunger nach der Gerechtigkeit ist darin gefaßt, das reine Herz, und vieles mehr.
Der Papst hat in einer seiner Enzykliken gesagt, daß die Selig-

preisungen eigentlich eine stille Autobiographie Jesu sind. Die einzelnen Stücke der Seligpreisung finden wir tatsächlich in ihm verwirklicht. Er ist der, der arm ist im Heiligen Geiste. Er ist der, der aus den Armen kommt. Er ist der, der sich um die Gerechtigkeit der anderen müht. Er ist der, der Frieden stiftet. Er ist der, der um der Wahrheit willen leidet. Ich glaube, daß wir die Seligpreisungen erst dann richtig verstehen, wenn wir sie von der Person Christi her verstehen. In ihm sind sie gelebt, und durch ihn hindurch werden sie dann auch zu Wegweisungen für uns. Wobei die einzelnen Berufungen selbstverständlich verschieden sind. Für den einen kann das eine, für den anderen das andere im Vordergrund stehen. Wichtig ist, sie inkarniert in der Gestalt Christi zu lesen, und sie dann auch lebbar zu finden in der Nachfolge.

Kann man davon ausgehen, daß jeder der Sätze in diesen Seligpreisungen ein Schlüssel zu einem jeweils ganz besonderen Geheimnis ist?

Ja, nur sollte man es nicht in einem esoterischen Sinn auffassen. Es ist eher ein Schlüssel ins Leben hinein, und dann tun sich freilich Geheimnisse auf, die sich vorher nicht geklärt haben. Es handelt sich weniger um eine okkulte Form von Aufklärung oder um verschlüsselte Mitteilungen. Es ist ein Einblick ins Leben, und jeder dieser einzelnen Einstiege eröffnet im Mitgehen auch Verstehen und Erkenntnis.

Von den echten und den falschen Sorgen

Kommen wir zu einigen »Ausführungsbestimmungen« in der Bergpredigt. Einmal ist hier wörtlich die Rede von den echten und den falschen Sorgen. Jesus sagt, man solle sich nicht sorgen um Essen oder Kleidung, denn das Leben sei wichtiger als Nahrung und Anziehsachen. Um all das gehe es nur den Heiden. Der himmlische Vater wisse schon, was seine Kinder alles brauchen: »Seht euch die Vögel des Himmels an«, rät er, »sie säen nicht, sie ernten nicht und sammeln keine Vorräte in Scheunen; euer himmlischer Vater ernährt sie. Seid ihr nicht viel mehr wert als sie?«
Hört sich gut an, aber wer es befolgt, würde vermutlich wirklich bald ins Gras beißen.

In einer Welt, die auf Zukunftsplanung aufgebaut ist und die durch Vorsorge, also durch Sorge, die Welt bessermachen will, ist das natürlich total unverständlich geworden. Man muß den Text, denke ich, sehr genau lesen. Und dann gibt es darin dann doch einen Schlüssel. Jesus sagt ja auch: Sucht zuerst das Reich Gottes, dann wird euch das andere dazugegeben. Das heißt, es gibt eine Prioritäten-Rangfolge. Wenn wir die Priorität, nämlich die Anwesenheit Gottes in der Welt, ausklammern, dann können wir noch so viel machen, auch viel Nützliches tun, aber irgendwie zerfällt es uns doch unter der Hand. Und wir sehen es ja auch, daß irgendwas fehlt. Wenn die technischen Verbesserungsbemühungen der Welt auch viele Erleichterungen bringen, so machen sie doch das Leben in vieler Hinsicht auch dunkler und schwerer.
Ich glaube, es kommt auf diese Priorität an: zuerst das Reich Gottes. Dies muß die grundlegende Sorge sein, die dann die

anderen Sorgen von innen her, vom Reich Gottes her, strukturiert. Natürlich wachsen uns nicht einfach die Flügel. Wir sorgen uns um den nächsten Tag, wir müssen auch dafür sorgen, daß die Welt richtig weitergehen kann. Aber diese Sorgen werden freier und weniger belastend, wenn sie in die Priorität hineingebunden werden. Und umgekehrt, sie verbrauchen den Menschen und fressen ihn auf, wenn er von dieser Priorität nichts mehr sieht.

Vom Richten

Einmal sagt Jesus hoch oben auf dem Berg: »Richtet nicht, damit ihr nicht gerichtet werdet! Denn wie ihr richtet, so werdet ihr gerichtet werden, und nach dem Maß, mit dem ihr meßt und zuteilt, wird euch zugeteilt werden.« Das sagt sich so leicht. Aber müssen wir nicht auch richten?

Das ist auch nicht bestritten. Jesus selber hat ja nach Matthäus 18 den Kern einer Gemeindeordnung gegeben, indem er etwa sagt, man solle jemanden zunächst unter vier Augen zurechtweisen und dann im größeren Kreis, und so fort. Ordnungen, und damit auch Rechtsordnungen, sind dem Menschen notwendig. Hier geht es um eine andere Ebene, nämlich darum, daß wir uns nicht zur Instanz des Weltgerichtes machen, sondern daß wir gerade im Urteilen über den anderen auch dessen Geheimnis respektieren müssen. Auch wenn die Justiz es um der Ordnung willen tun muß – sie verurteilt dann ja nicht die Person, sondern bestimmte Taten und versucht, darauf die geeignete Antwort zu finden –, sollten wir stets das Geheimnis respektieren, daß da etwas Vorbehaltenes ist, über das nur Gott richten kann.

Der zweite Satz bei dieser Maßgabe setzt ja dann auch voraus, daß wir auch immer daran denken müssen, daß auch wir gerichtet werden, und daß wir nach dem Maß gerichtet werden, das wir selber angewendet haben. Insofern mahnt es dazu, das richtige Maß zu haben, die richtige Grenze, den richtigen Respekt vor dem anderen zu sehen. Jesus gibt uns also einen inneren Maßstab des unerläßlichen Richtens vor. Er liegt darin, immer auch diese letzte Grenze der Vorbehaltenheit Gottes anzuerkennen.

VON DEN ZWEI WEGEN

Einmal sagt Jesus: »Geht durch das enge Tor! Denn das Tor ist weit, das ins Verderben führt, und der Weg dahin ist breit, und viele gehen auf ihm. Aber das Tor, das zum Leben führt, ist eng, und der Weg dahin ist schmal, und nur wenige finden ihn.«

Da könnte man ableiten, daß die Hölle ganz voll ist und der Himmel halb leer. Aber das ist hier sicher nicht gemeint. Der Herr sagt uns an anderen Stellen – wir müssen eben immer alle Worte zusammen lesen, dieses Grundgesetz taucht hier erneut deutlich auf –, daß viele von Ost und West kommen werden, und daß sie mit Abraham, Isaak und Jakob zu Tische sitzen werden. Die Apokalypse berichtet in ihrer Vorausschau von der unzählbaren Menge, die um den Thron des Lammes versammelt ist. Hier ist eigentlich eine ganz pragmatische Warnung gemeint: Wenn man das tut, was *man* tut, was alle machen, wenn man den Weg der Bequemlichkeit, den breiten Weg geht, dann ist das im Augenblick sicherlich angenehmer, aber man geht von dem wirklichen Leben weg. Will sagen, der mühsame, der schmale Weg und das schmale Tor, durch das ich mich hindurchzwänge, das ist dann die richtige Entscheidung.

Wir haben hier ein Bildwort mit seiner ganzen orientalischen Drastik, das eine Grundregel im täglichen Verhalten deutlich macht. Das bloße Sichtreibenlassen, das bloße Mitschwimmen mit dem Strom, das in der Masse sich Untergehenlassen, führt uns danach immer nur wieder in die Masse und dann ins Leere hinein. Der Mut des Aufstiegs, der Mühsal, der ist es, der mich auf den richtigen Pfad bringt.

Von den falschen Propheten

Christus sagt: »Hütet euch vor den falschen Propheten; sie kommen zu euch wie (harmlose) Schafe, in Wirklichkeit aber sind sie reißende Wölfe. An ihren Früchten werdet ihr sie erkennen. Erntet man etwa von Dornen Trauben oder von Disteln Feigen? Jeder gute Baum bringt gute Früchte hervor, ein schlechter Baum aber schlechte.« Das klingt wie eine Anweisung gegen Sekten und Häresien.

So kann man es auch hören. Auch das ist zunächst eine einfache Regel. Es war ja gerade dies eine Zeit vielfacher Wanderphilosophen, Quacksalber, Erlösergestalten. Sie alle versprachen das Heil und den richtigen Weg, wollten den Menschen schöntun und scheinbar das Gute und das Richtige bringen, und doch ging es ihnen oft nur um den eigenen Gewinn. Sie sind reißende Wölfe, die zerstören.

Vor diesen »Quacksalbern des Heils« warnt Jesus. Er sagt, der Maßstab ist: Wie lebt er denn selber? Wer ist er eigentlich? Welche Frucht bringt er, und welche Frucht entsteht in seinen Zirkeln? Prüfe das, dann siehst du schon, worauf es hinausläuft. Dieser in den Augenblick hineingesprochene praktische Maßstab reicht aber wieder in die große Perspektive der Geschichte hinein. Denken wir an die Heilsprediger des vergangenen Jahrhunderts, ob es nun Hitler ist oder ob es marxistische Heilsprediger sind, die alle kommen und sagen, wir bringen euch jetzt das Richtige. Sie treten in gewisser Hinsicht wie fromme Schafe auf und sind letztlich die großen Zerstörer.

Aber es reicht noch weiter, es betrifft auch die vielen kleinen Heilsprediger, die falschen Propheten, die jedem sagen, ich habe den Schlüssel, so sollst du es machen, dann wirst du möglichst schnell glücklich, reich und erfolgreich. Jesus fordert uns denen gegenüber zum Geist der Unterscheidung, zur Vorsicht vor solchen Heilsversprechungen auf. Nicht hereinzufallen, sondern die Wachheit der Vernunft, die Nüchternheit zu bewahren, und sich nicht für irgendwelche Bewegungen, die schön ausschauen und am Ende ins Leere münden, oder die in Zerstörungen ausgehen, fangen zu lassen. Vor allen Dingen will er, daß wir immer wieder nach den Konstanten des Gotteswortes, nach den Früchten fragen.

Gilt das auch für Bewegungen innerhalb der Kirche?

Das gilt immer, daß die Früchte ein Maßstab sind. In der Kirche wird man vor allen Dingen danach schauen müssen, ob jemand nur sich selber verkündigt, mir seine privaten Ansichten aufdrängen will. Oder ob er die Demut hat, sich in den Dienst des Glaubens der Kirche zu stellen und zum Diener des gemeinsamen, des einen Wortes zu werden.

Es gibt in der Bergpredigt noch viele solcher Lebenshilfen. Einen letzten Satz hieraus möchte ich gerne noch anfügen. Jesus sagt etwas, was schwer zu verstehen und noch schwerer zu befolgen ist: »Liebt eure Feinde und betet für die, die euch verfolgen.« Und dann heißt es weiter, Gott lasse »seine Sonne aufgehen über Bösen und Guten, und er läßt regnen über Gerechte und Ungerechte«.

Die Feindesliebe ist wirklich ein großer, neuer Schritt. Hier wird der Geist der Rache von uns weggenommen. Wir sollen im Feind den Menschen, das Geschöpf Gottes, erkennen. Das bedeutet nicht, daß wir das Böse wehrlos an uns ergehen lassen müssen. Wohl aber, daß wir in unserem eigenen Tun diesen tieferen Respekt vor ihm wahren. Daß wir versuchen, auch für den Feind das Gute zu erreichen, ihn zu dem Guten zu bringen, letzten Endes auf Christus hin zu orientieren. In diesem Sinn ist das Gebet für ihn bereits eine grundlegende Komponente, durch die wir ihm wohltun. Indem wir vor Gott positiv für ihn einstehen und darum ringen, daß er nicht mehr Feind sei, sondern daß er aus der Haltung der Feindschaft heraustrete, verändern wir bereits unser inneres Verhältnis zu ihm.

Den Hinweis auf einen Gott, der großzügig auch den Bösen die Gaben der Schöpfung zuteilt, gibt es auch in der Antike. Er wird dort zum Teil als ein Beispiel für die Gleichgültigkeit Gottes gegenüber Gut und Böse verwendet. Jesus hebt ihn auf eine andere Ebene, indem er darin die weitreichende Güte

Gottes zeigt, der jeden ins Gute hineinbringen möchte, jedem die Chance gibt, jeden mit dem Guten versorgt. Und auch da, wo er uns sozusagen züchtigt, tut er es, damit wir Hörende werden. Er als der Schöpfer kann ja gar nicht anders, als die Seinigen zu lieben und zu wünschen, daß sie den Weg finden. Für ihn ist jede Art von Rache völlig undenkbar.

Wenn man nun an diesem Berg gesessen und Jesus zugehört hat und alles bedacht hat, und wenn man ein wenig erschöpft, aber auch glücklich ist, wenn man nun weiß, wir stammen nicht von dieser Welt und wir bleiben auch nicht hier, kein einziger von uns, gibt der Meister seinen Zuhörern gewissermaßen noch Brief und Siegel für das Gesagte. Es seien keine üblichen Tips und unverbindliche Ratschläge, meint er, dafür könne er garantieren: »Wer diese meine Worte hört und danach handelt, ist wie ein kluger Mann, der sein Haus auf Fels baute.«

Und der andere baut auf Sand, und das wird dann, wenn der große Sturm kommt, weggeschwemmt. Das solide, fundierte Haus steht auf Felsengrund. Das entspricht dem, was wir vorhin in der Johannes-Stelle hörten: Wer mit dem Evangelium lebt, wer das Experiment wagt, wer wirklich auf dieses Wort baut, der weiß, daß er guten Grund gewählt hat.
Hier bildet sich allerdings noch eine andere Assoziation. Das Wort von dem Haus auf dem Felsgrund erscheint ja in dem Gespräch mit Petrus wieder, wo Christus sagt, er baut das Haus – seine Kirche – auf dem Felsengrund. Insofern kann uns dieses Wort auch daran denken lassen, daß wir nicht alleine bauen sollen. Wer sein Leben nur als sein Privatwohnheim erbauen will, hat sich bereits von dem Felsen entfernt. Das Leben bauen, heißt eigentlich immer mit-bauen.

Mitbauen an dem einen Haus Gottes, das auf dem Grund seines Wortes steht und uns daher die sichere Bleibe gibt.

Man könnte endlos über das Leben reden, wie man es anstellt und gut macht und frei und auch spaßig und spannend. William Shakespeare, offensichtlich ein Katholik, hat das Rad des Lebens intensiv durchlebt. Die Titel seiner Stücke lesen sich dabei wie ein symbolhafter Lebenslauf, von »Viel Lärm um nichts« über »Maß für Maß« bis hin zu »Ende gut, alles gut«. Als guter Pädagoge gab er am Schluß eine Empfehlung ab, so etwas wie die Essenz seiner irdischen Erkenntnis: »Buy terms divine in selling hours of dross«, »Kauf Gotteszeit, verkauf Stunden trüber Erdenzeit.«

Es ist ein weises Wort, wie man es von einem großen Mann erwartet. Die bestgenutzte Zeit ist die, die sich ins Bleibende hinein wandelt; ist jene Zeit, die wir von Gott empfangen und wieder an Gott zurückgeben. Eine Zeit, die an ihm vorbeigeht, die verfällt nur und wird zur reinen Vergänglichkeit.

13 Von der Mutter Gottes

Die Geschichte unserer Zeitrechnung begann im Grunde mit einer Frau. »Und der Engel des Herrn brachte Maria die Botschaft«, berichtet das Evangelium. Sie war ein Mädchen aus dem namenlosen Städtchen Nazareth, und sie wußte offensichtlich nicht, wie ihr geschah.

Die Größe dieses Vorgangs ist erst im Laufe der Geschichte erkannt worden. Zunächst ist da die Begegnung mit dem Engel, in der Maria mit dieser außergewöhnlichen Botschaft gleichsam überfallen wird: sie habe Gnade gefunden vor Gott, sie sei dazu ausersehen, die Mutter des Sohnes zu sein. Für Maria muß das ein ungeheurer Augenblick gewesen sein.

Ein Mensch als Mutter Gottes!

Das ist in der Tat das große Paradox. Gott wird klein. Er wird Mensch, er nimmt damit auch die Bedingung des menschlichen Empfangen- und Geborenwerdens an. Er hat eine Mutter und ist auf diese Weise wirklich in den Teppich unserer Geschichte hineinverwoben, so daß tatsächlich eine Frau zu dem, der ihr Kind ist, der ein Menschenkind ist, sagen kann: In dir ist der Herr der Welt.
Um den Ausdruck *Gottesmutter* wurde lange Zeit heftig gestritten. Es gab die Gruppe der Nestorianer, die sagte, sie hat natürlich nicht Gott geboren, sie hat den Menschen Jesus geboren. Sie kann demnach zwar Christi Mutter, aber nicht

Gottesmutter heißen. Es ging im Grunde um die Frage, wie tief die Einung zwischen Gott und Mensch in diesem Menschen Jesus Christus ist, ob sie so groß ist, daß man sagen kann, ja, der, der geboren ist, ist Gott, und so ist sie Gottes Mutter. Sie ist es natürlich nicht in dem Sinn, als ob sie Gott hervorgebracht hätte. Aber sie ist es in dem Sinn, daß sie Mutter jenes Menschen war, der ganz mit Gott geeint ist. Auf diese Weise ist sie in eine ganz einzigartige Vereinigung mit Gott getreten.

Maria wird verehrt als die Königin des Himmels, *das* Urbild der Kirche *oder auch als die* Mutter der Barmherzigkeit. *Die Strahlkraft dieser Madonna, die immer wieder Millionen von Menschen in Bewegung setzt, ist mit gewöhnlichen Maßstäben nicht zu messen.*

In der Geschichte wurde dieser Vorgang immer mehr auch als der Ruhm der Frau verstanden. In Maria ist das urbildliche Wesen der Frau ausgedrückt, die reine Gestalt der Menschheit und der Kirche. Und während Eva, die erste Frau überhaupt, die »Urmutter«, wie man sie heute nennt, und die Mutter alles Lebendigen, im Grunde zum Tod gebiert, dann wird nun Maria, indem sie den Retter gebiert, der aufersteht und der das Leben bringt, wirklich zur reinen Erfüllung dessen, was mit dem Wort Eva, mit der Verheißung der Frau und ihrer Fruchtbarkeit, gemeint ist. Sie wird Mutter dessen, der das Leben ist und Leben gibt, Mutter des Lebens und der Lebendigen.

Ave Maria

Der Gruß des Engels an Maria ist zu einem Grundgebet der katholischen Kirche geworden. Einige der größten Genies der Menschheit, Mozart, Rossini und andere, haben das Ave Maria *in Musik gefaßt: »Gegrüßet seist du, Maria, voll der Gnade! Der Herr ist mit dir. Du bist gebenedeit unter den Frauen. Und gebenedeit ist die Frucht deines Leibes, Jesus.« Und der Engel sagt noch: »Fürchte dich nicht.« Und was sagt Maria darauf?*

»Siehe, ich bin eine Magd des Herrn.« Ja, sie lernt diese Furchtlosigkeit. Denn das sehen wir die ganze Heilige Schrift hindurch, ob nun bei den Hirten oder auch bei den Jüngern: Wenn der Mensch der Nähe Gottes gewahr wird, fürchtet er sich. Er erkennt seine Kleinheit und erschrickt vor der übergroßen Herrlichkeit und Heiligkeit Gottes, indem er einfach seine Inkommensurabilität erkennt. Hier ergeht als eines der ersten Worte des Evangeliums dieses »Fürchte dich nicht«. Dieser Gott kommt nicht, um uns fürchten zu machen, sondern er wird in seiner Größe klein, legt das Furchterregende ab, weil er kommt, um Heil zu bewirken.
Johannes Paul II. hat das Wort »Fürchtet euch nicht, habt keine Angst vor Christus« in seiner ersten Ansprache als Papst aufgegriffen. Ich würde sagen, das ist nun wirklich etwas, das immer wieder durch die ganze Christenheit hindurchgehen soll. Wir brauchen uns vor diesem Gott nicht zu fürchten, als ob er uns etwas wegnehmen, uns bedrohen würde, denn von ihm her kommt ja gerade jene Geborgenheit, die auch den Tod überwindet.
Was das *Ave Maria* angeht, das Gebet der Kirche, so ist es aus

zwei Stücken zusammengefügt. Der eine Teil ist der Engelsgruß, der andere das, was Elisabeth beim Besuch Marias sagt: »Gebenedeit ist die Frucht deines Leibes«, und Elisabeth fügt noch hinzu: »Selig werden dich preisen alle Geschlechter«, womit sie auch noch die Marien-Verehrung voraussagt. Das ist prophetisch im Heiligen Geist gesagt. Mit anderen Worten: Die Christen werden Gott gerade auch dadurch preisen, indem sie sich der Menschen freuen, an denen er gezeigt hat, wie groß und wie gut er ist.

Was bedeutet Maria für Sie ganz persönlich?

Ausdruck der Nähe Gottes. Mit ihr wird die Menschwerdung erst so richtig greifbar. Daß der Sohn Gottes eine menschliche Mutter hat, und daß wir alle dieser Mutter anvertraut sind, ist schon sehr bewegend. Das Wort des Gekreuzigten, mit dem er Johannes Maria als Mutter übergibt, geht weit über den Augenblick hinaus und reicht in die ganze Geschichte hinein. Mit dieser Übergabe eröffnet das Gebet zu Maria jedem Menschen einen besonderen Aspekt des Vertrauens und der Nähe, und überhaupt der Beziehung zu Gott. Ich persönlich war zunächst sehr stark durch die strenge Christozentrik der liturgischen Bewegung bestimmt, die durch den Dialog mit den protestantischen Freunden noch verstärkt wurde. Aber immer haben mir über die liturgischen Marienfeste hinaus die Maiandachten, der Oktoberrosenkranz, die Wallfahrtsorte – also die marianische Volksfrömmigkeit – viel bedeutet. Und je älter ich werde, desto wichtiger und näher wird mir die Gottesmutter.

Maria kommt in den Evangelien nicht gerade häufig vor. Über wichtige Passagen des Lebens Jesu taucht sie überhaupt nicht auf, und wenn, dann nicht unbedingt als positive Erscheinung und geliebte Mutter.

Es ist richtig, in der Evangelien-Tradition steht Maria sehr am Rande. Bei Matthäus spielt die Mutter fast keine Rolle, die Kindheitsgeschichte Jesu ist dort mehr von Joseph her geschrieben. Offenbar hat man, würde ich jetzt einmal sagen, so lange sie selber lebte, die Diskretion gewahrt. Und auch sie selber ist offenbar in der Diskretion verblieben.
Jesus baut eine neue Familie, und wo die Frau gepriesen wird, die ihn getragen und deren Brüste ihn genährt haben, korrigiert er das bisherige Bild einer Familienbeziehung. Was ihm hier wichtig ist, sagt er so: »Selig sind, die das Wort Gottes hören und es befolgen.« Das ist die neue Familiarität und Mütterlichkeit. Er beschreibt sie so: Wer meinen Willen tut, wird mir Bruder, Mutter, Schwester. Insofern ist also dieser Ausbruch aus dem bloß Menschlich-Familiären in die neu aufzubauende große Familie der Gemeinschaft mit dem Willen Gottes wesentlich. Lukas, der uns diese Zurechtweisung berichtet, hat das Wort allerdings auch literarisch mit der Kindheitsgeschichte, mit dieser Elisabeth-Begegnung verknotet. Maria erscheint darin als Mutter, die nicht nur das Leibliche verkörpert, sondern die ganz auch die Hörende, die Glaubende, die in der Gottesgemeinschaft Stehende ist. Sie ist es nach dem Lukasevangelium, die exemplarisch das Wort hört und bewahrt.

Anderen Frauen gegenüber zeigt sich Jesus gefühlsbetont und nahe. Seine Mutter dagegen wird von ihm oft barsch zurechtgewiesen. Bei der Hochzeit von Kana zum Beispiel, als sie verlangt, er solle etwas tun, damit der Wein für die Gäste nicht ausgeht, herrscht er sie an: »Weib, was ist mir und dir!«

Hat er wirklich seine Mutter so hart behandelt? Hat er sich von ihr zeitweise vielleicht sogar losgesagt?

Sie spielen damit auf eine Stelle im Johannesevangelium an. Der heilige Johannes hat eine ganz spezifische Marialogie. In seinem relativ späten Evangelium wird die Rolle der Mutter schon sehr viel deutlicher ausgearbeitet als etwa bei Matthäus. Johannes gebraucht zum Beispiel, wo immer Jesus Maria anredet, das Wort »Frau« (früher hat man »Weib« übersetzt). Wir können darin auch eine theologische Figur erkennen. Denn wenn nun Maria einfach als *gynae,* als »die Frau« angesprochen wird, wenn sie von Kana bis zum Kreuz auch in eine über-individuelle Rolle hineintritt, scheint bereits das Bild der neuen Eva durch. Man muß eben erneut die vielen Szenen in ihrem Zusammenhang lesen, in diesem Falle die Kreuzes-Szene mit der Kana-Szene, um zu sehen, daß Jesus zuerst aus seiner Familie heraustritt, bis in seiner Stunde – am Kreuz – die neue Familie anfängt, in der Maria einen neuen wesentlichen Platz einnimmt.
Aber auch in Kana ist dieses scheinbar harsche Wort, das zunächst wie eine Zurückweisung erscheint, sehr vielschichtig. Jesus sagt damit, er sei einfach an die Stunde gebunden. Er kann nicht sozusagen zuerst den familiären Bedürfnissen nachkommen. Zum zweiten wirkt er aber dann doch das Wunder und antizipiert sozusagen seine Stunde auf diese Fürbitte hin. Indem Maria zunächst abgewiesen wird, wird sie nur auf ihren Platz zurückgeführt – und erscheint nun zugleich schon als die Frau schlechthin, als das Urbild der bittenden Kirche, die dann wie Maria selbst die Antizipation seiner Stunde erbitten kann. Das ist also ein sehr tiefsinniger Text, über den man noch viel denken und sagen könnte.

Um kurz einmal von dieser theologischen Hochebene herabzusteigen, möchte ich gerne eine kleine Begegnung einflechten, die mir etwas von diesem Bild Mariens vermittelt hat. Ich kann mich gut an einen Besuch im Wallfahrtsort Altötting in Bayern erinnern. Es war kalt, und ich ging über den großen Platz in die berühmte Gnadenkapelle. Der kleine Raum war überfüllt. Überall brannten Kerzen, und es war ein wenig düster. In der Kapelle waren fast ausschließlich Frauen. Sie beteten gemeinsam, und natürlich sangen sie auch ihre süßen Marienlieder, Salve Regina, mater misericordiae, sei gegrüßt, o Königin, Mutter der Barmherzigkeit.

Zuerst ist man ein wenig fremd und distanziert, aber es waren sehr zärtliche Gesänge: »Zu dir seufzen wir trauernd und weinend in diesem Tal der Tränen.« Und merkwürdig, ich konnte die Frauen plötzlich ganz gut verstehen. Das klang auf eine eigene Art sehr wahr, sehr schön, und es hatte den Schlüssel, einen wirklich im Herzen zu rühren und Gefühle des Glücks freizusetzen. Hier war so etwas wie eine heilende Kraft aus uralten Gebets- und Segensformeln zu spüren. Du bist nicht alleine, sagten diese schönen Gefühle. Da ist jemand mit dir, der dich kennt. Er mag dich. Er versteht dich. Und wenn es wirklich hart auf hart kommt, steht er dir zuverlässig auch zur Seite.

Na ja, ich hatte das Gefühl, da ist eine Sprache, die den Menschen nicht nur unmittelbar an seinen schwachen Stellen trifft, sondern sie zugleich auch, wie man so sagt, salbt. Und vielleicht zeigt sich in der Marienverehrung auch eine Gegenwehr zu einer kirchlichen Entwicklung, die sich der Heiligkeit des Glaubens und seiner Mystik ein großes Stück entledigen will oder bereits entledigt hat. Ist das quasi eine Art frommes Aufbegehren der einfachen Leute gegen die Religion der Professoren?

Das kann man, glaube ich, schon sagen. Die Gestalt Marias hat das Herz der Menschen in besonderer Weise berührt. Das Herz der Frauen einerseits, die sich darin verstanden und Maria ganz nahe fühlen, aber auch das Herz der Männer, die den Sinn für die Mutter und für die Jungfrau nicht verloren haben. Die Marialogie hat die Herztöne der Christenheit hervorgebracht. Hier können Menschen Christentum unmittelbar als Religion des Vertrauens, der Zuversicht erleben. Und diese ganz urtümlichen, einfachen Gebete, die in der Volksfrömmigkeit gewachsen sind und nie an Frische und Gegenwärtigkeit verloren haben, halten sie in ihrem Glauben, weil sie hier durch die Mutter Gott so nah finden, daß die Religion nicht mehr Last, sondern Vertrauen und Hilfe ist, um das Leben zu bewältigen. Und denken wir auch an all die anderen Gebete – »Mutter du Gütigste, steh mir bei« –, wo so viel an Vertrauen mitklingt.

In der Tat gibt es auf der anderen Seite eine Art Purismus des Christentums, eine Rationalisierung, die ein wenig frieren machen kann. Natürlich muß das Gefühl – das sollten wir den Professoren als ihre Aufgabe zuerkennen – immer wieder auch kontrolliert und gereinigt werden. Es darf nicht in bloße Sentimentalität ausarten, die den Boden der Realität unter den Füßen verliert, die die Größe Gottes nicht mehr erkennen kann. Aber wir erleben seit der Zeit der Aufklärung – und wir sind heute wiederum in einer neuen Aufklärung begriffen – einen so massiven Trend zur Rationalisierung und zur Puritanisierung, wenn ich es so ausdrücken darf, daß das Herz der Menschen sich dieser Entwicklung entgegensetzt und sich an der Mariologie festhält.

»Nichtkatholiken sind gewöhnt, die Verehrung Mariens für eine Beeinträchtigung Jesu zu halten«, schrieb der große eng-

lische Kardinal John Henry Newman. Und auch heute glauben Skeptiker, eine ausufernde Marienverehrung verdränge den eigentlichen Kern des Christentums, nämlich die Botschaft Christi selbst.

Wir dürfen eines nicht vergessen: Was in den Missionen die Menschen stets getroffen hat und ihnen Christus zugänglich machte, war die Mutter. Das gilt in besonderer Weise für Südamerika. Hier war das Christentum durch das Schwert der Spanier zum Teil unter fatalen Vorzeichen angekommen. In Mexiko war mit der Mission zunächst überhaupt nichts auszurichten – bis dieses Ereignis von Guadeloupe eintritt, und über die Mutter plötzlich dann auch der Sohn nahe wird.

Es war der bemerkenswerte Fund eines Madonnenbildes. Man kann sagen, daß er eine absolute Wende brachte, ohne die die Christianisierung des Kontinents unvorstellbar gewesen wäre.

Ja, und plötzlich zeigt die christliche Religion nicht mehr das grausame Gesicht der Eroberer, sondern das gütige Gesicht der Mutter.
In Südamerika wirken bis heute diese zwei Brennpunkte der Volksfrömmigkeit: zum einen die Liebe zur Muttergottes, zum anderen die Identifizierung mit dem leidenden Christus. In diesen beiden Gestalten, in denen Glaube sich selber ausdrückt, haben die Menschen verstehen können, daß dies nicht ein Gott der Eroberer, sondern der wirkliche Gott ist, der auch ihr Erlöser ist. Deswegen ist speziell den Katholiken in Lateinamerika Maria so teuer. Und wir sollten ihnen nicht aus unserer rationalen Perspektive vorwerfen, daß sie damit das Christentum verfälscht haben. Gerade an *der* Stelle

haben sie es richtig erkannt. Sie haben nämlich das wirkliche Antlitz des Gottes gesehen, der uns retten will, der nicht auf der Seite der Zerstörer steht. Damit konnten sie aus eigenem Sehen und Verstehen Christen werden, ohne diese Botschaft sozusagen als eine Kolonialreligion ertragen zu müssen.

Die Protestanten scheinen Maria längst aus ihrem Glauben verdrängt zu haben. Sie hat da keine Heimat mehr, auch wenn Luther selbst seine Marienverehrung nie aufgegeben hat. Für die katholische Kirche ist der Mythos Maria weder Hokuspokus noch eine Nebensächlichkeit. Er gehört nachgerade zu den Essentials des Glaubens. Seine Geheimnisse werden sogar als Dogma mit dem Siegel der unverbrüchlichen Wahrheit verbürgt.

Noch einmal zum Wort Mythos: Wenn Mythos sagen will, daß hier eine über das Faktische hinausreichende Geschichte da ist, dann kann man das Wort anwenden. Wichtig ist allerdings, daß wir es hier nicht mit Erfindung, sondern mit realer Geschichte zu tun haben.
Eine Bemerkung zu den Protestanten: Es ist richtig, daß sich dort eine puritanisierende Tendenz durchgesetzt hat. Man fürchtete zunächst, Maria könnte Christus etwas wegnehmen. Im Verlaufe der Entwicklung gelangt das »solus Christus« (Christus allein) zu einer derartigen Radikalität, daß man glaubte, es bestehe ein Konkurrenzverhältnis zwischen beiden, anstatt zu erkennen – wie wir es gerade am Beispiel Südamerikas gesehen haben –, daß im Gesicht der Mutter das Gesicht Christi selber erscheint und mit seiner wirklichen Aussage deutlich wird.
Es gibt heute bei den Protestanten wieder schüchterne Versuche, die Gestalt Marias zurückzugewinnen. Man hat ge-

merkt, daß die totale Ausstreichung des weiblichen Elements aus der christlichen Botschaft ja auch eine anthropologische Verkürzung darstellt. Es ist theologisch und anthropologisch wichtig, daß in der Mitte des Christentums die Frau steht. Durch Maria und die heiligen Frauen gehört das Weibliche ins Herz der christlichen Religion. Dieses bedeutet auch keine Konkurrenz zu Christus. Christus und Maria in einem Konkurrenzverhältnis zu denken, geht am wesentlichen Unterschied beider Gestalten vorbei. Christus gibt dem Johannes und so uns allen die Mutter. Das ist nicht Konkurrenz, sondern eine tiefere Art der Nähe. Zum christlichen Menschenbild gehört die Mutter und Jungfrau wesentlich dazu.

Von den Dogmen

Viele haben, was Maria angeht, geradezu eine Blockade, eine Phobie, die oft in Spott gekleidet wird. Betrachten wir kurz einige Dogmen, um das Bild von Maria besser verstehen zu können. Beginnen wir mit dem umstrittensten, dem provozierendsten Dogma von allen, dem Dogma von der immerwährenden Jungfräulichkeit *aus dem Jahre 553. Ist das eine biologische Geschichte? Oder bedeutet es etwas anderes?*

Wir haben bei der Frage nach den Geschwistern Jesu bereits kurz darüber gesprochen, daß aus den Evangelien keineswegs hervorgeht, daß Christus echte Geschwister hatte und Maria nach ihm noch mal Mutter geworden sei. Im Gegenteil, die Besonderheit und Einzigkeit des Sohnesverhältnisses ist so klar, daß man den Begriff der Geschwister nur im Rahmen des

Clan-Denkens richtig interpretieren kann. Maria war *ihm* zugeeignet und konnte dann gar niemand anderem gehören.

Warum nicht?

Zumal deshalb, weil diese Geburt auch nicht durch die Beziehung zu einem Mann, sondern durch ein Eingreifen Gottes selbst geschehen war. Wenn man heute sagt, na ja, hier könne es doch nicht um Biologisches gehen und damit das Biologische als etwas Gottunwürdiges beiseite schiebt, dann betreibt man auch ein Stück Manichäismus.
Der Mensch ist eben auch Biologie. Und wenn er nicht auch körperlich, biologisch mit einbezogen ist, dann ist die Materie irgendwie verachtet und weggeschoben, dann ist die Menschwerdung letztlich eine Scheinangelegenheit. Deswegen wehre ich mich gegen dieses Schlagwort. Es geht um den ganzen Menschen – das ist die Antwort darauf. Gott hat auch das Leben, auch das physische, biologische, materielle Leben in seine Hand genommen und darin ein Zeichen gesetzt.
Die Kirchenväter haben da ein schönes Bild gefunden, scheint mir. Bei Ezechiel, im 40. Kapitel, ist eine Vision des neuen Tempels gegeben, in der von einer »Ostpforte« die Rede ist, durch die allein der König eintreten darf. Die Väter haben darin ein Bild gesehen. Sie gehen zunächst davon aus, daß der neue Tempel ein lebendiger Tempel ist: die lebendige Kirche. Die Pforte, durch die er eingetreten ist, durch die niemand anders eintreten darf – wer oder was ist das, wenn nicht die Mutter Maria? Sie, die Gottgeborene, kann dann nicht noch einmal ins Gewöhnliche heruntertreten. Sie bleibt in dieser Vorbehaltenheit der Pforte, die nur dem König gehört. Und die gerade damit die eigentliche Tür in der Geschichte geworden ist, durch die der eintritt, auf den alles wartet.

Es bleibt dabei: Jungfrauengeburt ist Jungfrauengeburt?

Ja.

Was soll mit dem Dogma von der Unbefleckten Empfängnis von 1854 ausgesagt werden?

Der Hintergrund hierfür ist die Erbsündenlehre. Sie besagt, daß jeder Mensch zunächst aus einem sündigen Zusammenhang hervorkommt – »relationsgestört« hatten wir das genannt –, und insofern auch von Anfang an mit einer Störung im Verhältnis zu Gott behaftet ist. Im Laufe der Entwicklung entfaltete sich in der Christenheit die Idee, daß diejenige, die von Anfang an als die Pforte Gottes da ist, die *ihm* in einer besonderen Weise zugedacht war, ja wohl nicht in diesen Zusammenhang hineingehören könne.
Im Mittelalter gab es hierüber eine große Streitfrage. Auf der einen Seite standen die Dominikaner. Sie sagten, nein, Maria ist ein Mensch wie alle anderen auch, also ist sie auch erbsündig. Auf der anderen Seite standen die Franziskaner, die die gegenteilige Position vertraten. Kurz und gut, in diesem langen Disput hat sich langsam die Einsicht herausgebildet, daß die Zugehörigkeit Mariens zu Christus stärker ist als ihre Zugehörigkeit zu Adam. Und weiter: daß diese ihre Bestimmung auf Christus hin bereits im voraus – denn Gott geht uns ja voraus, und die Gedanken Gottes gestalten uns von Anfang an – das eigentlich Kennzeichnende ihres Lebens war. Maria kann, da in ihr der neue Anfang beginnt, insofern gar nicht in diesen Sündenzusammenhang hineingehören: Ihre Relation zu Gott ist nicht gestört, sie steht von Anfang an auf besondere Weise im Blick Gottes, der auf sie »geschaut hat« (Magnificat) und sie auf sich hin schauen ließ.

Mehr noch, ihre ganz spezifische Zugehörigkeit zu Christus bringt auch mit sich, daß sie ganz in der Gnade steht. Das zunächst so einfach erscheinende Engelswort, »du Gnadenvolle«, darf dann so gedeutet werden, daß es grundlegend ihren ganzen Lebensbogen umfaßt. Es spricht damit schlußendlich ja nicht einfach nur ein Privileg für Maria aus, sondern eine Hoffnung, die uns alle angeht.

Um es noch provozierender zu machen: Was soll uns das Dogma von der leiblichen Aufnahme Mariens in den Himmel sagen? Es wurde erst spät, im Jahre 1950, festgelegt. Seltsamerweise gibt es tatsächlich von Anfang an weder ein Grab noch irgendwelche Reliquien Mariens.

Dieses Dogma fällt uns natürlich allen besonders schwer, weil wir uns unter Himmel nichts vorstellen können. Und schon gar nicht, daß hier eine Art von Leib plaziert sein könnte. So gesehen bietet dieses Dogma eine große Aufgabe an unser Verstehen dessen an, was Himmel, was Leib heißt. An das Verstehen des Menschen und seiner Zukunft überhaupt ...

Und wie lösen Sie persönlich diese Aufgabe?

Mir hilft hierbei die Tauftheologie, die der hl. Paulus entfaltet hat, wo er sagt: »Gott hat uns mit Jesus mit auferweckt und uns in Christus Jesus im himmlischen Bereich mit sitzen lassen« (Eph 2,6). Das heißt, als Getaufte haben wir unsere Zukunft schon vorweggenommen.
Das Dogma besagt also nur, daß in Maria das, was Taufe an uns allen wirkt, nämlich das Wohnen (»Sitz haben«) mit Gott »im Himmel« (Gott ist der Himmel!) bei Maria voll eingelöst

ist. Die Taufe (das Mitsein mit Christus) ist zu ihrer vollen Wirkung gekommen. Bei uns ist dieses Mitsein mit Christus, das Auferstandensein, noch brüchig, sehr unfähig. Bei ihr nicht. Nichts fehlt mehr. Sie ist in die volle Gemeinschaft mit Christus eingegangen. Und zu dieser Gemeinschaft gehört dann auch eine neue Leiblichkeit, die wir uns nicht vorstellen können.
Kurz gesagt: Das Wesentliche an diesem Dogma ist, daß Maria ganz bei Gott, ganz bei Christus, ganz »Christin« ist.

Mittlerweile fordern mehr als eine Million Menschen, Maria solle von der katholischen Kirche zur »Miterlöserin« erhoben werden. Wird man diesem Begehren nachgeben – oder ist das ein Irrglaube?

Ich glaube nicht, daß man diesem Begehren, das inzwischen sogar von mehreren Millionen getragen wird, in absehbarer Zeit folgt. Die Antwort der Glaubenskongregation darauf lautet, daß das, was damit gemeint ist, in anderen Titeln Marias schon auf bessere Weise ausgesagt ist, während die Formel »Miterlöserin« sich von der Sprache der Schrift und der Väter zu weit entfernt und daher Mißverständnisse hervorruft.
Was ist richtig daran? Nun, richtig ist, daß Christus nicht außerhalb von uns oder neben uns stehenbleibt, sondern mit uns eine tiefe, neue Gemeinschaft bildet. Alles, was sein ist, wird unser, und alles, was unser ist, hat er angenommen, so daß es sein wurde: Dieser große Austausch ist der eigentliche Inhalt der Erlösung, die Entschränkung unseres Ich und das Hineinreichen in die Gemeinschaft mit Gott. Weil Maria die Kirche als solche vorwegnimmt und sozusagen Kirche in Person ist, ist dieses »Mit« in ihr exemplarisch verwirklicht.

Aber über diesem »Mit« darf man nicht das »Zuerst« Christi vergessen: Alles kommt von ihm, wie es besonders der Epheser- und der Kolosserbrief sagen; auch Maria ist alles, was sie ist, durch ihn.

Das Wort »Miterlöserin« würde diesen Ursprung verdunkeln. Eine richtige Intention drückt sich in einem falschen Wort aus. Für die Dinge des Glaubens ist gerade die Kontinuität mit der Sprache der Schrift und der Väter wesentlich; die Sprache ist nicht beliebig manipulierbar.

VON DEN WUNDERN

Niemand wird in der Kirche so verehrt wie die Gottesmutter; durch ungezählte Kirchen und Altäre, Lieder und Litaneien, Marienfeste und Pilgerfeiern. Die Tausende von Marien-Wallfahrtsorten wirken dabei wie ein eigenes Netz aus Nervenzellen, das sich über den ganzen Erdball legt.
Und niemand vollbringt angeblich so viele Wunder wie Maria. Die Erscheinungsstätten sind voll von Zeugnissen und Dokumenten unerklärlicher Ereignisse. Bernhard von Clairvaux etwa schreibt Maria eine unglaubliche Kraft zu: »Bitte sie, und du bist nie ohne Hoffnung«, sagt er. Herr Kardinal, sind all die Wunder Wirklichkeit?

Nun, das können wir im einzelnen nicht nachkontrollieren. Oft wird es sich um wunderbare Fügungen handeln, die wir vielleicht nicht als Wunder im strengen Sinn charakterisieren sollten. Alle diese Dinge sind jedenfalls Ausdruck des besonderen Vertrauens, das die Menschen zu Maria gefaßt haben.

Durch Maria sieht sie das Antlitz Gottes und Christi so an, daß sie Gott verstehen können.

Wir stehen mit dem Bereich von Fakten, die Sie aufgezählt haben, noch einmal vor dem Punkt, daß an der Mutter das Geheimnis des Sohnes und das Geheimnis Gottes den Menschen in besonderer Weise zugänglich wird. Darin liegt der Grund für das ganz besondere Vertrauen zu ihr.

Maria ist die offene Tür zu Gott hin. Man kann im Reden mit ihr jene Unbefangenheit haben, man kann mit jenem kindlichen Betteln und Vertrauen kommen, das die Menschen Christus selbst gegenüber oft nicht wagen. Es ist die Sprache des Herzens. Daß sie sich in diesem Netz von Wallfahrtsorten ausdrückt, zeigt doppelt, wie hier das Herz des Menschen getroffen worden ist. Da ist der Glaube, von dem uns Christus sagt, er versetzt Berge.

Inwieweit dann im streng technischen Sinn wirklich Wunder geschehen, ist eine zweite Frage. Wichtig ist, daß großes Vertrauen vorhanden ist, und daß dieses Vertrauen auch Antwort findet. In diesem Vertrauen wird der Glaube so lebendig, daß er bis ins Physische, ins Alltägliche hereinreicht und darin die gütige Hand Gottes durch die Macht der Güte dieser Mutter real werden läßt.

Nehmen wir Fatima: Papst Johannes Paul II. hat die Seherkinder von Fatima am 13. Mai 2000 seliggesprochen. Er selbst spricht sein Überleben nach dem Attentat auf dem Petersplatz vom 13. Mai 1981 einem Wunder der Muttergottes von Fatima zu. Und er sagt sogar, diese Begegnung habe sein ganzes Pontifikat maßgeblich geprägt.
Was ist passiert? Um die Mittagszeit des 13. Mai 1917 hatten drei Hirtenkinder – Lucia (10) und die Geschwister Jacinta (7) und Franciso (9) – in dem bis dahin völlig unbekannten

portugiesischen Dorf ein merkwürdiges Erlebnis. Über einer Steineiche sei ein helles Licht gewesen, erzählten sie, das eine »wunderschöne Frau« umstrahlte. »Habt keine Angst«, habe sie gesagt, sie verkünde eine Botschaft, die den Menschen Frieden bringen soll. Zunächst wurden die Kinder für diese Geschichte verhöhnt und verspottet. Am 13. Oktober desselben Jahres allerdings versammelten sich rund 70.000 Menschen, um als Augenzeugen die Echtheit dieser Botschaften zu überprüfen.
Den Berichten zufolge begann das Spektakel um die Mittagsstunde. Schlagartig hatte es aufgehört zu regnen. Die Wolken rissen auf, und mit einem Male begann sich die Sonne mit ungeheurer Geschwindigkeit wie ein Feuerrad um sich selbst zu drehen. Bäume und Menschen wurden plötzlich in ein phantastisches Licht getaucht. Die Menge brach in einen Schreckensschrei aus. Denn für einen kurzen Moment schien es, als würde sich diese Sonne auf sie herabstürzen.

Was an jenem 13. Oktober rein naturwissenschaftlich betrachtet geschehen oder nicht geschehen ist, können wir nicht kontrollieren. Wichtig ist, daß die Menschen von der Einzigartigkeit des Augenblicks sichtbar berührt wurden. Sie haben wahrnehmen können, da ist etwas. Und irgendwie ist ihnen die Sonne zum Zeichen geworden für das Geheimnis, das dahinter steht.
Die Apokalypse spricht von der Frau, die mit der Sonne bekleidet ist und die auf dem Mond steht. Damit ist zunächst das Volk Gottes im ganzen Alten und Neuen Bund, aber doch in besonderer Weise auch Maria gemeint. Die Sonne, in die sie gekleidet ist, verweist auf Christus als das eigentliche Licht der Welt. Darin kommt also ihre radikale Verbundenheit mit Christus zum Ausdruck. Den Mond – Bild der Ver-

gänglichkeit – hat sie zu ihren Füßen gelassen. In diesem Bild wird zunächst eine Größe sichtbar, die erschrecken kann, aber dann eben doch eine tröstende Macht wird. Und die Menschen, die nach Fatima oder nach Lourdes oder Guadeloupe pilgern, erfahren sowohl diese Größe, als auch das Tröstende und Heilende, das davon ausgeht.

*Ich glaube, wir können nicht über Fatima sprechen, ohne das berühmte »Geheimnis von Fatima« zu berühren. Es geht darin um jene Botschaften, die von den Seherkindern 1917 empfangen wurden. Das erste »Geheimnis« ist der Blick in die Hölle (»Ihr habt die Hölle gesehen, auf welche viele arme Sünder zugehen«). Das zweite ist eine Vorhersage über das Ende des Ersten Weltkrieges, dem allerdings (»wenn man nicht aufhört, den Herrn zu beleidigen«) ein neuer, »noch schlimmerer« Krieg folgen würde. Inbegriffen ist darin auch eine Vorhersage der Bekehrung Rußlands. Aber erst Johannes Paul II. hatte diese Bekehrung in einer Widmung Mariens ausgesprochen; ein Jahr später leitete Gorbatschow seine Perestroika ein, zehn Jahre später fiel der Eiserne Vorhang.
Über das dritte Geheimnis gab es jahrzehntelang nur Spekulationen, etwa in der Hinsicht, darin würde die Apokalypse oder zumindest der Untergang der Kirche vorhergesagt. Diese Botschaft, hieß es, sei nur jeweils für den Papst persönlich bestimmt, sie werde deshalb nicht veröffentlicht. Bei seinem dritten Besuch in Fatima hat nun der Papst selbst dieses Geheimnis gelüftet. Kardinal Sodano hat dabei im Auftrag des Papstes kurz den Inalt des Geheimnisses skizziert und erklärt, die von den Seherkindern empfangene Vision, daß »ein weiß gekleideter Bischof, von Schüssen getroffen, offenbar tot zu Boden fällt«, sei eine Vorhersage des Attentats auf Papst Johannes Paul II. gewesen.*

Die Botschaft von Fatima ist im Grunde nicht sehr kompliziert, im Gegenteil. Von den drei Seherkindern wurde sie so formuliert: »Ich bin die Liebe Frau vom Rosenkranz! ... Ich bin gekommen, damit sich die Menschen bessern. Sie sollen doch aufhören, den Herrn zu beleidigen.«

In der Tat, die Botschaft selber ist ganz einfach. Und Lucia, die einzige Überlebende von den Seherkindern, hat immer mehr auf diese Einfachheit Wert gelegt und gesagt, achtet doch nicht auf all die anderen Sachen, die berichtet werden, eigentlich geht es nur um Glaube, Hoffnung und Liebe. Auch ich durfte kurz mit ihr sprechen. Da hat sie das sehr nachdrücklich gesagt: Erzählen Sie das den Menschen!
Sie meinte, die Engel, die wir zunächst gesehen haben, haben uns eingeübt in Glaube, Hoffnung und Liebe, und der Inhalt der ganzen Botschaft ist, daß wir dieses erlernen. Das will uns die Muttergottes beibringen und uns damit zugleich reinigen und bekehren. Buße ist eben diese innere Umkehr unserer Existenzhaltung, das Heraustreten aus dem augenblicklichen Trend, der weg von Gott und nur zu sich selber führt. Buße ist das Umkehren, das Herausgehen aus sich, das Sichgeben, das dann Liebe ist, und das wiederum Glaube zur Voraussetzung hat und Hoffnung schafft.
Ich glaube, daß all diese Marienerscheinungen, soweit sie authentisch sind, uns nicht irgend etwas *neben* das Evangelium hinstellen. Sie halten keine Befriedigungen für Neugierige bereit, Sensationen oder dergleichen, sondern sie bringen uns wieder auf das Einfache und Wesentliche zurück, das wir so leicht zu übersehen geneigt sind. Gerade heute, mit der Komplexität all unsrer Probleme, wird uns das Christentum oft so kompliziert, daß wir vor lauter Bäumen den Wald nicht mehr sehen. Es geht darum, zu der einfachen Mitte hingeführt zu

werden, nicht zu irgendwas anderem, sondern zum Wesentlichen, zur Bekehrung, zu Glaube, Hoffnung und Liebe.

Inzwischen hat die Glaubenskongregation in einer Pressekonferenz am 26. Juni 2000 den vollen Text des sogenannten dritten Geheimnisses von Fatima der Presse vorgestellt. Gleichzeitig wurde eine von der Kongregation verantwortete Broschüre in den großen Weltsprachen ausgeliefert, in welcher der von Schwester Lucia mit Hand geschriebene Text im Faksimile wiedergegeben ist, so daß es über die Authentizität und Vollständigkeit dieses Textes keine vernünftige Diskussion mehr geben kann. In dieser Broschüre ist sowohl der Ablauf der Visionen wie die Abfolge der Niederschriften darüber durch Schwester Lucia und das Geschick der Niederschrift des dritten Geheimnisses sorgsam dargestellt. Des weiteren ist die von Ihnen erwähnte Ansprache von Kardinal Sodano wiedergegeben; ich selbst habe einen Versuch der Auslegung des Textes beigesteuert. Da diese Broschüre für jedermann zugänglich ist, darf ich mich hier kurz fassen.

Die Vision zeigt den mühsamen Weg eines weißgekleideten Bischofs (den die Seherkinder selbst als Papst identifizierten) auf eine von einem Kreuz gekrönte Bergeshöhe; der Weg führt durch eine halb zerstörte Stadt. Bischöfe, Priester, Laien und schließlich auch der Papst werden getötet. Aber das Blut der Hingerichteten wird von Engeln aufgefangen, und es wird fruchtbar für die Welt. Man darf in dem Text eine geraffte und in symbolischen Bildern vorgetragene Vision der Kirche der Martyrer im 20. Jahrhundert sehen; Professor Riccardi (der Vorsitzende der Gemeinschaft von S. Egidio) hat inzwischen ein Buch über die Martyrer unseres Jahrhunderts unter den verschiedenen diktatorischen Regimen vorgelegt, das auf eindrucksvolle Weise die Realität des hier in Bildern Geschauten zeigt. Vom ganzen Duktus der drei Teile des

Geheimnisses her wird aber klar, daß der Ruf zur Buße zentral ist und zugleich deutlich macht, daß die Geschichte nicht in einem unabwendbaren Determinismus verläuft, als ob ohnedies alles schon geschrieben und unveränderlich wäre, sondern eine Freiheitsgeschichte bleibt: Die Buße kann die Vision ändern.

Das ganze Geheimnis ist ein dramatischer Anruf an die Freiheit der Menschen, sich zu ändern und dadurch den Verlauf der Geschichte zu ändern; das hat dieser Text übrigens mit der Apokalypse gemeinsam. Wenn der Papst schließlich dem Tod entronnen ist, darf man dies als Zeichen der Veränderbarkeit der Geschichte durch das Gebet ansehen.

Machen wir noch einen kleinen Besuch in Lourdes. Das größte Pilgerzentrum der Welt, größer noch als Mekka, liegt fast verträumt abseits in den französischen Pyrenäen. Achtzehnmal, so sagt man, ist die Heilige Maria im Jahre 1858 zwischen Februar und Juli dem Mädchen Bernadette erschienen, und immer größere Menschenmengen konnten die Verklärung der einfachen Müllerstochter miterleben. »Die Dame trug ein weißes Kleid, einen weißen Schleier, einen blauen Gürtel und eine gelbe Rose auf dem Fuß«, berichtete Bernadette. Und an jener Stelle, an der sie damals auf Geheiß der Madonna mit den Händen eine kleine Quelle bloßlegte, sprudeln seither täglich 122.000 Liter wundertätiges Wasser aus dem Boden.

Der jüdische Schriftsteller Franz Werfel hat das Gelöbnis getan, falls er vor den Nazis gerettet werde, wolle er das Leben der Bernadette in einem Roman verewigen, und er hat sich auch daran gehalten. Um Bernadette selbst war es bald wieder still geworden. »Sehen Sie«, sagte sie vor ihrem Tod, »meine Geschichte ist ganz einfach. Die Jungfrau hat sich meiner bedient. Dann hat man mich in die Ecke gestellt. Das ist nun mein Platz, dort bin ich glücklich, dort bleibe ich.«

Die Geschichte von Lourdes ist für mich persönlich eine besonders anrührende Geschichte. Und sie ist auch mir, wie wohl vielen anderen, durch Werfel wirklich sehr nahegekommen, der sie aus einer tiefen inneren Beteiligung heraus erzählt hat. Auch wenn er in Solidarität zum jüdischen Volk nicht katholisch werden wollte, so hat er doch ganz offensichtlich mit Bernadette Maria innerlich gesehen und ihr geglaubt und ihr vertraut.
Ich würde sagen, wir sollten da gar nicht viel herumdeuten. Dieses einfache Mädchen, das aus Eigenem nichts mitbrachte als eine große innere Lauterkeit, durfte im Jahrhundert des Rationalismus, umgeben von einem sehr kruden und auch antiklerikalen Rationalismus, aber auch von einer skeptischen, mit Recht zunächst sehr vorsichtig agierenden kirchlichen Autorität, in dieses etwas kalte, zum Frieren neigende geistige Klima das Gesicht der Muttergottes hineinstellen. Und im Zeichen des lebendigen, heilenden Wassers demonstriert sie gleichsam das Zeichen Mariens für die rettende Kraft der Schöpfung, die von ihr neu erweckt wird.
Daß nun ausgerechnet oder gerade dieser rationalistische Kontext, in dem die einfache Seele die sehende Seele wird, das Christentum wieder als eine Herzensreligion und als heilende Realität faßbar macht, bleibt ein großes Zeichen. Und deswegen ist es ganz normal und etwas sehr Positives, daß dort Menschen immer wieder die Berührung mit dem Christus-Geheimnis finden. Sie werden in diesem heilenden Wasser neu auf das große heilende Wasser der Taufe zurückverwiesen, das die eigentliche neue Quelle ist, die Christus uns geschenkt hat.

Von der Barmherzigkeit

Es heißt im Evangelium: »Meine Brüder und Schwestern, was nützt es, wenn einer sagt, er habe Glauben, aber es fehlen die Werke. Kann etwa der Glaube ihn retten?« Bei Matthäus steht geschrieben, der Menschensohn werde in seiner himmlischen Gerechtigkeit sehr wohl ein Konto führen und eines Tages auch Bilanz ziehen. Denn: »Was ihr für einen meiner geringsten Brüder getan habt, das habt ihr mir getan.« Weil demnach der Glaube für sich alleine tot ist, hat die Kirche aus dem Evangelium die sieben leiblichen Werke der Barmherzigkeit abgeleitet. Sie lauten im einzelnen:

> *Die Hungrigen speisen*
> *Die Durstigen tränken*
> *Die Nackten bekleiden*
> *Die Fremden beherbergen*
> *Die Gefangenen erlösen*
> *Die Kranken besuchen*
> *Die Toten begraben*

Das erste Wort stammt aus dem Jakobus-Brief, der stark judenchristlich gefärbt ist. Jakobus war ja Bischof von Jerusalem. Er vertritt in der Kirchengeschichte jene Form von Christentum, die darauf Wert legt, daß der Glaube sich im Leben inkarniert, daß der Glaube Frucht tragen muß, daß er sich im Tun ausweist.

Das zweite Wort ist aus dem Evangelium selber. Es berichtet uns das Gerichtsgleichnis, wo der Herr sich mit dem Bedürftigen identifiziert und sagt: Ihr trefft mich selber in dem Bedürftigen. Und daraus wurde schließlich ein Wort, das in der

Kirchengeschichte immer wieder neu gezündet hat. Die Menschen erkannten, gerade wenn wir den Verachteten, den Leidenden, den Armen begegnen, wartet in ihnen Christus auf uns. In dem Gleichnis spricht der Herr letztlich selber von verschiedenen Formen der Barmherzigkeit: »Ich war nackt, er hat mich bekleidet; ich war krank, er hat mir geholfen; ich war im Gefängnis, er hat mich besucht ...« Er gibt damit eine kleine Typologie der Bedürftigen, durch die Christus in der Welt repräsentiert wird.

Nehmen wir eines dieser Werke heraus: »Die Nackten bekleiden«. Damit ist sicherlich keine Altkleiderspende gemeint.

Natürlich ist dieses Wort in einem umfassenderen Sinn gemeint. Eine Altkleiderspende allerdings kann, wenn sie von Herzen kommt, auch etwas Gutes sein; man soll auch die kleinen Dinge nicht geringschätzen. Aber hier geht es um mehr. Es geht einerseits immer um das Konkrete. Es geht darum, daß man nicht nur in Prinzipien liebt und gelegentlich eine Geldüberweisung macht, sondern das Auge offen hat, wo Menschen mich brauchen, in meinem Leben. Das ist dann meistens unbequem, es paßt gerade nicht. Denken wir an den Priester und die Leviten, die an dem ausgeplünderten Menschen vorbeigehen. Wahrscheinlich haben sie einen wichtigen Termin, oder sie haben Furcht, es könnte ihnen selber etwas passieren, wenn sie sich in dieser unheimlichen Gegend zu lange aufhalten. Es gibt immer einen Grund.
Das Gerichtsgleichnis Jesu, wie auch dieser Katalog der Werke der leiblichen Barmherzigkeit, sagen uns dagegen ganz konkret: Nicht nur generell die ganze Menschheit sei umschlungen, sondern ganz konkret dort, wo mir der bedürftige Mensch begegnet, muß ich helfen, auch wenn es schlecht

paßt, auch wenn ich gerade keine Zeit habe oder meine, ich hätte nicht die Mittel dafür. An den Einzelfall muß ich denken, und nicht nur in Großaktionen.

Das unterscheidet die christliche Liebesforderung auch von der marxistischen, die genau nur auf die Großplanung, auf die Strukturänderung aus ist und den Einzelfall übersieht. Aber es bedeutet umgekehrt selbstverständlich, daß man sich auch um die größeren Ordnungen kümmern muß, versuchen muß, nicht nur Einzelfallcaritas, so wichtig sie ist, zu betreiben, sondern zu helfen, daß diesen Menschen grundsätzlich bessere Möglichkeiten geboten werden. In der Kirche ist daraus das Krankenhauswesen entstanden, es sind die Schulen für die Armen entstanden und sehr vieles mehr. Insofern geht beides ineinander: sowohl der Blick für den wirklich mir Nächsten, den ich nicht über meinen großen Strukturplanungen übersehen darf, wie auch die Überwindung ungerechter Strukturen und eine strukturelle Hilfe für diejenigen, die sozusagen bekleidet werden müssen.

Es gibt neben den leiblichen auch die sieben geistlichen Werke der Barmherzigkeit. *Sie lauten:*

> *Die Zweifelnden beraten*
> *Die Unwissenden belehren*
> *Die Sünder zurechtweisen*
> *Die Trauernden trösten*
> *Erlittenes Unrecht verzeihen*
> *Die Lästigen geduldig ertragen*
> *Für die Lebenden und die Verstorbenen beten*

Wichtig ist, daß die Barmherzigkeit sich nicht nur auf materielle Dinge beziehen darf. Wenn wir nur für das Materielle sorgen, tun wir zu wenig. In der Entwicklungshilfe ist deshalb den Weiterschauenden immer klargewesen, wie wichtig es ist, den Menschen die eigene Bildung zu geben, die sie befähigt, die Dinge selbst in die Hand zu nehmen. Nur wenn wir dem Geist helfen, wenn wir dem ganzen Menschen helfen, helfen wir wirklich. Von daher ist es um so wichtiger, daß man Gott zu den Menschen bringt. Moralische Maßstäbe aufzurichten ist sogar das vorrangige Werk der Barmherzigkeit.

Nehmen wir wiederum eines heraus: »die Unwissenden belehren«. Ich denke, die Betreffenden erfahren eine derartige Belehrung in der Regel nicht als Werk der Barmherzigkeit.

Bleiben wir bei der Entwicklungshilfe in Lateinamerika. Hier haben sowohl die Kirche wie linke Gruppierungen Alphabetisierungskampagnen zu einem Hauptelement ihrer Aktivitäten gemacht. Und warum? Solange die Menschen unwissend sind, solange bleiben sie abhängig. Sie können nicht selber aus diesem Status, einer Art von Sklaverei, heraustreten. Erst wenn sie zu den Bildungsgütern Zugang haben, wird ihnen wirklich geholfen, weil sie dann imstande sind, gleichrangig zu werden und ihr Land, ihre Gesellschaft richtig zu entwickeln. Und dort ist von den Menschen das Wort von der Belehrung der Unwissenden durchaus so erfahren worden, daß sie mit ihm den Zugang zu der geistigen Welt erhalten, den Schlüssel zu dem, was die Welt heute bewegt.
Auch wenn wir an frühere entsprechende Bewegungen in Europa denken, etwa an Jean-Baptiste de Lasalle, der in Frankreich die Armenschulen eingerichtet hat, war es für die Armen, die bisher über Generationen hinweg in Abhängigkeit gehalten wurden, eine ungeheure Chance, lernen zu dürfen. Die Grundmöglichkeit, Lernen anzubieten, den Schlüssel zu

den geistigen Dingen zu öffnen, ist das elementare Werk der geistigen Barmherzigkeit – vorausgesetzt freilich, daß es verbunden damit ist, nicht nur einfach lesen zu lehren, sondern dieses Lesen auch in einen sinnvollen geistigen Zusammenhang einzuführen, daß heißt, den Menschen nicht einfach eine Ideologie zu vermitteln, sondern ihnen auch den Weg zum Glauben zu eröffnen.

Vom Rosenkranz

Mit dem Geheimnis Mariens unmittelbar verknüpft ist ein ganz besonderes Gebet der katholischen Kirche, der Rosenkranz. Es ist eine Art Litanei, die anhand einer Gebetsschnur und deren aufeinandergereihter Perlen »Gesätz« für Gesätz gebetet wird: angefangen mit dem Kreuz (als Glaubenslehre); fortgesetzt mit den Ave Marias der drei göttlichen Tugenden Glaube, Hoffnung und Liebe (als Lebenslehre); bis hin zu den drei mal fünf »Geheimnissen«, die Maria mit Jesus verbinden und die in konzentrierten Formeln im Grunde das ganze Neue Testament erzählen.
Große Denker und Mystiker haben seine vielfältigen Möglichkeiten und seine spirituelle Kraft zu allen Zeiten geschätzt. Heute wirkt der Rosenkranz auf die einen provozierend altmodisch, auf die anderen wie eine überirdische Verheißung, der sie Hilfen im Alltag und ein besseres Bewußtsein zuschreiben. Ich weiß nicht, vielleicht muß man eine gewisse Zeit damit verbringen, so wie es tibetische Buddhisten tun, die darin eine Meditation erkennen. Vielleicht muß man den Rosenkranz hundert oder hundert mal hundert Male beten,

und dann wird dieses Gebet anfangen, sich mitzuteilen; und man wird umgekehrt auch anfangen, sich selbst ein wenig besser zu erkennen und die Mitte der eigenen Person zu finden. Was, denken Sie, ist das Geheimnis des Rosenkranzes?

Der geschichtliche Ursprung des Rosenkranz liegt im Mittelalter. Es ist eine Zeit, in der das normale Gebet die Psalmen sind. An den biblischen Psalmen aber können die vielen damals des Lesens unkundigen Menschen nicht teilhaben. Man sucht deshalb nach einem Psalter für sie, und findet dabei das Mariengebet mit den Geheimnissen des Lebens Jesu Christi, aufgereiht wie Perlen an einer Schnur. Sie berühren einen in einer meditativen Weise, in der das Wiederholen die Seele in die Ruhe einschwingen läßt und das Sichfesthalten am Wort, vor allen Dingen an der Gestalt Marias und an den Bildern Christi, die dabei vorüberziehen, die Seele ruhig und frei machen und ihr den Ausblick auf Gott schenken.

Tatsächlich verbindet der Rosenkranz uns mit diesem Urwissen, daß Wiederholung zum Beten, zur Meditation gehört, daß das Wiederholen eine Weise des Einschwingens in den Rhythmus der Ruhe bedeutet. Es kommt nicht so sehr darauf an, daß ich angestrengt jedes einzelne Wort rational mitverfolge, sondern im Gegenteil mich von der Ruhe der Wiederholung, des Gleichmäßigen tragen lasse. Umso mehr, da dieses Wort ja nicht inhaltslos ist. Es bringt mir große Bilder und Visionen und vor allen Dingen die Gestalt Marias – und durch sie hindurch dann die Gestalt Jesu – vor die Augen und in die Seele.

Diese Leute haben hart arbeiten müssen. Sie konnten beim Beten nicht noch große intellektuelle Wege vollbringen. Sie brauchten umgekehrt ein Gebet, das sie ruhig macht, das sie auch ablenkt, wieder herauszieht aus ihren Sorgen, und ihnen das Tröstende und Heilende entgegenstellt. Ich denke, diese Urerfahrung der Religionsgeschichte, der Wiederholung, des Rhythmus, des gemeinsamen Wortes, des Chores, der mich trägt und schwingt und der den Raum erfüllt, der mich nicht quält, sondern mich still werden läßt, tröstet und befreit, diese Urerfahrung ist hier ganz christlich geworden, indem sie in dem marianischen Kontext und in dem Aufscheinen der Christusgestalt den Menschen ganz einfach beten und doch dabei das Gebetete innewerden läßt – über das Intellektuelle hinaus im Hineinschwingen der Seele in die Worte.

Haben Sie eine besondere Art, den Rosenkranz zu beten?

Ich mache ihn ganz einfach, genau so, wie meine Eltern gebetet haben. Beide haben den Rosenkranz sehr geliebt. Und je älter sie geworden sind, desto mehr. Je älter man wird, desto weniger kann man große, geistige Anstrengungen vollbringen, desto mehr braucht man andererseits eine innere Zuflucht und ein Hineinschwingen in das Beten der Kirche überhaupt. Und so bete ich eben, wie sie es auch getan haben.

Aber wie macht man es? Beten Sie einen Rosenkranz, oder alle drei an einer Kette?

Nein, drei sind mir zuviel, da bin ich ein zu unruhiger Geist, da würde ich zu sehr abirren. Ich nehme nur einen, und oft auch nur zwei, drei Gesätze von den fünf, weil ich dann auch eine bestimmte Zwischenzeit einschieben kann, in der ich aus der Arbeit herausgehe und mich wieder befreien will, still werden will, den Kopf auch wieder rein kriegen will. Da wäre mir ein ganzer dann eigentlich zu viel.

Zum Schluß dieses Kapitels: Wie lange braucht man eigentlich, um ein klein wenig von den Geheimnissen des Glaubens, von der Kunst des Glaubens auch, zu begreifen?

Das ist unterschiedlich. Es gibt religiös begabte Menschen, die innerlich sehr direkt ansprechen. Es gibt andere, denen es mühsamer ist. Wichtig ist, daß man sich nicht abbringen läßt, daß man dabeibleibt. Und dann sieht man schon, daß man langsam hineinwächst.
Natürlich, es gibt bevorzugte Zeiten, und es gibt dürre Zeiten. Es gibt eine Zeit, wo man wirklich innerlich angerührt wird und anfängt, etwas zu sehen – und dann können wieder Zeiten kommen, wo es sehr mühsam ist.
Für diesen geistigen Wachstumsprozeß ist wichtig, daß man nicht nur dann betet und auf den Glauben hinschaut, wenn es einem gerade einfällt und paßt, sondern Disziplin einhält. Guardini hat das stets sehr stark betont. Der Glaube kann sich verlieren, wenn ich nur nach Lust und Laune bete. Glaube braucht auch die Disziplin der dürren Zeiten, dann wächst im Stillen etwas. Genau so wie im winterlichen Acker dennoch sich das Wachstum verbirgt. »Im Winter wächst das Brot«, hat Ida Friederike Görres gesagt.

Und womit soll man beginnen? Mit Fragen?

Ich würde sagen, nie nur mit Reflexion. Denn wenn man Gott in der Retorte des Denkens zu sich herüberbringen und sich ihn gewissermaßen rein theoretisch aneignen möchte, dann schafft man es nicht. Man muß immer das Fragen mit dem Tun kombinieren. Pascal hat einem ungläubigen Freund einmal gesagt: Tu zunächst einmal das, was die Gläubigen tun, selbst wenn es dir noch unsinnig erscheint.

Da hat jeder seinen eigenen Ansatz, denke ich. Für viele Menschen – die Geschichte zeigt es – ist zunächst einmal der Blick auf Maria eine Tür, um hereinzukommen. Für andere ist Christus der richtige Anfang, das Betrachten der Evangelien. Ich würde sagen, das Lesen der Evangelien ist immer ein Weg, um heranzukommen. Freilich kann es kein rein theoretisches Lesen sein, so wie Historiker es tun, die den Text auseinandernehmen und herausbringen möchten, welche Quellen darinstecken, sondern es muß ein Lesen auf Christus zu sein, in dem man auch immer wieder ins Gebet hinübergeht.

Ich würde sagen, es ist ein Hin und Her zwischen Schritten – auch wenn es manchmal nur Stolperschritte sind – der religiösen Praxis und eines suchenden Lesens und Denkens. Man kann den Glauben nie isoliert, sondern nur in der Begegnung mit gläubigen Menschen suchen, die einen verstehen können, die vielleicht aus ähnlichen Situationen kommen, und die mich irgendwie führen und mir helfen können. Glaube wächst immer im Wir. Wer es nur alleine machen möchte, hat ihn von daher schon im Ansatz verfälscht.

14 Vom Kreuz

Man hat sich daran gewöhnt, das Leid als etwas zu betrachten, dem man um jeden Preis zu entgehen sucht. Und über nichts erzürnt sich manche Gesellschaft heftiger, als über die christliche Auffassung, daß man Leid erdulden, ertragen, sich ihm oft sogar hingeben müsse, um es dadurch zu überwinden. »Das Leiden«, glaubt Johannes Paul II., »gehört zum Geheimnis des Menschen.« Warum?

Heute heißt das Programm, das Leiden aus der Welt zu verbannen. Für den einzelnen heißt das, Leid auf jede Weise zu vermeiden. Man muß nun auch sehen, daß gerade damit die Welt auch sehr hart und sehr kalt wird. Leid gehört eben zum Menschsein. Und wer das Leiden wirklich abschaffen wollte, müßte vor allen Dingen auch die Liebe abschaffen, die es ohne Leiden gar nicht gibt, weil sie immer ein Stück Selbstverzicht verlangt, weil sie im Unterschied der Temperamente und mit der Dramatik der Situationen immer auch die Verzichte, den Schmerz mit sich bringen wird.

Wenn man weiß, daß der Weg der Liebe – dieser Exodus, dieses aus sich Herausgehen – der wahre Weg der Vermenschlichung des Menschen ist, dann verstehen wir auch, daß das Leiden der Prozeß der Reifung ist. Wer Leiden innerlich angenommen hat, wird reifer und verstehender für den anderen, er wird menschlicher. Wer dem Leid immer aus dem Weg gegangen ist, versteht den anderen nicht, er wird hart und selbstsüchtig.

Die Liebe selbst ist eine Passion, ein Erleidnis. Ich erfahre in ihr zunächst eine Beglückung, die Erfahrung von Glück überhaupt. Ich werde andererseits aber auch aus meiner bequemen Ruhe herausgenommen und muß mich umgestalten lassen. Wenn wir sagen, daß Leiden eine Innenseite von Liebe ist, dann verstehen wir auch, warum *Leiden lernen* so wichtig ist – und warum im umgekehrten Fall Leidvermeidung den Menschen lebensunfähig macht. Es würde ihm eine Leere des Seins zuteil, die dann nur noch mit Erbitterung, mit Ablehnung, und nicht mehr mit innerer Annahme und Reifung verbunden sein kann.

Was wäre eigentlich passiert, wenn Christus nicht erschienen und nicht am Stamm des Kreuzes gestorben wäre? Wäre ohne ihn die Welt längst untergegangen?

Das können wir nicht sagen. Aber wir können sagen, dem Menschen würde der Zugang zu Gott fehlen. Er könnte sich dann immer nur in fragmentarischen Anläufen auf Gott beziehen. Und letzten Endes würde er nicht wissen, wer oder was Gott eigentlich ist.
Natürlich leuchtet in den großen Religionen etwas vom Licht Gottes durch, und doch bleiben sie Fragmente und Fragen. Wenn aber die Gottesfrage keine Beantwortung findet, wenn der Weg zu ihm hin verschlossen bleibt, wenn es Vergebung nicht gibt, die aus der Vollmacht Gottes selber kommt, dann wird das menschliche Leben zu einem sinnlosen Experiment. Insofern hat Gott selbst die Wolken an einer Stelle weggerissen. Er hat das Licht angemacht und uns damit den Weg gegeben, der die Wahrheit ist, der uns leben läßt, und der das Leben selbst ist.

INRI – Die Passion des Herrn

Ein Mann wie Jesus muß ungeheures Aufsehen erregen und jegliche Gesellschaft provozieren. Zeit seines Auftretens wurde der Prophet aus Nazareth nicht nur bejubelt, sondern auch verspottet und verfolgt. Vertreter der bestehenden Ordnung sahen in Jesu Lehre und Person regelrecht eine Gefahr für ihre Macht, und Pharisäer und Hohepriester begannen ihm nach dem Leben zu trachten. Die Passion war dabei offenbar Bestandteil seiner Botschaft, denn Christus selbst beginnt seine Jünger auf sein Leiden und Sterben vorzubereiten. In zwei Tagen, so erklärt er zu Beginn des Paschafestes, »wird der Menschensohn ausgeliefert und gekreuzigt werden«.

Jesus stellt die Jünger darauf ein, daß der Messias nicht als der Retter oder als glorreicher Machthaber auftritt, der den Glanz Israels in seiner alten staatlichen Macht wiederherstellt. Er nennt sich ja selbst nicht Messias, sondern *Menschensohn*. Sein Weg liegt ganz im Gegenteil in der Machtlosigkeit und im Erdulden des Todes, ausgeliefert an die Heiden, wie er sagt, und von den Heiden ans Kreuz gebracht. Die Jünger sollten lernen, daß so und nicht anders das Königtum Gottes in die Welt hereinkommt.

Ein weltberühmtes Bild von Leonardo da Vinci, Das letzte Abendmahl, *berichtet von der Abschiedsfeier Jesu im Kreise seiner zwölf Apostel. An diesem Abend löst Jesus zunächst tiefste Bestürzung aus, indem er auf den Verrat hinweist, der an ihm begangen wird. Danach begründet er die heilige Eucharistie, die von diesem Zeitpunkt an seit nunmehr 2000 Jahren Tag für Tag von den Christen nachvollzogen wird.*

»Während des Mahls«, so steht es im Evangelium, »nahm Jesus das Brot und sprach den Lobpreis; dann brach er das Brot, reichte es den Jüngern und sagte: Nehmt und eßt; das ist mein Leib. Dann nahm er den Kelch, sprach das Dankgebet und reichte ihn den Jüngern mit den Worten: Trinkt alle daraus; das ist mein Blut, das Blut des Neuen Bundes, das für euch und für viele vergossen wird zur Vergebung der Sünden. Tut dies zu meinem Andenken.« Dies sind vermutlich die in der Geschichte der Welt bis zum heutigen Tage am häufigsten gesprochenen Sätze überhaupt. Sie erscheinen wie eine heilige Formel.

Sie *sind* eine heilige Formel. Jedenfalls sind es Worte, die aus allem Gewöhnlichen, allem Erwartbaren und Vorbedachten völlig herausfallen. Es sind Worte von einem ungeheuren Reichtum und einer ungeheuren Tiefe. Wenn man Christus kennenlernen will, kann man ihn am besten im Meditieren dieser Worte und im Mitfeiern der Gegenwart dieser Worte, die Sakrament geworden sind, kennenlernen. Die Einsetzung der Eucharistie ist die Summe dessen, was Christus ist.
Jesus greift hier die wesentlichen Fäden des Alten Testamentes auf. Er lehnt sich damit einerseits an die Stiftung des Alten Bundes am Sinai an, womit er deutlich macht, daß das, was am Sinai begonnen wurde, jetzt neu geschieht: Der Bund, den Gott mit den Menschen eingegangen ist, wird nun wirklich vollendet. Das Abendmahl ist die Bundesstiftung des Neuen Bundes. Indem er sich den Menschen übereignet, vollzieht sich eine Blutsgemeinschaft zwischen Gott und den Menschen.
Andererseits sind hier Worte des Propheten Jeremia aufgegriffen, die den Neuen Bund ankündigen. Beide Stränge des Alten Testaments (Gesetz und Propheten) werden zu dieser Einheit

verschmolzen und zugleich zu einer sakramentalen Handlung gestaltet. Das Kreuz ist darin bereits vorweggenommen. Denn wenn Christus seinen Leib und sein Blut, wenn er sich selbst gibt, setzt das voraus, daß er sich real gibt. Insofern sind diese Worte auch der innere Akt des Kreuzes, der darin geschieht, daß Gott diese äußere Gewalt gegen ihn in einen Akt der Selbstverschenkung an die Menschheit umwandelt.

Und noch etwas ist hier vorausgenommen, die Auferstehung. Totes Fleisch, toten Leib kann man nicht zu essen geben. Nur weil er auferstehen wird, sind sein Leib und sein Blut neu. Es ist nicht mehr Menschenfresserei, sondern Vereinigung mit dem lebendigen Auferstandenen, die da geschieht.

In diesen ganz wenigen Worten liegt, wie man sieht, eine Synthese der Religionsgeschichte – der Glaubensgeschichte Israels sowie Jesu eigenen Seins und Wirkens, das schließlich zum Sakrament und zur Dauergegenwart wird.

Die Jünger ziehen mit Jesus zum Ölberg. Dort ereifert sich Petrus, niemals werde er den Meister verraten. Im Garten Getsemani will Jesus beten. Er ist stark erregt und zugleich angegriffen. Trauer befällt ihn und Angst. »Meine Seele ist zu Tode betrübt«, sagte er zu zwei Jüngern, »bleibt hier und wacht mit mir.« Sie gehen einige Schritte, dann wirft er sich zu Boden. Er betet, und vielleicht weint er auch. »Mein Vater«, hören ihn die beiden sprechen, »wenn es möglich ist, gehe dieser Kelch an mir vorüber. Aber nicht wie ich will, sondern wie du willst, geschehe.«

Das ist einer der bewegendsten und erschütterndsten Texte des Neuen Testaments. Dieses Geheimnis der Angst Christi kann man nur immer neu zu meditieren suchen, wie es die Großen des Glaubens getan haben.

Ich sehe darin gewissermaßen das Ringen zwischen der menschlichen und göttlichen Seele Jesu Christi. Jesus sieht den ganzen Abgrund an menschlichem Schmutz und an menschlicher Schrecklichkeit, den er tragen und durchwandern muß. Aus diesem Anblick, der weit über alles hinausgeht, was wir wahrnehmen – auch uns kann entsetzlich übel werden, wenn wir einen Blick in die Schrecklichkeit der menschlichen Geschichte tun, in den Abgrund der Gottesverweigerung, der Menschen zerstören wird –, in diesem Anblick sieht er die Schrecklichkeit der Last, die auf ihn zukommt. Es ist nicht nur die Angst vor dem Augenblick der Hinrichtung, es ist das Konfrontiertsein mit der ganzen Furchtbarkeit und Abgründigkeit des menschlichen Geschicks, das er auf sich nehmen soll.

Der griechische Theologe Maximus Confessor hat diesen Vorgang besonders eindringlich dargestellt. Er zeigt, wie sich im Gebet vom Ölberg die »Alchimie des Seins« vollzieht. Hier wird Jesu Wille eins mit dem des Sohnes und somit dem Willen des Vaters. Die ganze Widerständigkeit der menschlichen Natur, die sich dem Tod und den Schrecknissen, die er sieht, sperrt, zieht in diesem Gebet herauf. Jesus muß den inneren Widerstand des Menschen gegen Gott überwinden. Er muß die Versuchung überwinden, es anders zu machen. Diese Versuchung erreicht hier ihren Höhepunkt. Erst das Brechen des Widerstandes wird zum Ja. Es mündet mit dem Hineinschmelzen des eigenen, menschlichen Willens in den Willen Gottes und damit in die eine Bitte: »Aber nicht mein Wille geschehe, sondern der deinige.«

Die Jünger Jesu sind eine ziemlich müde Truppe. Als der Meister zurückkommt, findet er sie schlafend vor. Jesus ist enttäuscht. »Könnt ihr nicht einmal eine Stunde mit mir wachen?«, sagt er.

Ja, er ist enttäuscht. Und die Gläubigen aller Zeiten haben gesehen, wie dieses Wort Jesu über den Augenblick hinaus in die ganze Kirchengeschichte hineinreicht. Immer wieder schlafen die Jünger. Immer wieder ist es so, daß die Sache Gottes in höchster Gefahr ist und die Seinigen schlafen. Er hat sie ganz in die Nähe zu sich mitgenommen, sie sollten ihm die Last der Einsamkeit abnehmen, aber sie werden offenbar von der Schrecklichkeit des Augenblicks nicht berührt.

Und weiter spricht Christus: »Wacht und betet, damit ihr nicht in Versuchung geratet. Der Geist ist willig, aber das Fleisch ist schwach.«

Das Wort ist ein Rückgriff auf das, was Gott nach der Sintflut sagt: »Ich sehe, sie sind ja nur Fleisch, sie sind schwach, sie brauchen Nachsicht und Erbarmen.« Letztlich ist seine Enttäuschung in Erbarmen hineingenommen.

Mit einer großen Schar Bewaffneter betritt Judas das Feld. Er geht auf Jesus zu und küßt ihn. Es ist das Zeichen. Als die Soldaten Jesus ergreifen, tritt Petrus dazwischen, nimmt sein Schwert und schlägt einem der Schergen der Hohepriester ein Ohr ab. Jesus meint nur: »Steck' dein Schwert in die Scheide, denn alle, die zum Schwert greifen, werden durch das Schwert umkommen.«

Petrus will beweisen, daß seine mutigen Worte, er werde den Meister niemals verraten, wahr sind. Daß er in diesem Augenblick auch bereit ist, den Tod zu riskieren. Freilich, er wird gleich lernen müssen, daß die Dreinschläger-Tapferkeit sehr bald sehr klein wird, wenn es mit dem Dreinschlagen nicht klappt.

Vor allen Dingen spricht Jesus auch hier wieder zur ganzen Geschichte hin: Die Sache Gottes, warnt er, kann nicht mit dem Schwert verteidigt werden, wie es leider immer wieder versucht worden ist. Wer Gott mit Gewalt verteidigen will, stellt sich damit schon gegen ihn.

Nach der Festnahme ihres Meisters ergreifen die Jünger die Flucht. Alle, ausnahmslos. Jesus wird zum Hohepriester Kaiphas geführt und verhört. Die Anklage aber steht auf wackligen Beinen, die Zeugenaussagen sind konstruiert. Endlich ist ein Vergehen gefunden: Gotteslästerung. Der Hohepriester drängt ihn: »Ich beschwöre dich bei dem lebendigen Gott, sag uns, bist du der Messias, der Sohn Gottes?« Und Jesus gibt gelassen zur Antwort: »Du hast es gesagt.«

Als Hohepriester ist Kaiphas verantwortlich für den Glauben Israels. Natürlich denkt er nicht daran, wirklich den lebendigen Sohn Gottes zum Tod zu verurteilen. Er sieht in Jesus einen, der den Ein-Gott-Glauben, das Herzstück des jüdischen Credos, mit der Anmaßung verletzt hat, selbst Gottes Sohn zu sein. Er tut dies freilich auch in einer Verblendung, die das Geheimnis nicht wahrnehmen kann, sein Glaube ist in einer Formel eingeschlossen. Wir sollten das nicht leichtfertig verurteilen, denn irgendwo glaubt er natürlich, aus religiöser Verantwortung heraus zu handeln.

Das Martyrium beginnt. Die Schriftgelehrten und die Ältesten sind die ersten, die Jesus ins Gesicht spucken. Sie verhüllen seinen Kopf und ohrfeigen ihn: »Messias, du bist doch ein Prophet, wer hat dich geschlagen?« Petrus, der im Hof herumlungert, wird erkannt und verleugnet seinen Meister. Als er merkt, was er getan hat, geht er hinaus und weint bitterlich. Auch Judas wird über seinen Verrat nicht froh, seine Tat reut ihn schwer. Er wirft seine Silberlinge in den Tempel und erhängt sich.

Hier sehen wir die Dramatik menschlicher Schwäche: Petrus flieht zunächst, kommt aber wieder, um zu sehen, was da geschieht. In seinen Augen ist die Verleugnung des Herrn nur eine kleine Lüge, um nicht entdeckt zu werden und sich die Nähe zu ihm sichern zu können. Unter den Augen Jesu allerdings erkennt er, wie feige er gewesen ist und wie er nun abgefallen ist von ihm.

Spannend bleibt für mich der Unterschied zwischen den beiden, die in Sünde gefallen sind. Der eine findet den Weg der Reue und wird auf diese Weise neu angenommen. Er ist bereit, Vergebung zu empfangen. Er verzweifelt nicht. Er leidet, und wird damit zum Büßer, der umkehrt. Der andere ist so erschrocken über seinen Verrat, daß er nicht mehr an Vergebung glaubt.

Das ist der eigentliche Unterschied, finde ich. Zwei Arten von Reue, von Selbstanklage. Eine, die nicht nihilistisch wird, sondern sich wieder auffangen läßt. Und eine, in der der Vergebungsglaube erloschen ist, die sich selbst vernichtet und damit den Weg der Erneuerung, der offenstünde, nicht annimmt.

Ich glaube, das ist für jeden gefallenen Menschen, für jede Art von Schuldbewußtsein und Schuldbewältigung eine wichtige Lektion. Eine falsch vergrößerte Selbstverurteilung, die schließlich zur totalen Selbstverneinung wird, ist danach nicht die angemessene Art, mit Schuld umzugehen.

Jesus wird vor den römischen Statthalter Pontius Pilatus geschleppt. »Bist du der König der Juden?«, spottet er. »Ja, ich bin ein König«, antwortet Jesus, »doch mein Reich ist nicht von dieser Welt. Ich bin dazu geboren und in die Welt gekommen, daß ich der Wahrheit Zeugnis gebe. Wer aus der Wahrheit ist, hört meine Stimme.« Pilatus kann die Antwort offenbar nicht fassen, skeptisch fragt er: »Was ist Wahrheit?«

Jesus hat zunächst einen jüdischen Prozeß mitgemacht, der mit Schuldspruch endet. Merkwürdigerweise vollziehen aber die jüdischen Autoritäten die Strafe nicht, sie übertragen statt dessen die Sache vor das staatliche römische Gericht. Dieser zweite Prozeß hat eine andere Anklage. Hier wirft man Jesus, was ja für Pilatus uninteressant wäre, nicht mehr eine Verletzung des jüdischen Credos vor, sondern man beschuldigt ihn, ein politischer Usurpator zu sein, der die römische Herrschaft unterminiert. Aus dem religiösen Prozeß wird ein politischer.

Die Anklage freilich ist dünn, und der römische Richter, der an sich ein Zyniker ist, hat zunächst gar keine Lust, den Büttel der jüdischen Autorität zu machen. Die Gestalt des Pilatus erscheint dabei sehr modern. Als Jesus von der Wahrheit spricht, antwortet er als typischer Skeptiker: Was ist denn das schon, die Wahrheit? Das könne ja nur ein Spinner sein, der da behauptet, er sei der Zeuge der Wahrheit und gehe für sie in den Tod.

Den Massen erklärt der Römer, er finde keine Schuld an dem Mann, er biete aber an, angesichts der bevorstehenden Festtage einen Gefangenen freizulassen, man könne nun auswählen zwischen eben diesem Jesus oder dem Gewaltverbrecher Barabbas. Die Menge johlt: »Barabbas, Barabbas!« »Und was soll ich dann mit Jesus?« fragt Pilatus. Und wieder ist das Echo eindeutig: »Ans Kreuz mit ihm, ans Kreuz mit ihm!«

Pontius Pilatus zollt dem Pöbel den Tribut, wäscht sich aber demonstrativ die Hände, zum Zeichen seiner Unschuld.

Dieser Passus ist auch ein Lehrstück über Masse. In der Menge sind wahrscheinlich auch Leute, die zuvor ganz harmlos waren, solche, die Jesus gemocht und ihm zugejubelt hatten. Man sieht, wie Masse das Gewissen zerstört. Wie sie den Menschen sich selbst entfremdet und zum Werkzeug des Bösen machen kann.

Wie zuvor die Priester, so machen sich nun auch die Soldaten einen Spaß mit dem Gefangenen. Sie entkleiden ihn, legen ihm einen purpurroten Mantel um und flechten ihm eine Krone aus Dornen. Ein Stock in der Hand dient als Zepter, und feixend fallen die Schergen vor ihm auf die Knie. »Heil dir, König der Juden.« Dann bespucken sie ihn, nehmen den Stock und dreschen damit auf seinen Kopf ein. Wieder ist es Pilatus, der angesichts dieses Jammerbildes um Mitleid bittet: »Ecce homo – seht, welch ein Mensch.«

All diese Texte sind sehr abgründig. Sie führen uns in ihrer Vielschichtigkeit über die ganze Skala, von der Banalität des Bösen bis zur Demut der göttlichen Macht und Liebe. Man sieht zunächst den Ungeist einer solchen Hinrichtungstruppe, für die Grausamkeit zum täglichen Brot geworden ist. Wahrscheinlich geht es aber um mehr, so daß in dem Spott etwas Tieferes durchscheint. Denn gerade der zum Spott Gekrönte ist der wirkliche König der Welt. Jener, der die Dornenkrone trägt und damit die Krone der Leiden der Menschheit auf sich nimmt, ist das wahrhaft gekrönte Haupt. Das Pilatus-Wort hat wiederum ungewollt über seine Rede hinaus einen sehr vielschichtigen Sinn. Irgendwie sagt es: »Ja, *das* ist der

Mensch«, ein erbärmlicher Wurm. Zugleich zeigt es den *wirklichen* Menschen an, der im Leiden das Bild Gottes trägt.

Die Soldaten treiben den Gegeißelten mit der Dornenkrone hinaus zur »Schädelhöhe«, nach Golgota. Jesus trägt das schwere Kreuz, er schwitzt Blut. Dreimal bricht er unter der Last zusammen. Veronika reicht ihm ein Tuch, Frauen weinen, aber absolut niemand von den Menschen am Rande ist bereit, ihm das Kreuz abzunehmen. Vermutlich weil die Söldner Sorge haben, ihr Gefangener könnte schon vor der Kreuzigung zusammenbrechen, zwingen sie einen Mann namens Simeon von Cyrene, Jesus für eine kurze Strecke unter die Arme zu greifen.

Die christliche Frömmigkeit hat diesen Kreuzweg, den man in Jerusalem mitgehen kann, zum urbildlichen Weg des menschlichen Leidens gemacht. Einzelne Züge darin sind erst in der Meditation gefunden worden, etwa der dreimalige Fall oder die Veronika-Gestalt. Es sind Wahrnehmungen des Herzens im inneren Mitgehen mit diesem Weg. Der *Kreuzweg* ist neben dem *Rosenkranz* das zweite große Gebet, das die westliche Volksfrömmigkeit im Mittelalter gefunden hat. Er ist nicht nur ein großes Dokument der inneren Reifung und Vertiefung, sondern in der Tat eine Schule der Innerlichkeit und der Tröstungen. Er ist auch eine Schule der Gewissenserforschung, der Bekehrung, der inneren Wandlung und des Mitleidens – nicht als sentimentales, bloßes Gefühl, sondern als ein an meine Seele pochendes Rütteln, das mich nötigt, mich zu erkennen und besser zu werden.

Natürlich bleibt auch die Gestalt Simons eine beeindruckende Figur. Jedenfalls hat die Christenheit darin einen bleibenden Auftrag gesehen. Christus ist sozusagen durch die ganze

Geschichte hindurch mit dem Kreuz unterwegs. Er sucht Veronika-Hände und sucht Simeon-Hände, die bereit sind, große Kreuze zu tragen.

Die Soldaten mißhandeln Jesus auf unvorstellbare Art. Aller Haß, alles tierisch-menschliche, der Abgrund, das Häßlichste, was Menschen einander antun können, entlädt sich offenbar an diesem Mann.

Jesus steht exemplarisch für die Opfer der Gewalt. Wir haben gerade im 20. Jahrhundert wieder gesehen, wie erfindungsreich menschliche Grausamkeit ist; wie sie das Menschengesicht, indem sie es im andern zerstört, in sich selber entwürdigt und zerstört. Daß der Sohn Gottes dies alles exemplarisch als das »Lamm Gottes« auf sich genommen hat, muß uns einerseits über die Grausamkeit des Menschen erschüttern, uns nachdenklich machen über uns selbst, wie weit wir als feige oder stumme Zuschauer dabeistehen oder selber mitschuldig sind. Zum andern muß es uns verwandeln und Gottes froh werden lassen. Er hat sich auf die Seite der Unschuldigen und Leidenden gestellt und möchte auch uns dort sehen.

Noch am Kreuz wird Jesus verhöhnt. Die Soldaten reichen ihm Wein, der mit Galle vermischt ist. Auf das Kreuz haben sie ein Brett mit einer Inschrift genagelt: Jesus von Nazareth, König der Juden (INRI). *Die Hohepriester und Schriftgelehrten rufen ihm zu: »Du willst den Tempel niederreißen und in drei Tagen wieder aufbauen? Wenn du Gottes Sohn bist, hilf dir selbst und steig herab vom Kreuz.« Jesus aber steigt nicht herab vom Kreuz. Er sagt nichts. Selbst dann nicht, als von der sechsten bis zur neunten Stunde eine Finsternis auftritt.*

Um die neunte Stunde allerdings ruft er aus: »*Eli, Eli, lema sabachtani.*« *Und es ist ein ganz merkwürdiger Satz, denn er bedeutet:* »*Mein Gott, mein Gott, warum hast du mich verlassen?*«

Bezüglich des Trankes, der Jesus angeboten wird, bieten uns die Evangelisten zwei Überlieferungen. Matthäus erzählt von Wein, der mit Galle vermischt ist und der Jesus zu Beginn der Kreuzigung, vielleicht als eine Art Anästhesie-Trunk, gereicht wird. Ihn lehnt Jesus ab – er will das Leiden mit wachen Sinnen durchstehen. Markus, Lukas und ausführlich Johannes berichten von Essig, der Jesus am Ende der Passion gegeben wird. Diese Evangelisten erinnern sich dabei offensichtlich an ein Psalmwort: »Sie gaben mir als Nahrung Gift und Essig für den Durst« (Ps 69,22). Auch andere prophetische Stellen klingen auf: Ich habe einen Weinberg gepflanzt und Essig hat er mir getragen – eine Klage, die auch die Christenheit immer wieder trifft.

Dann hören wir vom Spott, der Jesus umbrandet. Man denkt an das *Buch der Weisheit* im Alten Testament, in dem gesagt ist: »Die Frevler werden den Gerechten verhöhnen.« Sie werden ihn dem Tod ausliefern und sagen: Jetzt zeig doch, ob du Gott bist oder nicht. Es ist ihre Art, das Experiment zu machen. Und es ist der Augenblick des Triumphes, in dem die Pharisäer, die vielleicht zum Teil vorher noch ein schlechtes Gewissen hatten, sich bestätigt sehen und ihre Ablehnung in Spott kleiden können. Sie verbünden sich damit mit der Banalität des Bösen, wie sie von den Soldaten repräsentiert wird.

In den Evangelien sind uns von Jesus insgesamt sieben Worte am Kreuz überliefert. Das soeben zitierte hat tatsächlich eine Schlüsselstellung. Es ist der Anfangsvers des *Psalmes 21*, der große Leidenspsalm Israels, in dem das in der Geschichte immer wieder getretene und machtlos gewordene Israel aus sich herausschreit: »Mein Gott, mein Gott, warum hast du mich verlassen?« Indem Jesus mit dem *Psalm 21* zu beten beginnt, identifiziert er sich mit dem leidenden Israel und hat das Geschick dieses Volkes in sich hineingenommen.

Wir dürfen aber nicht vergessen, daß es auch ein Gebet ist. Es erkennt im Schrei der Not Gott an. Jesus stirbt als ein Betender, als einer, der das erste Gebot hinstellt, Gott anzubeten, ihn allein. Der Psalm läuft aus in ein großes Bekenntnis des Vertrauens und in eine Prophetie der Eucharistie, er endet mit den Worten: »Die Armen werden essen und sich sättigen.« Vom Kreuz her kommt die Sättigung der Armen mit dem neuen Manna.

In der Sekunde des Todes reißt im Tempel der Vorhang von oben bis unten entzwei. Die Erde beginnt zu beben, Felsen spalten sich, und es heißt, daß sich sogar die Gräber öffneten. Über die Jahrhunderte haben Künstler versucht, dieser Szene einen Ausdruck zu geben. Ich kann mich an ein Bild ganz besonders erinnern: Der Gemarterte lehnt dabei den Kopf ein wenig zur Seite auf die Schulter und sieht den Betrachter an. Die Dornenkrone ist ihm in den Schädel gedrückt. Jesus blutet. Tränen laufen ihm über das Gesicht. Und zugleich hat sein schmales und trotz Marter immer noch unversehrtes Antlitz den Ausdruck des Friedens. Der Gefolterte, der jeden Grund zur Anklage hätte, lächelt den Betrachter an. Und es ist nicht die Spur eines Vorwurfes in ihm, Christus wirkt gelöst und ganz entspannt. Und je länger man ihn betrachtet, desto deutlicher entsteht neben Trauer paradoxerweise auch ein Bild des Trostes.

Die echten, großen und reinen Kreuzbilder sind aus einer inneren Identifizierung, aus einer Meditation, aus einem betenden Einswerden mit dem gekreuzigten Christus entstanden. Sie stellen sowohl den Durst, die Not, die entsetzlichste Folter und den Schmerz dar, aber sie bringen auch den Frieden der letzten Worte ins Bild: »In deine Hände empfehle ich meinen Geist. Es ist vollbracht.«
Jesus neigte sein Haupt und verschied. Er gab seinen Geist auf und übergibt den Geist dem Vater, so daß gerade aus diesen letzten Worten der Friede des Gekreuzigten herausleuchtet. Die Kreuzbilder dürfen nie nur Bilder der Grausamkeit sein, sonst stellen sie das Geheimnis Christi nicht vollständig dar. Wenn sie nur noch die Verhöhnung des Menschen zeigen, werden sie gleichsam selbst wieder zu einer Verspottung.

Von der Auferstehung

Die Auferstehung galt binnen 24 Stunden in Jerusalem als Tatsache. Jeder in der Stadt war an diesem Morgen aufs äußerste gereizt. Da war das Erdbeben, das zwei Tage zuvor den Tempel erschütterte, dann der dreistündige Sandsturm und weitere Beben. Als die Frauen als erste ihre Geschichte vom leeren Grab überbrachten, wurde das noch als Geschwätz abgetan. Am Abend jedoch waren alle Zweifel zerstreut, zumindest bei den Jüngern. Jesus war zweien von ihnen auf dem Weg nach Emmaus begegnet und hatte sich zu erkennen gegeben. Die Geschichte des Christentums als die eines Glaubens hatte begonnen.

Wie schnell das Geschehen in der Stadt Jerusalem rezipiert worden ist, mag offenbleiben. Wir wissen aus dem Schluß des Matthäus-Evangeliums, daß auch nach der großen abschließenden Erscheinung Jesu auf einem Berg in Galiläa – der Gekreuzigte ist auferstanden und sagt: »Mir ist alle Macht gegeben« – noch manche zweifeln. Die Auferstehungs-Botschaft ist immer wieder vom Zweifel begleitet und angefochten, auch wenn sie die siegreiche Botschaft ist, die den Zweifel überwindet.

Christus ist aus dieser Welt und ihrem Leben herausgetreten in eine neue Weise von Leiblichkeit, die nicht mehr den physikalischen Gesetzen unterliegt. Sie gehört der Welt Gottes zu, von der aus er sich den Menschen zeigt und ihnen das Herz aufschließt, damit sie ihn erkennen und berühren. Wir werden immer wieder dazu eingeladen, ihn mit Thomas, dem »ungläubigen Apostel«, anzurühren und die lebendige Gegenwart, mit der er sich in der Geschichte immer neu zeigt, zu erkennen.

Und in der Tat ist es die Auferstehung, mit der etwas Neues in die Welt hereineingebrochen ist und von der an Kirche sich bilden kann, die Gemeinschaft der an Christus Glaubenden, des neuen Gottesvolkes.

Das Kreuz, das heiligste Zeichen des Alls, wie Guardini es nannte, ist das Zeichen der Christen geworden. Das Kreuz mit einem gemarterten Menschen – ein Symbol, das Anstoß erregt. Schon Paulus mußte mahnen: Entleert das Kreuz nicht, linealisiert, horizontalisiert es nicht, macht nicht aus dem Plus Gottes das Minus der Welt.

Es ist in der Tat eine unvergleichliche Geschichte. Genau jenes Kreuz, an dem nicht nur die Botschaft Jesu, sondern auch er selbst, sein Fleisch und Blut, enden sollten, wurde ein Sym-

bol der Erlösung, Symbol nicht des Todes, sondern eben des Lebens. »Das Holz des wahren Lebens«, so sang Andreas von Jerusalem. Ein Paradox: Durch das Kreuz zum Heil.

Die frühen Kreuzesdarstellungen stellen den Gekreuzigten zugleich als den Auferstandenen, als König dar. Er wird mit offenen Augen gezeigt, um zu verdeutlichen, daß die Gottheit nicht gestorben ist, daß sie lebend bleibt und Leben gibt. Das Kreuz wird damit aus dem Schandmal der römischen Hinrichtung zu dem Triumphzeichen des Menschensohnes, das uns nicht nur am Ende der Tage erscheinen wird, sondern das uns jetzt schon erscheint, indem er als der Sieger auf uns zugeht und uns holt. Mit ihm brechen wir zum lebendigen Gott hin auf, im Leidenden wird der Trost der stärkeren Liebe Gottes sichtbar.
So ist das Kreuz wirklich zu einem Erlösungszeichen geworden, das Zeichen Jesu Christi, das Kürzel für ihn, durch das wir uns zeichenhaft mit ihm verbinden.

Für seine Anhängerschaft in Jerusalem muß es ein Schock gewesen sein: Der Messias, der Blinde sehend und Tote lebendig machen konnte, ließ sich plötzlich erniedrigen, beleidigen und von den Schergen der Macht ans Kreuz schlagen. Das absolut Unerklärliche: Warum sollte Gott leiden und sterben müssen, um seine eigene Kreatur zu erlösen?

Es ist das Geheimnis Gottes, daß er nicht als jemand in die Welt hereintritt, der durch Macht die gerechte Gesellschaftsordnung aufrichtet. Er ist dazu herabgestiegen, um für uns und mit uns zu leiden.
Wir werden dieses Geheimnis letztlich nie ganz verstehen können. Und trotzdem, es ist das Positivste, das uns über

Gott gesagt ist: Gott regiert nicht einfach mit Macht. Gott übt seine Macht anders aus, als es menschliche Machthaber tun. Seine Macht ist die des Mitliebens und des Mitleidens, und das wirkliche Antlitz Gottes zeigt sich gerade im Leiden. Gott trägt die Ungerechtigkeit der Welt im Leiden mit, so daß wir gerade in den dunklen Stunden uns Gott am allernächsten wissen dürfen.

Gott wird klein, damit wir ihn fassen können. Damit wir Menschen dem Prinzip Hochmut und dem Prinzip Selbstvergottung das Gegenprinzip entgegengehalten bekommen. Er kommt als jemand, der an unser Herz rührt.

Kapitel III
Von der Kirche

Herr Kardinal, Jesus Christus hatte seinen Aposteln und deren Nachfolgern versprochen, er werde sie stets an seine Lehre erinnern und es einem dann auch sagen. Spüren Sie etwas davon?

Das ist natürlich nicht mechanisch zu verstehen, als ob man das wie durch einen Computer abrufen könnte. Es ist eine Verheißung, die die Kirche als Ganze betrifft.

Jesus sagte wörtlich: »Der Heilige Geist, den der Vater in meinem Namen senden wird, der wird euch alles lehren und an alles erinnern, was ich euch gesagt habe.«

Er hat damit gesagt, daß er die Kirche auf ihrem Weg nicht allein läßt. Daß er sie nicht wegfallen läßt von sich. Daß er ihr Gedächtnis erneuert und vertieft, so daß sie das anfangs Unverstandene zu begreifen lernt und in die Tiefe der Worte eindringt. Das heißt aber nicht, daß der einzelne jederzeit auf eine solche Erinnerung einfach Anspruch erheben könnte, auch nicht, daß es der Kirche automatisch zufiele. Sie braucht das lebendige Beten und Erinnern, durch das dann der Geist zu ihr spricht. Aber ich würde sagen, irgendwie spüre ich diese Hilfe natürlich schon.

Immerhin ist es vielen genialen Männern und Frauen der Kirche gegeben, Einsicht in große Zusammenhänge zu erhalten und diese komplexen Erkenntnisse so zu vermitteln, daß es die Massen verstehen können.

Ich denke, daß man durch das Sein in der Kirche und durch das Mitleben mit ihrem Glauben auch an der Inspiration beteiligt wird, die diese Familie trägt. Die Kirche kann einem die Horizonte öffnen und das, was man alleine nicht verstehen könnte, vertiefen. Natürlich gibt es dann die besonders begnadeten Menschen, die wir die Heiligen nennen, die durch ihr inneres Nahesein zu Gott gleichsam in dieses Gedächtnis tiefer hineindringen und es auch uns wieder lebendiger zubringen.

Ist es Liebe, was Sie persönlich so sehr mit der Kirche verbindet?

Das kann man schon sagen. Sie ist mein Zuhause, meine große Familie, und insofern bin ich ihr in Liebe verbunden, wie man einer Familie verbunden ist.

Die Kirche ist kein zufälliges historisches Produkt, keine Laune der Geschichte, jedenfalls nicht nach ihrem eigenen Verständnis. Für Außenstehende dagegen wirkt sie oft wie eine Organisation mit Macht und Besitz, so ähnlich eben wie eine Firma, nur daß hier die Abteilungsleiter mit langen Gewändern herumlaufen. Papst Leo der Große meinte einmal, man müsse, um überhaupt ein wenig Einsicht in diese Kirche zu gewinnen, um sie auch nur annähernd verstehen zu können, zuallererst »das Dunkel erdhaften Sinnens und den Rauch welthafter Weisheit« ablegen.

Nun, man kann die Kirche auf sehr verschiedenen Ebenen erleben. Man kann sie rein institutionell ansehen, als eine der institutionellen Kräfte, die es in der Welt gibt, oder man kann sie rein soziologisch betrachten. Man kann sich an einzelnen Ereignissen oder Personen wund reiben. Jedenfalls wird man, wenn man sie nur von dem Gesichtspunkt des Institutionellen her betrachtet, immer an der Oberfläche bleiben.

Mir scheint, daß es gerade eine Versuchung unserer sehr aktiven und rationalen Gesellschaft ist, sich die Kirche durch Kommissionen und Gremien und Beratungen zugänglich zu machen. Man möchte sie griffiger und praktischer machen, zu einem Menschenwerk gewissermaßen, in dem am Schluß irgendwelche Mehrheiten entscheiden, was wir eigentlich glauben sollen oder nicht glauben können und dergleichen mehr. Man würde sie damit allerdings nur immer weiter von sich selber wegbringen. Sie reichte damit nicht mehr ins Lebendige hinein – und ins Göttliche schon gar nicht.

Wenn wir die Kirche recht verstehen wollen, dann müssen wir sie, denke ich, vor allem von der Liturgie her betrachten. Da ist sie am meisten sie selber, da wird sie ständig wieder vom Herrn berührt und erneuert. In der Liturgie nämlich müssen wir sie von der Heiligen Schrift, von den Sakramenten, von den großen Gebeten der Christenheit her leben. Und gerade damit kann man, wie Leo der Große sagt, den Rauch, der die Luft undurchsichtig macht, und die Sandkörner, die uns in die Augen gestreut sind, allmählich reinigen und etwas sehender werden.

Man wird dann sehen, daß die Kirche viel tiefer reicht. Daß zu ihr die Gemeinschaft der Heiligen gehört, die Gemeinschaft derer, die uns vorausgegangen sind, gerade auch die verborgenen, einfachen Heiligen. Daß sie in so vielen glaubenden Menschen lebt, die mit Christus innerlich verbunden sind, und daß ihre Wurzeln vor allem in Christus selber hineinreichen. Christus ist die ständige Kraft, die diesen Weinstock durchlebt und ihn zu dem macht, was Frucht tragen kann. In diesem Sinne ist das Eigentliche der Kirche weit mehr als das, was man statistisch fassen oder durch Beschlüsse herbeiführen kann. Es ist ein Organismus, dessen Lebenskreislauf von Christus selber herkommt.

15 Vom Geist

Wie alles begann

»Selig bist du, Simon Barjona«, so sprach Jesus zu dem Mann, dessen Namen sich die Kirche auf ewig eingraviert hat, »du bist Petrus, und auf diesen Felsen werde ich meine Kirche bauen, und die Mächte der Unterwelt werden sie nicht überwältigen.« Das Wort steht ganz am Anfang einer vollkommen unvergleichlichen Erfolgsgeschichte. Kann man sagen, daß mit diesem Postulat Christus selbst die Kirche gegründet hat?

Die Frage, ob Jesus Kirche eigentlich gewollt hat, ist zu einer großen Diskussion geworden. Viele sagen Nein, er wollte nur das Reich Gottes, oder er wollte irgendetwas anderes, jedenfalls keine Kirche. Damit freilich verkennt man nicht nur Jesu Zugehörigkeit zur Heilsgeschichte des jüdischen Volkes, sondern auch seine Absicht, dieses Volk zu erneuern, ja die Heilsgeschichte insgesamt zu erneuern, zu vertiefen und zu erweitern – und damit eben das zu schaffen, was wir Kirche nennen.
Es gibt eine Menge von kirchengründenden Akten im Leben Jesu. Das beginnt schon mit der Auswahl der Zwölf. Wir haben sie ja bereits als die symbolischen zwölf Stammväter des neuen Israel kennengelernt. Das fährt dann fort mit den Worten, die er ihnen übergibt, und vor allem mit dem Abend-

mahl, das ihnen nun als Mitte ihres neuen Lebens aufgetragen und geschenkt wird. Es vertieft sich in dem Taufbefehl, in dem Missionsbefehl und anderen Dingen mehr. Und einer unter diesem ganzen Bündel von Akten ist die Bestimmung des Petrus, als der erste unter den Zwölfen zugleich der Fels der Kirche zu sein.

Nach seinem Tod erscheint Jesus den Aposteln im Saale zu Jerusalem. Aus dem Evangelium nach Matthäus sind hierzu folgende Worte überliefert: »Friede sei mit euch! Wie mich der Vater gesandt hat, so sende ich euch.« Und als er dies gesagt hatte, hauchte er sie an und sprach: »Empfanget den Heiligen Geist!« Vermutlich konnte sich kein einziger der damals Anwesenden auch nur im geringsten vorstellen, was damit begonnen hatte.

Es ist eine eindrückliche Szene, die die Berufung der Zwölf nach der Auferstehung konkretisiert. Die Apostel werden zu Trägern des Heiligen Geistes, der in ihnen die Sendung Jesu Christi selbst weiterführt. In der Tat konnte sich in dem Augenblick kein Mensch vorstellen, was diese Sendung einmal bewirken würde. Die meisten dachten an ein schnell bevorstehendes Ende der Welt. Sie waren davon überzeugt, die Zeit sei nun erfüllt, und die Geschichte habe nicht mehr viel vor sich. Den Jüngern genügte zu wissen, daß sie nun den Geist Christi in sich hatten und diesen Frieden, den er brachte, das Neue, das er gegeben hatte, auch über die Grenzen Israels hinauszutragen hatten.

In der Zeit nach der Auferstehung passiert eine merkwürdige Geschichte. Es war an einem Abend, als Petrus und Johannes und einige andere im See Genezareth Fische fangen wollten.

Die Stimmung kann nicht gut gewesen sein, denn die Netze blieben leer. Als sie im Morgengrauen das Ufer erreichen, begegnen sie Jesus. Die Jünger erkennen ihn nicht, obwohl er sie wie gute Kumpel anspricht. Der Meister wörtlich: »Kinder, habt ihr etwas zu essen?« Und er ruft ihnen zu: »Werft das Netz zur Rechten des Schiffes aus, so werdet ihr etwas bekommen.« Aus irgendeinem Grunde befolgen sie den Rat, und das Netz ist alsbald so gefüllt, daß es niemand aus dem Wasser ziehen kann. »Es ist der Herr«, dämmert es Johannes. Petrus wirft sich in die Fluten, schwimmt ans Ufer, die Jünger mit dem Schifflein ihm nach. 153 große Fische hatten sie gefangen, aber das Netz war nicht gerissen.

Diese Geschichte ist äußerst symbolträchtig und so vielschichtig, daß wir sie hier nicht im einzelnen auseinanderlegen können. Da ist der wunderbare Fischfang. Die Männer hatten die ganze Nacht umsonst gearbeitet, und als erfahrene Fischer konnten sie kaum annehmen, daß sie jetzt, wo der Tag aufgegangen ist, noch etwas fangen werden. Sie werden dennoch von Jesus ausgesandt, gehen auf sein Wort hin noch mal hinaus, und es wird ihnen tatsächlich diese überreiche Gabe zuteil.

Was nun die Zahl 1153, die Johannes so sorgsam aufzeichnet, genau bedeutet, hat alle Gelehrsamkeit noch nicht enträtseln können. Manche wollen in 1153 auch das Zahlzeichen für Petrus sehen. Wie dem auch sei, es ist Ausdruck für eine Fülle. Es ist eine Verheißung, die über den Augenblick hinausreicht. Sie zeigt zum einen, wie wenig es menschliche Mühe vermag, aus dem Meer dieser Welt die Fische herauszuziehen, damit lebendige Menschen für Gott daraus werden. Und sie verheißt zugleich, daß immer wieder das Unwahrscheinliche geschehen wird, daß die Kirche mit dem

Netz Christi immer wieder aus dem Ozean der Vergänglichkeit herausgezogen werden kann, und daß sie in diesem Netz des Fischers Petrus in großer Fülle die Menschen zueinanderbringen wird.

Die Szene geht noch weiter. Auf einem Feuer machen sie Essen, sie essen zusammen Fisch und Brot, und mit einem Male wendet sich Jesus an Simon Petrus. »Simon«, sagt er, »Sohn des Jonas, liebst du mich mehr als diese.« Petrus ist verblüfft und sagt nur: »Ja, Herr! Du weißt, daß ich dich liebe.« Immer wieder, dreimal, fragt Jesus seinen ersten Jünger dasselbe, und dreimal bekommt er dieselbe Antwort: »Ja, Herr, du weißt, daß ich dich liebe.« Petrus sagt es am Ende sogar ein wenig aufgebracht: »Herr, du weißt alles, du weißt auch, daß ich dich liebe.« Auf diese Vorrede hin gibt Jesus wiederum in drei Sätzen einen merkwürdigen Auftrag: »Weide meine Lämmer«, und noch einmal: »Weide meine Lämmer«, und am Schluß: »Weide meine Schafe.« Was genau ist damit gemeint?

Die Jünger fangen zunächst für ihn Fische, *er* aber gibt ihnen zu essen. Am Ende also wird das menschliche Mühen überboten von der Gabe, die von Christus selbst kommt. Und schließlich sehen wir hier eine weitere Nachfolge-Einsetzung. Das erste Bekenntnis des Petrus, von dem wir früher gesprochen haben, erfolgt, nachdem der galiläische Erfolg abgeflaut ist und es einsam zu werden beginnt um Jesus. Manche bestreiten, daß das damals von Jesus formulierte Felsenwort vom irdischen Jesus gesagt sei; es gehöre in die Auferstehungs-Überlieferungen. Die Evangelien stellen es aber bewußt an einen Wendepunkt im irdischen Leben Jesu; es ist so verflochten mit diesem Kontext, daß es davon nicht gelöst werden kann.

Im Abendmahlsaal gab es denn eine neue Verheißung an Petrus: Wenn du bekehrt sein wirst, stärke deine Brüder. Er wird beauftragt, der zu sein, der sie im Glauben bekräftigt. Wichtig ist, daß sich alle diese Petrus-Zeugnisse durch die verschiedenen Schichten neutestamentlicher Schriften hindurchziehen. Einmal in der synoptischen Schicht, dann in dem johanneischen aber auch im paulinischen Schriftentypus finden wir den Primat des Petrus, so daß die verschiedenen Traditionsräume jeweils dieses Wissen um einen Sonderauftrag an Petrus widerspiegeln.

Was uns hier bei Johannes 21 überliefert ist, ist ein Nachfolgeritus. Petrus muß nun die Sorge für die Herde Jesu übernehmen. Und der Herr sagt ihm auch gleich anschließend, in einer Martyriumsprophezeiung, es ist ein Dienst, der nur aus der Liebe zu Christus aufgebaut ist und der nur getan werden kann in der Bereitschaft, den Weg ins Martyrium zu gehen. Insofern ist für den katholischen Christen mit dieser umfassenden Petrus-Theologie des Neuen Testaments der spezifische Auftrag in seinen vielfältigen Facetten wunderbar umschrieben – und ist ein Testament an die Kirche aller Zeiten.

Der auferstandene Jesus befiehlt den Jüngern, aus Jerusalem nicht wegzugehen, so lange der Heilige Geist nicht herabgekommen sei, jene »Kraft aus der Höhe«. Er macht dabei eine geheimnisvolle Andeutung: »Johannes hat mit Wasser getauft«, sagt er, »ihr aber werdet mit dem Heiligen Geist getauft werden in wenigen Tagen.« Was heißt das?

Jesus kündigt die Geist-Gabe an, die dann im Pfingstfest ihre erste Erfüllung findet. Der hl. Lukas hat sie uns in der Apostelgeschichte geschildert. Er beschreibt darin, wie in das Beten der 120, die mit den Zwölf und mit Maria versammelt sind, die Gabe des Heiligen Geistes fällt. Lukas, der ja sein ganzes Werk sehr bedachtsam komponiert hat, verweist damit auf die Empfängnis Jesu zurück, als der Heilige Geist herunterkam und somit auf Erden der Mensch Jesus empfangen wurde. Nun kommt der Heilige Geist erneut und so wird die Kirche, der »Leib Christi«, für die Zeit der Geschichte geboren. Dies geschieht in den Zeichen von Sturm und Feuer – und vor allen Dingen in dem Zeichen des Sprachenwunders –, mit denen die Kirche in allen Sprachen angekündigt und antizipiert wird. Es ist das Gegenbild zu Babel. Es ist die andere, die neue Gesellschaft, die der Herr durch die Kraft des Heiligen Geistes, durch diese Flamme Gottes, nunmehr vom Herzen der Menschen her aufbaut.

Aber kann man sich die Szenerie wirklich so vorstellen, daß hier Flammen, Feuerzungen vom Himmel herniederfielen?

Wie man sich das genau vorstellen will, bleibt jedem selbst überlassen. Die Väter, und speziell die östliche Theologie, haben das Symbol sehr tiefsinnig ausgelegt. Wenn sich der Geist als Zungen, als Flammen darstellt, zeigt das, daß er sehr persönlich auf jedem einzelnen ruhen bleibt. Es sind wesentliche Bilder, in denen uns das Bleibende, das Geheimnis des Geistes, der Neugeburt der Kirche dargestellt wird – und mit dem Sprachenwunder eben auch das, was man die Katholizität der Kirche nennt.

Vom Wesen der Kirche

Bleiben wir bei dieser Neugeburt. Wie ist die Kirche gemeint? Wie soll sie sein? Ihr Wesen wird stets als apostolisch und katholisch bezeichnet. Was heißt das?

Apostolisch bedeutet die horizontale Querverbindung der Kirche durch alle Zeiten hindurch. Sie ist zunächst einmal angeheftet an den historischen Ursprung in den elf Männern, die Jesus ausgewählt hat (elf sind ja geblieben, plus Matthias, der dazugewählt worden ist). Sie ist nicht irgendeine Mythologie, eine erfundene Ideologie, sondern wirklich verankert in dem historischen Ereignis Jesu Christi und kann sich aus diesem apostolischen Ursprung immer wieder neu erheben. Zugleich ist damit nicht nur Treue zum Zeugnis, zum Glauben der Apostel ausgedrückt, sondern auch das Sakramentale. Man kann sich demzufolge die Kirche nicht immer wieder selber neu ausdenken, sondern sie steht in einer festen Bindung an den Ursprung, in einer stetigen Kontinuität damit. Das Sakrament der Priesterweihe drückt diese Bindung an das aus, was wir nicht erfunden haben und verweist zugleich auf den Heiligen Geist als Garanten der Kontinuität.

Und katholisch?

Katholisch heißt übersetzt: »das Ganze umfassen«, es bedeutet, auf das Ganze bezogen zu sein. Es ist ein Ausdruck dafür, daß die Kirche der ganzen Welt, allen Kulturen und allen Zeiten zugehört. Das ist sehr wesentlich. Denn die Kirche darf sich nie zu einer Nationalkirche verengen. Sie ist immer dazu da, daß die Grenzen überschritten werden. Sie soll verhindern, daß Babylon ist. Die Kirche ist dazu da, zu verhindern, daß die Verwirrung des Gegeneinanderstehens die Menschheit beherrscht. Sie soll statt dessen in der Fülle der Sprachen den ganzen Reichtum des Menschseins zu Gott hinbringen – und damit auch die Kraft der Versöhnung in der Menschheit selber sein.

Es gibt ein ganz spezielles katholisches Denken. Es ist eine bestimmte Art, Ereignisse, Menschen und insgesamt das ganze Geschehen auf der Bühne dieser Welt zu betrachten. Kann man dieses Denken irgendwie definieren?

Das ist schwer zu sagen. Das Katholische nährt sich zwar aus der Ganzheit der gläubigen Geschichte, es hat sich aber in seiner spezifischen Form besonders in der Kirche des Westens entfaltet. Insofern ist manches an dem, was wir heute katholische Denkweise nennen, nicht überzeitlich und nicht unveränderlich. Es kann durch das Hereintreten neuer Völker und durch das Heraustreten in neue Zeiten auch seine Modifikationen, Vertiefungen und Erneuerungen erfahren.

Die Protestanten haben, so scheint mir, in ihrem Glauben eher die harte Frontstellung des Entweder-Oder, bei den Katholiken dagegen dominiert ein weiches »Sowohl-Als-Auch«, das Verbindende ist wichtig. Es geht also jeweils um Schrift und Tradition, um Autorität und Freiheit, Glaube und Werke. Was ist der spezifische Unterschied zwischen dem Katholischen und dem Protestantischen?

Das kann man, glaube ich, nicht so leicht sagen, man kann es vor allen Dingen nicht an einem einzelnen Punkt aufhängen. Obwohl die Entschiedenheit des Trennens in das Entweder-

Oder im Protestantismus schon sehr verhaftet ist. Im lutherischen Denken jedenfalls ist das Solus Christus – Christus allein – sehr stark herausgestellt, während für das Katholische tatsächlich der Versuch nach den Synthesen charakteristischer war. Man sollte sich aber vor zu schematischen Formulierungen des Unterschiedes hüten, vor allem auch deshalb, weil es den Protestantismus in einer großen Vielfalt von Gestaltungen gibt, und weil schließlich auch die katholische Kirche einen Reichtum von Formen kennt – und obendrein noch gar nicht ausgeschöpfte geschichtliche Möglichkeiten noch vor sich hat.

Sicher, die katholische Kirche hat bestimmte Sola-Formeln – etwa daß nur die Schrift alleine zählt – immer abgelehnt. Die katholische Kirche glaubt, daß eben Schrift *und* lebendige Überlieferung zusammengehören, denn die Überlieferung ist ja das die Schrift tragende Subjekt, sie ist auch das sie auslegende Subjekt Kirche. Ein anderer Punkt ist, daß sie auch das »Sola fides« nur eingeschränkt gelten läßt. Und zwar in dem Sinn, daß der Glaube zuächst die einzige Tür ist, durch die die Gnade zu uns hereintritt, daß aber dann dieser Glaube, wie der Galater-Brief sagt, in der Liebe wirkend ist. Die Rechtfertigungskraft des christlichen Lebens besteht insofern in der Verschmelzung von Glaube *und* Liebe. Es muß also auch hier das Sola aufgebrochen werden.

Also diese öffnende Tendenz, welche die Exklusivismen – deren Größe man nicht verkennen kann – eben doch als Vereinseitigung ablehnt, gehört schon zu wesentlichen Kennzeichen des Unterschieds.

Von der Mitte der Kirche

Die Mitte der Kirche ist, wenn ich das richtig verstanden habe, nicht der Vatikan oder der Papst, sondern eine Frau. Die Wiederentdeckung Marias als »Urbild der Kirche« gehört dabei zu den bedeutendsten Errungenschaften der Theologie im 20. Jahrhundert. Es war vor allem der Dichter Paul Claudel, der diese Gestalt wieder neu sehen lehrte und damit die Marienverehrung aus einer gewissen Randzone des Glaubens herausholte.

Claudel erzählte später, seine Einsicht sei eng mit einem Bekehrungserlebnis verbunden gewesen, und zwar bei der Weihnachtsvesper im Jahre 1886 in Paris. Es war so, daß er diese Messe in Notre Dame mehr aus einer Langeweile heraus besucht hatte, plötzlich aber, beim Lobgesang Mariens, dem Magnificat, sei etwas mit Wucht in ihn hereingebrochen. Es habe ihn erkennen lassen, daß alles, was von Maria gesagt wird, für die Kirche gilt. Und umgekehrt die Kirche in Maria ihr vollkommenes Urbild schaut. In Maria konkretisiert sich das Wesen von Kirche, meinte er, da in ihr das katholische Prinzip von der Bedeutung der menschlichen Mitwirkung an der Erlösung sichtbar wird. »Die Mutter Gottes«, so Claudel, »ist für mich ein und dasselbe wie die heilige Kirche; ich habe nie gelernt, die beiden zu unterscheiden.«

Die Identifizierung der Kirche mit einer Frau geht bis tief ins Alte Testament zurück, wo Israel sich als die Braut erfährt, der sich Gott in ewiger Liebe anvertrauen und antrauen will. Das ist in der Kirche, die ja das Alte Testament fortlebt, übernommen worden. Schon Paulus spricht von unserer Mutter, dem oberen Jerusalem. Er findet damit aus der jüdischen Tradition das Bild der mütterlichen Kirche heraus, dieser mütterlichen Stadt, die uns gebiert und uns Leben und Freiheit schenkt. Und so haben die Väter diesen Gedanken, der auch in der Apokalypse erscheint – die Frau mit der Sonne umkleidet –, aufgegriffen und darin das ganze heilige Wesen der Kirche dargestellt. Obwohl sie dabei oft gar nicht an Maria gedacht haben, ist im Grunde hier schon die ganze Mariologie mit ausgelegt. Mit anderen Worten: das, was Kirche ist, wird in Maria konkret. Und das, was Maria theologisch bedeutet, stellt sich in der Kirche dar. Beides geht sozusagen ineinander über: Maria ist die Kirche in Person, und die Kirche ist in ihrer Ganzheit das, was Maria als Person antizipiert. Insofern hat Claudel in diesem Bekehrungserlebnis tatsächlich intuitiv die Urgestalt und Untrennbarkeit von Mariologie und Ekklesiologie wieder neu erfahren.

In unserem Jahrhundert hat Hugo Rahner, der Bruder von Karl Rahner, der ein großer Väterforscher war, die ganzen Vätertexte wunderbar dargestellt und gezeigt, daß da, wo die Väter von der Frau Kirche reden, gleichsam Maria erscheint – und daß damit auch eine verengte Mariologie überwunden wird. Andere haben daran weitergearbeitet. Das Zweite Vatikanum hat in seiner Verbindung von Mariologie und Ekklesiologie das aufgenommen.

Ich denke in der Tat, daß diese Wiederentdeckung der Übergänglichkeit von Maria und Kirche, der Personalität der Kirche in Maria und der Universalität des Marianischen in der Kirche, zu den wichtigsten Wiederentdeckungen des 20. Jahrhunderts in der Theologie gehört.

»Wer die Geschichte der katholischen Kirche aufmerksam betrachtet«, merkte ein Papst an, »sieht sogleich, wie in allen wichtigen Ereignissen der Christenheit der Schutz der jung-

fräulichen Muttergottes sichtbar in die Erscheinung trat. Immer, wenn Irrtum sich überall verbreitet, um das wunderbar einheitliche Gefüge der Kirche anzugreifen und die katholische Welt in Verwirrung zu bringen, wandten sich unsere Väter vertrauensvoll an sie, die allein alle Irrtümer auf der ganzen Erde vernichtete; und der Sieg, den die Heilige Jungfrau erstritt, bereitete die Rückkehr besserer Zeiten vor.« Klingt einigermaßen phantastisch.

Es ist vielleicht ein bißchen zu poetisch. Hier werden alte Formen gebraucht – Maria, die Überwinderin aller Häresien –, die aus der Zeit der christologischen Streitigkeiten kamen. Damals hat der Blick auf Maria geholfen, einerseits die ganze Menschlichkeit Jesu, aber auch, im Ringen um die Würde Marias, seine Göttlichkeit zu retten. Im Streit um Maria ist gleichsam auch die Christologie klar geworden, dieses Geheimnis des Einsseins von Gott und Mensch in Jesus Christus. Daraus hat sich das Wort von Maria als der Überwinderin aller Häresien herausgebildet, das in manchen Zeiten regelrecht zu einer Kampfparole gesteigert worden ist. Wir sehen Maria, denke ich, lieber als Trösterin der Christenheit, als die Zuflucht, und natürlich als die, durch die Christus wirklich immer wieder zugänglich wird. Sie nimmt ihm ja nicht das Szepter weg oder drängt die Frömmigkeit ab von ihm. Sie ist im Gegenteil eine Möglichkeit, daß Menschen von ihr her das große Geheimnis Christi begreifen können und ihnen dieser Gott auch nahe wird.

Vom Auftrag der Kirche

Der Auftrag der Kirche ist anspruchsvoll und nahezu überirdisch. Vielleicht kann man ihn gar nicht ganz beschreiben. Paulus nennt die Kirche einmal in einem großen Wort die Säule und Grundfeste der Wahrheit. Sie sei zum einen die von Gott bestellte Lehrerin des Glaubens und habe andererseits auch darüber zu wachen, daß keine Glaubenswahrheit verlorengeht und keine Irrtümer in diese Lehre eindringen. Die Kirche als strenger Gralshüter – ist es das?

Sie zitieren hier aus den Pastoralbriefen, die ein Großteil der modernen Exegeten dem hl. Paulus abspricht, aber das braucht uns hier nicht zu beschäftigen. Diese Briefe stehen jedenfalls in paulinischer Tradition; und sie führen das paulinische Denken zumindest in der Paulus-Schule weiter. Schon in den großen Paulusbriefen ist sichtbar, daß die Kirche die lebendige Trägerin der Wahrheit Christi ist. Ihr kommt es zu, diese Wahrheit festzuhalten, sozusagen Säule zu sein, auf der sie stehen kann, und sie auch lebendig auszuleben, weiterzugeben, daß sie zugänglich und verständlich bleibt, daß sie sich entfaltet. Wir haben ebenfalls gehört, daß sie bei all dem der *Geist* in die Wahrheit einführt, so daß Treue und Fortschritt sich miteinander verbinden.

Was umstritten ist.

Luther hatte dem gegenübergestellt, es brauche kein kirchliches Lehramt, die Schrift selber reiche. Ein Lehramt, so Luther, ist eine Anmaßung, das richtige Verstehen gibt sich dem, der die Schrift richtig liest, die aus sich selbst heraus verständlich sei. Heute sehen wir immer deutlicher, daß ein Buch alleine immer den Zweideutigkeiten ausgeliefert ist. Es gehört unbedingt in den Lebenszusammenhang der Kirche hinein, in dem das Wort ja auch erst lebendig ist. Insofern ist dann auch eine bevollmächtigte Auslegungsinstanz vonnöten, die freilich wissen muß, daß sie nicht *über* dem Wort Gottes steht, sondern dienend *unter* ihm und sich an ihm messen muß.

Nebenbei gesagt sind hier bereits ökumenische Versöhnungen im Gange. Denn einerseits tritt die bestimmende Geltung der Schrift auch in der katholischen Kirche mit aller Deutlichkeit heraus, zum anderen steht die Einbettung des Wortes in die lebendige Lehrvollmacht der Kirche als Auslegerin des Wortes auch den evangelischen Christen heute sehr deutlich vor Augen. Aus diesen Erkenntnissen ist im Laufe der Zeit diese Folgerung entstanden: Wenn die Kirche verbindlich auslegt, dann muß ihr ja auch die Stütze, die Verheißung gegeben sein, daß sie wirklich so auslegt, wie es dem Geist Gottes, der sie führt, entspricht. Auf diese Weise wurde letztlich die Lehre von der Unfehlbarkeit entwickelt.

Über die es offenbar ein Aufklärungsbedürfnis gibt.

Diese Lehre muß natürlich, damit sie nicht mißbraucht und mißverstanden wird, sehr genau in ihren Begrenzungen begriffen werden. Sie bedeutet nicht, daß jedes Wort, das kirchliche Autoritäten sagen, auch nicht jedes Wort, das ein Papst sagt, unfehlbar sei. Sie bedeutet allerdings, daß da, wo die Kirche in den großen Geisteskämpfen der Geschichte, nach allem Beten und Ringen, festhält, *dies* ist die Auslegung und damit eine Grenze zieht, daß ihr an dieser Stelle auch verheißen ist, daß sie die Menschen damit nicht in die Irre führt.

Daß sie nicht zum Instrument der Zerstörung von Gottes Wort wird, sondern eben die Mutter bleibt, das Subjekt bleibt, in dem das Wort lebt und sich richtig ausspricht und auslegt. Aber das ist, wie gesagt, an Bedingungen gebunden. Für alle, die in der Kirche Verantwortung tragen, heißt das, daß sie selber sich mit großer Verantwortung diesen Bedingungen unterwerfen müssen. Sie dürfen nicht ihre eigenen Meinungen der Kirche als Lehren auferlegen, sondern müssen sich dienend in die große Gemeinschaft des Glaubens hineinstellen und Hörende auf Gottes Wort werden. Sie müssen von ihm sich richten und reinigen lassen, damit sie es recht ausrichten können.

Zum Auftrag der Kirche gehört offenbar auch der Geist von Widerspruch und Bekenntnis. Durch ihn hat sie etwas Rebellisches und Radikales und Unangepaßtes. Kirche ist, wenn ich mich nicht irre, auch immer Opposition gegen die Diktatur der Mode. Der Papst jedenfalls hat es als seine vornehmste Aufgabe bezeichnet, der Welt sein apostolisches »Contradicitur« entgegenzusetzen: Es wird widersprochen, ruft er aus. Einspruch gegen die Macht des Faktischen, gegen die Exzesse des Materialismus und den Irrsinn einer morallosen Welt.

Die Bereitschaft zum Widerspruch und zum Widerstand gehört zweifellos zum Auftrag der Kirche. Wir haben gesehen, daß im Menschen immer auch die Tendenz da ist, sich dem ihm übergebenen Wort zu widersetzen, es sich bequemer machen zu wollen, alleine darüber zu entscheiden, was für ihn gilt, indem er sich seine Ideologien formuliert, eine Herrschaft von Moden entwickelt, in denen sich die Menschen ihr Lebensmodell zurechtrichten.

Kehren wir noch einmal zu der Prophezeiung Simeons zurück. In bezug auf Christus sagte er, dieser werde das Zeichen sein, dem widersprochen wird. Und erinnern wir uns an das Wort Jesu selbst: »Ich bin nicht gekommen, den Frieden zu bringen, sondern das Schwert.« Wir sehen darin, daß die Kirche diesen großen und wesentlichen Auftrag des Widerspruchs gegen die Moden, gegen die Macht des Faktischen, gegen die Diktatur von Ideologien hat. Gerade auch im vergangenen Jahrhundert mußte sie angesichts der großen Diktaturen den Widerspruch aufrichten. Und heute leiden wir darunter, daß sie dabei zu wenig widersprochen hat, daß sie ihr Contradicitur nicht dramatisch und laut genug in die Welt hineingerufen hat. Gott sei Dank gibt es dann, wenn das Amt aus diplomatischen Rücksichten schwach wird, die Märtyrer, die diesen Widerspruch an ihrem Leibe gleichsam durchleiden.

Diese Opposition darf freilich nicht einfach aus einer prinzipiellen Lust am Widerspruch entstehen. Oder gar als Reaktion oder aus Unfähigkeit der Zeit und der Zukunftsgestaltung gegenüber. Die Offenheit für das Gute aller Perioden, für das Neue, das sich in ihnen erschließt – das immer auch ganz neue Dimensionen des Wortes Gottes auftut –, muß gewahrt bleiben. Aber dabei darf der Glaube sich eben nicht in die Beliebigkeit verflüchtigen, konturenlos werden. Er muß gegen das, was Gott widerspricht, eben selber widersprechend sein – bis in den Mut des Martyriums hinein.

Daß der Glaube so häufig dem Zeitgeist widerspricht, ist das eine. Viel mehr noch stellt sich der Zeitgeist gegen den Glauben; und das ist nicht mal so neu. Guardini schrieb einmal: »Wer mit der Kirche lebt, wird anfangs eine gewisse ungeduldige Empörung empfinden, daß sie ihn immer wieder in Ge-

gensatz zu dem setzt, was die anderen wollen.« Der Gläubige werde sich sogar als rückständig gegen die herrschende Meinung empfinden, die zunächst immer als das Modernere gilt. Guardini meinte: »Ist ihm aber einmal die Binde von den Augen genommen, so erkennt er, wie die Kirche den mit ihr Lebenden immer wieder aus dem Bann der Zeitgewalt löst und auf den Maßstab des Bleibenden stellt. Seltsam, niemand ist skeptischer und innerlich unabhängiger gegen das, ›was alle sagen‹, als wer wirklich mit der Kirche lebt.«

Ja, das hat ja auch autobiographische Züge. Guardini hat in einer Zeit studiert, in der auch in der katholischen Theologie das liberale Erbe sehr lebendig war. Einer seiner Lehrer in Tübingen, er hieß Koch, war stark davon berührt. Natürlich war auch Guardini als junger Mensch auf seiten dieses Lehrers. Es ist klar, daß Studenten sich mit einem Lehrer solidarisieren, der das Neue sagt, der es freier, kühner sagt, der es aus den Traditionsfesseln löst und dabei mit Rom die Klingen kreuzt.

Im Weg seines Studiums allerdings, in dem ihm auch die großen Glaubenszweifel gekommen sind, hat Guardini schließlich in der Liturgie die eigentliche Kirche zu Gesicht bekommen. Und ohne seine besondere Zuneigung zu diesem Lehrer aufzugeben, wie er selber sagt, erarbeitete er eine anti-liberale Position, weil er fand, daß im Grunde die Kirche die einzig wirklich kritische Macht in dieser Geschichte ist. Und daß das Gehen mit ihr, das Hineingehen in sie, das Sichanvertrauen an ihren Glauben – das angeblich nur Infantilität und Abhängigkeit ist –, in Wirklichkeit die größere Unabhängigkeit vom Zeitgeist darstellt und eine größere Kühnheit bedeutet, als es jede andere Position verkörpern könnte. Guardini gehört zu den Pionieren, die den liberalen Trend in der Theologie abgelöst haben. Sie haben damit für eine ganze Periode, die etwa von 1920 bis 1960 reicht, eine große Freude an der Kirche, am Mit-Denken, Mit-Glauben in ihr geweckt. Bei Guardini persönlich kommt dies eben aus der Erfahrung heraus, daß ihm die Binde von den Augen genommen war und er plötzlich gesehen hat: das ist ja ganz anders. Das ist nicht infantile Abhängigkeit, das ist Mut zum Widerspruch und die Freiheit, sich den herrschenden Meinungen zu widersetzen – die uns zugleich einen festen Grund gibt, den sich nicht die Kirche selber ausgedacht hat.

Da tun sich ja erstaunliche Parallelen auf ...

Ja.

Gott und die Kirche

Es ist nicht immer leicht, diesen Mut zum Widerspruch in der Kirche aufzufinden. Viele christliche Gemeinden wirken müde. Es fehlt oft an Esprit, an dem Mut, jenseits der üblichen Meinungen und Modernismen das Ungewöhnliche zu denken, die Grundfeste des Glaubens überhaupt noch verteidigen zu wollen. Viele der Zeitgeistchristen möchten bestenfalls ein Serviceunternehmen sein, das per Meinungsumfrage die Bedürfnisse ihrer Mitglieder einholt. Selbst Bischöfe vermitteln das Gefühl, der Heilige Geist habe sie längst schon verlassen.
Könnte es nicht auch sein, daß man einmal wird sagen müssen: Ja, die Zeit der Kirche ist nun wirklich abgelaufen? Und

wer weiß, warum sollte es nicht möglich sein, daß Gott seine Kirche verläßt, ihrer überdrüssig wird und sich zurückzieht, zumindest zeitweise?

Es gibt Ermüdungen der Kirche, und es gibt sicher den Vorgang, daß der »Leuchter von einer Stelle weggerückt« wird, wie es in der Apokalypse heißt. Denken wir nur an das 16. Jahrhundert. Die Monographien, die es darüber gibt, zeigen, wie anpasserisch die etablierte Kirche war, wie schwach der Glaube der Bischöfe. Sie waren eben Teil des Systems geworden, jedenfalls waren sie nicht so beschaffen, lebendige Zeugen des Glaubens zu sein, apostolisch und martyriumsfähig. Sie haben geschaut, wie man sich am besten durchschlägt und wollten günstigstenfalls versuchen, Schlimmeres zu verhindern. Und dabei ist die Kirche fast eingeschlafen, fast zugrundegegangen.
Solche Verhältnisse wird es immer wieder geben können. Der Heilige Geist beschämt uns dann jeweils damit, daß plötzlich von ganz woanders her notwendige Erneuerungen kommen. Die Erneuerungskräfte ihrer Zeit entstanden dann in Therese von Avila und Johannes vom Kreuz, in Ignatius von Loyola und Philipp Neri und so manchen anderen. Ihr neuer Schwung hat die Institution zunächst überrascht und erschreckt, zeigte sich letztlich aber doch als der Aufbruch zur wirklichen Erneuerung.
Die Ermüdung der Kirche gibt es ohne Zweifel. Die Kirche kann sogar in ganzen Kulturzonen ermüden und hier auch zu Fall kommen. Die Apokalypse warnt in den Briefen an die sieben Kirchen, die exemplarisch in die Zukunft hineinweisen: Gib acht, sonst stoße ich den Leuchter weg. Tatsächlich ist unter den Stürmen des Islam nicht nur die blühende Kirche in Kleinasien, die einmal Herzstück der Kirche gewesen ist,

sondern auch in Nordafrika verschwunden. Natürlich war da auch die Gewalt der Eroberer, das Zertreten ganzer Volksschichten, mit am Werk, wir wollen da nicht zu einfache Anklagen gegen eine müde Kirche erheben. Aber immerhin, dies kann es geben.
Die Verheißung Christi – »Siehe, ich bin bei euch alle Tage bis ans Ende der Welt« – heißt nicht auch, daß jede Diözese die Gewähr hat, daß sie ewig bestehen wird. Sie bedeutet allerdings schon, daß die Kirche als solche bis zur Wiederkunft des Herrn hin sein Lebensraum, sein Organismus, sein Leib, sein Weinstock sein wird.

Vielleicht wird Gott die Kirche nie ganz fallenlassen, aber wäre es nicht auch eine kühne Idee, etwas völlig Neues zu beginnen? Dann gäbe es ein Altes, ein Mittleres und ein ganz neues Neues Testament. Aller guten Dinge sind bekanntlich drei.

Das hatte sich ja auch Joachim von Fiore im 12. Jahrhundert ausgedacht. Er meinte, daß die Geschichte eigentlich dem Dreischritt der Trinität entsprechen müsse. Von der Zeit des Vaters, dem Alten Testament, die die besonders strenge Zeit des Gesetzes sei, über die Zeit des Sohnes, der Zeit der Kirche, die schon gemildert ist, bis hin zur Zeit des Heiligen Geistes mit einer ganz neuen Geistkirche. Die Geistkirche werde die Versöhnung von Ost und West, die Versöhnung von Juden und Christen, die wahre Freiheit vom Gesetz bringen. Diese Theorie hat große geschichtliche Wellen geschlagen. Zunächst hat sich ein Teil der franziskanischen Bewegung damit verbunden und sich als diese neue Geistkirche gefühlt. Der Gedanke wurde dann ins Säkulare gewendet und reicht mit der Bezeichnung »Drittes Reich« bis in die Hitlerei herein.

Henri de Lubac hat zwei große Bände über die Nachwirkungen von Joachim geschrieben. Er zeigt darin auch, wie diese Idee über einen Teil der franziskanischen Bewegung, die sich als die eigentlich heilige neue Geistkirche dem verweltlichten Papsttum entgegengesetzt hat, zu erheblichen theologischen Auseinandersetzungen führte. Hier wurde allerdings auch klargestellt, daß es einen solchen Dreischritt der Geschichte nicht gibt. Die ganze Geschichte ist durchgängig die Zeit des einen dreifaltigen Gottes. Die Kirche als solche ist das letzte Wort Gottes in der Geschichte, weil Christus sein letztes, sein ganzes Wort ist. Sie ist zwar vielfältiger Entfaltungen fähig, aber es wird nichts anderes mehr geben. Ihr ist wirklich verheißen: Ich bin bei euch, mit euch, mit dieser Kirche bis ans Ende der Welt. Alles andere wäre selbstgemacht, Menschenwerk, das kommt und vergeht.

16 VOM CHARISMA

VON DER URKIRCHE

Eine größere Hypothek kann ein Messias seinen Anhängern wohl kaum hinterlassen, als Jesus es getan hat. Er läßt sich demütigen, er wird gefoltert und schließlich getötet. Und nichts geschieht. Kein Befreiungskommando entreißt ihn seinen Peinigern, der angebliche Sohn Gottes steigt nicht herab vom Kreuz. Und daß alle Menschen die Nachricht von seiner Auferstehung glauben, tritt auch nicht ein. Nun sitzen seine Jünger in Jerusalem herum. Sie leben teils von Spenden. Es heißt allerdings auch: Unter den ersten Christen herrschte der Geist der Liebe und Brüderlichkeit: »Alle waren ein Herz und eine Seele. Kein Notleidender war unter ihnen.« Wie kann man sich diese Urkirche vorstellen? War das eine Art kommunistischer Kommune?

Der Vergleich mit der Kommune ist immer wieder gebraucht worden. Er ist insofern unzutreffend, als es sich hier nicht um eine staatliche Zwangsveranstaltung handelt, sondern um eine Gemeinschaft, die sich aus der inneren Freiheit des Glaubens, aus dem Verkündungswort der Apostel an Pfingsten herausbildet.
Die Apostelgeschichte schildert uns, wie dieses Wort den Menschen ins Herz dringt. Wie sie davon an- und umgerührt werden. Sie spüren, da ist wirklich das Neue da, worauf wir

warten; wir müssen uns ändern, wir müssen uns bekehren. An einem einzigen Tag werden 3000 Menschen getauft, wird uns gesagt. Und so entsteht diese erste, früheste Kirche, die noch aus dem ursprünglichen Enthusiasmus des Heiligen Geistes, aus der direkten Berührung des Pfingsttages lebt.
Diese Menschen bilden eine exemplarische – aber auch nicht überall anwendbare – Verwirklichung der Gemeinschaft im Glauben: es darf keine Armen mehr geben, und sie teilen untereinander und sind ein Herz und eine Seele. In der Geschichte ist dieses Modell immer wieder zu einem Stachel gegen eine verbürgerlichte, eine in die Weltmaßstäbe eingelassene Kirche geworden.
Auch das Mönchtum ist unter anderem aus diesem Anspruch entstanden. Der hl. Augustinus hat dieses Wort von der Gemeinde, die ein Herz und eine Seele ist, zum Kernpunkt seiner Regel gemacht. Er wollte damit wenigstens in diesem kleinen Kreis, der exemplarisch in der Mitte seiner Diözese steht, die Flamme der Urkirche lebendig halten. Es ist, und das wird im Weiterwachsen der Kirche bereits in der apostolischen Zeit schnell deutlich, wie gesagt kein Modell, das man in dieser Weise allen aufstülpen darf – aber es ist und bleibt ein Stachel. Es dürfte eigentlich in der Kirche keine Armen geben. Es dürfte unter Glaubenden eigentlich niemanden geben, der ganz verlassen ist. Und das ist nun wirklich ein Anspruch, der uns gerade heute sehr konkret berührt.

Wieso haben die ersten Christen, die ja Juden waren, das Ritual der Beschneidung abgeschafft?

Das war der große Streit, den vor allen Dingen Paulus durchzustehen hatte. Zunächst erkennen die Menschen in Jesus Christus den Messias Israels. Sie sehen in ihm die neue Weise,

das Judentum zu leben. Aber die Frage, wie weit nun das Gesetz weiter gilt, ob vor allen Dingen eine weit hinter das mosaische Gesetz zurückreichende Gewohnheit wie die Beschneidung noch gilt, klärt sich nicht von selber.
Der Übergang zu den Heiden geschieht stufenweise. Da ist die Begegnung des hl. Petrus mit dem römischen Hauptmann Cornelius. Petrus erkennt in einer Vision, daß es die Unreinen nicht mehr gibt, daß der Glaube die reinigende Kraft ist, und nicht, wie bisher angenommen, die blutsmäßige Herkunft von Abraham. Als schließlich in Antiochien Heiden in die Synagoge kommen, die die Botschaft von Christus hören und annehmen wollen, treten all diese neuen Fragen auf: Müssen sie nun, wenn sie Christen werden, das Jüdische übernehmen? Müssen sie beschnitten werden? Und von da an entbindet sich die Erkenntnis – die vor allen Dingen Paulus aus seiner besonderen Begegnung mit dem Auferstandenen heraus voll durchgeführt hat –, man muß nicht Jude in diesem äußerlichen Sinn werden, um Jesus anzugehören, sondern man muß es in dem innerlichen Sinn der Gemeinschaft mit Christus werden. Christus selbst ist die Kraft der Reinigung. Und die Initiation, die in dieses neue Gottesvolk hineinführt, ist die Taufe. Und weiter: Wer getauft ist, bedarf der Beschneidung nicht.

Paulus ist nicht immer so progressiv, wie er sich in der Frage der Beschneidung zeigt. Was die Stellung der Frau in der Kirche betraf, so verlangte er in seinem 1. Brief an die Korinther, daß diese beim Gottesdienst verschleiert erscheinen soll – als »Zeichen, daß sie unter der Herrschaft steht«. Nicht genug, er schreibt: »Die Frauen sollen in der Versammlung schweigen. Es steht ihnen nicht an, das Wort zu ergreifen. Sie sollen sich unterordnen, wie auch das Gesetz gebietet. Wenn sie etwas wissen wollen, sollen sie daheim ihre Männer fragen. Denn es schickt sich nicht für eine Frau, in der Versammlung das Wort zu ergreifen.« Es ist wohl kaum übertrieben, diesen Ansatz als frauenfeindlich zu interpretieren. Hat sich Paulus in der katholischen Kirche damit durchgesetzt?

Nun, die paulinischen Schriften sind gerade auch in diesem Punkt sehr vielschichtig. Einerseits regen diese Stücke die Frauen natürlich gehörig auf, wie man begreifen kann. Es gibt textkritische Versuche, das aus dem Brief herauszunehmen, was aber Unsinn ist. Andererseits aber berufen sich heute die Frauen auch in ganz besonderer Weise auf Paulus, weil sie sehen, daß in den Grußlisten die Frauen eine besondere Rolle spielen und in einer besonders engen Zusammenarbeit mit ihm stehen. Von einer sagt er, sie ist mir Mutter geworden. Andere bezeichnet er als »Jochgefährten«, die mit ihm dem Evangelium dienen. An einer anderen Stelle gibt er einer Frau das Apostelprädikat.

Na ja.

Wir sehen, daß ähnlich wie bei Jesus, der gerade auch von Frauen verstanden, begleitet, mitgetragen worden ist, auch in Paulus' Mission die Frauen eine ganz bedeutende Rollen spielen. In Philippi zum Beispiel ist es die Purpurhändlerin Lydia, die ihn geradezu drängt, mit seinen Leuten bei ihr zu wohnen, und die dadurch zum Ansatzpunkt der Mission wird. Paulus steht also keineswegs als der »verbockte Männerrechtler« da, der er aufgrund des zitierten Textes zu sein scheint, sondern er führt durchaus die Form weiter, die Jesus Christus vorgemacht hat.

Natürlich kann man auch sehen, daß derselbe Paulus, der so

kühn den Durchbruch aus dem jüdischen Gesetz in die heidnische Welt und damit die Universalisierung der Kirche durchsetzt, der gegen Petrus durchsetzt, daß die Speisegebote nicht gelten, daß derselbe Paulus in anderen Punkten bestimmte Gebräuche für wichtig hielt und sich nicht von ihnen trennen wollte. Jeder Mensch hat, wenn wir es so ausdrücken wollen, sozusagen seine konservative Ecke.
Insgesamt, denke ich, hat Paulus sich in einem doppelten Sinn durchgesetzt. Zum einen, daß den Frauen die Predigt in der Liturgie nicht gestattet wurde, zum anderen aber auch darin, daß sie in der ganzen Kirchengeschichte eine sehr große Rolle gespielt haben.

Paulus

Sehen wir uns diesen Mann ein wenig näher an. Paulus wurde als Saulus etwa um 10 n. Chr. geboren und übernahm von seinem Vater die streng pharisäische Familientradition. Es heißt, er glühte von Haß und Mordgier gegen die ersten Christen – bis eine Lichterscheinung bei einer seiner Menschenjagden vor Damaskus seine Umkehr vom Saulus zum Paulus bewirkte. Anschließend ging er neun Jahre lang in die Einsamkeit der Wüste, um sich auf seinen neuen Dienst vorzubereiten. Für den Pharisäersohn selbst war es ein unbegreifliches Geheimnis, daß gerade er zum »Lehrer der Heidenvölker« berufen wurde, wie er schrieb.

Es ist etwas Außergewöhnliches. Er war in der Tat ein begeisterter und fanatischer Pharisäer gewesen. Es entsprach

gewissermaßen seiner Glaubensglut, eifern zu müssen. Der Begriff Eifer spielt in der alttestamentlichen Tradition eine große Rolle. Das Wort »Zelot«, was ja Eiferer heißt, war dann auch in der Zeit Jesu mit einem besonderen Gehalt erfüllt. Paulus ist also ein solcher Eifernder. Er wollte damit dem integralen Anspruch seines Glaubens genügen – und wird durch den Anruf des Auferstandenen gleichsam aus der Bahn geworfen und umgeformt.
Paulus hört nun aus dieser Lichtmacht den Auferstandenen zu sich sprechen. Er kann damit sagen, daß er noch einmal selber dem Auferstandenen begegnet ist, daß er durch den Auferstandenen selbst Ruf, Berufung und Weisung empfangen hat. Insofern fühlt er sich den anderen zwölf Aposteln gegenüber als gleichrangig. Und offenbar hat er es von Anfang an als seinen Auftrag erkannt, nun diese Botschaft zu den Heiden zu bringen. Mit ihm ist wirklich eine gewaltige Persönlichkeit in den Dienst Jesu Christi getreten, ohne den wir uns die Kirche der Heiden nicht vorstellen könnten.

Paulus zog von Land zu Land, allerdings nicht immer rundum glücklich mit seinem Schicksal. »Nur das bezeugt mir der Heilige Geist von Stadt zu Stadt«, notierte er einmal, »daß Fesseln und Drangsale auf mich warten.« Er wurde eingesperrt, erlitt Schiffbruch auf hoher See, ging schließlich zu Fuß nach Rom und wurde hier von Kaiser Nero im Jahre 67 enthauptet. Er muß ein streitbarer Geist gewesen sein. Einmal beklagte sich ein Hohepriester: »Dieser Mann ist eine Pest.« Und der Apostelfürst konterte sehr gelassen: »Dich wird Gott schlagen, die übertünchte Wand.«
Aber dann wirkt er wieder solche Wunder, daß man sogar seine Schweiß- und Taschentücher auf Kranke legte, um sie zu heilen. Einmal läßt er sich aufgrund eines Gelübdes den

Kopf kahlscheren, ein andermal befiehlt er entnervt einer Frau, die ihm tagelang hinterhergelaufen war, aus ihr solle der Wahrsagegeist ausfahren. Paulus mußte hinterher ins Gefängnis, was man gut verstehen kann. Die früheren Auftraggeber der Frau nämlich waren gar nicht begeistert davon, daß sie nun keine Vorhersagen mehr hatten.

Sie haben damit die abenteuerliche Lebensgeschichte dieses großen Missionars angedeutet. Seine Briefe sind keine abgewogenen apostolischen Lehrschreiben, sondern von einem sehr persönlichen Temperament durchglüht. Aus ihnen spricht die ganze Leidenschaft eines ringenden Menschen. Sie erzählen uns eben auch von allem, was ihm widerfahren ist. Daß er im Zirkus den Tieren vorgeworfen wird; daß er eingesperrt ist; daß er mehrmals die jüdische Prügelstrafe von 40 minus 1 Schlägen empfängt; daß er von Räubern überfallen wird; daß er von Freunden und Feinden zu leiden hat; daß er Schiffbruch erleidet, auf dem hohen Meer treibt und vieles mehr. Man kann sich also schwerlich eine abenteuerlichere und menschlichere Lebensgeschichte vorstellen.

Nicht immer freilich ist Paulus orientiert. Als er in Ephesos eintrifft, fragt er die Jünger: »Habt ihr den Heiligen Geist empfangen?« Die Antwort: »Wir haben noch nicht einmal gehört, daß es einen Heiligen Geist gibt.«

Natürlich muß er erst nach der Lage der Christen fragen, die er vorfindet, wenn er in einer Gemeinde ankommt. Von seinen menschlichen Gaben her konnte er in vieler Hinsicht als wenig geeignet für seine große Aufgabe erscheinen. Er sagt das ja von sich selber: Ihr wißt, daß ich mit geringer Redegabe aufgetreten bin, ich bin kein großer Redner; und man sagt mir nach, »in seinen Briefen ist er stark, aber wenn er kommt, dann ist er ganz leise« ...

... einmal ist einer seiner Zuhörer sogar eingeschlafen ...

... ja, und aus dem Fenster gefallen. Also, das ist das eine. Er sagt: »Ich bin nicht mit großer Redekunst, aber mit Kraft aufgetreten.« Und er meint damit, mit der Macht Jesu Christi, die sich auch in Wundertaten dargestellt hat. Offenbar war ihm gegeben, im richtigen Augenblick wirklich ein Zeichen der Gegenwart des Mächtigeren, des Herrn Jesus Christus selbst, zu setzen und damit sich auszuweisen als der, der zu ihm gehört. Nicht seine eigene Begabung wirkte, sondern die Wahrheit, für die er einstand.

Es heißt, Petrus habe sich in Rundschreiben immer wieder auch auf Briefe von Paulus bezogen. Wie standen die beiden zueinander?

Daß es Spannungen gab zwischen den beiden, ist klar. Vom hl. Petrus haben wir in der Heiligen Schrift zwei Briefe, wobei ihm allerdings der zweite Brief von den Gelehrten abgesprochen und auf sehr viel später datiert wird, sozusagen einer Petrus-Schule zugehört. Jedenfalls bezieht sich dieser zweite Petrus-Brief, der das Erbe des hl. Petrus in besonderer Weise fortführen möchte (und mit dieser Absicht auch in den Kanon aufgenommen worden ist), auf Phänomene des mißbrauchten Paulus. Es heißt darin: Unser Bruder Paulus hat vieles geschrieben, das zum Teil schwer verständlich ist – und das dann auch mißdeutet wird. Und Petrus mahnt dann an, die Auslegung der Schrift an die auslegende Kirche zu binden. In diesem zweiten Petrus-Brief finden wir also sowohl die verehrungsvolle Gestik vor dem Bruder Paulus, der als der große Lehrer anerkannt wird, aber auch die Warnung davor, daß man diesen Paulus auch mißbrauchen und mißverstehen kann.

MISSION

Papst Gregor der Große gab den Missionaren in England einmal folgende Anweisung: »Man soll bei diesem Volke die Heiligtümer seiner Götzen keineswegs zerstören, sondern nur die Götzenbilder selber, die drinnen sind. Dann soll man Weihwasser bereiten, die Heiligtümer damit besprengen, Altäre errichten und Reliquien dort hinbringen.« Und weiter: »Wenn dann das Volk selbst seine Tempel nicht zerstört sieht, mag es von Herzen seinen Irrtum ablegen, den wahren Gott erkennen und anbeten.« Und nun kommt die katholische Schlauheit zum Tragen. Gregor schreibt: »Weil sie viele Ochsen zum Opfer für die Dämonen zu schlachten gewohnt sind, soll ihnen auch hierfür irgendein anderes Fest eingerichtet werden.«
An was lag es, daß die christliche Mission so erfolgreich war, über alle Kulturen und Sprachen hinweg? Lag es am guten Auftreten? Lag es an gewissen Wundertaten? Oder lag es besonders auch an so klugen Anweisungen wie der von Gregor dem Großen, mit der er die Methode der Evangelisierung vorgab?

Das ist eine große Frage: Warum ist die Mission so erfolgreich gewesen und hat so schnell das ganze Reich erfaßt? Wir dürfen uns dabei von den Größenordnungen freilich keine übertriebene Vorstellung machen. Noch zur Zeit Konstantins sind es nur ein paar Prozent im Reich, die Christen sind, auch wenn sie vom Kaiser als die entscheidende und zukunftsträchtige Gruppe erkannt werden. Was bewirkt diesen Erfolg? Nun, die heidnische Religion war müde und innerlich unglaubwürdig geworden. Sie ist nur noch ein politisches Vehikel, niemand glaubt die Göttermythen mehr. Sie hat zwar noch auf dem Land eine gewisse Konstanz, wo sie mit Prozessionen und all dem, was es da gegeben hat, ein Teil des ländlichen Lebens geworden ist, aber in der großen Gesellschaft sind diese Mythen irgendwie lächerlich geworden. Sie dienten der Stabilisierung des Reiches, aber wenn sie keine Glaubwürdigkeit mehr haben, stabilisieren sie es natürlich auch nicht mehr.

In diesem spätrömischen Reich wird nun die Frage aufgerichtet, ja, wie steht es denn nun eigentlich um den Menschen und um Gott? Es gibt zu dieser Zeit zwar gewisse philosophische Bewegungen, die bereits von dem einen Gott sprechen, aber das bleibt sozusagen ein ausgedachter Gott, zu dem man nicht beten kann. Nun zeigt sich da plötzlich eine Bewegung, die ebenfalls den einen Gott verkündet, allerdings aus einem religiösen Ursprung heraus.

Wir müssen hier eines einfügen: Bereits in der Spätantike hatte auf dieser Suche nach einem vernunftgemäßen Glauben speziell das Judentum eine große Attraktivität entfaltet. Als eine monotheistische Religion galt es vielen Menschen als *die* Religion, die sich mit der griechischen Weisheitslehre verbinden ließ, die sozusagen *den* Gott verkündete, den auch der Philosoph, der aufgeklärte Geist irgendwie verstehen konnte. Um die Synagogen hatte sich deshalb längst überall der Kreis der sogenannten Gottesfürchtigen gebildet, die zwar keine

Juden werden konnten, sich aber der jüdischen Religion so weit wie möglich anschlossen. In diesem Kreis ist das Christentum zunächst heimisch geworden. Und während diese vorhandenen Sympathisanten dem Judentum gegenüber immer nur eine Art zweiter Ring von Assoziierten waren, konnten sie nun diesem Gott ganz gehören. Ein Gott, der sich gezeigt hatte und der in Christus nahegekommen war.
Auf diese Weise traf hier das Postulat einer gereinigten und auch rational verständlichen Religion mit der religiösen Kraft eines Glaubens zusammen, der eben nichts Ausgedachtes, sondern etwas Geschenktes, etwas von Gott her Erfahrenes gewesen ist.

Klingt nach einem geradezu idealen Zeitpunkt.

Die wesentlichen Elemente, die uns den anfänglichen Erfolg der christlichen Mission verständlich machen, sehe ich so: Da ist zum einen die Lauterkeit dieses Glaubens; dann seine Verständlichkeit, und schließlich der moralische Anspruch des Christentums, das einer verrotteten Welt gegenüber die Postulate der stoischen Philosophie in einer gereinigten Weise neu gelebt hat. Und eine ganz neue Komponente hat vor allem die christliche Caritas gebracht, die sich damals sozusagen als eine Verifizierung dieses Glaubens in einer bis dahin unbekannten Weise in der Zuwendung zu den Leidenden zeigte. Sie machte sozusagen das Gesicht dieses Gottes erst vollends glaubhaft. Sie ließ ihn als den neuen Gott und doch als den wahren Gott erscheinen.
Im Verhältnis zum Heidentum haben sich oft ganz andere, vielschichtige Entwicklungen abgespielt. Die Mission insgesamt war uneinheitlich. Es gab eben auch die christlichen Stürmer und Fanatiker, die Tempel zerstört haben, die das

Heidentum nur als einen Götzendienst betrachten konnten, der radikal beseitigt werden mußte. Den Anknüpfungspunkt sah man eher in der Philosophie, nicht aber in der Religion der Heiden, die als kompromittiert erschien.

Als Gregor der Große schließlich aus einer großen menschlichen Weisheit heraus dann die innere Kontinuität des Religiösen und damit neue Anknüpfungspunkte suchte, war das Heidentum bereits kein wirklicher Konkurrent mehr. Es hatte seine vitale Kraft längst verloren. Immerhin hat er mit seiner Weisung, die Kontinuität des Heiligen zu wahren, eine christliche Gesetzlichkeit entwickelt. Es war zweifellos eine sehr tiefgehende Einsicht, daß diese Vorgänger-Religionen, auch wenn sie so viel Verkehrtes enthielten, doch ein Ausschauhalten waren, ein Zugehen auf Gott gewesen sind, so daß man diese lauteren religiösen Gefühle, die es hier gab, nicht zerstören durfte, sondern an sie anknüpfen und sie verwandeln mußte. Man verblieb also in der Kontinuität des heiligen Raums, der nun allerdings eine neue Füllung gefunden hatte.

Im Jahre 1492 entdeckte der Genuese Christoph Kolumbus mit seiner Santa Maria *die Neue Welt. Die erste von ihm betretene Insel nannte er San Salvador, Insel des heiligsten Erlösers. Es war der Beginn einer unvergleichlichen Mission, die wahrlich nicht immer heilsam war, aber die den ganzen amerikanischen Kontinent christianisierte. In Afrika allerdings verschloß der Islam bis ins 19. Jahrhundert hinein im Norden und Nordosten den christlichen Glaubensboten den Weg. Auch in Indien und China, ausgerechnet bei den zahlenmäßig größten Völkern der Erde, kam die christliche Mission nicht richtig voran. Woran lag es?*

Sie haben recht, in diesen beiden großen Kulturräumen Indien und China konnte das Christentum nur sehr vorübergehende und partielle Erfolge erzielen. Es gab im 5., 6. Jahrhundert die nestorianische Mission, die bis nach Indien und China vorgedrungen ist. Sie hat dort insgesamt Spuren und vielleicht auch Einflüsse in der Gestaltung des Buddhismus hinterlassen, ist aber dann auch wieder verschwunden. Warum eigentlich? Meine Vorstellung – die kann aber auch ganz falsch sein – ist die, daß hier bereits Hochkulturen existierten. Während in Afrika die Stammesreligionen in dem Augenblick, in dem sie den großen Zivilisationen begegnen, sich auch von innen her auf das Neue öffnen – eben weil sie nur Stammeskulturen sind, die der Fortführung bedürfen –, haben wir hier Hochkulturen, in denen Religion, Nation und Sozialordnung – denken wir an das Kastenwesen – untrennbar ineinander verflochten und auch auf eine große geistige Anspruchshöhe geführt sind.

Indien wie auch China haben eine hohe religiöse Philosophie. Der Übergang ins Christliche ist dabei viel schwieriger, weil man sozusagen selber eine endgültige Form gefunden zu haben glaubt, in der die Synthese von Nation, Philosophie, Vernunft und Religion sich dem Fremden entgegensetzt. Wir müssen hier freilich hinzufügen, daß das Hereintreten Europas seit dem 19. Jahrhundert etwa die indische Religion beträchtlich umgestaltet hat. Was uns dann bekannte Gestalten wie Ghandi oder Radha Krishnan verkünden, ist ja nicht mehr der urtümliche, sondern ein auch von christlichen Elementen her neu gedachter Hinduismus. Festzuhalten bleibt, daß das Christentum als solches nicht Fuß fassen konnte, sondern nur als eine Art Erneuerungskraft vom Hinduismus gleichsam aufgesogen worden ist.

Sonderfall Korea: Die Botschaft Christi kam hier angeblich ohne das Zutun von Missionaren direkt in die Herzen der Menschen. Wie kann man sich das vorstellen?

Es gab eine Gruppe von Leuten, die in China studiert hatten und dabei wohl auch mit christlichen Priestern in Verbindung gekommen waren. Aus diesem empfangenen Impuls heraus studierten sie nun selber in ihrer Heimat die Heiligen Schriften, überzeugten sich, daß dies tatsächlich die Rede Gottes war und versuchten, dieses in die Praxis umzusetzen – immer aber mit dem Verlangen, mit der Großkirche in Verbindung zu kommen. Das war ihnen zunächst nicht möglich, und sie mußten durch große Perioden von Martyrium und Verfolgung hindurchgehen.

Wir haben hier also tatsächlich einen merkwürdigen Vorgang. Einerseits ist zwar der Anstoß zum Christentum von der lebendigen Kirche und nicht nur vom Buch her da, dieses Angerührtsein wird aber dann doch zum eigenen Suchen. Und aus der Begegnung mit der Schrift wird ein eigener Bekehrungsprozeß, der keine Gedankenreligion bleiben kann, sondern zu dem die Gemeinschaft mit der lebendigen Kirche gehört.

Ist es vorstellbar, daß sich ein Erdteil wie Asien weitgehend noch zur Lehre Jesu Christi bekehren wird? Oder ist das Feld bereits geschlossen?

Ich denke, wir sollten unseren Hoffnungen da keine Grenzen setzen. Schon sehen wir ja, daß auf dem Weg über die indischen Intellektuellen das christliche Ferment in den Hinduismus hereintritt. Die Zahl der Inder, die Jesus verehren und lieben, ist außerordentlich groß; viel größer als die Zahl der

Christen, auch wenn Christus hier zunächst in die Zahl anderer Heilsbringer eingereiht ist.

Was Japan betrifft, so zeigt es sich besonders sperrig gegen das Christentum. Man mag zwar christliche Schulen, christliche Bräuche, man möchte auch gerne in einer katholischen Kirche Ehe schließen, aber sich ganz darauf einzulassen, widerstrebt offenbar dem japanischen Geist. China steht unter dieser Macht der Ideologie, die sich als die einzige Kraft versteht, die China zusammen- und bei sich selber hält und ihm seinen weltgeschichtlichen Elan geben kann. Aber auch dort gibt es Gläubige von einer ganz außerordentlichen Kraft der Hingabe an Christus, die man als ein Ferment ansehen darf. So sollten wir da die Geschichte nicht für abgeschlossen halten.

Natürlich ist in Teilen Asiens die Gegenwehr gegen das Christentum, das man als ausländische Religion betrachtet, sehr stark geworden. Wir haben gesehen, wie viel Feindseligkeit etwa in Indien dem Papst entgegenschlägt, wie sehr die Begriffe Bekehrung und Evangelisierung gleichsam gebannt werden. Die Reaktion ist außerordentlich. Das läßt aber auch erkennen, daß man sich gegen etwas schützen will, was man als eine Kraft erfährt. Im Augenblick jedenfalls kann man keine Zukunftsprognosen machen, aber wir sollten auch nicht resigniert meinen, hier sei nun einmal das Feld schon bestellt.

Immerhin nimmt die Christenverfolgung in vielen Ländern dramatische Ausmaße an, ohne daß sich die westliche Öffentlichkeit besonders darum kümmern würde.

Ja, in vielen Ländern. Wir haben es in China gesehen, in Vietnam erlebt, in dem ganzen indochinesischen Raum. Wir sehen, wie solche Entwicklungen jetzt auch in Indien drohen, wie der Glaube immer nur durch das Blutzeugnis hindurch sich dann seine Bahn öffnen kann.

Der Papst

Viele haben die Vorstellung, Kirche sei ein gewaltiger Machtapparat.

Ja, aber man muß zunächst sehen, daß diese Strukturen solche des Dienens sein sollen. Der Papst ist dabei nicht der oberste Herrscher – er nennt sich ja seit Gregor dem Großen »Knecht der Knechte Gottes« –, sondern er sollte, so pflege ich das auszudrücken, der Garant des Gehorsams sein, daß die Kirche nicht machen kann, was sie möchte. Der Papst selbst kann auch nicht sagen, die Kirche bin ich, oder die Überlieferung bin ich, sondern im Gegenteil, er ist gebunden, er verkörpert diese Bindung der Kirche. Wenn in der Kirche die Versuchungen entstehen, es jetzt anders, bequemer zu machen, muß er fragen, können wir das überhaupt?
Der Papst ist also nicht das Organ, durch das man sozusagen eine andere Kirche herbeirufen kann, sondern er ist der Schutzwall gegen die Eigenmächtigkeit. Ich nenne ein Beispiel: Vom Neuen Testament her wissen wir, daß die sakramentale, vollzogene Ehe unkündbar, untrennbar ist. Nun gibt es Strömungen, die sagen, der Papst könnte das natürlich ändern. Nein, er kann es eben nicht ändern. Und er hat im Januar 2000 in einer großen Rede an die römischen Richter erklärt, er könne gegenüber dieser Tendenz zur Änderung der Unauflöslichkeit der Ehe nur sagen, der Papst kann nicht

alles, was er will, sondern er muß im Gegenteil uns immer neu den Gehorsam einschärfen, er muß in diesem Sinn sozusagen die Fußwaschungsgebärde fortsetzen.

Das Papsttum ist eine der faszinierendsten Institutionen der Geschichte. Neben aller Größe enthält die Geschichte der Päpste freilich auch dramatische Abgründe. Benedikt IX. zum Beispiel regierte nach Absetzungen sogar als 145., 147. und 150. Papst in einer Person. Er bestieg den Stuhl Petri erstmals, als er gerade mal 12 Jahre alt war. Dennoch hält die katholische Kirche unverbrüchlich an diesem Stellvertreter-Amt Christi auf Erden fest.

Schon rein historisch betrachtet ist das Papsttum in der Tat eine höchst verwunderliche Erscheinung. Es ist die einzige Monarchie, wie man es auszudrücken pflegt, die nun immerhin über fast 2000 Jahre hin standhält, was an sich schon etwas Unbegreifliches ist.
Ich würde sagen, eines der Geheimnisse, die auf etwas Größeres deuten lassen, ist gewiß die bleibende Existenz des jüdischen Volkes. Andererseits ist auch die Beständigkeit des Papsttums etwas, was einen verblüffen muß und eine Frage aufwirft. Sie haben an einem Beispiel bereits angedeutet, wie viel Versagen darin enthalten ist und wie viele Verletzungen dieses Amt auszuhalten hatte, daß es nach aller historischen Wahrscheinlichkeit eigentlich mehr als einmal hätte untergehen müssen. Ich glaube, es war Voltaire, der gesagt hat, jetzt ist die Zeit, wo dieser Dalai Lama Europas endlich verschwinden und die Menschheit davon befreit sein wird. Aber siehe da, es ist weitergegangen. Das ist also etwas, was uns spüren läßt: Es kommt nicht aus der Tüchtigkeit dieser Menschen – viele von ihnen haben alles getan, um die Sache

kaputtzumachen –, sondern hier steht eine andere Kraft dahinter. Eben doch die Kraft, die dem Petrus zugesagt ist. Die Mächte der Unterwelt, des Todes, werden die Kirche nicht überwältigen.

Über die sogenannte Unfehlbarkeit haben wir bereits gesprochen. Warum wurde dieses Dogma erst so spät eingesetzt?

Zunächst muß man feststellen, daß es eine Lehre vom Petrusamt – und vor allem eine Praxis dieses Amtes – sehr früh gibt. Wenn Papst Clemens I. etwa um das Jahr 90 herum einen Brief an die von Spaltung bedrohte Gemeinde von Korinth schreibt, ist darin schon die Verantwortung der Kirche zu Rom und des Bischofs von Rom sichtbar. Daß ihm auch als Konvergenzpunkt der Einheit eine besondere Verantwortung zukommt, zeigt sich bereits im 2. Jahrhundert ganz deutlich im Osterfeststreit. Die Zentralität Roms bildet sich mehr und mehr als ein Maßstab in der Kirche aus, der allgemein anerkannt wird.

In dem Konzil von Nicäa 325 schließlich ist von drei Primaten die Rede, die es in der Kirche gebe: Rom, Alexandria und Antiochia. Rom steht dabei an erster Stelle, wobei auch die beiden anderen Sitze mit Petrus in Verbindung gebracht sind. Die Delegaten des Papstes werden auch in den Listen der Teilnehmer an den Konzilien immer an erster Stelle angeführt. Rom wird als die sogenannte Prima sedes, der erste Sitz, klar respektiert, und das Konzil von Nicäa selbst verstärkt dieses System.

In der weiteren Konziliengeschichte zeigt sich die besondere Funktion des Papstes immer deutlicher. Er übt dabei nicht eine universale Regierung aus, die ständig am Werk wäre, wie das heute der Fall ist, aber in den kritischen Augenblicken weiß man, daß dem Bischof von Rom eine ganz spezifische Funktion zukommt. Der hl. Atanasius sieht in der arianischen Krise, in der beinahe der Arianismus die Glaubensregel geworden wäre, im Papst den Punkt, an dem man sich zu orientieren hat, und das geht vielfach so weiter.

Im Jahre 1054 erfolgt schließlich dann der Bruch zwischen Orient und Okzident. Der Orient hatte durchaus eine besondere Funktion Roms anerkannt, wenn auch enger gefaßt, als man sie in Rom gesehen hat. Nach der Trennung verstärkt sich in Rom, vor allem mit Papst Gregor VII., die Idee des Primates. Sie erfährt dann einen weiteren Schub durch das Auftreten der Bettelorden, die sozusagen an den Papst rückgebunden sind. Da die Orden ja keiner Ortskirche zugehören, leben sie geradezu davon, daß es ein Organ der Universalität gibt. Denn dieses erst macht ein Priestertum und Bewegungen möglich, die sich quer durch die ganze Kirche erstrecken und damit auch die Voraussetzung für Mission werden.

Praxis und allmähliche Formulierung gehen Schritt für Schritt einher. Bereits im Konzil von Florenz im 15. Jahrhundert, aber auch schon im 13. Jahrhundert beim Konzil in Lyon, wird ein Ansatz einer Primatslehre formuliert. In Trient wollte man, da man schon genug mit dem Protestantenstreit zu tun hatte, nicht auch noch diese Frage aufrollen und definieren, so daß sie in der Tat dem Ersten Vatikanischen Konzil von 1870 übriggeblieben ist, das ihm nun eine, sagen wir, begrifflich gestraffte Fassung gegeben hat, die für viele eine Überraschung war. Wir wissen ja, daß eine Reihe von Bischöfen abgereist ist, um nicht unterzeichnen zu müssen. Aber auch diese Minoritätsbischöfe haben anerkannt, daß die Substanz der Primatslehre zum wesentlichen Bestand des katholischen Glaubens gehört und in den Verheißungen Christi an Petrus auch ihr biblisches Fundament hat. Insofern hat zwar das Dogma in seiner zugespitzten Form eine neue Präzision gebracht, aber doch nicht etwas Neues geschaffen, sondern zusammengesammelt und konkretisiert, was sich die ganze Geschichte hindurch ereignet und geformt hatte.

Petrus konnte kaum ahnen, daß er seinen Nachfolgern im Grunde einen unmöglichen Job hinterließ: Der Papst soll als Bischof von Rom sowohl die Situation vor Ort, als Staatsoberhaupt auf dem »Heiligen Stuhl« die Probleme der Staaten, und als Heiliger Vater die Probleme der Weltkirche vor Augen haben. Er muß Ansprachen, Enzykliken und Predigten schreiben, große und kleine Audienzen halten. Da gibt es die Kongregationen, die päpstlichen Gerichtshöfe, Kommissionen, Räte, dazu die großen Ämter für die Lehre, die Liturgie, die Disziplin, Erziehung. Da sind Hunderte von Mutterhäusern der Orden, mehr als hundert Kollegien und so fort. Der Papst hat zwar im Kardinalskollegium einen hochkarätigen Beraterstab zur Seite, mit Koryphäen aus unterschiedlichen Kulturen, Denkansätzen und politischen Erfahrungen, aber vom Staatssekretariat kommen täglich Koffer voller Papiere, jedes Blatt ein Problem. Bischöfe aus aller Welt bestürmen ihn mit mehr oder weniger unmöglichen Anfragen. Und dazu soll er noch ein Leben in Gebet und Andacht vorleben und durch Inspiration einen ganz persönlichen Beitrag leisten. Die Weltkirche wird immer größer – kann dann dieses Papsttum bleiben, wie es ist?

Nun, die Art und Weise, wie es gehandhabt wird, kann natürlich wechseln. Sie ist im 8. Jahrhundert anders als im 15., und im 15. wieder anders als im 20. Vieles von dem, was Sie jetzt aufgezählt haben, müßte nicht unbedingt so sein. Beginnen wir mit dem Vatikanstaat: Er ist ja eigentlich nur eine Hilfskonstruktion. Der Papst braucht an sich keinen Staat – aber er braucht Freiheit, eine Garantie für weltliche Unabhängigkeit, er darf nicht irgendeiner Regierung zu Diensten sein.

Ich behaupte ja, daß der Primat sich in Rom nur entfalten konnte, weil das Kaisertum mit Konstantin sich nach Byzanz entfernt hatte. Erst damit war die nötige Freiheit gegeben. Die Vorstellung, es sei deswegen so wirksam geworden, weil hier der Sitz der Regierung war, scheint mir die Dinge ein bißchen auf den Kopf zu stellen. Die ersten drei Jahrhunderte war ein christliches Leben in Rom die sicherste Ausgesetztheit ans Martyrium. Dieses hat ja dem Papst einen »martyrologischen« Charakter gegeben. Erst als sich das Reich nach Osten verlagert, entstand in Italien durch das Machtvakuum jene Form von geistlicher Unabhängigkeit, die den Papst nicht den politischen Mächten direkt unterstellte. Später ist daraus der Kirchenstaat gewachsen, der viele unheilvolle Verquickungen mit sich brachte und schließlich 1870 verlorengegangen ist – Gott sei Dank, müssen wir heute sagen.

An seine Stelle ist diese Konstruktion eines Ministaates getreten. Er hat einzig die Funktion, dem Papst die Freiheit seines Dienstes zu gewährleisten. Ob man das auch noch weiter vereinfachen kann, ist eine Frage, die man stellen kann.

So sind auch viele andere Dinge, die Sie angeführt haben, variabel. Es müßten zum Beispiel nicht alle Mutterhäuser in Rom sein. Und wie viele Enzykliken der Papst schreiben will, wie oft er reden will – auch das sind Fragen, die nach der Situation zu entscheiden sind, und die nach den jeweiligen Temperamenten der Päpste auch unterschiedlich entschieden werden. Trotzdem bleibt die Frage, ob es nicht immer noch viel zu viel ist. Die ganze Masse der Kontakte, die das Miteinander mit der Weltkirche ihm auferlegt; die Entscheidungen, die zu fällen sind; und dabei die Notwendigkeit, den eigenen kontemplativen Stand nicht zu verlieren, im Gebet eingewurzelt zu sein – dies alles ist schon ein ganz großes Dilemma.

Aber gibt es nicht heute auch ganz neue Strömungen?

Wie weit man auch hier durch Dezentralisierung weitere Abhilfen schaffen kann, wird überlegt. Der Papst hat ja selber in seiner Ökumene-Enzyklika um Vorschläge gebeten, welche möglichen Gestalten man sich für das Papsttum ausdenken könnte. Und da gibt es ja schon verschiedene Stimmen. Der emeritierte Erzbischof von San Francisco, Quinn, hat hier zum Beispiel sehr stark die Dezentralisierungsproblematik angesprochen. Da kann man sicher vieles tun. Ich halte allerdings die Ad-Limina-Besuche der Bischofskonferenzen in Rom für etwas sehr Wichtiges, damit einfach auch Berührung, Begegnung stattfinden kann. Sie sind nötig, um die innere Einheit in der Kirche zu stärken. Briefe können die persönliche Begegnung nicht aufwiegen. Sich anzureden, zu hören, sich zu sehen und miteinander zu diskutieren, ist ein Vorgang, den man durch nichts ersetzen kann.
Insofern würde ich sagen, daß diese Formen persönlicher Begegnung, die der jetzige Papst sozusagen entritualisiert und konkretisiert hat, immer ganz wichtig sein werden. Gerade auch, weil Einheit, das Sich-Verstehen – und zwar quer durch die Problemlagen und die kulturellen Herausforderungen hindurch –, so elementar ist, daß es ohne persönliche Kontakte fast nicht wachsen kann.
Heute wird auch aus ganz rationalen Erwägungen heraus immer sichtbarer, daß ein Bezugspunkt der Einheit, wie ihn der Papst repräsentiert, notwendig ist. Inzwischen befürworten auch Protestanten, daß es so einen Sprecher der Christenheit, so ein Symbol der Einheit, wohl geben sollte. Und wenn die-

ses entsprechend umgeformt würde, meinen manche, dann könnten wir uns damit einverstanden erklären.

Jedenfalls ist es, wie Sie es salopp ausgedrückt haben, ein »unmöglicher Job«, den man fast nicht leben kann. Andererseits ist es auch einer, den es geben muß – und der mit der Hilfe des Herrn dann eben doch auch gelebt werden kann.

Dezentralisierung – heißt das, es wird auch in der katholischen Kirche Patriarchate geben?

Ob dies die Form ist, wie man große kontinentale Einheiten organisieren muß – ich hatte es früher gedacht –, wird mir eigentlich immer fragwürdiger. Die Wurzel dieser Patriarchate war eben doch der Zusammenhang mit ihren jeweiligen apostolischen Ursprungsorten gewesen. Das 2. Vatikanische Konzil hat dagegen bereits die *Bischofskonferenzen* als Formen solcher überregionaler Einheiten konkretisiert und definiert. Hinzugetreten sind dann auch kontinentale Einheiten. Sowohl Lateinamerika wie auch Afrika und Asien haben inzwischen kontinentale Bischofsgemeinschaften in verschiedenen Strukturformen. Vielleicht sind das die der heutigen Situation besser angepaßten Möglichkeiten. Es müssen jedenfalls Strukturen überregionaler Zusammenarbeit sein, die eher locker bleiben und nicht zu großen Bürokratien entarten oder zu einer Funktionärsherrschaft führen dürfen. Zweifellos aber sind solche überregionalen Zusammenschlüsse, die dann auch Aufgaben von Rom übernehmen können, eine Notwendigkeit.

Könnten Sie sich vorstellen, daß der Papst eines Tages vielleicht auch wieder von der protestantischen, der orthodoxen oder der anglikanischen Kirche anerkannt wird?

Es gibt ja einen formellen theologischen Dialog mit der Orthodoxie, der sich allerdings bisher an dieses heiße Eisen nicht herangewagt hat. Der Primat des Papstes ist der orthodoxen Tradition einerseits nicht ganz fremd, weil Rom immer als der erste Sitz anerkannt worden ist. Andererseits aber widerspricht er ihrer Struktur der Autokephalien (autonome Kircheneinheiten), so daß sehr viele historische Sensibilitäten einer Anerkennung entgegenstehen und sie schwierig machen werden. Es gibt vielleicht einzelne Bereiche, wo es weniger kompliziert ist. Man sollte nicht auf schnelle Erfolge hoffen, aber man muß darum ringen.

Die Anglikaner haben in ihrer Antwort auf die Ökumene-Enzyklika des Papstes eine Vision entwickelt, wie sie Papsttum verstehen könnten. Das ist ein Schritt auf Rom zu. Und es gibt da auch den Dialog über »Authority in the Church«, der diese Frage im Hintergrund hat. Auch hier gibt es Annäherungen, wobei gerade von dem historischen Ursprung des Anglikanismus her Barrieren im Weg stehen. Man wird sehen.

Protestantismus ist eine extrem vielschichtige Größe. Es gibt einerseits die traditionellen protestantischen Kirchen – lutherisch-reformiert, methodistisch, presbyterianisch und so weiter –, die sich in großen Teilen der Erde weitgehend in einer Krise befinden. Hier ist eine Gewichtsverlagerung des Protestantismus von den klassischen historischen Kirchen zu den Evangelicals, zu den Pentecostals, zu den fundamentalistischen Bewegungen zu beobachten, in denen eine neue Vitalität protestantischen Glaubens aufsteht und die historischen Gewichte etwas umschmilzt. Nun waren ja die Evangelicals und die Fundamentalisten stets klassische Hauptgegner des Papsttums. Aber es gibt da erstaunliche Wandlungen, weil sie sehen, daß eigentlich doch der Papst der Fels ist, der das, was auch sie gegenüber modernen Verwässerungen des Christentums bekennen, deutlich vor der ganzen Welt vertritt. So sehen sie nun in gewisser Hinsicht im Papst durchaus einen Verbündeten, obwohl die alten Vorbehalte nicht ausgeräumt sind. Also das Panorama ist in Bewegung. Was wir erhoffen dürfen, sollten wir mit Zuversicht, aber auch mit großer Geduld abwarten.

Vom Gefüge der Kirche

Die katholische Kirche hat eine klassische, klare Gliederung: Volk – Priester – Bischöfe. Und über allem thront der Papst als das höchste Oberhaupt. Ist diese Hierarchie – der Name bedeutet »heilige Herrschaft« – bereits im Evangelium enthalten, oder gründet sie eher in einer straff ausgerichteten Organisation, die möglichst effizient und schlagkräftig sein will?

Ich bestreite ja die verbreitete Übersetzung, daß Hierarchie »heilige Herrschaft« heißt. Meiner Überzeugung nach bedeutet das Wort »heiliger Ursprung«. Es will sagen, daß die Kirche nicht aus eigenen Beschlüssen, sondern immer nur wieder vom Herrn selbst, vom Sakrament her geboren werden kann. So gesehen bekommen wir gleich auch einen anderen Blick auf das Priestertum. Wir reden hier nicht über eine Herrschaftsklasse, die eine straffe Disziplin in der Kirche durchsetzt. Das Priestertum ist im Gegenteil die Bindung der Kirche an den Herrn. Es ist die Selbstüberschreitung der Kirche, die nicht durch Versammlungen, Beschlüsse, Gelehrtheit oder Organisationskraft entsteht, sondern sich immer wieder nur Christus verdankt. In diesem Sinne ist das Priestertum auch unverfügbar. Wenn folglich keine Priesterberufungen da sind, müssen wir sie vom Herrn erbitten und können sie nicht einfach selber erzwingen.

Die Kirche wird häufig als das »wandelnde Gottesvolk« bezeichnet, ihre Gläubigen nennt man die »Herde Gottes«. Manche sagen auch, sie wären eine Schafherde, nämlich eine rechtlose Masse, die zu glauben und zu gehorchen hat.

Ich würde die Begriffe »Volk Gottes« und »Herde« nicht gegeneinanderstellen. Die jüdische Religion ist in einer Hirtenkultur gewachsen, so daß das Hirtenbild dort immer eine ganz besondere Bedeutung bewahrt hat und von daher auch ins Neue Testament hineingekommen ist. Wir sollten es also nicht von dem abträglichen Sinn des Schaf-Seins aus beurteilen, sondern von dem Vertrauensverhältnis von Hirt und Herde aus, in dem das gleiche wie in dem Wort vom »Volk Gottes« ausgesagt sein will: ein Volk, das auf dem Weg ist, das durch die Geschichte hindurchwandert.

In Italien hat, nachdem die Versöhnung der Kirche mit dem Laienstaat erfolgt war, Pius XI. die katholischen Laien ermahnt, nunmehr eine neue Weise von Laie-Sein zu entwickeln, eben Christ zu sein in der Welt, und er hat danach das Laien-Apostolat begründet. So weit ich sehen kann, hat sich der antiklerikale Akzent, die Stimmung, daß sich die Laien sich ihre Rechte in der Kirche erst sichern müßten, erst nach dem Zweiten Vatikanischen Konzil herausgebildet.

Diese Vorstellung hat sich inzwischen ja regelrecht zu einer antirömischen Kampfparole, zu einem Dogma des liberalen Bürgertums entwickelt.

Meiner Meinung nach basiert dieser Akzent auf einer verfehlten Grundlage. Sie geht davon aus, daß die Kirche nun in dem Sinn regiert werden müßte, daß zwei Stände da sind, die gleichsam beide vertreten sein müßten und miteinander ausmachten, was Kirche ist. Daß zum einen die Laien ihre Vertretungen bilden – die dann ins Zentralkomitee der deutschen Katholiken hinaufmünden – und gewissermaßen für die Laienkirche sprechen. Und daß auf der anderen Seite dann die Kleriker ihre Gremien bilden; was ein kompletter Unsinn ist. Wofür sind die Kleriker dann überhaupt noch da? Vor allen Dingen aber hat sich die Meinung ausgebildet, man müsse gemeinsam ausdenken, was man heute glauben kann, wie man Kirche machen will. Dabei müsse man den Klerus sozusagen entmachten und den Laien das gebührende Mitspracherecht sichern.

Manche Leute denken das.

Wenn der Klerus sich recht versteht, dann schreibt er ja nicht vor, was Kirche ist, sondern dann steht er in dem Gehorsam Gottes, dessen Garant der Papst ist. Dann sorgt er gerade dafür, daß nicht Menschen die Kirche nach ihren Wünschen zurechtmodellieren, sondern daß sie in den Händen des Herrn bleibt. Das ist mit dem Sakrament der Priesterweihe, dem Herkommen von dem Ursprung, den wir nicht gemacht haben, eigentlich gemeint. Und dann ist es auch keine Unehre, Laie zu sein, sondern die normale Form des Christseins; die normale Form, in der das Evangelium in dieser Welt gelebt und in die täglichen Dinge der Welt hineingebracht wird. Daß das Christentum die Welt erfaßt und umgestaltet, das ist das eigentliche Laienapostolat.

Ein eigener Stand in der Kirche, Menschen, die sich der Nachfolge Christi auf die denkbar radikalste Weise verschrieben haben, sind Mönche und Nonnen. Was ist die Aufgabe der Orden, gerade auch für die Kirche der Zukunft?

Es muß verschiedene Stufen der Nachfolge geben, nicht jedem ist das gleiche aufgetragen. Es sind gerade auch dieses wesentliche und unersetzliche Formen der Nachfolge, in dem jeweiligen Beruf in angemessener Weise den Glauben ganz zu leben, sei es in der Politik, in den Wissenschaften, im Handwerk, in den einfachsten Berufen. Aber es braucht dann auch diejenigen, die mit ihrem ganzen Leben für den Glauben da sind, die die innere Reserve des Glaubens für die Verkündigung, für die Durchseelung der Kirche bilden.
Ich glaube, daß dieses vielfältige Gefüge für die Zukunft der Kirche sehr wichtig sein wird. Es muß immer wieder Orte geben, wo sich Menschen zurückziehen können, wo sie das Leben des Gebetes den Tag hindurch erleben können, wo das Gebet den Rhythmus des Tages prägt. Dies sind Kräftereservoire, Orte, an denen Glaube wieder neu erlebt wird und von denen er ausstrahlt. Wir erleben dies ja gerade hier bei unserem Gespräch im Urkloster des Benediktinerordens in Montecassino. Oder denken wir an die kontemplativen Frauenorden, etwa an die Karmelitinnen, die Klarissinnen. Auch diese sind Oasen, auf die viele Menschen hinschauen und von denen sie sich befruchten und erneuern lassen.

Montecassino gilt dabei als das berühmteste Kloster der lateinischen Kirche. Es gibt keines, so sagt man, das ihm an Alter und Würde gleichkäme. Genau im Jahre 529, als diese kleine Stadt auf dem Berg für die von Benedikt geleitete Mönchsge-

meinschaft erbaut wurde, schloß zeitgleich die Platonische Akademie in Athen.

Ich finde, daß diese zufällige zeitliche Identität der Schließung der Athener Akademie, die das Symbol der antiken Bildung gewesen war, und des Beginnes des Klosters in Montecassino, das sozusagen die Akademie der Christenheit wird, eine große Bedeutung hat. Man sieht, eine Welt geht wirklich unter. Das Römische Reich zerfällt, es ist im Westen bereits in Fragmente zerstückelt und als solches gar nicht mehr vorhanden. Damit droht natürlich auch eine ganze Kultur zu versinken, Benedikt aber verwahrt sie gleichsam und läßt sie neu geboren werden. Und er entspricht damit ganz einem Leitwort der Benediktiner: Succisa virescit – immer wieder zurückgeschnitten, grünt es neu. Der Abbruch wird gewissermaßen auch ein Aufbruch.

Und offenbar zum Grundstein der europäischen Zivilisation.

Die Benediktiner wollten in der Tradition der Mönche zunächst einfach ein Raum des Gebetes sein. Wichtig war dabei, daß dort die Handarbeit, das Umwandeln der Erde in einen Garten und der Dienst für Gott ineinandergehen und ein Ganzes werden.
Das Wort *ora et labora,* bete und arbeite, drückt diese Struktur der benediktischen Gemeinschaft deutlich aus. Der Gottesdienst hat immer die Priorität. Er ist die allererste Wichtigkeit, weil Gott selbst das Wichtigste ist. Er durchzieht den ganzen Tag und die ganze Nacht, prägt und formt die Zeit und reift damit auch zu einer kulturell hohen und reinen Gestalt. Aber gleichzeitig gilt es, aus dem Ethos des Gottesdienstes heraus die Erde wieder zu bebauen und zu erneuern. Ver-

bunden damit ist dabei auch die Überwindung der antiken Vorurteile gegenüber der Handarbeit, die bis dahin ja nur den Sklaven zugemessen war. Nun wird die Handarbeit etwas Edles, sie wird vom Johannesevangelium her sozusagen Nachahmung des Schöpfers.

Mit der neuen Idee der Arbeit ändert sich auch die Vorstellung von der Menschenwürde. Wer ins Kloster eintritt, tritt in einen Raum ein, in dem die in der übrigen Gesellschaft immer noch herrschenden Unterschiede zwischen dem Sklaven und dem Freien fallen. Im Kloster sind alle frei. Und von der Freiheit Gottes her sind alle gleich in dem gemeinsamen Auftrag, Gott in die Erde hereinzuholen und die Erde zu Gott hinaufzuheben.

Montecassino hat mit all dem die antike Kultur abgelöst, aber sie hat sie auch gerettet. Hier sind die Handschriften abgeschrieben worden, hier ist die Sprache gepflegt worden. Der französische Mönch Leclerq hat einmal gezeigt, daß die Liebe zur Grammatik mit der Liebe zu Gott untrennbar verbunden war. Weil man die Heiligen Worte verstehen mußte, war sozusagen das ganze Lesen ein Dienst. Das bedingte wiederum, daß, um nur ein Beispiel zu nennen, die Sprachwissenschaften entstanden, und daß das Wort in allen seinen Weisen gepflegt worden ist. Auf der anderen Seite brachte der Landbau mit sich, daß man die Dinge der Erde erforschen mußte. Insgesamt kann man sagen, daß aus diesem neuen Ethos »Gottesdienst und Arbeit«, *ora et labora,* dann wirklich eine neue, die europäische Kultur entstanden ist.

Benedikts großes Vermächtnis ist die von ihm entwickelte Regel. Dieses kleine Werk ist mit Sicherheit einer der großen Würfe des Abendlandes, dessen praktische Botschaft – gewissermaßen für ein »geregeltes« Dasein – bis heute nachwirkt und immer wieder neu entdeckt werden kann. »An sich genügt die Heilige Schrift als Richtschnur für das menschliche Leben«, notierte Benedikt. Um aber den Weg des Lebens quasi auch für Anfänger gangbar zu machen, habe er eine einfache Hilfe geschrieben für den, »der das Leben liebt und gute Tage zu sehen wünscht«.

Das Charakteristische dieser Regel ist das Maß. Viele Mönchsregeln haben dadurch gesündigt, daß sie überstreng gewesen sind. Im Eifer der Bekehrung wurde oft eine ungeheure Radikalität versucht, die zwar der einzelne, der wirklich Ergriffene festhalten kann, die aber auf Dauer dann doch ein gemeinsames Leben nicht zu tragen vermag. Benedikt hat die richtige Verbindung zwischen der Rücksicht auf die menschliche Natur, dem, was gemeinsam möglich ist, und dem nötigen Ernst, der nötigen Strenge gefunden. Was er vorschreibt, ist zudem auch flexibel, weil der Abt eine weitreichende Anwendungsmöglichkeit hat. Er kann beurteilen, was wirklich in die Situation paßt. Trotzdem bleibt die Regel nicht unverbindlich, sondern gibt ein sehr festes Gefüge – vor allem mit der Struktur des Gottesdienstes, die den Tag ordnet und durchzieht, aber auch der Struktur der Mahlzeiten und der Bindung an die Arbeit. Zur Handarbeit kam – wie wir sahen – die kulturelle Arbeit, die Liebe zum Buchstaben, die vom Gottesdienst gefordert war.

Benedikt ist in gewisser Hinsicht auch als ein Mose angesehen worden, einer, der die Lebensregel gibt. Benedikt gibt sie allerdings von Christus her, der das Mose-Gesetz auf seine neue, endgültige Stufe geführt hat, so daß sie ganz konkrete Lebensregel werden kann. In diesem Sinne ist er auf einer hohen Ebene der Gesetzgeber des Abendlandes geworden, und aus dieser vielschichtigen Kulturgestalt ist schließlich wirklich ein neuer Kontinent – Europa – gewachsen, eine Kultur, die die Erde umgestaltet hat.

Wenn unsere Kultur heute aus dem Gleichgewicht zu kommen droht, wie wir sehen, dann auch deshalb, weil wir inzwischen sehr weit davon weggegangen sind. Unsere Welt könnte dabei so leicht an dieser benediktinischen Grundregel immer wieder ihr Korrektiv finden, denn sie gibt die grundlegenden menschlichen Haltungen und Tugenden für das innere Gleichgewicht eines Lebens an, die es braucht, damit Gemeinschaft möglich ist – und damit der einzelne zur Reife kommt.

Bleiben wir noch einen Augenblick bei dieser gewichtigen Hilfestellung. Das erste Wort der Benediktus-Regel heißt »höre«: »Höre, mein Sohn, auf die Weisung des Meisters«, und Benedikt setzt hinzu: »Neige das Ohr deines Herzens.«

Ja, es ist eine Einladung ins Hören, und das ist für den Menschen grundlegend. Der Mensch darf sich nicht selber genügen, und er muß die Demut haben, zu lernen, etwas anzunehmen – »neige dein Haupt«. Er muß der Berufung ins Hören nachspüren. Und Hören bedeutet, nicht nur ein Ohr zu haben für das, was gerade herumgeht, sondern auch in die Tiefe hinein- oder in die Höhe hinaufhören, denn was der Meister sagt, ist ja im Grunde die Anwendung der Heiligen Schrift, die Anwendung dieser Urregel menschlicher Existenz.

Hören und antworten, glaubte Benedikt, das sei wie ein- und ausatmen. Und der Mensch sollte auch lernen, sich selbst anzunehmen, er sollte »bei sich selbst wohnen«, schweigen, lauschen, Ruhe finden. Die Regel hat über 1500 Jahre hinweg offenbar nichts an Aktualität verloren.

Man sieht an der Benediktregel, daß das, was wirklich menschlich ist, nicht veraltet. Das, was aus den eigentlichen Tiefen kommt, bleibt eine Weise des Lebens, die immer wieder aktuell ist. Man kann sie kommentieren, man kann versuchen, die jeweils unterschiedlichen Anwendungsformen zu finden, aber als Regel, als Grundstruktur bleibt sie immer aktuell. Gerade heute sehen wir wieder, wie die Zuwendung zur Erde, der Respekt vor ihren eigenen Gesetzen, das Bewahren der Schöpfung, ein wesentlicher Dienst ist, den wir brauchen. Und vielleicht fangen wir auch wieder an zu sehen, daß die Freiheit von der Arbeit, die der Gottesdienst schenkt, das Heraustreten aus dem bloßen Leistungsdenken nötig ist. Daß das Hören – denn Gottesdienst ist weitgehend ein Gott-Hereinlassen und ein Hören – zum Leben gehört. So wie Zucht und Maß und Ordnung, wie Gehorsam und Freiheit zueinandergehören, so gehört auch das sich einander aus dem Geist des Glaubens Ertragen-Können nicht nur zur Grundregel einer Mönchsgemeinschaft, sondern all diese Dinge sind im Grunde wesentliche Elemente für jede Gemeinschaftsbildung. Es ist eine Regel, die aus dem eigentlich Menschlichen kommt, und das eigentlich Menschliche vermochte sie zu formulieren, weil sie über den Menschen hinausschaute und -hörte und das Göttliche wahrgenommen hat. Der Mensch wird eben menschlich, wo er von Gott berührt wird.

Einen dürfen wir hier auf keinen Fall vergessen. Sein eigentlicher Name war Johannes Bernardone. Sie nannten ihn Francesco, den kleinen Franzosen, weil er gerne französische Lieder mochte. Seine Berufung ist eine bewegende Geschichte. Kann man sagen, daß Franziskus die Kirche vor dem Untergang gerettet hat?

Ich würde sagen, die Kirche wäre wohl nie ganz untergegangen, aber er hat in einer großen Krise Entscheidendes getan, um sie zu halten. Wir kennen alle diesen Traum des Papstes, der sieht, wie die Lateran-Basilika über ihm einstürzt und da kommt ein Mann und stützt sie. Innozenz III. hat diesen Traum auf Franziskus bezogen und ihn zu sich kommen lassen. Er, der große Politiker, hatte erkannt, daß dieser völlig unpolitische, aus der Radikalität des Evangeliums lebende Mensch genau die Kraft war, die der Kirche das geben konnte, was seine ganze politische Tüchtigkeit ihr nicht zu geben vermochte. Die Kirche brauchte eine charismatische Erneuerung von innen, eine neue Flamme des Glaubens, und nicht nur das Können und die Strategie der Administration und der politischen Ordnung.

Ich glaube, es ist wichtig zu sehen, wie fruchtbar dieses Wort Christi »Folge mir nach«, folge in einer radikalen Weise mir nach, gewesen ist. Wie daraus immer wieder so viele neue Impulse und Antworten entstanden sind. Und es ist nach wie vor die Hoffnung der Kirche, daß dort, wo sie gewöhnlich wird und abzusinken droht, durch die Kraft des Heiligen Geistes von innen her neue Aufbrüche kommen. Aufbrüche, die niemand geplant hat, sondern die von begnadeten Menschen her aufsteigen und die Fruchtbarkeit des Evangeliums neu zur Geltung bringen.

Franz war eben ein solcher. Er wurde nach einer leichtfertig verlebten, fröhlichen Jugend plötzlich von der Radikalität des Anrufs ergriffen und hat sie mit Begeisterung und Freude gelebt. Er dachte nicht daran, einen Orden zu gründen, für ihn genügte noch das Mönchtum. Er wollte in dieser Situation, in der das Christentum eben bleiern, schwer und glanzlos geworden war – und völlig überdeckt von dem grauen Egoismus des Alltags –, einfach das Evangelium neu verkünden und das Volk für den Herrn sammeln. Er wollte nur das Evangelium selber, die Bergpredigt, verkünden, die Menschen aufrütteln und wieder innerlich und äußerlich für Christus sammeln.

Daraus ist dann, fast gegen seinen Willen, diese Bewegung geworden, die schließlich, auch eher gegen seinen Willen, die Rechtsgestalt eines Ordens bekommen hat. Der Papst hat dabei richtig erkannt, daß diese neue Präsenz des Evangeliums, die Franziskus im Auge hatte, ihre Werkzeuge braucht, und daß daher dem Ganzen ein rechtlicher Körper gegeben werden muß. Das ist letztlich das innere Drama des Franziskaner-Ordens geblieben: der Drang zur Radikalität des Evangeliums, der die institutionellen Ordnungen sprengt und mehr Freiheit, mehr Armut möchte – und auf der anderen Seite die Notwendigkeit, Formen zu finden, die das in eine normale menschliche Gemeinschaft hinein gestalten. Aber gerade mit dieser inneren Flamme, die immer wieder über das bloß Institutionelle hinausdrängt, hat der Orden auch eine bleibende Funktion in der Kirche wahrgenommen.

Die Kirche selber lebt ja eigentlich in diesem Dilemma, daß wir alle mehr sein müßten, daß wir alle radikaler aus den Kompromissen unseres Lebens aussteigen sollten. Aber dann, wenn wir schon mal diese Kompromisse weiterleben müssen in der Welt, so wie sie eben beschaffen ist, dann sollten wir wenigstens den Stachel dieser Beunruhigung in uns tragen und unser eigenes Leben und das der Welt auf die ganze Größe des Evangeliums hin öffnen.

Franziskus wollte nie Priester werden. Warum?

Er war ein sehr demütiger Mann. Bei ihm hat das Wort seinen ursprünglichen Sinn. Er wollte zu den vor Gott Kleinen gehören, denen vom Herrn zugesagt ist, daß sie in besonderer Weise das Evangelium verstehen werden. Priestertum war in der ständischen Struktur seiner Zeit für ihn schon wieder etwas in die Privilegienwelt Hochgehobenes, das er in der bewußten Einfachheit seines Dienens nicht angestrebt hat. Er wollte der einfache Evangelist, der Sänger und Künder Gottes bleiben. Nach der Überlieferung war er allerdings Diakon, einer, der in der Liturgie das Evangelium verkünden darf. Evangelist wollte er sein. Hier schien ihm offensichtlich das Diakonenamt, das ja zu deutsch »Dienstamt« heißt, das Sakrament des Dienens, die seinem Leben angemessene Form zu sein.

17 Von den Sakramenten

Der Bauplan des Lebens

Viele Menschen bedienen sich nach wie vor der Ausdrucksweise des Christentums, allerdings sind ihnen die Inhalte fremd geworden, geschweige denn, daß sie nach ihnen leben würden. Betrachten wir die sieben Sakramente. Von diesen sagten Sie einmal, in ihnen stecke im Grunde der Bauplan für das gesamte Leben. Und Johann Wolfgang von Goethe, der evangelisch erzogen war, behauptete, die Sakramente der katholischen Kirche seien nicht nur »das Höchste der Religion«, sondern auch das »sinnliche Symbol einer außerordentlichen göttlichen Gunst und Gnade«.
Bevor wir die Sakramente im einzelnen berühren – ich frage mich: Was sind diese Sakramente eigentlich wert? Die Firmung zum Beispiel gibt keine Gewähr dafür, daß junge Menschen nicht im Drogenrausch ihr Heil suchen, und die Spendung des Ehesakramentes verhindert nicht, daß die Partner sich betrügen und belügen und schon nach einem Jahr wieder geschieden sind.

Ich glaube, daß mit den sieben Sakramenten wirklich die Struktur und die großen Momente des menschlichen Lebens festgehalten sind. Man braucht für diese großen Augenblicke, für Geburt und Tod, für Erwachsenheit und Ehe, gewissermaßen Zeichen, durch die der Augenblick seine Größe, seine Verheißung und somit auch das Mitgetragenwerden empfängt.

Wenn wir die Sakramente allerdings zu sehr unter dem Gesichtspunkt der Effizienz betrachten und sie als Mittel ansehen, die dem Menschen wunderartige Kräfte geben und ihn verändern, dann fallen sie gleichsam durch. Hier geht es um etwas anderes. Der Glaube ist ja nicht etwas, das im Äther stattfindet, sondern er tritt in die materielle Welt ein. Durch die Zeichen der materiellen Welt wiederum werden wir in die Berührung mit Gott gebracht. Die Zeichen sind also Ausdruck der Körperlichkeit unseres Glaubens. Die Durchdringung von Sinnen und Geist ist die Fortführung dessen, daß Gott Fleisch geworden ist und sich uns in den Dingen der Erde mitteilt.

Die Sakramente sind also eine Art der Berührung mit Gott selber. Sie zeigen, daß dies kein rein geistiger Glaube ist, sondern einer, der Gemeinschaft hat und stiftet, und der die Erde, die Schöpfung mit einbezieht, die auf diese Weise mit ihren Elementen auch transparent wird.

Das Wesentliche ist, daß sich in den Sakramenten die Gemeinschaftlichkeit, die Körperlichkeit des Glaubens ausdrückt, und daß zugleich verdeutlicht wird, daß der Glauben nicht aus uns selber, sondern aus einer höheren Vollmacht herkommt. Freilich sind sie wie Gottes ganzes Handeln unserer Freiheit anvertraut; sie wirken – wie das Evangelium überhaupt – nicht mechanisch, sondern nur im Mitgehen unserer Freiheit mit ihnen.

Von der Erleuchtung

Am Anfang steht die Taufe, die in der Urkirche auch als die Erleuchtung bezeichnet wurde. Es ist eine sehr würdevolle, pathetische Zeremonie, die in großen Texten die Spuren des Lebens aufnimmt. Wenn in der Taufliturgie das Kreuz übergeben wird, werden folgende Worte gesprochen: »Ich segne dich mit dem Zeichen des Kreuzes, damit du erkennst, daß Jesus dich liebt. – Ich bezeichne deine Augen mit dem Kreuz, damit du siehst, was Jesus tut. – Ich bezeichne deine Ohren mit dem Kreuz, damit du hörst, was Jesus sagt. – Ich bezeichne deinen Mund mit dem Kreuz, damit du dem Ruf Jesu antwortest. – Ich bezeichne deine Hände mit dem Kreuz, damit du wie Jesus Gutes tust.« Diese Formel wird als »Symbolum«, als »Symbol« bezeichnet. Was ist damit gemeint?

Symbolen heißt übersetzt »das Zueinanderfallende«. Das Symbol war ursprünglich eine Art, sich auszuweisen. Sie bestand darin, daß zwei Menschen jeweils ein Stück hatten, etwa eines Siegels, und sie sich im Zusammensetzen der Teile erkennen konnten. Symbol bedeutet dann in einem weitläufigeren Sinn die Darstellung von etwas Unsichtbarem in sinnlichen Formen, in Zeichen und Gestalten, die über sich hinausdeuten.

In der Taufspendung ist eine ganze Anzahl von Symbolen vereinigt. Man hat ja in die Form der Spendung die Grundschritte des ehemaligen Katechumenats eingebracht. Damit ist auch angedeutet, daß Taufe ein Katechumenat, das heißt eine Weggemeinschaft verlangt, die eine Lern- und Lebensgemeinschaft ist. Die verschiedenen Schritte dieses Katechumenats sind hier zusammengefaßt. Die Öffnung der Augen, des

Mundes, der Ohren. Es ist das Wort »Ephata«, das Jesus öffentlich auch zu dem Stummen sagt, und das nun seinen Mund öffnet und ihm seine Ohren öffnet, und ihn endlich recht hören und reden läßt. So soll auch durch die Taufe und die Lebensgemeinschaft, in die sie hineinführt, unsere Stummheit und Taubheit für Gott überwunden werden. Denn wenn wir Gott nicht hören können, können wir auch nicht richtig reden, haben wir kein Wort für ihn, können wir nicht beten. Das Öffnen der Ohren und der Augen in der Taufzeremonie sollte vorwegnehmen, daß wir in der Lebensgemeinschaft des Glaubens hören und richtig reden lernen, daß wir die Transparenz des Göttlichen in der Schöpfung sehen und dieses uns im Zeichen des Kreuzes mit Gott verbindet.

Die Taufe war in der alten Kirche eine ungeheure Auszeichnung. Der Täufling brauchte neben dem abgeschlossenen Katechumenat als Vorbedingung auch zwei Bürgen, die für seine Wahrhaftigkeit geradestanden. Sind Sie inzwischen gegen die Kindertaufe?

Die Taufe hat ja auch den Grund, daß damit dem Menschen über das biologische Leben hinaus jener Sinn vorgegeben ist, damit dieses Leben gerechtfertigt ist. Gerade in einer Zeit wie heute, wo die Zukunft dunkel ist, kann die Frage aufkommen, ist es überhaupt moralisch, jemanden in die Welt zu setzen und ihm damit vielleicht eine Zukunft zuzumuten, in der man gar nicht mehr Mensch sein kann. Und in der Tat, wenn man gar nicht weiß, ob es sinnvoll ist, ein Mensch zu sein, dann ist diese Vorgabe eigentlich nur mehr dann zu rechtfertigen, wenn ich dem neuen Menschen mehr geben kann als den bloßen Bios. Wenn ich ihm einen Sinn mitgeben kann,

von dem ich weiß, daß er stärker ist als alle Dunkelheiten der Geschichte. Das ist eben die Taufe, die ihn in die Gemeinschaft mit Christus hineinhebt.
Insofern hat die Kindertaufe klarerweise ihre Berechtigung. Allerdings wird es anders, wenn in einer nun entchristlichten Gesellschaft die Entfaltung der Taufe im Katechumenat nicht mehr erfolgt. Wenn viele an der Taufe nur noch festhalten, weil sie dem Lebensbeginn irgendwie seine Festlichkeit, sozusagen die nötige Ritualität gibt, dann allerdings wird die Taufe inwendig in Frage gestellt. Taufe ist eben sehr viel mehr als Sozialisierung in einer Gemeinde, wie es heute manche auffassen. Es ist ein Geburtsvorgang, in dem sich eine neue Dimension des Lebens eröffnet.

Im Kanon 849 des Kirchenrechts heißt es: »Der tatsächliche Empfang der Taufe oder wenigstens das Verlangen danach ist zum Heil notwendig.« Was ist aber, wenn ein Mensch ungetauft stirbt? Und was ist mit den Millionen von Kindern, die bereits im Mutterleib getötet werden?

Die Frage, was die Heilsnotwendigkeit der Taufe bedeutet, ist in der Neuzeit immer brennender geworden. Das Zweite Vatikanische Konzil hat dazu gesagt, daß Menschen, die auf der Suche nach Gott sind und die sich insofern inwendig nach dem ausstrecken, was Taufe ist, auch das Heil erhalten. Das heißt, daß das Suchen nach Gott bereits eine innere Beteiligung an der Taufe, an der Kirche, an Christus ist.
Die Frage nach der Heilsnotwendigkeit der Taufe scheint insofern heute beantwortet, aber die Frage nach den Kindern, die nicht getauft werden konnten, weil sie abgetrieben worden sind, bedrängt uns um so mehr.
Frühere Zeiten hatten da eine, wie mir scheint, eher uner-

leuchtete Lehre erfunden. Sie hatten gesagt, die Taufe schenkt uns durch die heiligmachende Gnade die Fähigkeit zur Anschauung Gottes. Der Zustand der Erbsünde freilich, von dem uns die Taufe befreit, ist Mangel der heiligmachenden Gnade. Die Kinder, die so sterben, haben zwar keine persönlichen Sünden, sie können also nicht in die Hölle versetzt werden, es fehlt ihnen andererseits aber die heiligmachende Gnade und dadurch die Möglichkeit der Gottanschauung. Ihnen werde lediglich ein Zustand der natürlichen Seligkeit zuteil werden, in der sie glücklich sind. Man hat dann diesen Zustand den *Limbus* genannt.

Das ist uns in unserem Jahrhundert allmählich problematisch geworden. Es war eine Form, durch die man die Notwendigkeit der möglichst frühen Taufe verteidigen wollte, aber die Lösung als solche ist fragwürdig. Der Papst hat schließlich mit der Enzyklika Evangelium Vitae eine entschlossene Wendung gemacht, die der Katechismus der katholischen Kirche schon antizipiert hatte, indem er einfach die Hoffnung ausspricht, daß Gott für diejenigen, die die Sakramente nicht empfangen konnten, Macht genug hat, auch sie zu sich heraufzuziehen.

VON DER REIFE

Die Firmung ist nach dem Glauben der katholischen Kirche das »Sakrament des Wachstums im übernatürlichen Leben«. Was kann man sich darunter vorstellen – und wie wirkt die Firmung überhaupt?

Das wesentliche Zeichen ist zum einen die Salbung, zum anderen die Handauflegung. Die Handauflegung ist das Zeichen des Beschirmt- und Gedecktseins von Gott und Zeichen für die Gegenwart des Geistes. Die Salbung verbindet mit dem Gesalbten schlechthin, der Christus ist, und wird zum Zeichen des Heiligen Geistes, der Christus durchlebte. Firmung ist Taufvollendung; wenn die Taufe primär die Verbindung mit Christus betont, so liegt in der Firmung der Akzent auf der Gemeinschaft mit dem Heiligen Geist.

Man kann darin auch ausgedrückt finden, daß der Gefirmte nun voll verantwortliches, aktives Glied der Kirche ist. So hat man sie seit einiger Zeit gern als Sakrament der Mündigkeit bezeichnet. Die frühere »Ohrfeige« erinnert in der Tat an frühere weltliche Mündigkeitsriten. Sie ist nach dem Konzil weggefallen. Der Gedanke des Sakraments der Mündigkeit hat in unseren Breiten dazu geführt, daß man die Firmung immer später, etwa mit 16 oder 18 Jahren spenden will. Es gibt aber auch eine ganz andere Sicht. Die Ostkirchen verbinden sie direkt mit der (Kinder)taufe. Die Begründung ist, zur Kommunion könne man eigentlich erst zugelassen werden, wenn man die beiden Einführungssakramente Taufe und Firmung empfangen hat und ganz in die Gemeinschaft mit Christus im Heiligen Geist hineingenommen ist.

Firmung ist auch eine Art Initiation, mit der jugendliche Menschen den Schritt in das reifere, erwachsene Leben zelebrieren. Der Augustinermönch Thomas von Kempen hat im Mittelalter unter dem Titel Nachfolge Christi *ein Buch mit Regeln verfaßt, die uns Wege zum* richtigen *Leben zeigen sollen. Die Sammlung wurde nach der Bibel das verbreitetste religiöse Buch der Welt. Einiges darin mutet uns heute ein we-*

nig fremd an. Aber selbst ein marxistischer Philosoph wie Ludwig Marcuse fand darin die »Kunst, mit sich ins reine zu kommen«. »Die höchste Aufgabe eines jeden ist es«, schreibt der Mönch »sich selbst (in seinem Wesen) wahrhaft erkennen zu lernen.« Und weiter: »Sich selbst geringschätzen und über andere stets gut und edel denken, das setzt große Weisheit und Vollkommenheit voraus.«

Verinnerlichung ist auch heute wichtig. Zweifellos gehört es zu den Aspekten der Firmung, daß sie uns von dem bloß Äußeren, von dem bloßen Erfolgs- und Leistungsdenken wegbringen und uns sagen will, du hast auch ein Innen. Und denk daran, laß, wie Paulus sagt, den inneren Menschen in dir stark werden. Die Verkümmerung der Innerlichkeit ist ja eines unserer großen Probleme geworden. Firmung könnte in diesem Sinne wirklich als Gegengewicht gegen die bloße Veräußerlichung dastehen und damit helfen, daß die Dinge des Menschseins im richtigen Lot bleiben.

Der materielle Erfolg ist in der modernen Zivilisation inzwischen der Wert aller Werte. »Jeder kann es schaffen«, verspricht ein Heer von Motivationsgurus. Diese Haltung wirkt fast schon suchterzeugend.

Sie steckt an. Wenn ich es beim anderen sehe, möchte ich es auch. Wenn die Eltern sehen, wie die Kinder anderer herausgeputzt werden und was ihnen für Wege eröffnet werden, wünschen sie das berechtigterweise auch für die eigenen. Ich denke, man schaut damit nur noch in eine Richtung. Man will möglichst viel haben, etwas sein nach außen hin. Wie notwendig in unserem Leben aber auch die Kultur der Innerlichkeit ist, das vergessen wir.

Freilich versucht man jetzt auch mit den Methoden der Meditation irgendwie wieder eine Art von Innerlichkeit aufzubauen. Aber im allgemeinen laufen diese Meditationskulturen oft nur wieder darauf hinaus, die Leistungsfähigkeit nach außen zu stärken. Oder sie sind Entleerungstechniken, die dem Menschen letztlich keine wirkliche innere Kraft geben. Wir müssen tatsächlich, das möchte ich gerne wiederholen, eine neue Kultur der Innerlichkeit wiederfinden, wieder lernen, wie der »innere Mensch«, von dem Paulus spricht, mitwachsen kann mit dem Äußeren und die Kraft bekommen kann, daß wir dann den äußeren Dingen, die uns widerfahren, gewachsen sein können.

Von der heiligsten Handlung am heiligsten Ort

Um das Jahr 150 nach Christus reichte ein Gelehrter namens Justinus beim römischen Kaiser Antoninus Pius eine Verteidigungsschrift zugunsten der Christen ein. Wir verdanken ihr eine sehr frühe Beschreibung der Meßfeier: »An dem sogenannten Sonntage«, heißt es darin, »findet eine Versammlung aller Stadt- und Landbewohner statt. Dabei werden die Denkwürdigkeiten der Apostel oder die Schriften der Propheten vorgelesen, solange die Zeit reicht. Hat der Vorleser geendet, so fordert der Vorsteher zur Nachahmung all des Guten auf. Darauf stehen wir alle auf und beten. Nach Schluß des Gebetes werden Brot, Wein und Wasser herbeigebracht; der Vorsteher schickt Gebete und Danksagungen mit aller Kraft empor, und das Volk stimmt ein, indem es Amen sagt. Darauf findet die Ausspendung statt. Jeder erhält seinen Teil von dem Konsekrierten; den Abwesenden aber wird es durch die Diakonen gebracht. Diese Nahrung nun heißt Eucharistie. Nur der darf daran teilnehmen, der unsere Lehre für wahr hält, der durch das Bad gereinigt worden zur Nachlassung der Sünden und zur Wiedergeburt, und so lebt, wie Christus es verlangt.« Diese Zeremonie scheint bis heute, durch 2000 Jahre hindurch, genau gleichgeblieben zu sein.

Ja, die Grundstruktur der Eucharistie-Feier ist damit angegeben, auch wenn sich einzelne Formen natürlich weiterentwickelt haben.

Vielleicht wird man eine gewisse Zeit brauchen, um zu verstehen, daß sich hinter diesen Dingen mehr als eine x-beliebige Zeremonie verbirgt. Auch die herrlichen Bilder der Kirchenfenster beginnen erst zu leuchten, wenn man sie vom Inneren des Raumes betrachtet. Können Sie mir bitte zunächst den Aufbau einer heiligen Messe erklären?

Da ist zunächst der erste Teil, der Wortgottesdienst. Man versammelt sich unter das Wort Gottes, genau so, wie es die urbildliche Ekklesia am Sinai getan hat, um zu hören und zu empfangen. In dem Text, den wir gerade hörten, ist von Lesung, von Propheten und Evangelisten die Rede. Dies hat im Gottesdienst eine besondere Struktur angenommen, daß man, wie es hieß, *Prophet, Apostel, Christus* hört. Unter *Prophet* wurde das ganze Alte Testament verstanden, unter *Apostel* die apostolischen Briefe und unter *Christus* das Evangelium. Damit wird sozusagen das dreigeteilte Wort Gottes gehört. Es wird nun gesagt, daß darauf die Mahnung folgt, also Auslegung ist nötig, weil das Wort gewissermaßen von ferne auf uns zukommt und uns nähergebracht werden muß, damit wir es verstehen können.

Auf dieses Grundlegende einer Messe, auf das Versammeltsein unter dem Wort, das uns erneuert, belehrt und erleuchtet, folgt der eigentliche Eucharistie-Gottesdienst. Dieser ist wieder in drei Teile gegliedert. Zunächst werden die Gaben bereitgestellt, Brot und Wein. Es ist ein Sinnbild dessen, daß wir die Schöpfung dem Herrn zubringen. Anschließend erfolgt das Dankgebet. Das heißt, der Bischof oder der Priester stimmt in das Dankgebet mit ein, das Jesus am Vorabend seines Todes gesprochen hat. Es ist die große Lobpreisung Gottes. Sie schließt sowohl den Dank für Christus mit ein als auch das Gedächtnis an seine Worte und Taten der letzten Stunde – und damit die Verwandlung von Brot und Wein, die nun nicht mehr unsere Gaben sind, sondern die Gaben Jesu Christi, in denen er sich gemäß den Abendmahlsworten gibt.

Justinus, ein antiker Autor, spricht davon, daß die Gaben, wie er es ausdrückt, »eucharistiert« sind. Mit anderen Worten: Brot ist nicht mehr Brot, sondern Leib Christi. Und Wein ist nicht mehr Wein, sondern Blut Christi. Die Gaben sind also in lebendiges Wort, in das Wort Christi, das Dankeswort des Herrn umgewandelt.

Justinus nennt für die anschließende Austeilung der heiligen Kommunion auch die Bedingungen. Dies ist der Gottesdienst der gläubig Gewordenen, sagt er. So wie der Herr im Abendmahl die Zwölf versammelt, so ist die Eucharistie die Versammlung derer, die an Christus gläubig geworden sind, die durch die Taufe Kirche geworden sind. In diesem Sinn ist sowohl die Zulassungsbedingung wie die Struktur der Feier tatsächlich bereits in dieser ganz frühen Zeit vollkommen deutlich entwickelt und bis heute maßgeblich geblieben.

Die Eucharistie gilt als die heiligste Handlung der Welt am heiligsten Ort der Welt. In diesem Sakrament sei der Leib, das Blut, die Seele und auch noch die Gottheit Jesu enthalten. Um noch einmal ganz konkret nachzufragen: Geschieht mit diesem Akt wirklich jeden Tag ein neues Wunder? Die Wandlung von Brot und Wein in Fleisch und Blut – das kann doch nur symbolisch gemeint sein.

Nein. Die Kirche glaubt fest daran, daß der Auferstandene sich hier wirklich ganz und gar selber gibt. Sicher, in den unterschiedlichen Perioden der Kirchengeschichte ist darüber immer wieder gestritten worden. Der erste große Streit taucht im Frühmittelalter auf, der zweite im 16. Jahrhundert. Hier hat Luther nachdrücklich an der Verwandlung festgehalten, während Calvin und Zwingli den Symbolismus auf je unterschiedliche Weise vertraten, so daß sich daraus auch die große Spaltung innerhalb der Reformation entwickelte.
Während Luther allerdings der Meinung war, daß diese Gegenwart Christi an den Augenblick der Feier gebunden sei, glaubt die katholische Kirche daran, daß die Gegenwart Christi in diesen Gaben enthalten bleibt. Denn wenn Brot und Wein wirklich »verwandelt« sind, wenn also die Gaben der Erde Gaben des Herrn geworden sind, dann hat sie der Herr auch endgültig in Beschlag genommen. Natürlich ist auch in unserem Jahrhundert erneut darüber debattiert worden. Aber auch wenn sich die Exegeten in dieser Frage gespalten haben, so haben dennoch auch nicht-katholische Exegeten wie Käsemann mit Nachdruck die Realpräsenz verteidigt. Sie sei eben klar in den Schriftworten selbst ausgesagt und dargestellt. Und in der Tat, die Schrift – wie auch die ganze Urüberlieferung der Kirche – ist vollkommen klar: Christus gibt uns nicht nur Symbole, er gibt sich wirklich selber. Das

bedeutet, daß Kommunion eine Begegnung von Person zu Person ist. Daß Christus in mich hereintritt und ich in ihn hineintreten darf.

Aber jeder kann doch sehen, daß der Wein Wein bleibt ...

Das ist ja auch keine physikalische Aussage. Es wurde nie behauptet, daß nun sozusagen die physikalische Natur verändert sei. Die Wandlung greift in eine andere Tiefe. Die Überlieferung sagt, es ist eine metaphysische Handlung. Das, was rein physikalisch Brot oder Wein ist, das wird von Christus zuinnerst ergriffen, so daß es von innen her geändert ist und sich Christus darin wirklich selber gibt.

Und wenn nun jemand Christus auf diese Weise empfangen hat – wie wird dann dieses heiligste Sakrament auf einen Menschen wirken? Oder wie könnte es zumindest wirken?

Auch da sollten wir alles Mirakulöse und alles magische Denken weglassen. Es ist ein personaler Vorgang. Der Auferstandene, der nun da ist – das Wort »Leib und Blut« bezeichnet ja immer die Ganzheit des Inkarnierten, des in der neuen Welt der Auferstehung leibhaftig gebliebenen Herrn –, ist ja keine *Sache*. Ich empfange nicht ein Stück Christus. Das wäre nun tatsächlich widersinnig, sondern es ist ein personaler Vorgang. Er selbst gibt sich mir und will mich in sich hinein assimilieren.
Augustinus hat in einer Art Vision einmal diese Worte zu hören geglaubt: »Iß mich, ich bin das Brot des Starken.« Jesus sagt damit, es ist umgekehrt wie bei der gewöhnlichen Nahrung, die du in deinen Körper assimilierst. Diese Nahrung ist dir unterlegen, so daß sie ein Stück deines Körpers wird. Und

bei mir ist es gerade umgekehrt: Ich assimiliere dich in mich. Ich bin der Stärkere, du wirst in mich hinein assimiliert. Das ist, wie gesagt, ein personaler Vorgang. Der Mensch wird, wenn er sich in dieses Empfangen hineingibt, nun seinerseits empfangen. Er wird an Christus angeglichen, wird ihm ähnlich gemacht. Und das ist der eigentliche Vorgang des Kommunizierens, daß wir uns in ihn, in seine innere Gemeinschaft, hineinziehen lassen und damit schließlich auch in die innere Ähnlichkeit hineingeführt werden.

Wie soll man sich auf den Empfang der heiligen Kommunion vorbereiten?

Richtig wird es, wenn ich wirklich in ihre Gestalt und in das, was sie ist, hineintrete. Wenn ich mich vom Wort Gottes anrühren, anreden lasse. Wenn ich in den Gebeten, die aus der Urüberlieferung der Kirche geformt worden sind, die Richtung auf Christus einschlage. Richtiges Mitbeten und Mitfeiern in der Eucharistie bedeutet, daß ich hörend, empfangend werde, und daß damit sozusagen der Türspalt in mir aufgeht, durch den Christus hereintreten kann. Und umgekehrt, daß mein Ich so frei und offen wird, daß ich beginnen kann, in *IHN* hineinzutreten.

Wie benimmt man sich eigentlich beim Empfang der heiligen Kommunion?

So, wie es der Gegenwart des Herrn angemessen ist. Die Zeichen der Ehrfurcht haben dabei im Laufe der Zeit gewechselt. Aber das Wesentliche ist, daß das Benehmen die innere Sammlung und die Ehrfurcht auch körperlich ausdrückt. Früher wurde Kommunion, was durchaus sinnvoll war, kniend emp-

fangen. Heute geschieht es stehend. Aber dann soll auch dieses Stehen ein ehrfürchtiges Stehen vor dem Herrn sein.
Die Haltung des Kniens darf auf keinen Fall aus der Kirche verschwinden. Es ist die eindringlichste körperliche Darstellung der christlichen Frömmigkeit, durch die wir einerseits aufrecht bleiben, hinschauend, hinaufschauend auf ihn, und uns andererseits doch beugen.

»Nie ist der Mensch so groß«, sagte Johannes XXIII., »als wenn er kniet.«

Und deswegen glaube ich, ist diese Haltung, die ja zu den Urformen schon alttestamentlichen Betens gehört, für den Christen unverzichtbar.

Hand- oder Mundkommunion?

Da würde ich nicht kleinlich sein wollen. Das gab es ja auch in der alten Kirche. An sich ist eine ehrfürchtige Form der Handkommunion durchaus eine sinnvolle Weise des Kommunion-Empfangs.

Nach dem Empfang des Sakramentes, was kann man da meditieren?

Zunächst sollte man den inneren Blick auf Christus suchen. Es gibt Gebetshilfen, die uns helfen, diese Richtung einzunehmen und sich *ihm* von innen her zuzuwenden. Ich sollte dem Herrn dabei den Tag in die Hände legen und ihn auch bitten, daß seine Präsenz in mir wirksam werde. Wichtig ist, sich ihm anzuvertrauen, was dann je nach den Situationen Anlaß zu ganz konkreten Formen des Betens werden kann.

Ist denn der Kreis derer, die zum Empfang der Kommunion berechtigt sind, nach wie vor definiert?

Ja. Das ist von den Urüberlieferungen her – der 1. Korinther-Brief läßt das schon sehen – ganz klar. Es ist das Problem unserer Stunde, daß Kommunion mehr als eine Art von Sozialisierungsritus begangen wird, wo man sich gleichsam der gegenseitigen Solidarität versichert. Es droht also lediglich ein Zeichen der freundschaftlichen Zugehörigkeit zu werden. Und das ist viel zu wenig. Uns kommt damit nicht nur das Heilige und Wesentliche, das uns hier geschenkt wird, aus dem Blickfeld, sondern es findet in den Menschen auch die nötige innere Reinigung nicht mehr statt.
Der hl. Paulus warnt davor, dieses Geschenk, dieses verwandelte Brot, nicht mehr von anderen zu unterscheiden. Die Unterscheidung ist heute irgendwie abhanden gekommen – und das schafft dann auch vielfältige Probleme. Dann fühlen sich zum Beispiel die wiederverheirateten Geschiedenen als die einzig Ausgeschlossenen, und das erscheint dann mit Recht als eine ungute Diskriminierung. Ich denke, alle zusammen sollten kritischer mit sich umgehen, den Leib des Herrn unterscheiden, und wissen, daß sie immer wieder auch der Buße bedürftig sind, ehe sie die hl. Kommunion empfangen. Es gibt Bedingungen der Zulassung. Wir haben eben nicht aus uns heraus ein Recht auf den Herrn, sondern er zeigt uns durch die Ordnung in der Kirche, wann wir ihn empfangen dürfen.

Ist das auch der Unterschied zwischen einer katholischen Eucharistie und einer ökumenischen Abendmahlsgemeinschaft?

Ja. Die katholische Eucharistie ist immer an die Zugehörigkeit zur Glaubensgemeinschaft der katholischen Kirche ge-

bunden. Auch die Eucharistiefeier selbst darf nach unserer
Überzeugung nur der geweihte Priester feiern. Die protestantische Abendmahlsfeier steht dagegen unter anderen Gesetzen. Wir wissen, daß auch hier Begegnung mit dem Herrn
stattfinden kann, können aber dennoch nicht verwischen,
daß die Frage der apostolischen Nachfolge und des Priestertums – wie auch die katholische Glaubenslehre in ihrer Ganzheit – hier Grenzen zieht.

Von der Liturgie

*Die Eucharistie erhält ihre Feierlichkeit, ihre Würde, durch
etwas ganz Meisterliches und Erhabenes in der katholischen
Spiritualität, nämlich durch ihre Liturgie. In ihr scheint jeder
Satz und jede Gebärde eine eigene Bedeutung, ja fast ein spezielles Geheimnis zu bergen. In dieser irdischen Liturgie nehmen die Gläubigen, so befand denn auch das Zweite Vatikanische Konzil, vorauskostend bereits an der »himmlischen
Liturgie« teil.*

Und das ist ein sehr wichtiger Gesichtspunkt. Liturgie ist nie
nur bloße Zusammenkunft einer Gruppe, die sich selber
gleichsam ihre Feier macht und dann womöglich eigentlich
sich selber begeht. Wir stehen statt dessen durch die Beteiligung an dem Hintreten Jesu Christi vor den Vater immer
auch sowohl in der weltweiten Gemeinschaft der ganzen Kirche, wie auch der *communio sanctorum,* der Gemeinschaft
aller Heiligen. Ja, es ist gewissermaßen die Liturgie des Himmels. Das ist wirklich ihre Größe, daß hier der Himmel auf-

reißt und wir uns hineinfügen in den Chor der Anbetung. Das ist auch der Grund, weswegen die Präfation mit diesem Wort endet: Wir singen mit den Chören der Seraphim und Cherubim. Und wir wissen, daß wir nicht allein sind, sondern daß wir einstimmen, daß die Grenze zwischen Himmel und Erde wirklich aufgerissen ist.

Der Mönchsvater Basilius der Große hat festgestellt, die Messe sei eine ebenso große Offenbarung wie die Heilige Schrift. Er hat daraus das strenge Gebot abgeleitet, an der Liturgie weder herumzudeuteln, noch herumzureformieren. Wenn nun die Liturgie etwas ist, was nicht vom Menschen gemacht wurde, etwas, in dem quasi die göttliche Herrlichkeit für den Menschen erfahrbar werden soll – müßte man dann nicht die alte Messe Gregors des Großen als von oben geschenkt und für immer unveränderbar betrachten?

In dieser Frage haben sich Ost und West in gewisser Hinsicht etwas getrennt. Die byzantinische Kirche etwa hat die Form ihrer Liturgie im 4., 5. Jahrhundert mit Basilius und Johannes Chrysostomos empfangen. Sie sieht darin, wie andere östliche Kirchen auch, eine göttliche Gabe, die man nicht ändert: Wir treten in sie hinein, wir machen sie nicht (obwohl es natürlich in Details immer wieder einzelne Verschiebungen gegeben hat).
Der Westen dagegen hatte immer einen viel stärkeren Sinn für Geschichtlichkeit. Auch er hat die Liturgie in ihrem Wesentlichen als eine Gabe begriffen, aber als etwas, das in die lebendige Kirche hineingelegt ist und mit ihr wächst. Wir können den Vergleich mit der Heiligen Schrift durchaus machen. Auch sie ist nicht einfach ein rein vertikal heruntergefallenes Gotteswort, sondern ein Gotteswort, das in eine Geschichte

hineingegeben ist und in ihr wachsen durfte. So hat die westliche Kirche zwar die grundsätzliche Unantastbarkeit der Liturgie in der Ganzheit ihres Wesens und ihrer Form festgehalten, aber sie gleichzeitig auch behutsam geschichtlich wachsen lassen.

Der römische Kanon ist ähnlich wie der der Ostkirche wohl auch etwa im 4. Jahrhundert entstanden. In der Folgezeit haben sich auch im Westen verschiedene Liturgietypen entfaltet. Der gallikanische, der spanische, dann sind germanische Einflüsse hereingekommen und so weiter. Die einzelnen hereintretenden Nationen durften in diesen Wachstumsprozeß etwas einbringen, wobei Rom immer hütend gewirkt und Überwucherungen wieder weggeschnitten hat. Rom hat dabei die Liturgie in ihrer archaischen Gestalt am strengsten bewahrt, ich würde sagen, sogar in einer etwas früheren Form als der Osten, jedenfalls vom theologischen Typus her.

Auf diese Weise ist die Liturgie in einem geschichtlichen Prozeß immer lebendig – so daß stets Neues, und speziell neue Heilige, hereintreten konnten –, aber in ihrem Wesentlichen zugleich auch konstant geblieben. Deswegen konnte die westliche Kirche auch an Liturgiereformen denken. Sie durften freilich nicht einfach Abbrüche sein, sondern mußten mit dem Respekt vor dem lebendig Gewachsenen umgehen, so, wie man Wachsendes hütet und es dadurch lebendig hält. Pius X. etwa hat das Überwuchern von Heiligenfesten beschnitten. Er hat auch den Sonntag wieder stärker in sein Recht gesetzt und überwuchernde Stücke herausgeschnitten. Bereits Pius V. hatte das Übermaß von Sequenzdichtungen, die sich eingeschlichen hatten, weggenommen. In diese Linie hat sich auch das Zweite Vatikanum hineingestellt. Es war richtig, weil das Weiterwachsen ohne Erstarrung zur liturgischen Tradition der Kirche gehört. Aber ich würde sagen, der

Unterschied ist, ob ich etwas lebendig Wachsendes hüte und damit weiß, daß das Leben als solches nicht in meine Hand gegeben ist – ich muß ihm dienen und die inneren Gesetze des Lebendigen beachten –, oder ob ich es als etwas Gemachtes betrachte, das sozusagen nach den Gesetzen einer Maschine verläuft, die ich ummontieren und anders machen kann.

Das Zweite Vatikanische Konzil hatte ohne Zweifel organisches Wachstum und Erneuerung im Auge. Wir müssen aber sehen, daß es heute weitgehend Tendenzen gibt, die nun einfach Montage und auch Demontage betreiben – und damit etwas tun, was mit dem Wesen der Liturgie unvereinbar ist. Man kann nicht einfach in professoralen Kommissionen erdenken, wie es pastoral besser ankommt; wie es praktischer ist und dergleichen Dinge mehr, sondern man muß mit dem großen Respekt vor dem, was die Fracht der Jahrhunderte in sich trägt, sehen, wo sinnvolle Ergänzungen oder Beschneidungen nötig und möglich sind.

Und das sollte wirklich eine große Mahnung an alle sein, die mit der Liturgie zu tun haben. Sie sollten in diesem Geist des Dienens an dem lebendig Gewachsenen, das uns den Glauben aller Jahrhunderte zubringt, ihren Dienst tun, und nicht als selbstmächtige Könner das Bessere erdenken und fabrizieren wollen.

Die Kritik an der derzeitigen Liturgie ist unüberhörbar geworden. Vielen ist sie nicht mehr heilig genug. Braucht man eine Reform der Reform, um sie wieder heiliger zu machen?

Zumindest braucht man wieder ein neues liturgisches Bewußtsein, damit dieser macherische Geist verschwindet. Es ist ja auch soweit gekommen, daß sich Liturgiekreise für den Sonntag selber die Liturgie zurechtbasteln. Was hier geboten wird, ist sicher das Produkt von ein paar gescheiten, tüchtigen Leuten, die sich etwas ausgedacht haben. Aber damit begegne ich eben nicht mehr dem ganz Anderen, dem Heiligen, das sich mir schenkt, sondern der Tüchtigkeit von ein paar Leuten. Und ich merke, das ist es nicht, was ich suche. Das ist zu wenig, und ist etwas anderes.

Das Wichtigste ist heute, daß wir wieder Respekt vor der Liturgie und ihrer Unmanipulierbarkeit haben. Daß wir sie wieder als das lebendig Gewachsene und Geschenkte erkennen lernen, in dem wir an der himmlischen Liturgie teilnehmen. Daß wir in ihr nicht die Selbstverwirklichung suchen, sondern die Gabe, die uns zukommt.

Das, glaube ich, ist das erste, daß dieses eigentümliche oder eigenmächtige Machen wieder verschwinden und der innere Sinn für das Heilige erwachen muß. In einem zweiten Schritt wird man dann sehen können, in welchem Bereich sozusagen zuviel weggestrichen wurde, so daß der Zusammenhang mit der ganzen Geschichte wieder deutlicher und lebendiger werden muß. Ich selber habe in diesem Sinn von der *Reform der Reform* gesprochen. Dies sollte meiner Meinung nach aber zunächst einmal vor allem ein erzieherischer Prozeß sein, der Einhalt gebietet gegenüber einem Zertrampeln der Liturgie mit Selbsterfundenem.

Wichtig für die rechte Bewußtseinsbildung in Sachen Liturgie ist auch, daß endlich die Ächtung der bis 1970 gültigen Form von Liturgie aufhören muß. Wer sich heute für den Fortbestand dieser Liturgie einsetzt oder an ihr teilnimmt, wird wie ein Aussätziger behandelt; hier endet jede Toleranz. Derlei hat es in der ganzen Geschichte nicht gegeben, man ächtet damit ja auch die ganze Vergangenheit der Kirche. Wie sollte man ihrer Gegenwart trauen, wenn es so ist? Ich verstehe, offen gestanden, auch nicht, warum viele meiner bischöflichen

Mitbrüder sich weitgehend diesem Intoleranzgebot unterwerfen, das den nötigen inneren Versöhnungen in der Kirche ohne einsichtigen Grund entgegensteht.

Wann aber wird dieser zweite Schritt, von dem Sie sprachen, diese Reform der Reform, wirklich kommen?

Ich würde sagen, so wie die liturgische Bewegung, die zum Zweiten Vatikanischen Konzil hinführte, etwas langsam Wachsendes war – das dann sehr schnell zum Strom geworden ist –, so kommt es auch hier darauf an, daß von lebendig Glaubenden und Feiernden ein Impuls ausgeht. Daß es exemplarische Orte gibt, wo die Liturgie wirklich richtig gefeiert wird, an denen man miterleben kann, was sie ist. Wenn daraus dann eine Art Bewegung von innen her entsteht und das nicht einfach von oben übergestülpt wird, dann wird es kommen. Und ich glaube, daß hier in der neuen Generation bereits ein Aufbrechen in diese Richtung vorhanden ist.

Eine wahre, eine göttliche Liturgie, eine Liturgie für die Zukunft des gläubigen Volkes und der Kirche – wie könnte sie Ihrer Vorstellung nach aussehen?

Im Grunde so, daß wir wieder die geschenkten Formen empfangen und innerlich in sie eindringen. Wenn ich an die Zeiten der liturgischen Bewegung denke, die ich ja noch miterlebt habe, war es einfach etwas Wunderschönes, allmählich zu lernen, wie die Fastenmessen gewachsen sind, die Struktur der Fastenzeit zu verstehen, die ganze Struktur des Missale und vieles mehr. Es ging einfach darum, in diesen Reichtum des Gewordenen und Gewachsenen und damit eben auch in die sich darin schenkende Herrlichkeit von Gott her einzudringen. Ich glaube, darauf kommt es an: den Geist des Hörens wieder zu erlernen – »höre, mein Sohn«, sagt Benediktus – und uns weniger als Macher, denn als Empfangende zu verstehen.

Sollen die Messen wieder in Latein gelesen werden?

Das wird generell nicht mehr möglich sein und ist vielleicht so auch nicht zu wünschen. Mindestens, würde ich sagen, ist klar, daß der Wortgottesdienst in den Muttersprachen sein soll. Allerdings wäre ich dafür, daß eine neue Offenheit für das Lateinische entsteht.
Das Latein in der Messe erscheint uns ja inzwischen geradezu als ein Sündenfall. Damit schließt man allerdings auch Kommunikationen aus, die in Mischgebieten so notwendig sind. In Avignon zum Beispiel hat mir der Dompfarrer erzählt, daß sonntags plötzlich drei verschiedene Sprachgruppen kamen, um die Messe zu feiern. Er hat vorgeschlagen, den Kanon gemeinsam lateinisch zu beten, dann könnten alle miteinander die Messe feiern. Alle drei haben brüsk gesagt: nein, es müßte für jeden was Eigenes sein. Oder denken wir auch an touristische Orte, hier wäre doch das Sich-Wiedererkennen im Gemeinsamen etwas Schönes. Also solche Dinge sollte man schon auch gegenwärtig halten. Wenn selbst in den großen Liturgien in Rom niemand mehr das *Kyrie* oder *Sanctus* singen kann, niemand mehr weiß, was *Gloria* bedeutet, dann ist das auch ein Kulturverlust und ein Verlust an Gemeinsamkeiten. Insofern würde ich sagen, der Wortgottesdienst sollte auf jeden Fall in der Muttersprache sein, aber es sollte dennoch auch einen Grundbestand an Latein geben, der uns miteinander verbindet.

Der Schriftsteller Martin Mosebach hat einmal eine kleine Geschichte über eine heilige Messe erzählt. Sie spielt vor vielen Jahren auf der Insel Capri. Eines Tages sei hier ein englischer Pfarrer aufgetaucht, der sich noch durch seine Kleidung als Priester zu erkennen gab, was auch in Süditalien seltener geworden war. Als man hörte, der Mann in Soutane wolle allen Ernstes jeden Tag eine heilige Messe zelebrieren, bot man ihm nach einigem Zögern schließlich eine Kapelle auf einem schroff abfallenden Felsen über dem Meer an, den Monte Tiberio, auf dem einst die Villa Jovis, eine der Planetenvillen des Kaisers Tiberius, stand. Diese Kapelle wurde nur einmal im Jahr geöffnet, am 8. September, zum Fest Maria Geburt. Den Rest des Jahres liefen die Mäuse durch den verlassenen Raum und nagten sich Zugänge in die Schubladen der Sakristei.

Nun, der englische Priester, ein praktischer Mann, kein großer Theologe, machte sich auf den Weg. Er stieg den steilen Berg empor, mit dem weiten Blick über den ganzen Golf. Er hatte zunächst Mühe, das eingerostete Schloß der Kapelle aufzuschließen. Dann trat er, begleitet von einem Strahl sonnigen Lichtes, in den modrigen Raum. Die Blechtür des Tabernakels stand offen, die Kerzen waren heruntergebrannt, die Stühle umgeworfen, und die Sakristei sah aus, als sei sie fluchtartig verlassen worden. Schmutzige Blumenvasen, ein verfaultes Altartuch, ein kitschiger Kelch, von Feuchtigkeit zusammengepappte Altarwäsche, ein zerfallenes Meßbuch. Na ja, selbst das Kruzifix war verbogen.

Der Priester sah sich alles an und überlegte nicht lange. Er öffnete das Fenster, griff aus der Ecke einen Strohbesen und begann das Ganze erst mal auszufegen. Dann nahm er das Kruzifix, küßte es und stellte es auf den Sakristeischrank. Er reinigte den Kelch und stellte die Leuchter auf. Als er das

Glockenseil entdeckte, stellte er sich draußen auf eine Leiter und befestigte es an einer Glocke. Jetzt war der Bann gebrochen.
Der Priester legte eine fleckige violette Satinstola um, dann leerte er etwas Wasser, das er in einer Plastikflasche mitgebracht hatte, in einen kleinen Topf, begann zu beten, fügte Salz hinzu, machte die Segensgeste und goß das Wasser in die kleinen Marmormuscheln neben dem Eingang, so daß man glauben konnte, den Stein in einer Art Erwachen aufseufzen zu hören. So, und als nun das Glockenseil gezogen war, näherten sich von Ferne auch schon einzelne Gläubige, Frauen und Kinder, die alsbald die ganze Kapelle füllten.
Der Gottesdienst konnte beginnen. Der Priester verneigte sich vor dem Altar und begann mit folgenden Worten: Introibo ad altare dei.
Und dem aufmerksamen Beobachter schien, als sei, während der Mann in der Soutane den Ort des Opfers gereinigt hatte, als er die Kerzen anzündete, das Wasser weihte, den Staub abwischte und die Mausefallen in die Ecke warf, etwas Eigentümliches vor sich gegangen. Denn wie Abel oder Noah baute er erst einmal einen Altar, bevor er zu opfern begann. Und wie Moses steckte er den Platz für die Stiftshütte ab. Es war ein Vorbereiten und Abstecken des Heiligen Raumes.

Das ist natürlich sehr poetisch von Mosebach, insgesamt ist die Lage in Capri nicht so verzweifelt, wie man danach vermuten könnte. Aber bleiben wir bei dem, daß natürlich die äußere und innere Bereitung zusammengehören. Auch die Sendung des hl. Franziskus beginnt damit. Er vernimmt die berühmten Worte vom Kreuz her – »du sollst meine Kirche wieder aufbauen« – und bezieht sie zunächst auf diesen verfallenen Raum, die Portiuncula-Kirche, die er wieder herrich-

tet und aufbaut –, um dann zu merken, daß er mehr tun sollte, daß er die lebendige Kirche wieder aufbauen muß.
Aber diese anfängliche Handarbeit gehört eben auch dazu. Solche Sorge darum, daß der Raum immer wieder neu bereitet werden muß, die Kirche, das Heilige innen wie außen immer wieder spürbar und erkennbar werden zu lassen, ist sehr wichtig. Wir haben ja Gott sei Dank weithin in der Welt so herrliche Kirchenräume, die wir nun auch in ihrer Heiligkeit wieder neu lieben lernen sollten. Die Flamme vor dem Allerheiligsten läßt uns spüren, daß da immer eine stille Gegenwart da ist. Wenn heute häufig Kirchen wie ein Konzertsaal sind, wo man sozusagen nur die Schönheit des Vergangenen als Kulisse für das Eigene ansieht, entsteht in der Tat ein innerer Verlust an Sinn für das Heilige. Dieses wieder neu zu empfangen und äußere und innere Raumbereitung zu machen, ist eine Bedingung dafür, in die Feier so hineinzukommen, daß wir darin dem Heiligen tatsächlich begegnen.

Von Schuld und Sühne

Das Sakrament der Buße: Die einen sagen, es setze den Menschen in eine unmögliche Situation und bewirke im Grunde nur Angst und Schuldgefühle. Die anderen behaupten, wenn es die Beichte nicht schon gäbe, müßte sie heutzutage geradezu erfunden werden.

Die Beichte hat zweifellos in ihrer Geschichte größere Wandlungen des äußeren Erscheinungsbildes mitgemacht als jedes andere Sakrament. Gerade deshalb, weil sie so persönlich ist,

mußte sie in den wechselnden Konstellationen der menschlichen Individualität und der Kulturen des Sichöffnens und des Sichverschließens auch verschiedene Formen annehmen. Nach dem Zweiten Vatikanum hat man versucht, solche neuen Möglichkeiten zu schaffen, wovon ich eine davon sehr gut finde, nämlich die gemeinsame Gewissenserforschung, die eine Hilfe für das individuelle Bekenntnis sein kann.
Die zweite Form war die Schaffung von Beichtzimmern, wo dann Beichte gesprächsweise erfolgen kann. Auch das kann eine große Hilfe sein, den Menschen aufzuschließen, die Schwellen zu überwinden, die für einen jeden vor dem Bekenntnis liegen. Es kann natürlich auch dazu führen, daß Beichte zerredet und psychologisiert wird und sich in ihrer eigentlichen Größe auflöst. Sehr ausgebreitet hat sich die Kollektivabsolution, die aber keine eigene Form der Beichte sein kann – deren Wesen ja gerade die Verpersönlichung ist –, und die nur in ganz außergewöhnlichen Situationen sinnvoll ist und stattfinden kann.

Ein Kardinal-Ratzinger-Zitat: »*Die Unfähigkeit, Schuld zu erkennen, ist die gefährlichste Form seelischer Abstumpfung, die sich denken läßt, weil erst sie den Menschen unfähig macht, sich zu bessern.*«

Man spricht ja davon, das Christentum habe den Menschen mit Schuldgefühlen belastet und ihn damit unter Druck halten wollen. Natürlich, auch solche Mißbräuche des Schuldgefühls kann es geben. Aber schlimmer ist das Erlöschen der Fähigkeit, Schuld wahrzunehmen, weil der Mensch dann innerlich verhärtet und erkrankt. Denken wir noch einen Schritt weiter an die Steigerungsform in der Unfähigkeit der Wahrnehmung von Schuld. Das war das, was in der Nazi-

Erziehung gemeint war. Man glaubte, nun auch morden zu können, wie Himmler sich ausdrückte, und dabei dennoch anständig zu bleiben – und hat damit das menschliche Gewissen förmlich zertrampelt und den Menschen entstellt. Die Fähigkeit, Schuld wahrzunehmen, ist dann erträglich und entfaltet sich, wenn es auch die Heilung gibt. Die Heilung wiederum gibt es eben nur dann, wenn es Lossprechung gibt. Psychotherapie kann zwar vieles tun, um Fehlschaltungen im seelischen Aufbau zu erkennen und zu bereinigen, aber sie kann nicht Schuld überwinden. Da überschreitet sie ihre Grenzen, und deswegen scheitert sie auch so oft. Schuld wirklich überwinden kann nur das Sakrament, die Vollmacht von Gott her.

Wir müssen allerdings zugeben, daß es in unserer individualistischen Zeit dem Menschen ungeheuer schwergeworden ist, über die Schwelle des persönlichen Bekennens zu gehen. Aber wo der Geist des Glaubens uns führt, kann es auch wieder neu gelernt werden. Vor allen Dingen deshalb, weil es eben nicht Schuldbekenntnis vor den Menschen, sondern vor Gott ist und mit dem Wort der Vergebung endet – und vielleicht auch mit Weisungen, die uns helfen, Schuld dann auch in ihren Folgen zu überwinden.

Wir mußten früher als Kinder klassenweise vor dem Beichtstuhl antreten. »In Demut und Reue bekenne ich meine Sünden«, so ging das dann los. Es war nie ganz einfach, aber es wirkte dann tatsächlich auch wie eine Art Waschmaschine, man fühlte sich hinterher irgendwie gereinigt. Ich habe gesehen, daß die Kirche auch heute noch im »Gotteslob« zur Vorbereitung der Beichte einen sogenannten »Gewissensspiegel« anbietet, also eine Art Checkliste. Ich zitiere einige Fragen daraus: »Suche ich Gottes Nähe? – Zeige ich meinen Eltern gegenüber Dankbarkeit und Liebe? – Neige ich zu übler Nachrede und beleidigenden Äußerungen?« Oder auch: »Wälze ich meine Arbeit auf andere ab? – Achte ich die persönliche Eigenart des anderen? – Versuche ich, die Kinder gut zu erziehen? – Bin ich faul? Oder geizig? Oder verschwenderisch? Genußsüchtig? – Habe ich die Ehe gebrochen? – Habe ich gelogen? – Will ich mehr scheinen als ich bin?« Man sieht, der Kirche ist nichts Menschliches fremd.

Ich glaube, die Hilfe, das Gewissen zum Sprechen zu bringen, ist sehr wichtig. Wir sind in dieser Hinsicht an sich schon von der Erbsünde her stumpf und wollen es mit dem Schleier des Vergessens verdecken, wenn ich mit dem Nächsten in einer Weise umgehe, die ungehörig ist. Wir wollen etwa die Lüge leicht hinunterschlucken und so fort. Dieses Abstumpfen des Gewissens ist unsere große Gefahr. Es erniedrigt den Menschen. Deswegen ist die Erziehung, das Gewissen zu hören, sehr wesentlich. Es ist deshalb Aufgabe der Kirche, in jeder Zeit die ihr besonders eigenen Sünden zu erkennen und damit zu helfen, daß eine Gesellschaft in diesen wesentlichen Bereichen der Existenz nicht abstumpft und verfällt.

Zwischenfrage: Sind Notlügen zugelassen, etwa wenn man sich am Telefon verleugnen lassen will?

Das sind so ganz praktische Sachen, wo sich auch die Moralisten spalten. Es gibt die eine große Schule, für die auch Kant steht, daß die Wahrheit ihre Würde in sich hat und daher gegen sie zu verstoßen nie angebracht ist. Daß man sich mal am Telefon verleugnen lassen will, ist etwas Verständliches. Man sollte da allerdings sehr wachsam gegen sich selber sein, denn wenn man diese kleine Tür auftut, rutscht man sehr schnell weiter fort. Ich würde jetzt aber so einen Versuch, sich selber zu schützen – weil ich ihn auch gebrauche –, nicht gleich verdammen wollen.

Eine Ausformung des Bußsakraments ist der sogenannte »Ablaß«. Die ersten Ablässe haben die Päpste für die Teilnahme an den Kreuzzügen verliehen, und die Auswüchse der Ablaßpraxis gaben schließlich den äußeren Anlaß zum Aufschrei Luthers und somit zu Reformation und Spaltung. Ich denke, daß heute nur noch sehr wenige Menschen etwas mit dieser Lehre anfangen können.

Das ist ein schwieriges Kapitel der Kirchengeschichte. Der Papst hat in der Bulle des heiligen Jahres 2000 versucht, eine neue Deutung zu geben. Es gibt ja da die alte Unterscheidung von Sünden und Sündenstrafen. Die Sünden werden danach durch die Absolution erlassen, die Sündenstrafen aber bleiben. Das kommt uns sehr mechanisch vor. Der Papst deutet es nun neu, indem er sagt, auch wenn Schuld überwunden ist, bleibt ja zurück, was ich damit angestellt habe, nämlich eine Verletzung, die im Nächsten noch immer da ist, ein Schaden jedenfalls, die Auswirkungen dessen, was ich gesagt oder getan habe. Und in mir selber bleibt sozusagen ein Rückstoß, eine Verbiegung meines eigenen Seins vorhanden.
Es geht also darum, die existentiellen Folgen von Sünde aufzuarbeiten. Diese Aufarbeitung wiederum kann nur gemeinschaftlich geschehen, weil die Sünde immer über mein Ich hinausreicht. Ablaß bedeutet dann, daß wir in die Hilfe der Gemeinschaft der Heiligen hineintreten, in der es den Austausch der geistlichen Güter gibt, in der wir das Unsrige schenken und von den anderen das Ihrige empfangen. In diesem Sinne kann der Ablaß als ein Bereinigen der existentiellen

Rückstände, als ein gemeinsames Sichtragen und Tragenlassen, weiterhin eine durchaus sinnvolle Figur sein.

Von der Ehe

Massenweise überlegen heute junge Menschen, ob sie wirklich eine Ehe eingehen oder in einer eher losen Bindung zusammensein sollten. Staatlicherseits gibt es Bestrebungen, uneheliche Verbindungen und homosexuelle Partnerschaften der Ehe gleichzustellen. Die Frage stellt sich: Warum sollte die Ehe die einzige akzeptable Form des Zusammenlebens sein?

Es geht zum einen darum, daß nur ein wirklich fester Raum der Treue der Würde dieses menschlichen Miteinanders gemäß ist. Und nicht nur was die Verantwortung gegenüber dem anderen betrifft, sondern auch gegenüber der Zukunft der Kinder, die daraus entstehen. Insofern ist die Ehe nie bloß eine private Sache, sondern hat einen öffentlichen, sozialen Charakter. Von ihr hängt die Grundform ab, wie sich eine Gesellschaft gestaltet.

Man sieht das letztlich nun auch daran, wenn inzwischen auch nichteheliche Lebensgemeinschaften gewisse Rechtsformen erhalten. Sie sollen zwar Minderformen von Bindung sein, aber auch diese kommen ohne die öffentliche Verantwortung, ohne die Einbindung in das Gemeinsame der Gesellschaft nicht aus. Und alleine schon daran zeigt sich die Unvermeidbarkeit einer rechtlich und damit auch sozial öffentlich geregelten Form, auch wenn man nun Minderstufen glaubt einführen zu müssen.

Zweiter Aspekt, der zu beachten ist: Wo zwei Menschen sich einander geben und miteinander Kindern das Leben schenken, ist auch das Heilige, das Mysterium des Menschseins berührt, das über mein bloßes Selbstverfügen hinausreicht. Ich gehöre einfach nicht nur mir selber. In jedem Menschen ist ein göttliches Geheimnis da. Deswegen ist das Miteinander von Mann und Frau auch ins Religiöse, ins Heilige, in die Verantwortung vor Gott hineingehalten. Es bedarf der Verantwortung vor Gott – und erhält eben im Sakrament diese seine eigentliche und tiefe Verwurzelung und Begründung.

Alle anderen Formen sind deshalb Ausweichformen, die sich letztlich sowohl der Verantwortung voreinander, wie auch vor dem Geheimnis des Menschseins irgendwo entziehen wollen – und die damit zugleich auch in die Gesellschaft eine Labilität hereintragen, die Wirkungen haben wird.

Etwas ganz anderes ist die Frage der homosexuellen Partnerschaft. Ich denke, wenn es gar nicht mehr zählt, daß in einer Ehe, in einer Familie Mann und Frau sind, sondern wenn die Gleichgeschlechtlichkeit dieser Beziehung gleichgestellt wird, dann wird auch der Grundtypus der Bauform des Menschseins verletzt. Eine Gesellschaft wird in dieser Weise auf Dauer vor große Probleme geraten. Wenn wir auf das Wort Gottes hören, sollten wir uns vor allen Dingen diese Erleuchtung schenken lassen, daß das Miteinander von Mann und Frau und Kindern etwas Heiliges ist. Und eine rechte Form der Gesellschaft gelingt dann, wenn sie die Familie und damit die von Gott gesegnete Form der Verbindung als die rechte Form der Ordnung der Geschlechtlichkeit ansieht.

Die Formel für die Ehe lautet so: »Ich nehme dich an als meine Frau/meinen Mann und verspreche dir Treue in guten und bösen Tagen, in Gesundheit und Krankheit. Ich will dich lieben, achten und ehren, so lange ich lebe.« Das klingt sehr gut, aber warum sollte eine Ehe auf Lebenszeit angelegt sein, »bis daß der Tod sie scheidet«?

Weil das in der Endgültigkeit der menschlichen Liebe und in der Endgültigkeit der Verantwortung liegt, die damit eingegangen wird. Wir sollten nicht versuchen, es bis zum letzten i-Tüpfelchen rational zu beweisen. Es kommt damit auch die große Weisheit der Überlieferung auf uns zu, die schließlich von dem Gotteswort selbst gedeckt ist. Erst das entspricht ganz der Menschenwürde, wenn ich mich ganz gebe und nicht einen Teil mir vorbehalte und sozusagen auf Revision, auf Kündigung aus bin. Das Menschenleben ist kein Experiment. Es ist kein Mietvertrag, sondern ist Übergabe des Ich an das Du. Und die Übergabe des Menschen an den Menschen kann nur in der Form einer Liebe, die ganz ist und nicht Reservierungen macht, dem Wesen des Menschen angemessen sein.

Von Sexualität haben wir schon mehrfach gesprochen, offenbar vermutet die Kirche in ihr ein großes Geheimnis. Anders ist es nicht vorstellbar, warum sie in diesen Dingen, auch innerhalb einer Ehe, so rigorose Vorstellungen hat. Ist es ein anderes Verständnis im Umgang mit dem Leben, mit Menschen, der die Kirche Empfängnisverhütung verbieten läßt?

In der Tat, die Kirche sieht in der Sexualität eine zentrale Realität der Schöpfung. Der Mensch ist hierin in seine äußerste Nähe zum Schöpfer geführt, in seine höchste Verantwortung. Er ist damit an den Quellen des Lebens selber verantwortlich beteiligt. Jeder einzelne Mensch ist ein Geschöpf Gottes – und er ist zugleich doch ein Kind seiner Eltern. Aus diesem Grund gibt es gewissermaßen ein Ineinandertreten des göttlichen Schöpfertums und der menschlichen Fruchtbarkeit. Sexualität ist etwas Gewaltiges, das sieht man gerade auch daran, weil hier die Verantwortung für einen neuen Menschen mit im Spiel ist, der uns gehört und doch nicht gehört, der von uns kommt und doch nicht von uns kommt. Von da aus, denke ich, versteht sich, daß es etwas zugleich Sakrales ist, das Leben geben zu dürfen und dafür Verantwortung über den biologischen Ursprung hinauszutragen. Aus diesen vielfältigen Gründen mußte die Kirche das, was hier angelegt und uns in den Zehn Geboten fundamental gesagt ist, eben auch entfalten. Sie muß es immer wieder als Verantwortung ins menschliche Leben hineintragen.

Kann man ein guter Christ sein, auch wenn man in Fragen der Sexualmoral gegen die Vorstellungen der Kirche verstößt?

Daß man hinter dem Großen, das die Kirche in der Auslegung von Gottes Wort dem Menschen zutraut, immer wieder zurückbleibt, ist die andere Seite. Wenn man allerdings auf dem Weg bleiben will, wenn man die Grundanerkennung dieser Sakralität des Mitschöpfens mit Christus behält, dann fällt man auch bei einem Versagen nicht aus dem Katholisch-Sein heraus. Dann bleibt man gerade in dem Suchen, wenn man das so sagen will, ein »guter Katholik«.

Die italienischen Bischöfe haben mehr Mut zum Zeugen von Nachwuchs gefordert. Denn eine Gesellschaft, die vor der Kinderzeugung zurückschrecke, werde »weniger menschlich«, hieß es in einem Aufruf.

Wo die Liebe zu den Kindern erlischt, geht wirklich sehr viel verloren. Die Italiener waren ja früher für ihre Familien- und Kinderliebe berühmt. Heute sind Zonen Italiens diejenigen mit der geringsten Zeugungsrate weltweit. Hier hat sich durch den neu entstandenen Reichtum Grundlegendes verändert. Es ist in der Tat eine große Versuchung der westlichen Gesellschaften, daß man Kinder als Konkurrenten ansieht, die uns etwas von unserem Lebensraum, von unserer Zukunft wegnehmen. So wie man Kinder dann allenfalls als Besitz und als Selbstdarstellung betrachtet. Man ist letztlich nicht bereit, sie in ihrem eigenen Anspruch anzunehmen, mit all dem, was man dann an Zeit und an Ganzheit seines eigenen Lebens für sie geben müßte.

Mir hat einmal ein italienischer Bischof gesagt, die Armen investieren in Leben, in Kindern wollen sie ihre Zukunft sehen; die Reichen investieren in Sachen. Ich will die Bedeutung des Wortes nicht übertreiben, aber daß bei uns die Investition in die Sache, in die Selbstversicherung durch die Sachwerte, die die Multiplizierung unseres eigenen Ichs sind, stärker ist, als die Bereitschaft, dienend für anderes Leben da zu sein, das ist offenkundig. Auch wenn wir die Problematik des Bevölkerungswachstums voll respektieren, müssen wir andererseits auch die Problematik einer vergreisenden Gesellschaft erkennen, die sich selber die Zukunft nimmt.

Stichwort Bevölkerungswachstum. Der Kirche wird vorgehalten, mit ihrer rigorosen Politik des Verbotes von Verhütungsmitteln in Teilen der Dritten Welt große Probleme bis hin zu echtem Elend zu provozieren.

Das ist natürlich völliger Unsinn. Das Elend wird produziert durch den Zusammenbruch der Moral, die vorher in den

Stammesordnungen und in der Gemeinschaft der glaubenden Christen dem Leben seine Ordnung gegeben und damit das große Elend ausgeschlossen hatte, das wir heute erleben. Die Stimme der Kirche auf das Verbot von Verhütungsmitteln zu reduzieren, ist grober Unfug, der auf einem völlig verdrehten Weltbild beruht, wie ich gleich zeigen werde.

Die Kirche lehrt doch vor allem die Heiligkeit der Ehe und die Treue in der Ehe. Das ist ihre wahre Stimme. Und wo dieser Stimme gehorcht wird, da haben die Kinder einen Ort des Lebens, an dem sie Liebe und Verzicht, Disziplin des rechten Lebens mitten in aller Armut erlernen. Wo die Familie als Raum der Treue funktioniert, da ist auch die gegenseitige Geduld und Rücksicht da, die die Voraussetzung für eine wirksame Anwendung natürlicher Familienplanung darstellt. Das Elend kommt nicht von den großen Familien, sondern von der verantwortungslosen und zuchtlosen Zeugung von Kindern, die keine Väter kennen und oft auch keine Mütter und als Straßenkinder das eigentliche Elend einer seelisch zerstörten Welt durchleiden müssen. Im übrigen wissen wir doch alle, daß heute in Afrika durch die rasante Ausbreitung von Aids längst die umgekehrte Gefahr entsteht: Nicht die der Bevölkerungsexplosion, sondern des Auslöschens von ganzen Stämmen und die Verödung von Landschaften.

Wenn ich im übrigen daran denke, daß man in Europa den Bauern Prämien zahlt für das Töten ihrer Tiere, für das Vernichten von Getreide, Trauben, Früchten aller Art, weil man angeblich der Überproduktion nicht mehr Herr wird, dann finde ich, daß diese gelehrten Manager sich statt der Vernichtung der Gaben der Schöpfung doch lieber überlegen sollten, wie man sie allen zugute kommen lassen kann.

Das Elend wird nicht von denen produziert, die die Menschen zur Treue und Liebe, zur Achtung vor dem Leben und zum Verzicht erziehen, sondern von denen, die uns die Moral ausreden und auch den Menschen nur noch mechanisch sehen: Das Kondom erscheint wirksamer als die Moral, aber wenn man glaubt, die moralische Würde des Menschen durch Kondome ersetzen zu können, um seine Freiheit ungefährlich zu machen, dann hat man den Menschen von Grund auf entwürdigt und produziert genau das, was man zu verhindern vorgibt: eine egoistische Gesellschaft, in der jeder sich ausleben darf und keine Verantwortung übernimmt. Das Elend kommt durch die Demoralisierung der Gesellschaft, nicht durch ihre Moralisierung – und die Kondom-Propaganda ist ein wesentlicher Teil dieser Demoralisierung, Ausdruck einer menschenverachtenden Orientierung, die dem Menschen ohnedies nichts Gutes zutraut.

Von den Priestern

Alle Weltreligionen kennen besonders ausgezeichnete Menschen, die in einer Gesellschaft für die Riten und Gesetze des Glaubens verantwortlich sind. Was unterscheidet einen katholischen Priester von diesen anderen?

Nun zunächst, daß der katholische Priester in dem besonderen Auftrag Jesu Christi in der Maßform der Apostel steht. Er ist also nicht die allgemeine religionsgeschichtliche Figur von Priestertum. Das besondere Maß dieses Standes, wenn wir ihn so nennen dürfen, kommt aus der Figur des Apostels, wie sie Christus geschaffen hat. Ihm ist von Christus aufgetragen, sein Wort zu verkündigen, ihn selber zu verkündigen, die

Verheißung zu verkündigen, die er uns gegeben hat. Und im Rahmen dieser Verkündigung – die immer auch eine Aufgabe der Liebe, des Aufbauens des Leibes Christi, des Dienens für die Armen ist – steht zentral die Verkündigung seines Todes, die wir Eucharistie nennen, und die Sakrament ist.

Wenn ihre Berufung durch Christus selbst erfolgt ist, warum gibt es dann schlechte Priester? Warum gibt es sogar schlechte Bischöfe? Bei manchen der Auserwählten scheint sich der Herr offensichtlich getäuscht zu haben.

Es kann sicher vorkommen, daß man sich gleichsam hineinschleicht, ohne wirklich Berufung empfangen zu haben. Es kann aber auch eine »verratene Berufung«, das heißt eine nicht wirklich gelebte Berufung geben. Es ist ja das Eigentümliche – wir besprachen es schon –, daß sich Gott so zerbrechlichen Gefäßen anvertraut. Daß er mit der Kirche ein erschreckendes Risiko eingegangen ist. Er hat sich in Hände gegeben, die ihn immer wieder verraten. Und er hat uns die Möglichkeit gelassen, zu fallen und zu verfallen, so daß er dann gerade durch die unfähigen Werkzeuge hindurch dennoch immer wieder selber die Kirche erhalten muß. Es ist einerseits der Trost, daß der Herr dann stärker ist als die Sünden der Menschen, aber andererseits auch die große Herausforderung an alle, die sich der Berufung zuwenden und sie glauben empfangen zu haben, sie wirklich auch in der Gemeinschaft mit Christus zur Reife wachsen zu lassen.

Jesus Christus hat seinen Aposteln befohlen: »Gehet hin in alle Welt und predigt das Evangelium allen Geschöpfen.« Und so wie die Apostel das Predigtamt als eine ihrer Hauptaufgaben betrachteten, sammelten auch große Männer der

Orden – die Dominikaner galten gar als »Predigerbrüder« – immer wieder gewaltige Volksmassen um sich. Savonarola erschütterte mit seinen Bußpredigten ganz Florenz. Und von Augustinus heißt es, seine Predigten seien immer kürzer geworden; jeder Satz war Kern und Kraft, jedes Wort hatte Wert und Weihe. »Darum ruhte er nicht«, schrieb einer seiner Biographen, »bis lauter Beifall oder Tränen in aller Augen ihn glauben ließen, in der Seele der Zuhörer sei nunmehr der letzte Widerstand gegen Wahrheit und Gnaden niedergebrochen.«

Predigen zu können ist auch eine Gabe, eine Gnade, und der hl. Augustinus hatte immer auch viel Respekt vor den einfachen Pfarrern, die ein Buch brauchten, um sich eine Predigt zurechtzudenken. Er hat gesagt: wichtig ist nicht die Originalität, sondern der demütige Dienst. Wenn das Buch eines anderen hilft, den Menschen das Wort zu verkündigen, dann ist es gut so. Wir werden dankbar sein, wenn Gott große Prediger erweckt, sollten aber auch die Demut des Zuhörens zu kleineren Predigern lernen.

Mir hat neulich ein Pfarrer aus einer deutschen Großstadt erzählt, er sei ausgerechnet durch einen Priester zum geistlichen Beruf gekommen, dem eigentlich alle äußeren Begabungen fehlten. Er sei ein miserabler Prediger, ein miserabler Sänger und so weiter gewesen, und doch ist unter ihm die Pfarrei richtiggehend aufgeblüht. Aus dieser Großstadtpfarrei sind schließlich vier oder fünf Priesterberufungen erwacht, was weder unter dem Vorgänger, noch unter dem Nachfolger, die viel tüchtiger waren, gelungen ist. Man kann darin sehen, daß das demütige Zeugnis eines rednerisch Unbegabten selbst eine Predigt werden kann und wir Gott für die unterschiedlichen Gaben danken sollten.

Vom Sterben

Am Ende eines Lebens sorgt Mutter Kirche für einen guten Ausgang aus dieser Welt. Sie spendet ihren Kindern die heiligen Sterbesakramente. Früher nannte man sie »die Letzte Ölung« ...

... und wenn man jemanden fragte, ob er sie empfangen will, hat er wohl eher abgewehrt, weil er sich nicht schon als Todeskandidat verstehen wollte.
Der Begriff »Letzte Ölung«, der sozusagen zu einem Schrekkenswort für Kranke geworden war, ist seit langer Zeit bewußt und rechtens durch »Krankensalbung« ersetzt, so daß für einen Patienten das Herbeikommen des Priesters mit diesem Sakrament nicht mehr die Ankündigung ist, er sei jetzt endgültig dem Tod ausgeliefert.
In der Tat soll die Krankensalbung in einem seelischen Prozeß helfen, der unter Umständen auch ein Heilungsprozeß werden kann. Sie ist der sakramentale Beistand der Kirche in der Situation der Krankheit. Es geht dabei weniger um den Augenblick des Todes. Hier ist die eigentliche Wegzehrung die Eucharistie. Und die Kirche hält in den Sterbegebeten, im Sterbesegen und in der nochmaligen Absolution spezifische Tröstungen bereit. Es sind Stärkungen für diesen schweren Übergang, über diese unheimliche Schwelle in ein Dunkel hinein, das ohne Licht zu sein scheint.
Die Krankensalbung ist eher eine Hilfe, Leiden anzunehmen. Sie soll mir durch das Hineinheben des Schmerzes und des Leidens in die sakramentale Gemeinschaft mit Christus hinhelfen. Es geht dabei nicht notwendig um körperliche Heilung. Denn die Krankheit kann mich ja auch seelisch heilen,

ja mir sogar seelisch notwendig sein. Christus kann, indem er mich leiden lehrt und mit mir leidet, der wirkliche Arzt meiner selbst werden, der die tiefere Krankheit meiner Seele überwindet.

Man sagt, Menschen neigten in der Sterbestunde zu einem radikalen Sinneswandel. Die härtesten Atheisten wurden quasi in letzter Minute noch lammfromm. »Die meisten«, so fand zum Beispiel die Sterbeforscherin Elisabeth Kübler-Ross durch ihre Untersuchungen über Nah-Tod-Erlebnisse heraus, »verändern sich grundsätzlich. Sie wechseln alle ihre Werte. Ihre Werte sind nicht mehr so materiell, nicht mehr so streitsüchtig. Man wird viel spiritueller.« Heißt das, wenn es quasi »ans Eingemachte« geht, kann der Mensch plötzlich klar erkennen, was wirklich zählt im Leben?

Jedenfalls kann ihm eine solche Grenzsituation helfen, zu sehen, daß das, was er materiell angehäuft hat, oder was er an Auszeichnungen, Ehrungen und Einfluß hatte, doch nicht das Letzte und Eigentliche ist. Es kann zu einer Revision der Werte helfen – muß aber nicht. Es gibt auch Abstumpfungen und Verhärtungen der Seele, die den Blick nicht mehr freibekommt. Eigentlich kann in solchen Grenzsituationen nur das, was irgendwie noch in einem drinnensteckt, zum Vorschein und zum Durchbruch kommen. Insofern sollte man nicht so einfach auf die letzte Stunde setzen, sondern gleichsam den Vorrat des Guten in sich nicht ganz ausgehen lassen, damit das Öl im Krug, um an das Gleichnis des Herrn zu erinnern, auch dann noch da ist, wenn der Bräutigam anklopft.

Es gibt eine alte katholische Weisheit: Wie der Sonntag eines Menschen, so auch sein Sterbetag.

Das berührt genau dasselbe. Wenn Gott mit dem Sonntag total aus dem Leben verschwunden war, fehlen die Reserven, um diesen letzten Umbruch noch zustande zu bringen. Auch wenn Gottes Gnade unerschöpflich ist – diese stillen Reserven in der Seele nicht ausgehen zu lassen, damit ich in der Stunde, in der ich sie brauche, nicht ganz leer dastehe, das sollte schon eine Warnung sein.

Nach dem Glauben der Kirche sollte man sich eigentlich auf den Tod freuen: »Leben ist Sterben, Sterben ist Leben.« Es erwartet uns nun immerhin das ewige Leben.

Ja. Aber nun sind die menschlichen Temperamente verschieden. Als Augustinus auf dem Sterbebett lag, sind ihm all seine Sünden wieder sehr deutlich vor die Seele getreten. Augustinus ließ sich deshalb die Bußpsalmen an die Wand anschlagen, um sie ständig in sich aufzunehmen. Er hat sich sogar für einige Zeit selber von der Kommunion ausgeschlossen und sich sozusagen in den Büßerstand begeben. Er dachte dabei an seinen geistlichen Vater Ambrosius, der mit einer großen inneren Gelassenheit gestorben war, und hat gesagt: ihm, der diese Größe hatte, war das geschenkt; ich bin ein anderer, mir ist es nicht geschenkt, ich brauche das demütige Büßen, in der Hoffnung, daß der Herr mich dann doch annehmen wird.
Aber ich würde schon sagen, daß es auch eine Aufgabe der christlichen Erziehung und der Predigt ist, den Menschen die Zuversicht zu geben, daß wir mit dem Tod auf das eigentliche Leben zugehen. Damit kann sie auch helfen, die Angst vor dem Unbekannten, oder wenigstens die rein physisch ausbrechende Angst, zu überwinden und die Gelassenheit des Sterbens zu schenken.

Wie ist es bei Ihnen selbst? Haben Sie Angst vor dem Sterben?

Na ja, da ich eben auch um all mein Ungenügen weiß, steht mir der Gedanke des Gerichtes durchaus vor Augen. Aber eben doch auch die Hoffnung, daß Gott dann größer ist als mein Versagen.

Beschäftigen Sie sich damit?

Schon, denn je älter man wird, desto näher rückt das heran.

Darf man den toten Körper verbrennen lassen, oder ist das ein rein heidnischer Ritus?

Schon die Juden haben im Gegensatz zu anderen Kulturen des Mittelmeerraumes die Verbrennung nicht gekannt. Ihnen galt das Begräbnis des Leibes sozusagen als Samenkorn der Auferstehung. Das ist auch christlicher Gebrauch geworden. Im Begräbnis lag und liegt auch ein stilles Auferstehungs-, ein Hoffnungsbekenntnis. Noch bis zum Zweiten Vatikanischen Konzil waren Verbrennungen mit Sanktionen belegt. Angesichts aller Umstände der modernen Welt hat die Kirche dies aufgegeben. Der Auferstehungsglaube muß nicht in dieser Weise bekannt werden, weil Gott uns den neuen Leib ohnedies neu geben muß, so daß Verbrennung inzwischen zulässig ist. Ich muß sagen, ich bin altmodisch genug, um das Begräbnis immer noch als den eigentlichen christlichen Ausdruck der Ehrfurcht vor dem Toten, vor dem menschlichen Leib, und der Hoffnung, daß ihm Zukunft geschenkt ist, anzusehen.

Sie sagten, Gott gibt uns im Jenseits einen neuen Leib – heißt das, keiner wird dann so sein, wie er war?

Die Auferstehung am Jüngsten Tag ist in einer Hinsicht eine Neuschöpfung, aber sie wahrt doch die Identität des Menschen aus Leib und Seele. Der hl. Thomas sagt dazu, daß die Seele die Formkraft des Leibes ist – sie ist es, die sich den Leib schafft. Identität bedeutet also, daß sich die Seele, der durch die Ruferweckung ihre Formkraft neu geschenkt wird, auch einen von innen her identischen Leib aufbaut. Wie nun aber Auferstehungsleiblichkeit und -materialität genau aussehen könnten, darüber zu spekulieren, scheint mir, wäre allerdings nutzlos.

Ganz konkret: Mein Bruder ist im Alter von nur 14 Jahren gestorben. Wo ist er jetzt?

Er ist bei Gott. Ich denke, hier müssen wir unsere rein materiellen Lokalisierungskategorien aufgeben. So wie wir Gott nicht in einer bestimmten Wolkenhöhe ansiedeln können, so ist auch der Tote in einem anderen Verhältnis zur Materialität. Das Verhältnis Gottes zum materiellen Raum ist eben ein Verhältnis des Durchherrschens. Wir sprachen schon von Stufen der Nähe Gottes, die nicht durch räumliche Orte bedingt sind, und wir sagten ebenfalls, daß auch die Seele, das geistige Prinzip im Menschen, nicht wie ein bestimmtes Organ an irgendeinem Punkt sitzt, sondern wiederum eine Form des Bestimmens des Ganzen darstellt. So ähnlich ist auch der Tote an der anderen Raumbeziehung Gottes beteiligt, die ich nicht nach geographischen Kategorien festlegen kann.
Manche haben sogar gesagt, die Toten halten sich in der Nähe des Grabes auf, was ich für ein bißchen schrecklich ansehen würde. Nein, sie sind aus dieser Form von materieller Räumlichkeit heraus- und in eine andere Raumbeziehung eingetreten, die von der Raumüberlegenheit Gottes her mit-

getragen ist. Man kann manchmal erleben, daß Menschen sich in Gedanken über einen Ozean hinüber innerlich berühren können. So können wir etwas von dieser Raumüberlegenheit, von dieser anderen Stufe der Räumlichkeit, nämlich der seelischen Nähe spüren. Jedenfalls sollten wir uns von der Vorstellung freimachen, der Verstorbene müßte an einem geographischen Punkt fixierbar sein. Wir sollten uns statt dessen lieber sagen lassen: Er ist bei Gott – womit er in einer neuen Weise in der Wirklichkeit des Alls und so auch mir nahe ist.

Wir Menschen sind neugierig, ein bißchen möchten wir doch schon wissen, wie es im Paradies aussieht. Geben uns die Schriften darüber Auskunft, was uns erwartet?

Auch die Schriften können nur in Bildern darüber sprechen. Sie versuchen es ja zum Beispiel mit dem Bild der himmlischen Liturgie anzudeuten. Der neue Raum ist danach diese Ekstase der eigentlichen Liturgie, und auch Singen und Fliegen erscheinen als Bilder.
Das kann aber auch alles sehr mißverstanden werden. Wir kennen ja die Geschichte von dem Bayern, der ins Paradies kommt und dann das ewige Halleluja-Singen nicht mehr aushält. Mir scheint wichtig, daß in diesem anderen Zustand nicht nur die Raumform verändert ist, sondern auch die Zeitlichkeit. Wenn wir uns das Paradies als eine unermeßlich lange Zeit denken, drängt sich die Vorstellung auf, daß das irgendwann zu lange wird. Aber das Herausgenommensein aus unserer gewöhnlichen Verlaufszeit, aus Stunde um Stunde, Tag um Tag, die wiederum an die Gestirnumdrehungen gebunden sind, in eine neue Weise des personalen Mitseins, heißt auch, daß diese Art von ewigem Nacheinander er-

lischt – und daß es ein einziger großer Augenblick der Freude ist. Wir sollten uns von daher Ewigkeit eher in der Kategorie des erfüllten Augenblicks vorstellen, der jenseits aller Zeit ist.

Kann es sein, daß Sie Organspender sind?

Ja, wenn ich auch annehme, daß meine alten Organe nicht mehr sehr gebraucht werden.

Eine aufregende Vorstellung: Ein muslimischer Afrikaner in Paris mit dem Herzen von Kardinal Ratzinger ...

... Könnte schon sein.

Die Sterbeforscherin Elisabeth Kübler-Ross hatte eine eindeutige Meinung zu der Frage, ob man das Leben künstlich verlängern solle. Sie sagte: »Hundertprozentig nein. Man soll das Leben nicht verkürzen und nicht verlängern. Es gibt einen richtigen Moment für jede Person, wann es Zeit ist zum Sterben.« Das habe auch mit gewissen unerledigten Geschäften zu tun. Und es komme dabei ja auch weniger auf den Menschen an, denn da sei schließlich »noch ein größerer Chef, der etwas zu sagen hat«.

Nun gut, es gibt Formen oder Versuche der Verlängerung, die auch ich als gewalttätig ansehe und denen ich mich widersetzen würde. Aber Heilungen an sich sind natürlich immer auch Lebensverlängerungen. Heute werden Krankheiten behandelt, die man früher nicht heilen konnte. Und wenn die ärztliche Kunst wächst, dann würde ich das nicht als eine künstliche Lebensverlängerung ansehen.
Die Frage ist also, inwieweit gehören Organspenden zu jenen

Heilungsmöglichkeiten, die wir als normale und sinnvolle Ausweitungen des ärztlichen Könnens, des Heilendürfens ansehen. Ich denke, daß in der Transplantation von zweipaarigen Organen, also Nieren oder auch Augen, kein so großes Problem zu sehen ist, obwohl das schon ein sehr großes Opfer für den anderen bedeutet. Schwieriger ist es bei solchen Organen wie dem Herz, die man erst einem klinisch Toten entnehmen darf, aber so früh entnehmen muß, daß sie als Organe noch »lebendig« sind. Die Frage, wann ist jemand tot – das Organ selbst muß ja andererseits noch lebendig sein –, ist bereits eine Grenzfrage, über die mit großer Verantwortung gestritten werden muß. Das Gehirntod-Kriterium ist sehr sorgfältig bearbeitet worden, muß aber doch, denke ich, immer wieder kritisch überprüft werden. Vor allen Dingen gibt es sicher die Versuchung, es vorzeitig anzuwenden. Insofern ist die Herztransplantation in der Tat ein Grenzfall des Heilens. Sie vollkommen auszuschließen würde ich trotzdem nicht wagen. Ich denke, daß es auch legitime Formen gibt, wo sie noch in den Bereich rechten Heilens hineingenommen werden darf.

18 Von der Zukunft

Volks- oder Minderheitenkirche?

Sie haben vor vielen Jahren etwas sehr Prophetisches über die Kirche der Zukunft gesagt: Die Kirche, meinten Sie damals, werde »klein werden, weithin ganz von vorne anfangen müssen. Aber nach der Prüfung wird aus einer verinnerlichten und vereinfachten Kirche eine große Kraft strömen. Denn die Menschen einer ganz und gar geplanten Welt werden unsagbar einsam sein ... Und sie werden dann die kleine Gemeinschaft der Glaubenden als etwas ganz Neues entdecken. Als eine Hoffnung, die sie angeht, als eine Antwort, nach der sie im Verborgenen immer gefragt haben«. Es sieht so aus, als würden Sie damit recht behalten. Aber wie geht es jetzt in Europa weiter?

Zunächst einmal: wird die Kirche kleiner werden? Als ich das gesagt habe, tönte mir überall der Vorwurf des Pessimismus entgegen. Und heute scheint ja nichts verbotener zu sein, als das, was man Pessimismus nennt – und was oft einfach nur Realismus ist. Inzwischen geben die meisten zu, daß im gegenwärtigen Stadium in Europa der Anteil der getauften Christen einfach abnimmt. In einer Stadt wie Magdeburg sind nur noch acht Prozent Christen – wohlgemerkt: alle Arten von Christen zusammengenommen. Solche statistischen Tatbestände zeigen Trends an, die wir nicht bestreiten können. In diesem Sinn wird die Deckung zwischen Volk und Kirche in bestimmten Kulturräumen, etwa bei uns, abnehmen. Dem müssen wir uns einfach stellen.

Was heißt das?

Die Volkskirche kann etwas sehr Schönes sein, sie ist aber nicht etwas Notwendiges. Die Kirche der ersten drei Jahrhunderte war eine kleine Kirche und trotzdem keine sektiererische Gemeinschaft. Im Gegenteil, sie war nicht abgeschottet, sondern hat eine Verantwortung für die Armen, die Kranken, für alle gesehen. In ihr haben all diejenigen, die nach dem Ein-Gott-Glauben, die nach einer Verheißung suchten, einen Raum gefunden.
Schon die Synagoge, die Judenschaft im Römischen Reich, hatte diesen Umraum von Gottesfürchtigen gebildet, die an sie angeschlossen waren und damit eine sehr weite Öffnung vollzogen. Das Katechumenat der alten Kirche war etwas ganz ähnliches. Hier konnten Leute, die sich zu einer Totalidentifikation nicht imstande fühlten, sich gleichsam an die Kirche anhängen, um zu sehen, ob sie den Schritt in sie hinein aufbringen würden. Dieses Bewußtsein, nicht ein geschlossener Club, sondern immer aufs Ganze hin geöffnet zu sein, ist ein untrennbarer Bestandteil der Kirche. Und gerade mit den Verkleinerungen der Christengemeinden, die wir erleben, werden wir nach solchen Formen der Zuordnung, des Sich-anhängen-Könnens, der Offenheit Ausschau halten müssen. Ich bin deshalb gar nicht dagegen, wenn Menschen, die das Jahr über keine Kirche aufsuchen, wenigstens in der Heiligen Nacht oder an Silvester oder bei besonderen Anlässen hingehen, weil dieses noch eine Weise ist, sich irgendwo doch auch an den Segen des Heiligen, an das Licht, anzuhängen. Es muß

also Formen unterschiedlicher Arten der Anlehnung und der Beteiligung geben, es muß die innere Offenheit der Kirche geben.

Aber ist denn die Volkskirche nicht auch die höchste Errungenschaft religiöser Zivilisation? Ist nicht sie die wirklich allgemeine, für jeden zugängliche Kirche, die mit ihren vielen Zweigen ein Dach für alle Menschen zu bilden vermag? Darf die Kirche wirklich den Anspruch aufgeben, Volkskirche und damit auch Mehrheitskirche zu sein? Immerhin eine Errungenschaft, die unter ungeheuren Anstrengungen und Opfern erreicht wurde.

Wir werden Einbußen hinnehmen müssen, wir werden aber immer eine offene Kirche bleiben. Kirche darf keine geschlossene Gruppe sein, die sich selber genügt. Wir werden vor allem in dem Sinne missionarisch sein müssen, daß wir der Gesellschaft jene Werte vor Augen halten, die ihr Gewissen bilden sollten, Werte, die die Grundlage ihrer staatlichen Existenz und einer wirklich menschlichen Sozialgemeinschaft sind.
In diesem Sinne wird der Streit um das, was Volkskirche einmal war – und was sie in bestimmten Ländern auch bleiben und in anderen neu werden wird –, sicherlich weitergehen. Die Kirche wird sich in das Gesetzgebungswesen einmischen und die großen humanen Konstanten der menschlichen Sozialbildung immer vor Augen halten müssen. Denn wenn das Recht keine gemeinsamen sittlichen Grundlagen mehr hat, verfällt es auch als Recht.
So gesehen hat die Kirche stets eine Verantwortung für das Ganze. Missionarische Verantwortung heißt eben, daß wir, wie der Papst sagt, Neu-Evangelisierung wirklich versuchen

müssen. Wir dürfen nicht einfach seelenruhig alles andere ins Heidentum herunterfallen lassen, sondern müssen Wege finden, das Evangelium wieder neu auch in die Räume der Nichtglaubenden hineinzubringen. Es gibt hierzu ja bereits Modelle. Das Neukatechumenat hat ein Modell, andere Gemeinschaften versuchen es auf ihre Weise. Die Kirche muß tatsächlich wieder viel Phantasie entwickeln, damit das Evangelium eine öffentliche Kraft bleibt. Damit es auch das Volk formt und durchdringt und als Sauerteig in ihm wirksam ist. Gerade einer damals sehr kleinen Gemeinschaft, eben den Jüngern, hat Jesus gesagt, daß sie Sauerteig und das Salz der Erde sein müssen. Dabei ist Kleinheit vorausgesetzt. Vorausgesetzt ist aber zugleich auch die Verantwortung für das Ganze.

JOHANNES PAUL II.

Johannes Paul II. war der Fels des 20. Jahrhunderts. Der Papst aus Polen hat die Kirche stärker geprägt als viele seiner Vorgänger. Schon die erste Enzyklika Redemptor hominis (Erlöser der Menschen) legte sein Programm fest: Die Menschen, die Welt, die politischen Systeme hätten sich »von den Forderungen der Moral und Gerechtigkeit entfernt«. Nun müsse die Kirche mit einer klaren Lehre das Gegenmodell bieten. Dieser Grundsatz findet sich in allen päpstlichen Rundschreiben. Gegen die »Kultur des Todes« müsse die Kirche eine »Kultur des Lebens« verkünden. Hat Johannes Paul II. der Kirche das Fundament hinterlassen, damit sie gut in das neue Jahrhundert starten kann?

Das eigentliche Fundament ist natürlich Christus, aber die Kirche braucht immer wieder neue Belebungen, sie muß immer weiter gebaut werden. Hier kann man wohl sagen, daß dieser Pontifikat eine außergewöhnlich prägende Kraft hatte. Er war eine Auseinandersetzung mit all den Grundfragen unserer Zeit – und darüber hinaus schenkte er positive Vorgabe und Vorangehen.

Die großen Enzykliken des Papstes – zunächst Redemptor hominis, dann sein trinitarisches Triptychon, in dem er das Gottesbild vorstellt, die große Moral-Enzyklika, die Lebens-Enzyklika, das Rundschreiben über Glaube und Vernunft schlagen Pflöcke ein und zeigen, wie Sie gesagt haben, dann auch die Grundlagen, auf denen neu gebaut werden kann. Und zwar deshalb, weil das Christentum in dieser so veränderten Welt sich wieder neu aussagen muß.

So epochal wie Thomas von Aquin das Christentum in der Begegnung mit Judentum, Islam und mit der griechischen und lateinischen Kultur neu denken mußte, um ihm Gestalt zu geben, so wie es dann im Aufbruch der Neuzeit neu gedacht werden mußte – wobei es auseinandertrat in die reformatorische Weise und in die Grundlagen, die das Konzil von Trient gab, das die Kirchengestalt für fünf Jahrhunderte bestimmt hat –, so muß heute in einer großen epochalen Wende sowohl die Identität des Ganzen uneingeschränkt gewahrt als auch zugleich die Fähigkeit des Lebendigen gefunden werden, sich neu auszusagen und zu vergegenwärtigen. Und dafür hat der gegenwärtige Papst sicher einen ganz wesentlichen Beitrag geleistet.

WELTKIRCHE DER ZUKUNFT

Während die Industrienationen noch vor 50 Jahren ein Drittel der Menschheit ausmachten, werden schon in zwei Generationen rund 90 Prozent aller Menschen in den Entwicklungsländern leben. Sowohl China wie auch Indien werden wohl bis zur Mitte des 21. Jahrhunderts jeweils mehr Einwohner haben als die gesamte westliche Welt zusammen.
Und auch die Weltkirche der Zukunft wird sich durch die demographischen Verschiebungen von der heutigen stark unterscheiden. Schon heute sind die Kirchengemeinden in der ehemaligen Dritten Welt nicht nur von der Zahl her den mitteleuropäischen Pfarreien überlegen. Gab es in Afrika zum Beispiel am Anfang des 20. Jahrhunderts gerade 1,7 Millionen Katholiken, so sind es zu Beginn unseres neuen Jahrhunderts bereits 110 Millionen. Kann man heute schon absehen, wie sich die Erscheinungsform der Kirche, auch liturgisch und pastoral, ändern könnte?

Ich denke, man sollte hier nicht zu viel extrapolieren, weil es immer wieder so viele Überraschungen in der geschichtlichen Entwicklung gibt. Jede Futurologie bricht sich an dem Überraschungsfaktor, der in der Geschichte eintritt. Niemand hatte zum Beispiel den Zusammenbruch der kommunistischen Regierungen vorherzusehen gewagt, der eine ganz neue geschichtliche Konstellation herbeiführte. Richtig ist, daß das Bild der Weltgesellschaft sich sehr grundlegend ändern wird. Und was diese zahlenmäßige Reduktion der westlichen Welt, die immer noch die beherrschende ist, dann bedeuten wird, wie sich auch Europa durch die Immigration verändern wird – denn diese leeren Räume werden ja aufgefüllt –, wie sich dann die Gewichte verlagern, welche Zivilisationen, welche Sozialformen sich durchsetzen werden – alles das ist überhaupt noch nicht auszudenken.

Insofern muß man also mit Zukunftsschilderungen äußerst behutsam sein. So viel ist jedenfalls deutlich, daß das Bevölkerungspotential, das die Kirche trägt, anders beschaffen sein wird. Der westliche Menschentypus mit seiner Art zur Welt zu stehen wird nicht mehr so dominant sein können wie früher. Es werden andere Temperamente, andere Charismen hervortreten und das Gesicht der Kirche prägen müssen.

Aus diesem Grunde ist meiner Meinung nach die *Verwesentlichung* – ein Wort von Guardini – das Grundlegende. Dabei geht es weniger darum, phantasievolle Vorkonstruktionen von etwas zu machen, das dann doch ganz anders sein wird, und das wir nicht in der Retorte vorausbauen können, sondern auf das Wesentliche hinzuleben, das sich dann neu inkarnieren und neu darstellen kann. In diesem Sinne ist auch eine Art von Vereinfachung wichtig, daß das wirklich Bleibende und Tragende in unserer Lehre, in unserem Glauben heraustritt. Daß die großen Grundkonstanten, die Fragen nach Gott, nach dem Heil, nach der Hoffnung, nach dem Leben, nach dem, was ethisch das Tragende ist, wieder in ihren Grundelementen vor die Augen kommen und damit für neue Systematisierungen offenstehen.

Ich glaube auch nicht, daß es hilfreich wäre, wenn man sozusagen Liturgien für die technische Welt oder für ich weiß nicht welche anderen Zivilisationen machen würde. Das sind alles selbstgeschneiderte Kunststücke. Die Liturgie hat ihre Größe darin, daß sie aus dem Anfang kommt und lebendig gewachsen ist. Sie muß von uns mit Ehrfurcht umgeben und gehütet werden. So ist sie dann groß und spricht zu Menschen unterschiedlicher Zivilisationen – wobei der Reichtum der verschiedenen Riten ja längst da ist. Dabei wird sich dann auch zeigen, welche davon in den unterschiedlichen Zivilisationen am lebenskräftigsten sein werden.

Betrachten wir noch mit einem besonderen Interesse Amerika. Es ist unbestritten die führende Nation der Welt. Sie hat Politik, Wissenschaft, Wirtschaft und vor allem auch den Lebensstil unserer Zeit wesentlich geprägt. Was trägt der amerikanische Katholizismus zum Weltchristentum bei?

Der amerikanische Katholizismus ist heute zu einer der bestimmenden Kräfte in der Weltkirche geworden. Die Kirche in Amerika ist sehr dynamisch. Sie ist natürlich auch von Spannungen gekennzeichnet. Es gibt einerseits die Gruppen, die kirchenkritisch sind und ein mehr rationales und demokratisches Christentum befürworten. Es gibt aber vor allen Dingen auch ganz neue zentrale religiöse Aufbrüche, neue Ordensgemeinschaften, die sich bilden, die wieder ganz bewußt den Anspruch des Ordenslebens voll erfüllen möchten. Sie leben das aus einer großen Freude des Glaubens heraus, wollen auch bewußt wieder die Väter und Thomas von Aquin lesen und sich daran bilden und formen. Es ist eine Kirche, die das zentrale Religiöse wieder sehr stark zum Tragen bringt: den Mut der Hingabe des Lebens an und aus dem Glauben, des Dienens aus dem Glauben. Es ist eine Kirche, die durch ihr großes Erziehungssystem und ihr Hospitalsystem auch gesellschaftlich eine große Verantwortung trägt. Wir machen es in unserer Kongregation zum Beispiel so, daß in den Fragen der medizinischen Ethik, die sich mit der Fortentwicklung der Medizin häufen, nicht zuerst wir die zentralen Entscheidungen treffen. Die Amerikaner haben dieses große Netz an katholischen Krankenhäusern. Damit haben sie heute einen großen Schatz an Kennern, an Spezialisten, an lebendiger Erfahrung im Umgang mit der modernen Medizin. Wir lassen also solche Fragen in den Institutionen, die sie dafür geschaffen haben, diskutieren. Dort werden dann auch Richtlinien (Guidelines) erarbeitet, die wir mit ihnen besprechen. Diese Dinge bleiben dann partiell, sind zunächst amerikanisch, damit auch gleichsam noch andere Erfahrungen dazutreten können und die Tür nicht abgeschlossen ist. Sie sind aber doch schon Modellentscheidungen, die auf die medizinische Ethik in den übrigen Teilen der Kirche herüberwirken und dort jedenfalls dann eine Richtung angeben.

So glaube ich, daß sowohl durch den großen weltlichen Erfahrungsraum, den die Kirche in Amerika hat, wie auch durch die Glaubenserfahrungen, die sie macht, prägende Kräfte auf die europäische und auch auf die afrikanische und asiatische Christenheit übergehen können. Früher hat man gesagt, was zuerst in Frankreich passiert, passiert dann auch in der übrigen Welt. Heute ist es mehr so, daß Amerika einerseits weltlich die Moden und die Slogans liefert, die sich in der Welt durchsetzen, andererseits aber auch kirchliche Modelle bildet. Gewiß überraschend ist dabei, daß diese Modelle ein scheinbar modernes aber gleichzeitig zu rationalistisches, zu wenig vom Glauben her durchtränktes Christentum ablösen und anstelle dessen wieder wirkliche Impulse des Glaubens und auch typische Formen des Glaubenslebens setzen.

Also gibt es den »american way of life« auch für katholisches, christliches Leben?

In dem Sinn, daß er wirklich katholisch durchtränkt und nicht einfach nur »american« ist. Ich glaube, daß gerade in dem Lebensraum Amerika die Menschen die Ganzheit des

Katholischen aufnehmen und auf die moderne Welt neu beziehen wollen.

In welchem Land wird in unserer Zeit wegweisend Theologie oder wegweisend Kirche betrieben? Wo ist das Zugpferd?

Nun, das eine klassische Zugpferd gibt es nicht. Es gibt vielmehr einen Polyzentrismus.
Lateinamerika hat ja zunächst mit der Befreiungstheologie die ganze Christenheit herausgefordert. Das sinkt allmählich ins Vergangene ab. Geblieben ist der Anruf auf die politische und soziale Verantwortung des Glaubens. Heute werden in Lateinamerika die Fragen der Inkulturation in der Begegnung mit den eingeborenen Kulturen leidenschaftlich reflektiert.
Amerika steht sicher mit an der Spitze in den Auseinandersetzungen, einfach durch die Konfrontation mit den Herausforderungen der modernen Zeit. Auch in der Exegese hat es neue Durchbrüche gebracht, indem man Einseitigkeiten der historisch-kritischen Methode durch die sogenannte kanonische Exegese überwindet, das heißt die Lesung der Bibel als Ganzheit. Insofern trägt heute die amerikanische Theologie durchaus Wichtiges bei. Aber es gibt auch in Europa, auch in Deutschland immer noch wirklich große theologische Potentiale. Es gibt einfach durch unser Fakultätensystem, durch die Mittel, die zur Verfügung stehen, noch immer eine intensive geistige Arbeit, die auch Frucht bringt. Freilich ist die Gefährdung durch eine neue Art von Rationalismus da, den man für eine akademische Pflicht ansieht. Diese Form von Theologie ist unfruchtbar, weil sie ihre eigenen Grundlagen bestreitet. Ich glaube, daß die neue Theologen-Generation wieder stärker einsieht, daß Theologie vor allen Dingen aus dem Glauben kommen muß und nicht rein akademisch sein darf.

Jedenfalls ist Europa durchaus ein Brennpunkt der Theologie geblieben.

In Asien wird derzeit von Indien her, das hier tonangebend ist, die Auseinandersetzung mit der Welt der Religionen und die Frage des Standortes des Glaubens in dieser Welt exemplarisch bearbeitet. Afrika steht heutzutage für die traditionellen Werte. Denken wir an das Gewicht, das Afrika im Weltkirchenrat gewonnen hat, wo der westliche Protestantismus mit den ethnischen Fragen sehr stark ins Schwimmen geraten ist, während die afrikanische Christenheit das Urgefühl der tragenden und bleibenden Werte wieder nachdrücklich zur Geltung bringt. Natürlich werden auch die Fragen des sozialen Aufbaus – wie kann Christentum Kraft des Friedens, Kraft der Versöhnung sein – sehr konkret durchlitten. Vielleicht weniger mit Theorie, aber um so mehr mit Leiden und Leidenserfahrung, die dann doch auch für die Kirche als Ganze etwas zu sagen hat.

Einheit der Christen

Noch zum Ausgang des letzten Jahrhunderts wurde von Theologen der protestantischen und der katholischen Kirche die sogenannte »gemeinsame Erklärung zur Rechtfertigungslehre« unterzeichnet. Danach wird nun offenbar gelehrt, es komme nicht so sehr auf die Taten des Menschen an, sondern der Mensch sei gerechtfertigt alleine aus der Gnade Gottes, ganz gleich, wie gut oder schlecht er gelebt habe. Ist das wirklich ein bedeutsamer Schritt in Richtung Ökumene? Muß nicht, bei aller Gemeinsamkeit, mit aller Schärfe auch das

Spezifische des Glaubens bewahrt werden, damit er nicht Gefahr läuft, sein Eigentliches zu verlieren?

Es ist leider nicht gelungen, den Inhalt dieser Konsenserklärung wirklich zu vermitteln, einfach deswegen, weil sich unter »Rechtfertigungslehre« heute niemand etwas vorstellen kann. Das war zur Zeit Luthers ein großes Thema, das die Menschen aufgerüttelt hat, auch wenn der Vormarsch des Protestantismus nicht nur von daher kam, sondern zum Beispiel auch durch die Interessen von Fürsten, die sich davon Vorteile versprachen. Heute ist es selbst in der protestantischen Christenheit kein real wirksames Thema mehr. So ist dann in der Öffentlichkeit die Meinung übriggeblieben, daß nun alle sagen, vor Gott zählten die Taten (das Leben) des Menschen nicht, sondern nur der Glaube. Damit ist nicht nur Luther grob vereinfacht. Man verkennt so vor allem die wirklichen Fragen der Menschen an das Christentum heute. Schließlich hat in den 500 Jahren, die seit der Reformation vergangen sind, die ganze Christenheit neue Erfahrungen gemacht und auch einen epochalen Wandel durchschritten. Das alles kann ich hier nicht darstellen. Nur soviel: In der gemeinsamen Erklärung ist zunächst bestätigt worden, daß der Anfang eines Lebens mit Gott wirklich von Gott selber gesetzt wird. Wir sind nicht imstande, uns zu ihm hinüberzuhieven, sondern nur er kann uns zu sich herüberholen. Der Anfang, der den Menschen auf den rechten Weg bringt, ist der Glaube. Und der Glaube ist wiederum Ausdruck der Initiative Gottes, die wir uns nicht selber verschaffen oder verdienen können.

Die katholische Kirche hat bei der Erarbeitung dieses Konsenses sehr großen Wert darauf gelegt, daß wir einerseits diese Initiative Gottes im Anfang voll anerkennen, daß aber dann auch anerkannt wird, daß Gott nun in mir etwas schafft. Daß Gott mich einbezieht, daß er mir Verantwortung aufträgt, daß es dann das Mitwirken und das Fruchttragen gibt – und das Gericht, das auf meine Mitverantwortung bezogen ist. Dies ist die zweite Säule dieser Erklärung, die aber dann im öffentlichen Bewußtsein offenbar nicht mehr wahrgenommen wird.

Um es anders zu sagen: Gott will keine Sklaven haben, die er einfach gerecht macht und die er selber gar nicht ernst nimmt. Sondern es geht darum, daß er die Menschen zu wirklichen Partnern, zu wirklichen Subjekten macht, die dann durch diesen von ihm geschenkten Anfang selber fähig werden mitzuwirken und für dieses Mittun auch verantwortlich sind. Ich würde sagen, das sind die beiden Dinge, um die es geht. In ihnen ist das, was in Luthers Erfahrung wirklich der Schrift entsprach, aufgenommen. Zugleich aber tritt das, was die katholische Kirche nie zu sagen aufgeben konnte, mit dem anderen ins Gleichgewicht.

Die Kirche betet für die Wiedervereinigung der Christen. Aber wer soll sich eigentlich wem anschließen?

Die Formel, die nun von den großen Ökumenikern gefunden worden ist, ist die, daß wir nach vorwärts gehen. Es geht nicht darum, daß wir bestimmte Anschlüsse wollen, sondern wir hoffen, daß der Herr überall den Glauben so erweckt, daß er ineinandermündet und die eine Kirche da ist. Wir sind als Katholiken davon überzeugt, daß diese eine Kirche in ihrer Grundform in der katholischen Kirche gegeben ist, aber daß auch sie auf Zukunft weitergeht und sich vom Herrn erziehen und führen läßt. Insofern stellen wir uns hier keine Anschlußmodelle vor, sondern einfach ein gläubiges Weitergehen unter der Führung des Herrn – der den Weg weiß. Und dem wir uns anvertrauen.

Gibt es da möglicherweise spektakuläre Überlegungen?

Nein, denn die Einheit der Christen kann nicht durch irgendeinen politischen Coup hergestellt werden, oder durch ein Schwert, das einen gordischen Knoten durchhaut. Es geht um lebendige Prozesse. Und es kann weder ein Papst noch ein Weltkirchenrat einfach sagen, liebe Freunde, jetzt machen wir's so! Der Glaube ist etwas, was in jedem lebendig und zutiefst verwurzelt und vor Gott verantwortet ist. Der Papst, wir sagten es, hat keine totalitären oder absolutistischen Vollmachten, sondern dient dem Gehorsam des Glaubens.
Im Glauben kann man nicht einfach jemandem etwas befehlen, wie es bestimmte ökumenische Projekte vorgesehen haben, so daß nun die Kirchenleitung allen sagt, Freunde, wir lassen da ein bißchen was weg und fügen da etwas hinzu – das geht nicht. Entweder wir haben dem Herrn geglaubt – dann kann man nicht sagen, morgen machen wir es anders. Oder es war von vornherein eine Menschenmache – dann ist dies alles ohnedies hinfällig. Nein, der Glaube ist etwas Lebendiges, wir haben uns darin dem Herrn anvertraut, und er kann durch keine etwaigen politischen Manipulationen zu einer Ausgleichsformel geführt werden.
Wir können nur versuchen, demütig den Glauben zu verwesentlichen, also zu erkennen, was das wirklich Wesentliche an ihm ist – das, was nicht wir gemacht haben, sondern was wir vom Herrn empfangen haben –, und uns in dieser Zuwendung zum Herrn und zur Mitte in dieser Verwesentlichung öffnen, damit er weiterführen kann, er alleine.

Neue Gefahren für den Glauben

Sie haben in Zusammenhang mit dem Bedeutungsverlust des Christentums in einer säkularisierten Gesellschaft auf eine neue, noch völlig unterschätzte Gefahr für den Glauben hingewiesen, nämlich auf die Möglichkeit einer subtilen antichristlichen Meinungsdiktatur. Dieses Meinungsdiktat akzeptiere lediglich noch ein angepaßtes, ein stromlinienförmiges, also ein nettes Christentum, während die Träger des authentischen Glaubens gerne als »Hardliner« oder Fundamentalisten diskreditiert würden.

Das ist, glaube ich, wirklich eine Gefahr. Nicht, daß man die Christen offen verfolgte, das wäre viel zu altmodisch und zu unpassend. Nein, man ist ganz tolerant, man ist natürlich für alles offen. Aber es gibt dann um so entschiedener Dinge, die ausgeschlossen und die dann als fundamentalistisch dekretiert werden, auch dort, wo es sich um wirklichen Glauben handeln kann.
Und ich denke, hier kann es durchaus zu einer Situation kommen, in der sich Widerstand bilden muß, und zwar gegenüber einer Diktatur scheinbarer Toleranz, die den Anstoß des Glaubens dadurch ausschaltet, daß sie ihn als intolerant erklärt. Hier nämlich kommt dann wirklich die Intoleranz der »Toleranten« zum Vorschein. Der Glaube sucht nicht den Konflikt, er sucht den Raum der Freiheit und des gegenseitigen Sichertragens. Aber er kann sich nicht durch standardisierte und als der Moderne angemessene Etiketten formulieren lassen. Der Glaube ist in einer höheren Treue Gott gegenüber verpflichtet und muß dann auch mit Situationen einer ganz neuen Art von Konflikten rechnen.

Renaissance der Spiritualität

Junge Christen suchen eine gefühlsbetontere Religion. Sie wollen zurück zu den Anfängen der Kirche, dem Ursprung des Mysteriums, und fordern eine Erneuerung der Spiritualität, um damit auch die vernachlässigten Seiten der christlichen Überlieferung neu zu beleben. Braucht die Kirche einen Ruck, der die stummen christlichen Symbole wieder zum Sprechen bringt?

Jedenfalls braucht sie lebendige, spirituelle Aufbrüche. Solche Formen, in denen eine neue Leidenschaft für den Glauben entsteht, die nicht politisch gemacht ist, sondern sich von innen her gebildet hat, sind in jeder Zeit für die Kirche wichtig gewesen. Wir haben ja gesehen, wie im 16. Jahrhundert die Erneuerung nicht von den institutionellen Instanzen her kam, sondern durch Menschen, die ergriffen waren und die neue Bewegungen geschaffen haben. Daß es dies auch heute in den vielfältigsten Formen gibt – die charismatische Bewegung ist eine davon –, ist sozusagen der Trost, den der Herr uns schenkt, indem er zeigt, daß der Heilige Geist weiterhin da ist und mächtig ist.

In der Tat kann der Katholizismus nie nur institutionell, nie nur akademisch geplant und verwaltet werden, sondern er erscheint immer wieder als Gabe, als spirituelle Vitalität. Und er hat dabei auch die Gabe der Vielfältigkeit. Eine Uniformität des Katholischen gibt es nicht. Es kann darin eben eine »focolare« oder eine katechumenale Frömmigkeit, Schönstatt-, Cursillo-, CL-Frömmigkeit usw. geben, so wie es eine franziskanische, dominikanische, benediktinische gibt. Der Reichtum des Glaubens schafft die vielen Wohnungen in dem einen Haus. Und diese dynamische Offenheit sollten wir wahren.

Heute gibt es gerade bei den modernsten Vertretern des Katholizismus eine Umformierungstendenz. Das, was lebendig und neu ist, was sich nicht nach dem akademischen Grundschema oder nach den Beschlüssen von Kommissionen oder Synoden richtet, wird mit Verdacht belegt und als reaktionär ausgeschieden. Natürlich gibt es immer Gefahren, Fehlbildungen, Verengungen und so weiter. Das muß vom Gärtner Kirche immer wieder zurechtgebracht, aber zugleich auch als Gabe angenommen werden.

Ich glaube, hier ist eine große innerkirchliche Toleranz nötig, daß die Vielfalt der Wege etwas der Weite des Katholischen Gemäßes ist – und daß man es nicht einfach wegstößt, auch das nicht, was sozusagen meinem Geschmack widerspricht. Wenn man zum Beispiel in Deutschland nur »Opus Dei« oder »Europapfadfinder« oder was auch immer hört, muß man schon Empörung zeigen, sonst ist man kein guter deutscher Katholik mehr. Es gibt eben Sachen, die dem »normalen« Geschmack oder, sagen wir, dem »deutschen« Geschmack eher widersprechen. Da ist Toleranz geboten, die Weite des Katholischen anzunehmen.

Natürlich bedarf es dann auch der Bereitschaft der anderen, sich dem Dienst ins Ganze einzufügen, etwas von den Sonderheiten oder den Verschließungsgefahren aufbrechen zu lassen. Dazu ist nun ja gerade auch das Papst- und Bischofsamt da, einerseits die Weite zu gewährleisten und andererseits die Verschließungen, die ins Sektiererische führen würden, aufzubrechen und ins Ganze zu integrieren.

Von der Wahrhaftigkeit

Augustinus kümmerte sich um die größten Schätze der Kirche, die Armen, Witwen und Waisen. Sein Lebenswandel als bekehrter Christ machte jedes seiner Worte glaubhaft, lebenswahr und feuersprühend. Hätte ein wahrhaftiges christliches Beispiel nicht mehr Einfluß auf die Gesellschaft als noch so salbungsvolle Reden oder die aufwendigste Akademietagung?

Da kann man natürlich nur ja sagen, und Gott sei Dank gibt es dieses auch. Ich denke zum Beispiel daran, daß Kardinal O'Connor in New York eine neue Ordensgemeinschaft für die Pflege von Aids-Kranken gegründet und selber jede Woche einen Tag ganz dieser Arbeit gewidmet hat. Oder ich denke an die neue Gemeinschaft der »Sisters of Mercy« in Amerika, die im Erziehungswesen und in den verschiedenen Weisen des Dienstes der Heilung diese Wahrhaftigkeit einfach wieder lebt. Oder nehmen wir auch das Beispiel von Mutter Teresa und ihrer Ordensgemeinschaft. Gott sei Dank gibt es dieses unpathetisch radikal gelebte Zeugnis des Glaubens, das dann auch seine Wirkung hat.

Der französische Schriftsteller Georges Bernanos schrieb einmal: »Die Heiligkeit ist ein Abenteuer, sogar das einzige, das es gibt. Wer das einmal verstanden hat, ist ins Herz des katholischen Glaubens eingetreten.«

Wir bekennen ja in unserem Glauben die Kirche selbst als »heilig«. Nicht, daß nun alle in ihr Heilige wären. Nicht, als ob alles gut wäre in ihr, aber in dem Sinne, daß sie vom Herrn berührt ist und in ihr immer wieder Heilige wachsen. Dabei ist wichtig, daß man den Begriff des Heiligen weit genug nimmt, denn auch da gibt es keine Uniformität. Und wenn die Gestalten der Heiligen vor uns hintreten, dann sehen wir, wie viele Weisen und Formen es darin gibt. Von einem Arzt, der selbstlos seinen Dienst tut, bis zu Gelehrten, zu einfachen Menschen, Ordensgründerinnen und Laien, die in dieser Welt leben.

Mir ist dabei immer wichtig, auch die vielen unscheinbaren Heiligen zu sehen, die es gibt, einfache Menschen, wie ich sie besonders in meiner Kindheit kennengelernt habe, so gütige alte Bauern, gütige brave Mütterchen, die ihr Leben für die Kinder, für die Familie, für die Kirche, und immer eben auch für die anderen in der Dorfgemeinschaft hergegeben haben. Es muß gar nicht etwas Heroisches haben, sondern es kann gerade das ganz Einfache, das Demütige sein.

Und dann gibt es natürlich auch immer das Aufregende. Hier in Italien hat die Gestalt des Padre Pio gewaltig gezündet, der im übrigen ein ganz grimmiger Beichtvater gewesen sein soll. Er ist keineswegs sehr liebenswürdig mit seinen Beichtkindern umgegangen, aber er war offenbar einfach mit seiner ganzen Gestalt für die Menschen eine Gewähr dafür, daß das echt ist, und daß da der Herr selber einem zuredet und einem, wenn es nötig ist, sozusagen einen Prügel verabreicht. Und einem aber auch hilft, wenn man es braucht. So wie wir es im Evangelium an der Gestalt Jesus sehen, daß er auch hart sein kann, und daß er dann doch der ganz Gütige und Helfende ist, so haben das die Menschen in dem Maßstab eines Padre dieses Jahrhunderts wieder wahrgenommen. Es gibt also das, was vor aller Augen hintritt und uns Zeichen gibt, in denen wir erkennen, ja, Heiligkeit ist da und gibt den Menschen ganz neue Kräfte. Und es gibt die einfache, demütige Heiligkeit, von der niemand schreibt, und die doch so wesentlich für das Leben der Kirche ist.

Immer wieder kann über Nacht eine bis dahin völlig unbekannte Strömung das Ruder herumreißen. Besonders auffällig ist derzeit eine weltweit zu beobachtende Renaissance der Marienverehrung. Was denken Sie: Kann Maria wieder das Hauptportal werden, über das Millionen neuer Christen Eingang finden in ihre Kirche?

Man kann nie vorausberechnen, wie es weitergeht. Wer nur akademisch, statistisch aus dem europäischen Zustand den Untergang der Kirche extrapoliert, der verkennt die Unberechenbarkeit menschlicher Geschichte ganz allgemein – und die Initiativkraft Gottes, der immer eingreifen kann, im besonderen.
Daß es diese ganz unerwarteten neuen Aufbrüche und eine weltweite marianische Bewegung gibt, das ist gar kein Zweifel. Sicherlich sind darunter auch manche Formen von Pseudo-Erscheinungen und Botschaften. Da sollte man also sehr vorsichtig sein und sich nicht leichtgläubig gleich das Übernatürliche am Werk vorstellen.
Aber umgekehrt darf einen diese echte und richtige kritische Gesinnung auch wieder nicht undurchdringlich machen für die Realität, die es gibt. Man konnte anfänglich ja auch gegenüber Lourdes denken, da habe sich dieses kleine Mädchen etwas zusammenphantasiert. Und dann hat sich eben doch gezeigt, daß wirklich sie selbst da war, die Mutter – Maria. Es ist sicher kein Zufall, daß heute eine große neue Zuwendung zu Maria erfolgt, in der uns das Christentum wieder liebenswürdig und nahe wird, und wir durch die Mutter wirklich wieder die Tür finden.

Was wir über Südamerika gesagt haben, wo Guadeloupe zum Durchbruch wurde, daß die Indios sehen konnten, dies ist nicht die Religion der Eroberer, sondern die Religion der gütigen Mutter und des für uns leidenden Gottes – und Maria wirklich Tür zu Christus geworden ist –, das gilt auch heute. Auch heute kann es weit über Südamerika hinaus einem müde gewordenen und rationalistischen Christentum – und einer von einer kalten technischen Welt erschöpften Menschheit – wieder so gehen, daß es gerade im Zeichen der Mutter wieder lebendig Christus selber findet. Mit dieser Zuversicht dürfen wir auf die Zukunft zugehen.

Papst Johannes XXIII. konnte sagen: »Ich gehöre zu einer Kirche, die lebendig und jung ist und ihr Werk ohne Angst in die Zukunft hinein fortführt.« Kann das auch ein Joseph Kardinal Ratzinger noch sagen?

Ja! Das kann ich mit Freuden sagen. Ich sehe zwar viele alte, absterbende Äste an der Kirche, die so langsam, manchmal leise, manchmal laut, herunterfallen. Aber ich sehe vor allen Dingen auch das Jungsein der Kirche. Ich darf so vielen jungen Menschen begegnen, die aus allen Weltteilen kommen, ich darf diesen neuen Bewegungen begegnen, dem Enthusiasmus des Glaubens, der hier neu sichtbar wird. Und dieser Enthusiasmus läßt sich auch gar nicht schütteln von all den Kirchenkritiken – die immer ihre Gründe haben –, weil die Freude an Christus eben doch größer ist. Insofern habe ich einen Ort, an dem es viel Mühsal gibt, aber noch viel mehr die Begegnung damit, daß die Kirche jung ist. Und daß wir getrost in die Zukunft hineingehen dürfen, weil der Herr sie ganz offenkundig nicht verläßt.